ABITUR-WISSEN

Prüfungswissen Geschichte

Matthias Ehm
Johannes Heinßen
Alexander Lindner
Harald Müller
Heinrich Müller
Ralf Saal
Johannes Werner

STARK

Inhalt

Autoren

MATTHIAS EHM: Deutschland von der Französischen Revolution bis zum Vormärz (1789–1847/48), Die Revolution von 1848/49, Industrialisierung und Soziale Frage

DR. JOHANNES HEINẞEN: Aufklärung und bürgerliche Revolutionen

DR. ALEXANDER LINDNER: Die Weimarer Republik

HARALD MÜLLER: Deutschland in der Besatzungszeit 1945–1949, Die Bundesrepublik Deutschland 1949–1989/90, Die DDR und die deutsche Wiedervereinigung 1949–1989/90, Die Europäische Integration: von den Anfängen bis zum „Brexit“

HEINRICH MÜLLER: Nationalsozialismus und Zweiter Weltkrieg

RALF SAAL: Das „Handwerkszeug“ des Historikers: Grundlagen, Methoden und Quellen

DR. JOHANNES WERNER: Das Deutsche Kaiserreich, Das Zeitalter des Imperialismus, Der Erste Weltkrieg

Vorwort

Liebe Schülerin, lieber Schüler,

der Band **Prüfungswissen Geschichte Oberstufe** soll Sie in Ihren letzten beiden Schuljahren im Geschichtsunterricht begleiten und Ihnen einen wesentlichen Überblick über zentrale Themen von der Aufklärung bis zur Europäischen Integration bieten. Sie können das Buch zum Nachlesen für die im Unterricht besprochenen Inhalte oder für die gezielte Vorbereitung auf **Klausuren** sowie auf die **mündliche** oder **schriftliche Abiturprüfung** verwenden. Ein Methodenkapitel führt Sie darüber hinaus in die Grundlagen geschichtswissenschaftlichen Arbeitens in der Schule ein.

- Die **Bild-Einstiegsseite** markiert den Beginn eines jeden Hauptkapitels und visualisiert bestimmte Aspekte des jeweiligen Themas. Die Legende zum Bild greift bereits bedeutende Entwicklungen, Ereignisse oder Persönlichkeiten auf.
- Die anschließenden **Darstellungen** fassen alle wesentlichen Inhalte verständlich zusammen. Besonders wichtige Aspekte und Fachbegriffe werden farbig hervorgehoben. **Schaubilder** und **Grafiken** veranschaulichen bestimmte Inhalte, **Info- und Biografie-Kästen** liefern zusätzliche Hintergrundinformationen.
- Die **Zitat-Kästen** geben Einblick in prägnante Aussagen historischer Personen bzw. in die Forschungsdiskussion. Beachten Sie, dass die Zitation sich nach dem jeweiligen Original-Dokument richtet und daher ggf. nicht der neuesten Rechtschreibung entspricht. ZITAT
- Am Rand zeigen **Querverweise** Textstellen an, die miteinander in einem inhaltlichen Zusammenhang stehen. Hier finden Sie außerdem **Definitionen** wichtiger Fachbegriffe und **Abbildungen bedeutender Persönlichkeiten**, deren Lebensdaten bei der Einordnung in den geschichtlichen Zusammenhang helfen.
- In der Randspalte finden Sie auch Verweise auf **Lernvideos** zu zentralen Themen, die Sie direkt über den dort abgedruckten QR-Code abrufen können. Der nebenstehende Code führt Sie zu einem Überblick über alle Videos. Alternativ können Sie diese über den folgenden Link abrufen: https://www.stark-verlag.de/qrcode/lernvideos_14761
- Am Ende eines jeden Hauptkapitels finden Sie **Zusammenfassungen**, die Ihnen noch einmal einen Überblick über die jeweiligen Inhalte sowie ein Fazit bzw. einen Ausblick unter der Fragestellung „Was bleibt?“ bieten: Welche Spuren haben bestimmte historische Ereignisse und Personen bis in die heutige Zeit hinterlassen?

Eine erfolgreiche Prüfungsvorbereitung wünschen Ihnen das Autorenteam und der Verlag!

Aufklärung und bürgerliche Revolutionen

Das unvollendete Gemälde von Jacques-Louis David (1748–1825) von 1791 stellt den Ballhausschwur vom 20. Juni 1789 symbolisch dar. Damals schworen die Abgeordneten der Nationalversammlung, erst auseinanderzugehen, wenn sie eine Verfassung für Frankreich ausgearbeitet hätten. Im Zentrum auf dem Tisch steht der Präsident der Versammlung, Bailly, der die Eidesformel spricht, um ihn herum zahlreiche realistisch dargestellte Abgeordnete. Im Vordergrund sieht man drei Geistliche verschiedener Konfessionen, die sich unter dem Eindruck des Geschehens verbrüdern. Die wehenden Vorhänge symbolisieren den „frischen Wind", der von dem Ereignis ausgeht. Mehr als der tumultuarische Sturm auf die Bastille war der Ballhausschwur für die politische Zukunft Europas wegweisend.

1 Die Epoche der Aufklärung

1.1 Einführung

Immanuel Kant (1724–1804): deutscher Philosoph – Berühmt ist auch Kants Definition: „Aufklärung ist der Ausgang des Menschen aus seiner selbst verschuldeten Unmündigkeit.“[2]

→ **Epoche** vgl. S. 322

„Aufklärung“ unterscheidet sich von anderen Begriffen des Geschichtsunterrichts dadurch, dass es neben einer Epochenbezeichnung zugleich ein Begriff der praktischen Gegenwart ist: Verbrechen werden ebenso aufgeklärt wie Kinder oder Jugendliche, Politiker*innen verlangen Aufklärung und müssen ebensolche leisten. Unter Aufklärung wird daher meist ein Vorgang verstanden, an dessen Ende Erkenntnisse verfügbar sind, die zuvor nicht vorhanden waren, bzw. man klüger ist als vorher. Dem Begriff wohnt eine **Lichtmetapher** inne. Sie kommt in der englischen („Enlightenment“) und französischen („les lumières“) Übersetzung des Wortes noch besser zum Ausdruck und deutet an, dass der Fortschritt nicht nur ein objektiver ist, sondern auch vom Subjekt, dem ein oder sogar das Licht aufgegangen ist, als solcher wahrgenommen wird. „Habe Mu[t], dich deines eigenen Verstandes zu bedienen“[1], das vielfach zitierte kantsche Motto, der Leitspruch dieser Bewegung, beinhaltet das Ziel, durch selbstständiges Nachdenken sicher und unvoreingenommen zu urteilen und dadurch Erkenntnis zu gewinnen.

Von einer **Epoche der Aufklärung** spricht man, zumindest in Deutschland, gewöhnlich für die Jahre 1720–1780. Wie bei allen Epochendatierungen muss mit diesen Daten aber vorsichtig umgegangen werden. Da, wo Epochen Zäsuren setzen, sehen Historiker*innen heute eher Kontinuitäten und langsamere Übergangsprozesse. Für die Aufklärung als Sammelbegriff verschiedener, breit gefächerter kultureller Entwicklungen gilt das zumal. Zwar stellt das 18. Jahrhundert eine Formierungsphase für unser Weltverständnis und unsere Haltung zum Wissenserwerb dar. Viele Begriffe, die heute grundlegend für die Beschreibung unserer Wirklichkeit sind, erhielten in der „Sattelzeit“ (Reinhart Koselleck) um 1750 ihre Bedeutung. Doch warum das 18. Jahrhundert als Zeit gilt, in der Menschen in Europa mehr als zuvor begannen, ihren Verstand einzusetzen, lässt sich nur mit Blick auf langfristigere Entwicklungen erklären.

1.2 Das Bürgertum als treibende Kraft

Eine entscheidende Rolle spielte das **Bürgertum**, das gerade im 18. Jahrhundert (mit seinen „bürgerlichen“ Revolutionen) zu einer treibenden Kraft der europäischen Geschichte werden sollte. Der **Aufstieg der Städte** ab dem Hochmittelalter (ca. 1100) ließ mit dem Bürgertum eine

neue gesellschaftliche Gruppe entstehen. Die von dieser Schicht ausgeübten Berufe in Handel und Handwerk boten mehr Gelegenheiten für Innovationen; Ideenreichtum und Engagement führten leichter zu beruflichem Erfolg als in den Grundherrschaften auf dem Land. Politisch war die europäische Stadt bald ein autonomes Gebilde, das die Adelsherrschaft eines Stadtherrn abgeschüttelt hatte und in der Regel von der obersten Bürgerschicht kollegial regiert wurde. Das städtische Bürgertum war selbstbewusst und eigenständig. Kaufleute, oft im Fernhandel tätig, waren bisweilen europaweit vernetzt. Erfindungen im Bankwesen eröffneten Zugänge zu Risikokapital und unterstützten die Möglichkeit, Veränderungen voranzutreiben und Ideen in Wohlstand umzuwandeln. Ferner gab es in vielen Städten seit dem Mittelalter **Universitäten**. Ihr Lehrplan stand zunächst noch unter dem Primat (Vorrang) der Theologie, ließ in zunehmendem Maße aber auch weltlichen Studien (v. a. Rechtswissenschaften) Raum, sodass sie eine wachsende Schicht weltlicher Gelehrter hervorbrachten. Über die lokalen akademischen Zirkel hinaus entfaltete sich eine internationale Gelehrtenkultur, deren führende Vertreter unabhängig von ihrer Nationalität in Briefkontakt standen. Zudem diskutierten gebildete und interessierte Bürger Fragen des öffentlichen Wohls. So formierte sich zunehmend eine **bürgerliche Öffentlichkeit**.
In den norditalienischen Städten des 15. Jahrhunderts gab die **Renaissance** einen mächtigen Fortschrittsimpuls, der sich mit Verzögerung auch nördlich der Alpen unter den Eliten verbreitete. Letztlich bewirkte sie einen **Säkularisierungsschub**, der über Denkverbote des jenseitsorientierten Christentums, das die Beschäftigung mit innerweltlichen, vermeintlich sündhaften Dingen ablehnte, hinweghalf. Renaissance und **Humanismus** wandten sich Bereichen wie Ästhetik und Philosophie zu, wovon die Kunst dieser Zeit ein beredtes Zeugnis ablegt. Sie stellen aber nur eine Vorstufe der Aufklärung dar, da die Rezeption antiker Quellen zuerst v. a. als Buchwissenschaft betrieben wurde und noch nicht von systematischer, empirischer Forschung begleitet war.

Renaissance (frz. = Wiedergeburt): Wiederentdeckung der antiken Kultur

Säkularisierung: Verweltlichung, Abkehr von religiösen Bindungen

Humanismus: geistige Strömung mit einem neuen Menschenbild, das dem Menschen und seinem Tun eine eigene Autonomie und Würde zuschrieb

Ein weiterer Impuls hatte seinen Ursprung nördlich der Alpen: Dort entstand die Theologie der **Reformation** als Ergebnis einer tiefgreifenden Krise der katholischen Kirche bei gleichzeitig großem religiösen Erbauungsbedarf der Bevölkerung. Reformatoren wie Martin Luther, Ulrich Zwingli und Johannes Calvin nahmen die Heilige Schrift zum Ausgangspunkt, um die Dogmatik der katholischen Kirche infrage zu stellen und die christliche Heilslehre neu zu formulieren. Im Laufe des 16. Jahrhunderts bildeten sich neben der katholischen mehrere protestantische Konfessionen heraus, sodass man hier von einem Zeitalter des **Konfessionalismus** sprechen kann. Deutlich wurde nun: Es gibt nicht die eine, von

Martin Luther
(1483–1546)

Schriftprinzip der Reformation: Grundsatz, dass die Bibel die Grundlage und der alleinige Maßstab der theologischen Diskussion sei (lat. „sola scriptura" = „allein durch die Schrift")

Hermeneutik: Lehre vom Verstehen sowie der Auslegung und Interpretation eines Werks

der Amtshierarchie der römischen Kirche getragene göttliche Wahrheit; Texte wie die Bibel können unterschiedlich gelesen werden. Das Schriftprinzip der Reformationstheologie und die humanistische Textkritik ebneten der **Hermeneutik** den Weg. Ab jetzt sollte über die Interpretation von Texten friedlich und zivilisiert gestritten werden. Voraussetzung dafür war die Erfindung des **Buchdrucks** mit beweglichen Lettern durch Johannes Gutenberg (Mainz, ca. 1450). Sie bildete den Auftakt zu einer **Medienrevolution**, die es ermöglichte, Schriften zu günstigeren Preisen massenweise zu verbreiten.

Die letzte Voraussetzung auf dem Weg zur Aufklärung war der **Fürstenstaat der Frühen Neuzeit**. Die damaligen absolutistischen Herrscher setzten auf die systematische und zentralistische Durchdringung ihres Staatsgebiets; zuvor hatte Herrschaft im Wesentlichen auf Modellen der Gefolgschaft adliger Personenverbände (Lehnswesen) beruht. Mit der weiträumigen Geltung von Gesetzen entstand ein erhöhter Bedarf an Verwaltungspersonal. Dabei griffen die Fürsten vorzugsweise auf gut ausgebildete Bürger zurück, von denen sie, im Gegensatz zum Adel, der des Öfteren eigene Machtansprüche verfolgte, unbedingte Loyalität erwarten konnten. Bürger erhielten so eine begrenzte Aufstiegsmöglichkeit als unverzichtbare Experten im Herrschaftsapparat der Fürstenstaaten. Dies stärkte langfristig ihr Selbstbewusstsein und sollte schließlich Fragen nach der Herrschaftslegitimation der Fürsten aufwerfen.

1.3 Themen und Diskurse der Aufklärung

Die in Deutschland üblichen Epochengrenzen 1720 und 1780 verweisen zwar auf Jahrzehnte, in denen namhafte Protagonisten lebten und ihre Werke veröffentlichten. Dennoch ist dieser zeitliche Rahmen viel zu eng gefasst, um die Aufklärung als **gesamteuropäische Bewegung** zu erfassen. Waren die Voraussetzungen für die Aufklärung bereits ab dem Hochmittelalter geschaffen worden, so wurden bereits im 17. Jahrhundert Schlüsselwerke der Aufklärung verfasst. Während die deutsche Staatenwelt noch in den Wirren des Dreißigjährigen Kriegs versank, entwickelten sich in Westeuropa schon fruchtbare neue Denkschulen.

Dreißigjähriger Krieg (1618–1648): langjähriger, aus religiösen und machtpolitischen Gründen geführter europäischer Konflikt, der sich v. a. auf dem Boden des Heiligen Römischen Reichs deutscher Nation abspielte

Philosophie und Wissenschaftsverständnis

Ab dem 17. Jahrhundert stieg die Zahl der Philosophen, deren Namen sich bis heute im kulturellen Gedächtnis gehalten haben. Zu dieser Zeit konnte sich die Philosophie aus der Theologie lösen und eigenständige Gedankensysteme entwickeln. Ganz grob bildeten sich in Europa zwei

Schulen heraus: In Frankreich und Deutschland dominierte der **Rationalismus**, der die Fragen des Lebens mithilfe des vernünftigen Denkens verstehen will. Als Gegenbewegung dazu trat, vor allem in England, der **Empirismus** auf: Dieser geht von Wahrnehmungen und Erfahrungen aus, die geordnet, systematisiert und dann in allgemeinen Gesetzen festgehalten werden. Die Philosophie des 17./18. Jahrhunderts kulminierte in **Immanuel Kants** epochemachender „Kritik der reinen Vernunft" (1781), in der er beide Strömungen zusammenzuführen versuchte und dabei zur Einsicht kam, dass der menschliche Verstand zwar Wirklichkeit über die eigene Wahrnehmung konstruiert, aber keineswegs einen unmittelbaren Zugriff auf die Wirklichkeit, also die „Dinge an sich" hat. Diese Erkenntnis ist bis heute wegweisend und prägt in ihrer heutigen Form als **Konstruktivismus** auch den Geschichtsunterricht.

Rationalismus: von lat. „ratio" = Vernunft

Empirismus: von griech. „empeiría" = Erfahrung

Staatsphilosophie

Doch schon vor Kant waren wegweisende Ideen entstanden. Mitte des 17. Jahrhunderts tobte in England ein Bürgerkrieg zwischen den Anhängern des Monarchen und denen des Parlaments, der mit dem Sieg letzterer und der Hinrichtung König Karls I. im Jahr 1649 endete. Die blutigen Ereignisse, aber auch die erfolgreiche „Glorious Revolution" 1688/89, veranlassten Philosophen zum Nachdenken über die Frage, was Herrschaft rechtfertige und wie sie organisiert sein solle. Was jahrhundertelang immer wieder gewaltsam ausgehandelt worden war, hatte man theoretisch mithilfe des **Gottesgnadentums** erklärt: Wer herrschte, tat dies im Auftrag und mit dem Segen Gottes. Diese Begründung von Herrschaft war also transzendenter Natur und nicht verhandelbar.

„Glorious Revolution" 1688/89: erneute Auseinandersetzung zwischen Parlament und absoluter Monarchie in Großbritannien → Stärkung des Parlamentarismus auf Kosten der Krone

transzendent: der Erfahrung nicht zugänglich, übersinnlich/-natürlich

Unter dem Eindruck der Ereignisse in England und des Freiheitskampfes der protestantischen Niederlande gegen die spanische Besatzungsmacht entstanden aber neue staatsphilosophische Ansätze. Diese erklärten den Staat nicht mehr primär religiös, sondern gingen davon aus, dass Menschen, um in einem Staat zu leben, einen **Gesellschafts-/Staatsvertrag** geschlossen hätten: Im **Naturzustand** mit allen Rechten (Naturrecht) ausgestattet, hätten sie diese Rechte an einen Souverän delegiert, um sich vor ihren Mitmenschen zu schützen. Der Souverän garantiere für Leben, Sicherheit und Eigentum der Untertanen, könne diese aber auch zu seinem und des Staates Nutzen in die Pflicht nehmen. Der englische Philosoph **Thomas Hobbes** (1588–1679) zeichnete ein pessimistisches Bild des Naturzustands, in dem der Mensch dem Menschen ein Wolf, das Leben demzufolge hart, schmerzhaft und kurz sei. **John Locke** beschrieb den Naturzustand dagegen etwas versöhnlicher, nutzte die Idee eines

John Locke (1632–1704): englischer Philosoph und Staatstheoretiker

Charles-Louis de Secondat, Baron de La Brède et de **Montesquieu** (1689–1755): französischer Philosoph und Staatstheoretiker

Jean-Jacques Rousseau (1712–1778): Philosoph, Pädagoge und Schriftsteller aus Genf

Gesellschaftsvertrags aber dazu, erste Grundzüge einer Theorie der bürgerlichen Gesellschaft zu entwickeln. Darin spielten der Begriff und der Schutz des Eigentums eine zentrale Rolle. Aus den Erfahrungen des Bürgerkriegs heraus entwickelte Locke auch ein Modell der **Gewaltenteilung**, d. h. der wechselseitigen Kontrolle der Herrschenden zum Besten der Untertanen. Eine leicht abweichende Konzeption, die dasselbe Ziel verfolgte, wurde später von **Charles de Montesquieu** entworfen. Von der Vorstellung eines demokratischen Staatswesens waren diese Philosophen jedoch noch weit entfernt. Überhaupt waren die Aufklärer keine Generation des politischen Aufruhrs. Viele von ihnen standen im Dienst ihrer Fürsten und hatten daran wenig auszusetzen. Dennoch legten sie die Grundlagen für die spätere Weiterentwicklung ihrer Ideen.
Ein weiterer Vertragstheoretiker war **Jean-Jacques Rousseau**. Im Gegensatz zu Hobbes und Locke beschrieb er den Naturzustand als das wiederherzustellende, durch die Entwicklung der Zivilisation verlorene Ideal. Erst durch die Entstehung sozialer Verbindungen sowie des Eigentums hätten sich die negativen Eigenschaften der Menschen ausgebildet. Um die neuen Probleme wie den Gegensatz von Arm und Reich zu überwinden, forderte Rousseau einen Staat, in dem der **Allgemeine Wille** (volonté générale) verwirklicht sei, der auf das Gemeinwohl abziele und jedem Einzelnen nütze, sich aber von der reinen Summe der Einzelinteressen (volonté de tous) oder auch dem Mehrheitswillen (volonté de la majorité) unterscheide. Er komme unter idealen Bedingungen zustande, wenn die am Staat beteiligten Individuen frei von Zwang und Gruppeninteressen entscheiden könnten und dabei dem Gemeinwohl den Vorrang einräumen würden. Letztlich bleibt offen, wie der Allgemeine Wille ermittelt werden kann. Dies führte dazu, dass in bestimmten modernen Ideologien, insbesondere dem Marxismus-Leninismus, und den entsprechenden totalitären Regimen einige wenige die Interessen des Gemeinwesens und damit der einzelnen Bürger festlegen zu können glaubten.

Pädagogik und Bildung

Das christliche Menschenbild des Mittelalters hatte wenig Aufmerksamkeit auf **Fragen der Kindeserziehung** gelegt. Der Mensch hatte sich in sein gottgegebenes Schicksal zu fügen; Lesen und Schreiben waren im Wesentlichen dem geistlichen Stand vorbehalten. Mit der Säkularisierung und der Entwicklung einer weltlichen Gelehrsamkeit gewann der Blick auf die Kindheit neue Facetten. Gemälde dieser Zeit zeigen Kinder nicht mehr als kleine Erwachsene, sondern spielend und lachend. Ab dem 18. Jahrhundert machte man sich weitere Gedanken über ihre Erziehung und sondierte, wie man positiven Einfluss auf die kindliche Seele nehmen konnte. Dabei ging es um die individuelle Ausbildung der Kinder sowie um deren soziale Fähigkeiten und Nützlichkeit für die Gesellschaft. Das bekannteste Werk der Aufklärungspädagogik ist Rousseaus Roman „Emile oder über die Erziehung" (1762), in dem der Protagonist alle Stufen der Erziehung vom Säugling bis zum Bürger und Gläubigen durchläuft, wobei sein Erzieher ihm alle Möglichkeiten der Selbstentfaltung und des eigenen Entdeckens und Erfahrens gewährt.

Die Betonung der sozialen Verpflichtung des Einzelnen wurde nach dem Ende der Aufklärung durch den **Neuhumanismus** zurückgedrängt, der sich stärker an der Entwicklung der individuellen geistigen Fähigkeiten ausrichtete. Hierfür orientierte man sich vor allem am Bildungskanon der Antike und räumte den alten Sprachen den Schwerpunkt im Lehrplan des deutschen Gymnasiums (als Produkt neuhumanistischen Denkens) ein. Die Aufwertung der Natur- und Gesellschaftswissenschaften und des neusprachlichen Unterrichts zog sich ab dem Ende des 19. Jahrhunderts über Jahrzehnte hin. Hier war die **Pädagogik der Aufklärung** schon viel breiter aufgestellt gewesen.

Mochten sich Bildungstheoretiker auch darüber streiten, ob es mehr um die individuelle Selbstvervollkommnung oder die Förderung des gesellschaftlichen Nutzens gehen sollte: Zentrales Moment der Bildungswelt der Aufklärung war die systematische Ausdehnung auf alle Sachgebiete. Fragen und Forschen war jetzt auf allen Gebieten menschlichen Interesses erlaubt. Dies führte zum einen zum **Aufstieg der Natur- und Geisteswissenschaften** neben den etablierten Fakultäten Theologie, Medizin und Rechtswissenschaften, zum anderen dazu, dass Wissen gesammelt wurde, um möglichst viele Menschen daran teilhaben zu lassen. Das bekannteste Projekt war die französische **Encyclopédie**, ein 35-bändiges Lexikon, in dem führende Gelehrte Frankreichs das verfügbare akademische Bildungswissen sammelten, aber auch praktische Einblicke in damalige Handwerks- und Ingenieurberufe gaben. Zahlreiche Illustrationen erhöhten die Nutzbarkeit. Die Wissenschaft der Aufklärung tat also viel dafür, **Wissen zu verbreiten** und zu popularisieren.

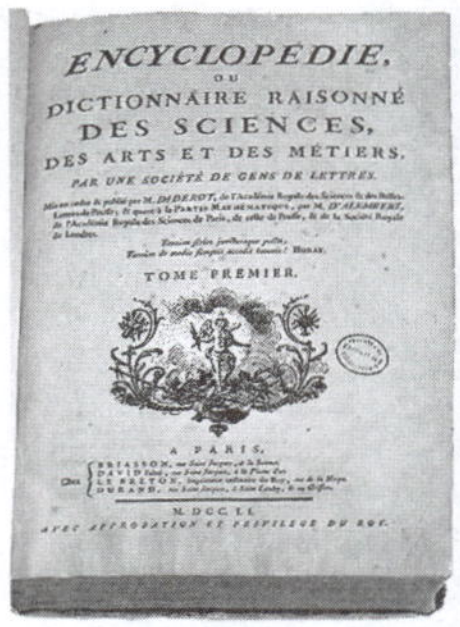

Die **Encyclopédie** (hier die Titelseite des ersten Bands) entstand 1751–1780 unter der Leitung von Denis Diderot und Jean Baptiste le Rond d'Alembert.

Darüber hinaus erkannten zahlreiche Landesherren den wirtschaftlichen Nutzen einer besser ausgebildeten Bevölkerung. Deshalb gründeten sie neue **Hochschulen** im Geiste der Aufklärung. Auf ihre Veranlassung hin kam es zudem vielerorts zur Gründung von Gesellschaften oder **Akademien**, in denen Wissenschaftler aller Fachgebiete zum gelehrten Austausch zusammenkamen. Fernab dieser Wissenszentren traf sich das lokale Bürgertum in **Salons**, in denen es Anteil am philosophischen und literarischen Geist der Zeit nahm.

Religion

Obwohl die **Theologie** im 18. Jahrhundert ihr Monopol auf die verbindliche Deutung der Welt einbüßte, war die Aufklärung kein Zeitalter des Atheismus. Dennoch: Auch der christliche Glaube wurde auf den Prüfstand gestellt. So blühte die **Theodizee-Frage** wieder auf: Wenn Gott allmächtig und gütig war, wie konnte er so viel Leid und Unheil zulassen? Anlass für die intensive Auseinandersetzung mit diesem Thema war das **Erdbeben von Lissabon**, das die blühende portugiesische Metropole am 1. November 1755 zerstörte.

Erdbeben von Lissabon: 1755 Zerstörung der Stadt Lissabon durch ein Erdbeben mit nachfolgendem Tsunami, zahlreiche Opfer

Zudem entwickelten sich, gegenüber den an der Überlieferung der katholischen Amtskirche bzw. den protestantischen Bekenntnisschriften des 16. Jahrhunderts ausgerichteten Glaubensauslegungen, konkurrierende Religionsauffassungen. Die bekannteste war hier der **Deismus:** Er reduzierte die Rolle Gottes auf die Erschaffung der Welt und wies dem Menschen eine **Eigenverantwortung** bei deren Gestaltung zu. Mindestens so gravierend war die **Beschränkung des kirchlichen Strafenkatalogs:** Krankheiten, Naturkatastrophen und andere Schicksalsschläge konnten in dem Maße nicht mehr als Bestrafung für die Sünden der Menschen angeführt werden, in dem die wissenschaftliche Neugier hierfür natürliche Erklärungen fand und zugleich Anstrengungen zur Prävention vornahm (z. B. Hygienevorschriften).

Gotthold Ephraim Lessing (1729–1781)

Entscheidender war jedoch der nachlassende Druck auf die Untertanen: Wenn Religion nicht mehr die zentrale Rolle spielte, konnte man auch andere Konfessionen oder gar Religionen dulden. Daher war **Toleranz** eine der zukunftsweisenden Entwicklungen der Aufklärung. Mit seinem Drama „Nathan der Weise“ (1779) und der Ringparabel hat **Gotthold Ephraim Lessing** (1729–1781) der Toleranz sowie dem Deismus ein unvergängliches Denkmal gesetzt. Von dieser Entwicklung profitierten vor allem die **Juden**. Sie hatten über Jahrhunderte ein Leben am Rande der christlichen Gesellschaft geführt. Jetzt kam es zu ersten Schritten hin zu ihrer Integration; Zugangsschranken wurden beseitigt. Die Juden antworteten darauf mit einer Reform ihrer Glaubensvorstellungen, verstärkter kultureller Assimilation und der Haskala, einer spezifisch jüdischen Aufklärung. Deren berühmtester Vertreter war der Berliner Philosoph **Moses Mendelssohn** (1729–1786). So begann eine Erfolgsgeschichte **jüdischer Emanzipation**, die im Laufe des 19. Jahrhunderts zur rechtlichen Gleichstellung der jüdischen Bevölkerung führen sollte.

2 Die Amerikanische Revolution

Am **4. Juli 1776** erklärten **13 britische Kolonien** an der Ostküste des nordamerikanischen Kontinents ihre Unabhängigkeit vom Mutterland und gründeten die **Vereinigten Staaten von Amerika**. Dieses epochemachende Ereignis kann man als eine der wichtigsten praktischen Folgen der Aufklärung ansehen; es war aber durch weitere Faktoren bedingt.

2.1 Die englischen Kolonien im 17./18. Jahrhundert

Die Erschließung Nordamerikas durch englischsprachige Siedler begann Anfang des 17. Jahrhunderts. Folgten die Auswanderer zuerst vor allem wirtschaftlichen Aussichten, so kamen bereits im frühen 17. Jahrhundert europäische Glaubensflüchtlinge, meist englische **Puritaner**, dazu, die ihre Form des Protestantismus unter der Dominanz der anglikanischen Staatskirche Englands nicht durchsetzen konnten. In Amerika wollten sie ihre Vorstellungen eines gottgefälligen Lebens in die Tat umsetzen; dabei brachten sie die Ideen der Gemeindeorganisation und der Selbstverwaltung mit. Als erste Vertreter dieser Gruppe gelten die Passagiere der **„Mayflower“**, die 1620 in Plymouth aufbrachen und nahe der heutigen Stadt Provincetown (Massachusetts) anlegten.

Puritaner (lat. „puritas“ = Reinheit): strenggläubige Protestanten in England und Schottland (v. a. 16. und 17. Jahrhundert), die die anglikanische Kirche umfassend reformieren und von katholischen Elementen „reinigen“ wollten

Jede der 13 britischen Kolonien, die im Laufe des 17./18. Jahrhunderts gegründet wurden, hat ihre eigene Geschichte. Je nach den klimatisch-geografischen Bedingungen unterschieden sich Siedlungszweck, Nutzung des Landes und die sich herausbildenden Gesellschaftsformen teilweise deutlich: Die nördlichen Kolonien (Neuengland: Massachusetts, Rhode Island, Connecticut, New Hampshire) waren von puritanischen Einwanderern geprägt, die agrarische Siedlungen nach europäischem Vorbild errichteten. In den südlicheren Kolonien (Maryland, Delaware, Georgia, Virginia, North Carolina, South Carolina) bildete sich durch die dort praktizierte **Plantagenwirtschaft**, die Tabak und Baumwolle für den europäischen Markt produzierte, schnell eine Farmeraristokratie heraus, die das politische Leben dominierte. Darüber hinaus veranlasste der hohe Arbeitskräftebedarf die Siedler, **afrikanische Sklaven** ins Land

Der von den „Pilgrim Fathers“ („Pilgerväter“) der „Mayflower“ geschlossene Vertrag über die Grundlagen ihres Gemeinwesens zählt zu den Gründungsmythen der USA und wurde entsprechend oft dargestellt (hier: Stich von Gauthier, 1859, nach einem Gemälde von Tompkins Harrison Matteson).

zu holen, die einen beträchtlichen, aber völlig rechtlosen Teil der Bevölkerung ausmachten. Die Mittelkolonien (New York, New Jersey, Pennsylvania) waren multiethnisch geprägt, da dort auch andere europäische Siedler lebten. An der Westgrenze des gesamten Kolonialgebiets traf der Landhunger der stetig nachdrängenden Einwanderer auf die **indigene Bevölkerung**, die als rechtlos angesehen und oft bekriegt wurde.

indigene Bevölkerung = amerikanische Ureinwohner (Native Americans): Der Begriff „Indianer" ist eine Fremdbezeichnung und geht auf die Entdeckung Amerikas durch Christoph Kolumbus 1492 zurück, der glaubte, in Indien gelandet zu sein.

Bis Mitte des 18. Jahrhunderts erfreuten sich die Kolonien weitgehender Selbstständigkeit im Rahmen der „wohlwollenden Vernachlässigung" **(salutary neglect)**. Zwar gab es (neben Charter- und Eigentümerkolonien) Kronkolonien, die von einem königlichen Gouverneur regiert wurden; der administrative Zugriff des Mutterlandes auf die Kolonien war jedoch minimal, allein schon, weil die Distanz erheblich und die direkte Ausübung von Herrschaft und Kontrolle aufwendig war. Dies ermöglichte eine gesellschaftliche Entwicklung, die zwar von zeitgenössischem Gedankengut Europas (vor allem christlich-individualistisch geprägten Ideen der **Aufklärung**), zugleich aber auch von den Besonderheiten der **Siedlergesellschaft** selbst beeinflusst wurde. So fehlte in Amerika die Aristokratie als dominierende Gruppe, was der Selbstorganisation entgegenkam und besonders in den nördlichen Kolonien für eine insgesamt flachere Sozialstruktur sorgte. Zudem hatten sich Parlamente nach dem Vorbild des Mutterlandes **(assemblies)** herausgebildet, die die politische Debattenkultur förderten und ein Gegengewicht zum Amt des Gouverneurs darstellten. Auf diese Weise konnte sich eine **bürgerliche Öffentlichkeit** entwickeln, in der politische Fragen, v. a. in der Presse, kontrovers diskutiert wurden.

2.2 Der Weg zur Unabhängigkeit (1763–1783)

French and Indian War (1754–1763): nordamerikanischer Ausläufer des Siebenjährigen Kriegs in Europa (1756–1763), Auseinandersetzung zwischen den Kolonialmächten Großbritannien und Frankreich (jeweils unterstützt von indigenen Stämmen)

Appalachen: Gebirgskette im Osten von Nordamerika

Diese Phase endete mit dem **French and Indian War**, durch den die Briten ihre Vormachtstellung in Nordamerika gegen die Franzosen sichern konnten. Frankreich, das zuvor sein Interessengebiet vom heutigen Kanada aus tief nach Süden ins Hinterland der britischen Kolonien vorgeschoben hatte, schied als politischer Faktor in dieser Region aus. Dies bot den Siedlern weiteren Entwicklungsspielraum im Westen. Umso enttäuschter waren sie, als die britische Regierung 1763 den Appalachenkamm als vorläufige **Siedlungsgrenze** festlegte. Zudem gedachte das britische Kabinett, die amerikanischen Kolonien an der Abtragung der **hohen Kriegsschulden** zu beteiligen. Die **Besteuerung** der Kolonisten – vorzugsweise durch Zölle auf bestimmte Importwaren (Sugar Act 1764) – sollte nun konsequenter durchgeführt werden; außerdem wollte man eine – erstmals direkte – Steuer auf Druckerzeugnisse (Stamp Act 1765) erheben. Dies stieß aber ebenfalls auf großen Widerstand. **„No taxation without representation“** lautete das Schlagwort, in das eine erste Versammlung des Großteils der Kolonien **(Stamp Act Congress)** 1765 ihren Protest kleidete. Es war aber wohl vor allem der Boykott britischer Waren, der die Regierung in London auf Bitten englischer Kaufleute zur Rücknahme der Stempelsteuer veranlasste. Dennoch kam es 1767 zu neuen Zöllen, begleitet vom Versuch, die königliche Verwaltung in den Kolonien systematisch auszubauen. Als Reaktion auf die britische Politik formierten sich die Kolonisten unter anderem in patriotischen Organisationen wie den **„Sons of Liberty“**.

Die Lage spitzte sich zu, als britische Soldaten am 5. März 1770 in Boston fünf Demonstranten erschossen **(„Boston Massacre“)**. Die große Erregung in den Kolonien veranlasste die britische Regierung zur Rücknahme der Zölle, aber nicht der Abgaben auf Tee, den englische Kaufleute nach Amerika einführten. Am 16. Dezember 1773 kam es zur **„Boston Tea Party“**, als Aktivisten der „Sons of Liberty“ die Ladung eines englischen Frachters im Hafen von Boston über Bord warfen. Daraufhin verschärfte die britische Regierung ihren Kurs durch die 1774 erlassenen **„coercive acts“**, eine Reihe von Maßnahmen, die die Kolonie Massachusetts praktisch unter britische Aufsicht stellten und ihrer Wirtschaft schaden sollten. Sie wurden von den Kolonisten als **„intolerable acts“** bezeichnet.

„Boston Tea Party“: Als amerikanische Ureinwohner verkleidete Kolonisten warfen 1773 Tee in das Hafenbecken von Boston (Massachusetts), um gegen den Teezoll zu protestieren.

Durch die guten Kommunikationsnetze der Kolonisten konnte eine umfassende Solidaritätsbewegung entstehen. Um eine weitere Eskalation zu vermeiden, einigten sich alle Kolonien (außer Georgia) auf die Einberufung eines Kongresses **(Erster Kontinentalkongress)**, der im September/Oktober 1774 in Philadelphia tagte. Die Delegierten beschworen die traditionellen Freiheitsrechte der Kolonien und beschlossen einen Wirtschaftsboykott gegen das Mutterland. Das britische Parlament hielt aber am Konfrontationskurs fest und entsandte weitere Truppen, sodass es am 19. April 1775 bei Lexington und Concord zu ersten militärischen Zusammenstößen kam. Daraufhin trat am 10. Mai 1775 der **Zweite Kontinentalkongress** (bald mit Georgia) zusammen, der den Verteidigungszustand ausrief. Das Kommando über die eilig zusammengestellten, schlecht ausgerüsteten Truppen übernahm **George Washington**.

Thomas Jefferson (1743–1826): Anwalt und Abgeordneter aus Virginia, dritter Präsident der USA (1801–1809)

Bisher war die politische Unabhängigkeit der Kolonien noch nicht gefordert worden. Dies änderte sich, als Thomas Paine im Januar 1776 die Flugschrift **„Common Sense"** veröffentlichte und darin die Vision einer Zukunft der Kolonien ohne die überkommene, korrupte Herrschaft des Mutterlandes entwarf. Nun nahm die öffentliche Diskussion Fahrt auf, sodass der Zweite Kontinentalkongress am **4. Juli 1776** die Unabhängigkeit der 13 Kolonien erklärte. Die **Unabhängigkeitserklärung** – maßgeblich von **Thomas Jefferson** verfasst – ist ein Schlüsseldokument der westeuropäisch-atlantischen Geschichte. Grundlage der Argumentation ist der **Gleichheitsgrundsatz** („all men are created equal"), der sich aus den natürlichen Rechten jedes Menschen ableite, darunter Leben, Freiheit und das Streben nach Glück („pursuit of happiness"). Aufgabe der Regierung sei es, ebendiese Rechte zu schützen. Die Regierung beruhe auf der Zustimmung der Regierten, weshalb diese Widerstand leisten dürften, sollte die Regierung ihre Pflichten nicht wahrnehmen. Anschließend wurden zahlreiche Beschwerden gegen König George III. aufgelistet. Mit der Unabhängigkeitserklärung machten die Kolonien nach ihrem Selbstverständnis also von ihrem natürlichen Recht Gebrauch.

ZITAT

Auszug aus der Unabhängigkeitserklärung vom 4. Juli 1776[3]

Folgende Wahrheiten erachten wir als selbstverständlich: dass alle Menschen gleich geschaffen sind; dass sie von ihrem Schöpfer mit gewissen unveräußerlichen Rechten ausgestattet sind; dass dazu Leben, Freiheit und das Streben nach Glück gehören; dass zur Sicherung dieser Rechte Regierungen unter den Menschen eingerichtet werden, die ihre rechtmäßige Macht aus der Zustimmung der Regierten herleiten; dass, wenn irgendeine Regierungsform sich für diese Zwecke als schädlich erweist, es das Recht des Volkes ist, sie zu ändern oder abzuschaffen und eine neue Regierung einzusetzen und sie auf solchen Grundsätzen aufzubauen und ihre Gewalten in der Form zu organisieren, wie es zur Gewährleistung ihrer Sicherheit und ihres Glücks geboten zu sein scheint.

Aus dem **Unabhängigkeitskrieg** (1775–1783) gingen die Kolonisten trotz technischer Überlegenheit der britischen Soldaten siegreich hervor. Das lag an ihrer Motivation, für die eigene Sache zu kämpfen, und ihrer guten Ortskenntnis. Ab 1778 erhielten sie ferner die Unterstützung französischer Truppen. Auf die Minderheit britischer **Loyalisten** wurde starker Druck ausgeübt, sodass sie den Regierungstruppen wenig Hilfe gewähren konnten. Im Frieden von Paris 1783 wurde die Unabhängigkeit der USA vom ehemaligen Mutterland bestätigt. Die Gebiete nördlich der Großen Seen im heutigen Kanada blieben aber britisch.

info

Revolution oder Unabhängigkeitskrieg?

In der Forschung ist umstritten, ob der Befreiungskampf der Kolonien als Revolution oder Unabhängigkeitskrieg bezeichnet werden soll. Um dies zu erörtern, ist es sinnvoll, gängige Definitionen des Revolutionsbegriffs heranzuziehen. Im Gegensatz zu friedlichen **Reformen** stehen **Revolutionen** oft am Höhepunkt einer Krise, werden meist gewaltsam durchgeführt und haben beschleunigte Veränderungsprozesse und einen Bruch politisch-gesellschaftlicher Strukturen zur Folge. **Politische Revolutionen** beseitigen bisherige Herrschaftsträger und errichten neue Staatsordnungen oder Verfassungen. Bei **sozialen Revolutionen** geht es mehr um die Auflösung gesellschaftlicher, durch ökonomische Ungleichheit bedingter Spannungen (z. B. durch Um-/Neuverteilung von Besitz), wobei damit in der Regel auch ein politischer Umsturz verbunden ist. Träger politischer Revolutionen war im 18. und 19. Jahrhundert meist das Bürgertum, dessen wirtschaftlichem Aufstieg keine entsprechende politische Aufwertung gefolgt war **(bürgerliche Revolution)**. Bei einer **proletarischen Revolution** sind es gemäß dem im 19. Jahrhundert entstandenen Marxismus die armen Schichten der Bevölkerung (das Proletariat), die die bürgerliche Wirtschaftsordnung attackieren. **Nationale Revolutionen** betonen die Selbstbestimmung einer (zumindest im eigenen Verständnis) fremdbeherrschten Gruppe: Hier wird die Freiheit nicht innergesellschaftlich, sondern gegen eine äußere Macht erkämpft. Allen Revolutionen gemeinsam ist die Beteiligung deutlich breiterer Bevölkerungskreise als bei einer **Revolte** oder einem **Putsch/Staatsstreich**, die in der Regel nur von einer kleinen Gruppe getragen werden.
Da es den Kolonisten an zentralen politischen Institutionen fehlte, besaß ihr Protest den Charakter einer breiten Bewegung „von unten". Außerdem war die Legitimation des eigenen Vorgehens durch aufklärerisches Gedankengut eine radikale Neuerung. Für eine „American Revolution" sprechen ferner die Gewaltsamkeit des Vorgehens beider Parteien sowie die Beschleunigung des Geschehens ab 1763 bzw. 1773. Gegen eine Revolution und für einen zwischenstaatlichen Konflikt, d. h. einen Unabhängigkeitskrieg, spricht, dass in den Kolonien kein Kampf um eine Neuordnung ausgetragen wurde, die eine Kluft zwischen gesellschaftlicher Entwicklung und politischer Stagnation schließen sollte. Vielmehr ging es den Siedlern um die Wahrung von Privilegien, während der Veränderungsdruck zunächst vom britischen Mutterland ausging. Die Kolonisten beriefen sich wie ihre Gegner auf bisherige, wenn auch andere Traditionen. Entsprechend sollte auch die etablierte Ordnung eher verteidigt als neu gestaltet werden. Sieht man die Ereignisse trotzdem als politische Revolution, so waren deren Ziele also geradezu konservativ. Zutreffender wäre das Konzept der nationalen Revolution: Als die britische Krone ihre theoretischen Herrschaftsansprüche praktisch geltend machte, stieß sie auf den Selbstbehauptungswillen einer inzwischen eigenständigen politischen Kultur, die ein so großes Selbstbewusstsein entwickelt hatte, dass sie keine Anstalten machte, sich den Anordnungen von jenseits des Atlantiks zu unterwerfen. Eine soziale Revolution hat indes nicht stattgefunden.

2.3 Die Verfassung von 1787/1791

Die **US-Verfassung** ist bis heute in Kraft, wurde aber im Laufe der Zeit um verschiedene **Amendments** (Zusätze) ergänzt, wie z. B.:
- Recht auf Besitz und Tragen von Waffen (1791)
- Verbot der Sklaverei (1865)
- keine Wahlrechtsbeschränkung wegen Rasse und Hautfarbe (1870)
- Frauenwahlrecht (1920)
- 2 Wahlperioden (8 Jahre) als maximale Amtsdauer des Präsidenten (1951)
- Senkung des Wahlalters auf 18 (1971)

Vier Jahre nach Ende des Unabhängigkeitskriegs erhielten die Vereinigten Staaten ihre **Verfassung**. Deren Väter mussten zahlreiche Kompromisse finden, denn nachdem man keinen gemeinsamen Feind mehr hatte, traten die unterschiedlichen Interessen der Kolonien, die sich unabhängig voneinander entwickelt hatten, wieder deutlich zutage. Das Ergebnis war eine **föderale Republik mit Präsidialsystem**, die die einzelstaatlichen Befugnisse und die zentralstaatlichen Kompetenzen in ein Gleichgewicht brachte. Charakteristisch ist auch die sorgfältig ausgearbeitete **Gewaltenteilung** zwischen Exekutive, Legislative und Judikative. Staatsoberhaupt ist der in allgemeiner, gleicher sowie indirekter Wahl gewählte Präsident (Exekutive). Ihm steht der Kongress, ein Zweikammerparlament (Legislative), gegenüber: In den Senat entsendet jeder Bundesstaat (unabhängig von seiner Größe) zwei Mitglieder. Das Repräsentantenhaus besteht aus Abgeordneten, die das amerikanische Volk repräsentieren und deren Anzahl sich nach der Bevölkerungszahl der Einzelstaaten richtet. Die beiden Kongresskammern sind durch wechselseitige Kontrollaufgaben **(„Checks and Balances")** verbunden, genau wie Exekutive und Legislative, die außerdem bei der Bestellung der obersten Richter im Supreme Court (Judikative) zusammenwirken.

Erster Präsident der USA (1789–1797) war **George Washington** (1732–1799), zuvor Abgeordneter für Virginia und Kommandeur der Kontinentalarmee.

Wahlmänner: Zwischeninstanz bei indirekten Wahlen; Anzahl abhängig von der Bevölkerungszahl der einzelnen Bundesstaaten

Die Verfassung der Vereinigten Staaten von Amerika

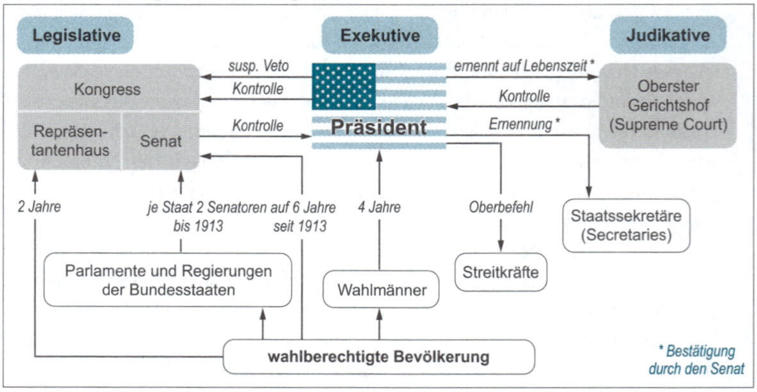

1789 verabschiedete der Kongress einen Grundrechtskatalog, die **Bill of Rights**. Hier spiegeln sich die Konflikte wider, die zum Unabhängigkeitskrieg geführt hatten, da darin das Recht, Waffen zu tragen, ebenso verankert wurde wie der Schutz vor ungerechtfertigter Einquartierung von Soldaten. Auch dürfen Presse- und Versammlungsfreiheit nicht eingeschränkt werden, eine Staatsreligion ist verboten.

Wesentlichen Einfluss auf die Ausarbeitung sowohl der Unabhängigkeitserklärung als auch der amerikanischen Verfassung hatte die **Virginia Bill of Rights**, die bereits im Juni 1776 in Virginia verabschiedet worden war. Sie enthielt unter anderem das Recht auf Eigentum und Sicherheit, den Schutz vor willkürlicher Verhaftung und das Recht auf Aussageverweigerung. Festgehalten wurden zudem Gewaltenteilung, Volkssouveränität und das Recht auf freie Wahlen.

George Washington als Vorsitzender des Verfassungskonvents 1787 (Junius Brutus Stearns, 1856)

200-Jahr-Feier der US-Verfassung in Washington 1987: Das Banner trägt die Anfangsworte der Konstitution: „We the People".

In der Realität erstreckte sich allerdings die in der Verfassung festgehaltene politische Freiheit des amerikanischen Volks weder auf die afroamerikanische noch auf die indigene Bevölkerung. Erst 1870 legte das 15. Amendment fest, dass das Wahlrecht unabhängig von Rasse und Hautfarbe gewährt werden müsse. Darüber hinaus waren Frauen bis 1919/20 von Wahlen ausgeschlossen. Im Übrigen durfte zunächst nur wählen, wer über Besitz verfügte, was auch rund ein Viertel der männlichen weißen Bevölkerung ausschloss. Die Sklavenproblematik war von Anfang an umstritten, wurde zunächst nicht gelöst und erst im **Amerikanischen Bürgerkrieg** entschieden.

Amerikanischer Bürgerkrieg (1861–1865): Konflikt zwischen den Nord- und Südstaaten, wichtiger Streitpunkt: unvereinbare Positionen in der Sklavenfrage; 1865 Sieg der Nordstaaten, Abschaffung der Sklaverei (13. Amendment)

Die Unabhängigkeit und Verfassung der USA waren **epochemachende Ereignisse**. Als Land der Freiheit und der unbegrenzten Möglichkeiten wurden die Vereinigten Staaten zum Vorbild und Sehnsuchtsort zahlreicher demokratisch und republikanisch gesinnter Europäer. Die Impulse, die von der amerikanischen Freiheitsbewegung ausgingen, sollten sich kurz darauf auch in Frankreich bemerkbar machen.

Die Geschichte der USA wird heute nach wie vor zumeist aus Sicht der europäischen Einwanderer erzählt. Die **indigene Bevölkerung** kommt darin nur am Rande vor. Im Gegensatz zum spanischen Kolonialismus in Lateinamerika gab es im Verhältnis beider Gruppen weniger Wechselwirkungen und kulturelle Austauschprozesse. Das lag auch am religiös gespeisten **Selbstbewusstsein vieler Siedler,** die in Nordamerika ein neues gelobtes Land errichten wollten, in dem für die Ureinwohner kein Platz war. Die Westausbreitung der USA erfolgte ausschließlich zulasten der Native Americans, die einem schleichenden **Genozid** (Völkermord) ausgesetzt waren.

3 Die Französische Revolution

Lernvideo: **Die Französische Revolution**

Für die revolutionären Ereignisse in Frankreich, die Europa ab Frühjahr 1789 für fast eine Generation in Atem halten sollten, stellten die durch die Aufklärung herbeigeführten kulturellen Veränderungen einen von vielen Bedingungsfaktoren dar. Aber auch die Ereignisse in Amerika wurden verfolgt, einzelne Akteure brachten sogar ihre Erfahrungen aus dem amerikanischen Unabhängigkeitskrieg ein. Im Laufe der Französischen Revolution fanden politische und soziale Veränderungen statt, die geradezu idealtypisch für das Aufbegehren unterprivilegierter Kreise gegen eine überkommene Herrschaft einiger weniger sind.

3.1 Die Krise des Ancien Régime

Absolutismus: monarchische Herrschaft, die nicht durch eine Ständeversammlung oder ein Parlament eingeschränkt wird

Die große Erzählung der Revolution beginnt mit den diversen **Krisenphänomenen** im vorrevolutionären Frankreich. Das **Ancien Régime**, die oft als „absolutistisch" bezeichnete Monarchie der französischen Könige, hatte die Ressourcen des Landes seit fast zwei Jahrhunderten überfordert. Obwohl die französische Krone ihre Untertanen mit einer hohen Steuerlast belegte, war die Staatsverschuldung so stark angestiegen, dass in der zweiten Hälfte des 18. Jahrhunderts ständig der **Staatsbankrott** drohte. Gründe hierfür waren zahlreiche Kriege sowie die aufwendige Hofhaltung in Versailles, mit der die Monarchie den französischen Adel an sich band und kontrollierte. Politisch war der Adel seit Langem entmachtet; bürgerliche Beamte übernahmen stattdessen die Verwaltungsaufgaben. Zudem war die Vorstellung eines einheitlichen Staatsgebildes eine Illusion. Bis 1789 war Frankreich kein einheitlicher Binnenmarkt, sondern von Zollgrenzen durchzogen.

Versailles (Pierre Patel, 1668) wurde unter dem „Sonnenkönig" Ludwig XIV. (1643–1715) zur größten barocken Schlossanlage ausgebaut. Bis heute ist es Symbol für die Zeit des Absolutismus und für die Macht Frankreichs im 17./18. Jahrhundert.

In den 1770er- und 1780er-Jahren traten mehrere krisenverschärfende Ereignisse hinzu: Der **Siebenjährige Krieg**, der als „French and Indian War" auch in Nordamerika geführt wurde, verschlang enorme Summen. Eine Missernte 1774 ließ den **Brotpreis** (ein zuverlässiger Indikator für die Stimmung in den unteren Bevölkerungsschichten) ansteigen – just zu einer Zeit, als sich der Minister Jacques Turgot um Sparmaßnahmen und marktliberale Ansätze bemühte. Sein Nachfolger Charles de Calonne versuchte es mit weiteren **Wirtschaftsreformen**, scheiterte aber vor allem am Widerstand der mit Adligen besetzten Gerichtshöfe (Parlamente). Hier stieß die alte, auf die Grundherrschaft aufbauende Feudalverfassung auf moderne ökonomische Gedanken, die anpassungsfähigere Strukturen schaffen wollten. **Ludwig XVI.** sah sich angesichts der verfahrenen politischen Lage 1787 gezwungen, eine Versammlung aus hochrangigen Beratern **(Notabeln)** einzuberufen. Da jedoch deren Mitglieder hauptsächlich Privilegierte des alten Systems waren, gingen von ihr letztlich keine Reformimpulse aus. Immer stärker trieb die Entwicklung auf ein vorrevolutionäres Fanal zu: Im August 1788 berief der König die **Generalstände** ein, was seit 1614 nicht mehr geschehen war.

Ludwig XVI. (1754–1793): ab 1774 französischer König aus dem Haus der Bourbonen, 1792 abgesetzt, 1793 hingerichtet

3.2 Von den Generalständen zur Nationalversammlung

Unter diesen Umständen barg die Zusammensetzung der Generalstände besonderen Sprengstoff: Die 900 Mitglieder kamen zu je einem Drittel aus dem ersten, zweiten und dritten Stand. Das entsprach keinesfalls den Anteilen an der Bevölkerung, da der dritte Stand rund 98 % ausmachte. Hierüber wurde nun im aufgeklärten Bürgertum lebhaft diskutiert und es konstituierte sich eine bürgerliche Öffentlichkeit, die dem alten ständischen Gremium mit **modernen Repräsentativvorstellungen** gegenübertrat und offensive Forderungen stellte. Ende 1788 erlaubte Ludwig XVI. zwar die Verdopplung der Abgeordneten des Dritten Standes, allerdings hielt man am bisherigen Abstimmungsverfahren nach Ständen (statt Köpfen) fest. Im Januar 1789 entwarf der Abbé Emmanuel Joseph Sieyès in der Flugschrift „Was ist der Dritte Stand?" die These, dass eine **Nation** aus Menschen bestehe, die unter einem gemeinsamen Gesetz lebten. Diese Idee einer Nation schloss die privilegierten, unter eigenem Recht stehenden Stände des Adels und des Klerus aus und begründete den Alleinvertretungsanspruch des Dritten Standes. Während sich in Nordamerika die Kolonisten im Widerstand gegen die britische Regierung als Nation zusammenfanden, wurde in Frankreich der Nationsbegriff gegen die Vorstellung einer Ständegesellschaft entworfen.

Generalstände (frz. „États généraux"): Versammlung aus Vertretern der drei Stände Klerus, Adel und Dritter Stand (Bürger, Bauern); ständisches Element der Monarchie, in dem die monarchische Zentralgewalt in gewissem Umfang kontrolliert wurde

Als Ludwig XVI. am 5. Mai 1789 die Generalstände eröffnete und wenig Kompromissbereitschaft erkennen ließ, erklärten sich die Abgeordneten des Dritten Standes (meist gut ausgebildete Juristen) am 17. Juni 1789 zur **Nationalversammlung** und beanspruchten für sich, die einzig legitime Vertretung des französischen Volks zu sein. Kurz darauf, am 20. Juni 1789, schworen sie sogar, nicht eher auseinanderzugehen, bis sie eine

Der **Ballhausschwur** (frz.: „serment du Jeu de paume“) wurde nach dem Tagungsort der Nationalversammlung, der Ballsporthalle in Versailles, benannt.

Verfassung ausgearbeitet hätten **(Ballhausschwur)**; die Nationalversammlung wurde so zur **Constituante**, also zur verfassunggebenden Nationalversammlung. Damit waren die sich überstürzenden Ereignisse am Tagungsort in Versailles zunächst abgeschlossen; die Abgeordneten nahmen vor den Toren von Paris ihre Arbeit auf – und gaben den Staffelstab der Revolution weiter.

3.3 Die Revolution in Paris und auf dem Land

14. Juli: seit 1880 französischer Nationalfeiertag, in Erinnerung an den Sturm auf die Bastille 1789 und das versöhnliche Föderationsfest 1790

Bastille: alte Festung im Zentrum von Paris, die als Gefängnis und Waffenlager diente

blau-weiß-rote Kokarde: Abzeichen (z. B. auf der Kleidung/Kopfbedeckung) in den während der Revolution verwendeten französischen Nationalfarben

Tuilerien (Palais des Tuileries): königlicher Stadtpalast in Paris (1564 gebaut, 1871 zerstört)

In Paris verfolgte man mit Interesse die Entwicklungen in Versailles. Unverändert war die wirtschaftliche Lage der Stadtbevölkerung unbefriedigend. Als Ludwig XVI. den beliebten Minister Jacques Necker entließ und Gerüchte über ein Einschreiten des Militärs gegen die Nationalversammlung die Runde machten, stürmten Pariser Bürger am **14. Juli 1789** die **Bastille**, ein Symbol königlicher Willkürherrschaft. Die Besatzung der Festungsanlage kapitulierte, der Erfolg der aufgewühlten Pariser Bevölkerung wurde zum **Symbol der Französischen Revolution** schlechthin. Ludwig XVI. gab nun nach, setzte Necker wieder ein und zeigte sich in Paris mit der blau-weiß-roten Revolutionskokarde. Zahlreiche Adlige verließen allerdings das Land und gingen als Emigranten in andere europäische Staaten. Schließlich veranlasste der Protestmarsch empörter **Pariser Marktfrauen** nach Versailles am 5./6. Oktober 1789 den königlichen Hof zur Umsiedlung in die Tuilerien. Fortan stand der Monarch unter direkter Beobachtung der städtischen Bevölkerung.
Die dritte Ebene des revolutionären Geschehens war die kürzeste, aber gewaltsamste: Auf dem Land brannten im Sommer 1789 die Adelssitze und Grundbucharchive, in denen die feudalen Besitzverhältnisse festgeschrieben waren. Diese Facette der Revolution trug die Züge eines traditionellen **Bauernaufstands** gegen Abgaben und Frondienste. Zugleich war das Geschehen massenpsychologisch geprägt: Vielfach reichte das Gerücht, dass Räuber- und Bettlerhorden im Nachbarort stünden, um die Bauern zu Forken und Pieken greifen zu lassen.

3.4 Die Arbeit der Constituante bis 1791

Unterdessen kam die Nationalversammlung in Versailles voran und absolvierte in den nächsten zwei Jahren ein umfängliches Reformpensum, das die französische Gesellschaftsordnung auf eine ganz neue Grundlage stellte. In der Nacht vom 4./5. August 1789 schaffte sie alle **Privilegien** ab, hob also die jahrhundertelang bestehende Feudalgesellschaft aus den

Angeln und zog damit einen Schlussstrich unter das Ständesystem und das Ancien Régime. Am 26. August 1789 verabschiedeten die Abgeordneten die **Erklärung der Menschen- und Bürgerrechte**, die alle wesentlichen Grundrechte enthielt, die bis heute maßgeblich für westliche Demokratien sind.

ZITAT

Auszüge aus der Erklärung der Menschen- und Bürgerrechte 1789[4]

Artikel 1: Die Menschen sind und bleiben von Geburt frei und gleich an Rechten. Soziale Unterschiede dürfen nur im gemeinen Nutzen begründet sein.

Artikel 2: Das Ziel jeder politischen Vereinigung ist die Erhaltung der natürlichen und unveräußerlichen Menschenrechte. Diese Menschenrechte sind Freiheit, Eigentum, Sicherheit und Widerstand gegen Unterdrückung.

Artikel 3: Der Ursprung jeder Souveränität ruht letztlich in der Nation. Keine Körperschaften, kein Individuum können eine Gewalt ausüben, die nicht ausdrücklich von ihr ausgeht.

Artikel 4: Die Freiheit besteht darin, alles tun zu können, was einem anderen nicht schadet.

Artikel 10: Niemand soll wegen seiner Meinungen, selbst religiöser Art, beunruhigt werden, solange ihre Äußerung nicht die durch das Gesetz festgelegte öffentliche Ordnung stört.

Artikel 11: Die freie Mitteilung der Gedanken und Meinungen ist eines der kostbarsten Menschenrechte. Jeder Bürger kann also frei schreiben, reden und drucken unter Vorbehalt der Verantwortlichkeit für den Missbrauch dieser Freiheit in den durch das Gesetz bestimmten Fällen.

Die zentralen verfassungsrechtlichen Weichenstellungen trugen die Handschrift der aufgeklärten Eliten, die die Nationalversammlung dominierten. Waren die Generalstände nach dem allgemeinen Wahlrecht bestimmt worden – jeder männliche Franzose über 25 hatte die Vertreter seines Standes wählen dürfen –, favorisierte man nun ein **Zensuswahlrecht**, das die Bürger Frankreichs in Aktiv- und Passivbürger trennte: Letztere besaßen kein Recht zur politischen Partizipation. Das Wahlrecht war fortan von der individuellen Steuerleistung abhängig, sodass nur rund ein Drittel der männlichen Bevölkerung die nötigen Bedingungen erfüllte. Um als Wahlmann zu fungieren oder zum Abgeordneten gewählt zu werden, lag die Messlatte noch höher. Damit blieb die **aktive Teilnahme am politischen Leben** auf Wohlhabende **begrenzt**, so wie sich auch der Kreis der aufgeklärten Bürger in der Regel aus den vermögenden Schichten rekrutierte. Der Liberalismus der Aufklärung blieb also leistungsbezogen und statusorientiert. Umgekehrt führte der Ausschluss vieler politisch Interessierter dazu, dass sich eine außerparlamentarische Opposition bildete, die in **politischen Clubs** in den Städten ein Forum für ihre Forderungen entwickelte.

Nachdem bereits die Wahlrechtsfrage hatte erkennen lassen, dass die Nationalversammlung keineswegs zu Radikalismus neigte, setzte sich diese Haltung in der **Verfassung vom 3. September 1791** fort. Im Zentrum stand die Nationalversammlung als Legislative, die Ausdruck der **Volkssouveränität** und zuständig für die Gesetzgebung war. Die **Monarchie** wurde nicht angetastet, stand also vorerst nicht zur Disposition: Der König blieb Staatsoberhaupt und verkörperte die Exekutive. Im Gegensatz zur parlamentarischen Monarchie besaß er nicht nur repräsentative Funktion, sondern hatte z. B. den Oberbefehl über das Heer und ernannte bzw. entließ die Minister. Zugleich galt für ihn aber das gleiche Gesetz wie für seine Untertanen – er war nicht mehr König von Frankreich, sondern **König der Franzosen**. Viele seiner Aufgaben wurden durch die Legislative kontrolliert. Im Streit um die Frage, ob der Monarch das Recht haben sollte, mit einem Veto die Beschlüsse der Nationalversammlung zu verhindern, hatte man sich auf ein aufschiebendes (suspensives) Veto geeinigt. Die dritte Säule der Gewaltenteilung, die Judikative, war unabhängig, stand jedoch in ihren höheren Instanzen unter Aufsicht der Nationalversammlung.

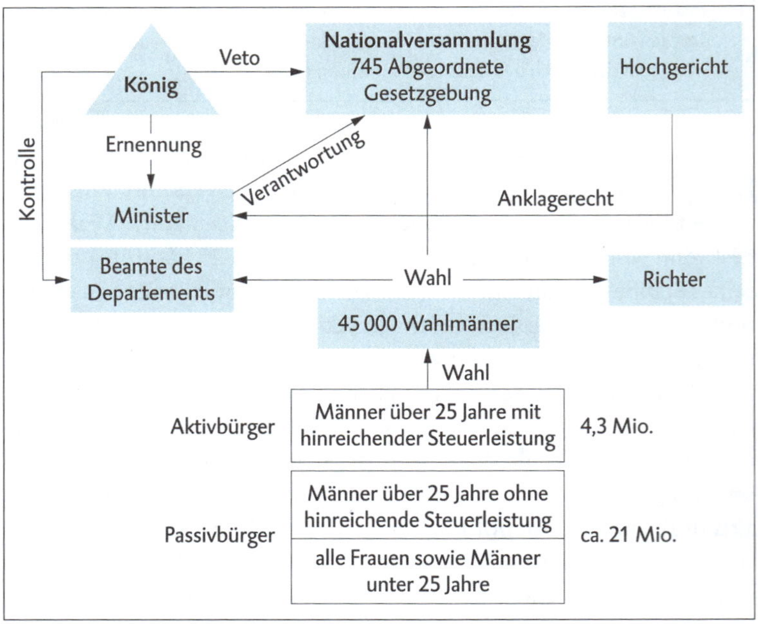

Mit der **Verabschiedung der Verfassung** war die Arbeit der Revolutionäre der ersten Stunde beendet: Sie hatten Frankreich eine Konstitution gegeben, die ihrem Staatsverständnis entsprach. Die weiteren Entwicklungen sollten jedoch zeigen, dass sie damit nicht die Mehrheit der Franzosen hinter sich versammelten.

3.5 Die Revolution der Sansculotten in Paris 1792/93

Das Werk der Nationalversammlung ist ein Musterbeispiel politischer Revolutionen: Ein in die Jahre gekommenes, dysfunktionales System wurde in einem beschleunigten Veränderungsprozess modernisiert, die politischen Eliten wurden, zumindest zu großen Teilen, ausgetauscht. Das Großbürgertum sicherte sich die politische Macht, die seiner faktischen gesellschaftlichen Position entsprach. Dabei geriet aber die prekäre ökonomische Situation der breiten Bevölkerung (u. a. der Kleinbürger wie Händler und Handwerker), einer der Auslöser der revolutionären Unruhen von 1789, aus dem Blick. Nach wie vor litten große Teile des städtischen Volks unter der jahrzehntelangen **Misswirtschaft**, woran auch die Einführung der Assignaten, die durch den verstaatlichten Kirchenbesitz gedeckt sein sollten, nichts änderte.

Assignaten: Papiergeld, das in den ersten Jahren der Französischen Revolution verwendet wurde. Die massenhafte Ausgabe dieses ungedeckten Geldes führte zur Inflation, die die Lebensverhältnisse weiter erschwerte.

Verstaatlichung des Kirchenbesitzes: Im November 1789 wurden sämtliche Kirchengüter zu „Nationalgütern". Darüber hinaus wurden Priester durch die Zivilverfassung des Klerus (Juli 1790) zu Staatsangestellten.

Weitere Faktoren erschwerten eine Stabilisierung der konstitutionellen Monarchie. Ludwig XVI. hatte im bisherigen Verlauf der Revolution stets gezögert, die Veränderungen anzuerkennen, und im Sommer 1791 mit seiner Familie sogar einen **Fluchtversuch** gewagt, der nahe der französischen Nordgrenze aufgedeckt wurde. Damit war die Illoyalität einer Säule der Verfassung von 1791 erwiesen, sodass der König nach seiner Rückkehr nach Paris fortan unter verschärfter Beobachtung stand.

Im Laufe des Jahres 1792 begann auch die **Außenpolitik** eine Rolle zu spielen. Die europäischen Großmächte, in denen die monarchischen Regime weiter fest im Sattel saßen, blickten misstrauisch auf Frankreich. Insbesondere Österreich wurde von den Revolutionären als potenzieller Feind wahrgenommen, war doch Königin **Marie Antoinette** eine österreichische Prinzessin und Tochter von Kaiserin Maria Theresia (1712–1780). Preußen und Österreich hatten sich 1791 zu einer Erklärung zugunsten Ludwigs XVI. bereitgefunden, der aber keine konkreten Handlungen gefolgt waren. In Frankreich sprachen sich aber die Republikaner, also Gegner der monarchischen Staatsform, für einen **Präventivkrieg** gegen die Fürsten Europas aus. Im April 1792 erklärte die Nationalversammlung Österreich den Krieg, obwohl im eigenen Land gerade Hungerunruhen herrschten. Neben einem naiven Idealismus und dem Ziel,

Marie Antoinette
(1755–1793, hingerichtet)

die **Revolution zu exportieren**, gab es auch nüchterne pragmatische Erwägungen: Durch den Krieg hoffte man, die Konflikte im Inneren stilllegen zu können. Als Preußen im Juli 1792 an Österreichs Seite trat und sich die militärische Lage verschärfte, verhängte die Nationalversammlung den **nationalen Notstand**. Damit begann die jahrelange Auseinandersetzung Frankreichs mit seinen europäischen Nachbarn: die **Koalitionskriege**, die erst 1815 mit Napoleons Niederlage bei Waterloo und dem Wiener Kongress ihren Abschluss finden sollten.

→ **Koalitionskriege, Wiener Kongress** vgl. S. 32 ff., 40 ff.

Das Ende Juli 1792 verfasste Manifest des Herzogs von Braunschweig, der den Oberbefehl über die gegnerischen Koalitionstruppen führte, ließ das Fass in Paris überlaufen: Nachdem dieser in Verkennung der politischen Lage in Frankreich die Wiedereinführung der absoluten Monarchie gefordert hatte, stürmten Teile der Pariser Bevölkerung am 10. August 1792 die Tuilerien. Ludwig XVI. und seine Familie wurden verhaftet, das Schloss wurde geplündert. Nun bekamen die Pariser Kleinbürger, die **Sansculotten**, das Heft des Handelns in die Hand. Die Nationalversammlung verhielt sich weitgehend passiv und entsprach vielfach den Wünschen der Straße. So beschloss sie bereits einen Tag später das **allgemeine Männerwahlrecht**. An die Stelle des Königs trat ein provisorischer Exekutivrat.

Ihren Namen erhielten die **Sansculotten** von ihren einfachen langen Hosen, die sie von den Kniebundhosen der liberalen Revolutionäre der ersten Phase unterschieden.

Die Kanonade von Valmy wurde zum Mythos. Johann Wolfgang von Goethe, der als Beobachter an der Schlacht teilgenommen hatte, behauptete 1822, er habe damals folgende Worte gesagt: „Von hier und heute geht eine neue Epoche der Weltgeschichte aus, und ihr könnt sagen, ihr seid dabei gewesen.“[5]

Weitere militärische Rückschläge, ja die drohende Einnahme von Paris durch die Koalitionstruppen, führten zu politischen Säuberungsaktionen. Während der **Septembermorde** 1792 wurden rund 1 000 Gefangene aus Pariser Gefängnissen, in denen man Gegner der Revolution sah, brutal getötet. Entlastung verschaffte der französische **Sieg bei Valmy** am 20. September 1792, der einen Wendepunkt im Kriegsglück der Revolutionäre bedeutete. Ab dem 22. September 1792 war Frankreich nicht länger Monarchie, sondern offiziell **Republik**. Diese Zäsur brachte besonders der **Revolutionskalender** zum Ausdruck, der mit diesem Tag eine neue Zeitrechnung beginnen ließ und u. a. auch neue Monatsnamen einführte.

Nun waren in der Nationalversammlung, die nach dem neuen Wahlrecht gewählt worden war, keine Vertreter der konstitutionellen Monarchie **(Feuillants)** mehr vorhanden. Der **Konvent**, wie man das Parlament in der Republik bezeichnete, bestand nur aus Republikanern. Von politischer Einigkeit war er jedoch weit entfernt; hierbei sorgten auch die

Gegensätze zwischen Zentrum und Peripherie für Konflikte. Die **Girondisten**, die ihren Schwerpunkt in der Gironde hatten, sprachen sich für eine repräsentative parlamentarische Demokratie, eine liberalere Wirtschaftsordnung und eine föderalistische Verfassung aus. Eine radikalere Position vertrat der politische Club der **Jakobiner** (auch Bergpartei bzw. Montagnards). Wie die Girondisten waren sie Revolutionäre der ersten Stunde, die mit den Sansculotten wenig gemein hatten. Aus taktischen Gründen entschlossen sie sich aber für eine Kooperation mit der **Pariser Commune**. Dieses Bündnis bewirkte eine Radikalisierung der revolutionären Politik, in der Gewalt eine immer größere Rolle spielte und der ab Herbst 1792 die gemäßigten Vertreter nach und nach zum Opfer fielen.

Gironde: Region rund um Bordeaux

Pariser Commune: Stadtverwaltung von Paris während der Revolution

Das Symbol dieser Phase ist die **Guillotine**, mit der man fortan (vermeintliche) Gegner zu Tausenden hinrichtete. Erstes prominentes Opfer war der König. Bei seinem Prozess im Konvent trafen die verschiedenen Positionen der Abgeordneten aufeinander: Sollte man Ludwig die ihm verfassungsmäßig gewährte Immunität, ja einfach nur die Grundrechte eines französischen Bürgers zugestehen oder sollte er als Verräter sterben? Im Dezember 1792 sprach sich eine eher knappe Mehrheit für die **Hinrichtung des Königs** aus. Ludwig XVI. starb am 21. Januar 1793 unter dem Fallbeil.

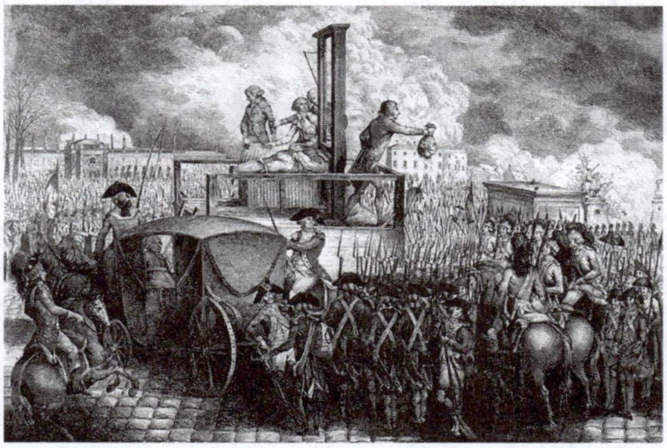

Hinrichtung Ludwigs XVI. durch die **Guillotine:** Dieses Fallbeil, das für Enthauptungen verwendet wurde, ist nach dem französischen Arzt Joseph-Ignace Guillotin benannt.

3.6 Die Diktatur der Jakobiner 1793/94

Diese europaweit für großes Aufsehen sorgende Tat veranlasste Großbritannien zum Kriegseintritt aufseiten der Gegner Frankreichs; darüber hinaus verschärfte eine Seeblockade die ökonomische Lage. In der Provinz begannen Aufstände gegen die Politik in Paris. Mit diesen neuen Bedrohungen schlug in der Hauptstadt die Stunde der Exekutive. Die **republikanische Verfassung von 1793** sah eigentlich den Konvent als Schaltzentrale der Macht vor, sie trat aufgrund der politischen Umstände allerdings nie in Kraft. Stattdessen wurden **Revolutionstribunale** (das wichtigste in Paris, das auch Marie Antoinette verurteilte) eingerichtet. Im April 1793 begann der **Wohlfahrtsausschuss** seine Arbeit. Dieser sollte für die folgenden 15 Monate eine mit Jakobinern besetzte, schlagkräftige Exekutive bilden, die die Forderungen der Sansculotten zum Teil erfüllte (z. B. durch die Festsetzung von Preisen).

Seeblockade: strategisches Kriegsmittel, um den (Übersee-)Handel des Gegners zu stören/unterbinden

Revolutionstribunal: außerordentliches Standgericht gegen Gegner der Revolution

Maximilien de Robespierre (1758–1794)

Tugendherrschaft: Vorstellung von einer vernunftgeleiteten Herrschaft in Friedenszeiten, die in Krisen aber um das Element des Terrors ergänzt wird

Im Mai/Juni 1793 fielen die girondistischen Abgeordneten dem Bündnis radikaler Kräfte zum Opfer. Jetzt begann die **Diktatur der Jakobiner**, die als „Schreckensherrschaft" **(Terreur)** bezeichnet wird: Mit eiserner Hand regierte der Wohlfahrtsausschuss; echte oder vermeintliche Feinde der Revolution starben unter der Guillotine. Führender Vertreter dieser Phase war **Maximilien de Robespierre**, der im Juli 1793 in den Wohlfahrtsausschuss gewählt und von der Idee einer Tugendherrschaft geleitet wurde. Das „Gesetz über die Verdächtigen" schuf im September 1793 den Spielraum, um politische Gegner zu verfolgen, öffnete aber auch privaten Denunziationen und Abrechnungen Tür und Tor, kurz: Es begründete eine regelrechte **Willkürherrschaft**. Zugleich nutzte der Wohlfahrtsausschuss seine Macht gegen seine Unterstützer von der Straße: Sobald die Sansculotten politische Partizipation einforderten, erlitten ihre Anführer dasselbe Schicksal wie die Revolutionsgegner. Weitere gesetzliche Verschärfungen schufen ein Klima der Angst, da sich niemand mehr vor Verfolgung sicher sein konnte: Die Revolution fraß jetzt sogar ihre eigenen Kinder, z. B. im April 1794 Georges **Danton**, der im Jahr zuvor den Terror selbst maßgeblich gefordert hatte, den führenden Revolutionären inzwischen aber als zu nachsichtig galt. Ende Juli 1794, am 9. Thermidor, wagte der verängstigte Konvent den Aufstand: Die Mitglieder des Wohlfahrtsausschusses, darunter Robespierre, wurden verhaftet und **guillotiniert**. Die Schreckensherrschaft, der Zehntausende Menschen zum Opfer gefallen waren, war vorbei. Nichtsdestotrotz war diese Form der Notstandsdiktatur in gewisser Hinsicht politisch effizient. Es war der Pariser Zentrale gelungen, die in den Provinzen aufflammenden Bürgerkriege einzudämmen. Der Konvent hatte zu dieser Zeit weitere republikanische Gesetze beschlossen, z. B. über die Einführung der allgemeinen Schulpflicht oder das Ende der herrschaftlichen Besitzrechte.

In seinem Drama „Dantons Tod" (1835) lässt Georg Büchner den Protagonisten **Danton** sagen: „[...] die Revolution ist wie Saturn, sie frisst ihre eignen Kinder."[6] Ursprünglich gehen diese Worte jedoch auf den (ebenfalls hingerichteten) Girondisten Pierre Vergniaud zurück.

Für die Anhänger der Revolution in ganz Europa, die sich von den Ereignissen in Frankreich eine **Vorbildfunktion** für ihre jeweiligen Länder erhofft hatten, war die Schreckensherrschaft ein **schwerer Rückschlag**. In Frankreich waren die Verhältnisse erkennbar aus dem Ruder gelaufen. Konnte die Französische Revolution insofern noch als Richtschnur dienen? In Deutschland führten diese Erfahrungen vorerst zum weitgehenden Versiegen politischer Aufbruchsgedanken sowie zur Herausbildung des **Neuhumanismus**, der die Vorzüge der Aufklärung weniger im politischen Raum zu verwirklichen suchte als in der Bildungsbiografie jedes Einzelnen.

3.7 Vom Direktorium zum Konsulat Napoleons

Mit den Ereignissen des Juli 1794 hatte die Revolution, die sich bis dahin fortwährend zugespitzt hatte, ihren Zenit überschritten und es begann eine Zeit der Rückbesinnung. Die **Thermidorianer** waren sich einig in dem gewesen, was sie nicht wollten, ansonsten waren sie jedoch denkbar gespalten. Die Rückkehr der Meinungsfreiheit öffnete Girondisten und Konstitutionalisten den Weg zurück in die Politik. Sogar Royalisten wagten sich wieder aus der Deckung; im Juni 1795 kam es zu einem Invasionsversuch royalistischer Truppen in der Bretagne.

Thermidorianer: Bezeichnung für diejenigen Abgeordneten, die der Jakobinerdiktatur im Juli 1794 ein Ende bereitet hatten (Thermidor = 11. Monat des Revolutionskalenders)

Die 1795 verabschiedete **Direktorialverfassung** trug den Exzessen der Jakobinerherrschaft Rechnung. Die Bedeutung des Konvents als zentrale Stelle der Macht, aus der sich dann die Exekutivorgane ableiteten, wurde zurückgenommen. Man bildete jetzt nach dem Vorbild der USA ein **Zweikammerparlament:** Einem Rat der 500 stellte man einen Rat der Alten gegenüber, dessen Mitglieder mindestens 40 Jahre alt sein mussten. Beide Kammern bestimmten eine **Exekutive aus fünf Direktoren**. Revolutionstribunal und Wohlfahrtsausschuss wurden aufgelöst. Da erneut ein Zensuswahlrecht eingeführt wurde, rückte das Großbürgertum der ersten Revolutionsphase wieder in die Schlüsselpositionen.

Verfassungspolitisch wurde also das Rad zurückgedreht, ohne dass sich die soziopolitischen Entwicklungen der Zwischenzeit wie das gestiegene Selbstbewusstsein des Kleinbürgertums rückgängig machen ließen. Das Großbürgertum war zwar wieder an der Macht, aber diese Stellung war nach Jahren der radikalen Revolution keinesfalls unumstritten. Weiterhin übten die Sansculotten Druck auf das Parlament aus. Dort hatten sie aber keine Unterstützer mehr, sodass ihre Aufstände mehrfach blutig niedergeschlagen wurden. Sie radikalisierten jetzt ihr Gedankengut. In der **„Verschwörung der Gleichen“** 1796 wurden frühkommunistische Forderungen erhoben: Erstmals kam der Gedanke einer Vergesellschaftung des gesamten Grund und Bodens ins Spiel. Der Kopf der Bewegung, **François „Gracchus“ Babeuf**, wurde verhaftet. Politisch blieb die Stimmung aufgeheizt, die Zeit des Direktoriums war von Staatsstreichen geprägt.

François Babeuf (1760–1797)

Diese Phase steht jedoch in viel stärkerem Maße für die **Rückkehr der Lebensfreude**, mit der man die harten, entbehrungsreichen Jahre der Schreckensherrschaft kompensierte. Man trug seinen Wohlstand wieder zur Schau, wagte modische Experimente und genoss das kulturelle Leben. Dies traf besonders für die Schicht der Neureichen, die sich z. B. in der Kriegswirtschaft hatten bereichern können oder Inflationsgewinner waren, und eine unpolitische **„jeunesse dorée“** zu.

„jeunesse dorée“ (frz. für „vergoldete Jugend“): Bezeichnung für junge Menschen aus reichen Schichten, die ihr Luxusleben genießen

In die Zeit des Direktoriums fällt schließlich der **Aufstieg Napoleons**. Durch die Revolutionskriege hatte das Militär an gesellschaftlichem und politischem Einfluss gewonnen. Seit der Einführung der **allgemeinen Wehrpflicht** 1793 war das französische Heer ein **Volksheer**, dessen beliebteste Führer auf große Unterstützung in der Bevölkerung zählen konnten. Zu ihnen zählte der korsische Offizier Napoleon Bonaparte. Als Kriegsheld verehrt, entwickelte er politische Ambitionen, bot sich als Garant für Sicherheit und Ordnung an, putschte im November 1799 **(Staatsstreich des 18. Brumaire)** und wurde zum **Ersten Konsul** gewählt. Damit endete die Phase des Direktoriums und die **napoleonische Ära** begann.

Brumaire: zweiter Monat des Revolutionskalenders

Napoleon Bonaparte (1769–1821)

→ **Frieden von Campo Formio** vgl. S. 34

Klasse: gesellschaftliche Gruppe, die durch ihre ökonomische Position definiert ist

biografie

Napoleon Bonaparte

Zweifellos zählt Napoleon zu den größten Persönlichkeiten der europäischen Geschichte. Dabei muss man neben der Begabung und Leistung des Individuums immer sehen, dass ein solches Lebenswerk auch Umstände benötigt, unter denen es sich zu Weltruhm entfalten kann. An Napoleon lässt sich das gut aufzeigen. Geboren 1769 auf Korsika bereiteten seine Eltern, korsische Kleinadlige, ihn auf eine Karriere im französischen Militär vor. Als junger Offizier erlebte er das Jahr 1789 und begeisterte sich für die Ideale der Revolution. Mit 24 war er der jüngste General der Armee, ein Hinweis auf seine große militärische Begabung, die den Grundstein für seinen politischen Aufstieg legte. In der Zeit des Direktoriums führte er siegreiche Feldzüge in Italien gegen Österreich und handelte die Friedensbedingungen aus (z. B. Frieden von Campo Formio 1797). Napoleons Erfolge trugen dazu bei, die Lage während der Zeit des schwachen Direktoriums innenpolitisch zu stabilisieren; seinem Ruhm konnte auch ein gescheiterter Ägyptenfeldzug 1798/99 nichts anhaben. Seine Ernennung zum Ersten Konsul im Staatsstreich vom 18. Brumaire (9. November 1799) war nicht nur eine logische Fortführung seines politischen Ehrgeizes, sondern aus Sicht der überforderten herrschenden Klasse ein Versuch, die Verhältnisse mithilfe seines Charismas zu ordnen. Im Inneren gelang dies trotz der Unterdrückung politischer Gegner. Napoleon schloss 1801 ein Konkordat mit der katholischen Kirche und legte 1803 mit dem Code Civil/Code Napoléon das bis heute im Wesentlichen gültige Gesetzbuch Frankreichs vor. 1802 wurde er Konsul auf Lebenszeit, 1804 krönte er sich selbst zum Kaiser der Franzosen. In der Folge eroberte Frankreich ganz Europa, erst vor Moskau wendete sich 1812 das Blatt. Der Eindruck, dass Frankreich 1804, also 15 Jahre nach Ausbruch der Revolution zum Ausgangszustand zurückgekehrt sei, täuscht: Napoleons Alleinherrschaft fiel zwar weit hinter die Ideen eines republikanischen Staats zurück, stabilisierte aber auch wesentliche Errungenschaften der Revolution. Napoleon starb 1821 auf der britischen Atlantikinsel St. Helena, wohin man ihn nach seiner endgültigen Niederlage bei Waterloo 1815 verbannt hatte.

Ebenso bedeutsam für die Würdigung Napoleons ist die Rezeption seiner Person und seines Lebenswerks. Der Mythos Napoleon beinhaltet Aspekte der Verehrung: Teile des europäischen Bürgertums feierten ihn als Exporteur der Revolution und setzten zu Beginn der napoleonischen Kriege große Hoffnungen auf ihn, z. B. in Deutschland nach dem Reichsdeputationshauptschluss von 1803 und der Gründung des Rheinbunds 1806. Diese Erwartungen wurden aber durch hohe Steuerlasten und zahlreiche Einquartierungen zumeist bitter enttäuscht und ließen Napoleon, vor allem in Deutschland, zu einem Feindbild werden. Der frühe deutsche Nationalismus richtete sich besonders gegen die Franzosen und ihren Kaiser. So konkurrierte die Verehrung Napoleons als militärisch-politisches Genie und gesellschaftlicher Modernisierer mit der Verachtung für den rücksichtslosen Usurpator. Ende des 19. Jahrhunderts feierte man Napoleon in Deutschland noch, losgelöst von den historischen Umständen und den Millionen Opfern seiner Kriege, als heroisches Individuum. Seit dem Ende des Zweiten Weltkriegs sind Persönlichkeit und Werk Napoleons in der Erinnerung der Deutschen aber weitgehend historisiert. In Frankreich hingegen ist er trotz seiner Niederlagen ab 1812 weiterhin eine überwiegend positive Identifikationsfigur der „Grande Nation“.

→ **Reichsdeputationshauptschluss, Rheinbund** vgl. S. 35 f.

4 Zusammenfassung und Ausblick

Die Aufklärung sowie die Amerikanische und vor allem die Französische Revolution sind Standards eines jeden Geschichtsunterrichts. Die damaligen Entwicklungen schufen **wesentliche Grundlagen des westlichen Selbstverständnisses** und der europäischen Politik. Auch wenn der Leitspruch der Französischen Revolution – „Freiheit, Gleichheit, Brüderlichkeit“ – eher ein Konstrukt späterer Jahre ist und als Beleg für die tatsächlichen historischen Ereignisse nicht überstrapaziert werden sollte, so markieren doch die ersten beiden Schlagwörter wesentliche Merkmale einer politischen Ordnung, die wir heute in Deutschland als **freiheitlich-demokratisch** bezeichnen und denen darüber hinaus die Europäische Union als Wertegemeinschaft verpflichtet ist. Wenn wir also auf die bürgerlichen Revolutionen zu sprechen kommen, so ist damit immer auch ein Stück Arbeit am eigenen **kulturellen Gedächtnis** verbunden. Die Jahre 1776 und 1789 stehen insofern für einen **Aufbruch**, der Auswirkungen bis in die Gegenwart hat. An Revolutionen werden in der Rückschau neue Entwicklungen festgemacht. Dabei bezieht sich die Erinnerung allerdings oft einseitig auf das Wegweisende, Anschlussfähige und Fortschrittliche, weniger dagegen auf die **schrecklichen Nebenwirkungen** wie Terror, Gewalt und (Bürger-)Kriege.

Wesentliche Grundrechte, die z. B. ihren Niederschlag in der Weimarer Verfassung 1919 (vgl. S. 158 ff.) und im Grundgesetz der Bundesrepublik 1949 (vgl. S. 252 f.) fanden, gehen auf die Erklärung der Menschen- und Bürgerrechte von 1789 zurück.

Auf die intensiven Anfangsjahre folgten lange Perioden, die Stagnation, ja Rückschritte enthielten. Die **USA** waren fast das gesamte 19. Jahrhundert über mit sich selbst und dem Aufbau eines ständig wachsenden Gemeinwesens beschäftigt. Dieses bezog seine Attraktivität nicht nur aus den **politischen Idealen der „founding fathers“**, sondern mehr noch aus der Aussicht auf **billiges Siedlungsland** in den Weiten des Westens, wo sich die europäischen Auswanderer ein besseres Leben versprachen. Die in den Gründerjahren nicht gelösten politisch-sozialen Konflikte mündeten im **Amerikanischen Bürgerkrieg** (1861–1865), in dem die Sklaverei ihr Ende fand. Der **Rassismus** blieb aber, vor allem in den Südstaaten, weiterhin prägend. Am Ende des 19. Jahrhunderts begannen die Vereinigten Staaten mit einer aktiven Außenpolitik und mit ihrem Eintritt in den Ersten Weltkrieg 1917 griffen sie erstmals in die europäische Politik ein. Grundlegender sollte das ab 1941 und besonders 1945 geschehen. So wurde die US-amerikanische Demokratie 1949 zur **Geburtshelferin der Bundesrepublik**, der zweiten deutschen Demokratie.

In den zehn Jahren der Französischen Revolution 1789–1799 wurden in schneller Abfolge **verschiedene Verfassungs- und Gesellschaftsmodelle** erprobt. Dies erweckt gelegentlich den Anschein, als sei hier in einer Art politischem Laboratorium gearbeitet worden und Frankreich schließlich zu seinem vorherigen Zustand zurückgekehrt. Das ist natürlich nicht der Fall. Doch blieben Politik und Gesellschaft in den folgenden Jahrzehnten weit hinter den Gleichheitsvorstellungen gerade der jakobinischen Revolution zurück. Mit dem Wiener Kongress 1814/15 gelangten sogar die Bourbonen wieder an die Macht; bis zur Entstehung der Dritten Republik 1871 überwogen **monarchische Staatsformen**.

Es sind also weniger die direkten Folgen der revolutionären Initialzündungen Ende des 18. Jahrhunderts, die diesen bis heute unsere Aufmerksamkeit sichern, als vielmehr der Umstand, dass zentrale Ideen der Aufklärung hier, wenn auch im Detail verschieden, erstmals Eingang in die praktische Politik fanden. Die Schwierigkeiten ihrer Umsetzung in der Folgezeit zeigen zugleich, dass in der Theorie gut gemeinte Werte und Leitvorstellungen nicht immer vollständig verwirklicht werden, ja sogar ins Gegenteil umschlagen können. Nichtsdestotrotz sind die Gedanken der Aufklärung bis heute wichtige, **wertvolle Erinnerungsorte** – und dies desto mehr, je gefährdeter das Projekt der Aufklärung im Zeichen autoritärer Alternativen zu sein scheint.

→ **Erinnerungsort** vgl. vordere Umschlaginnenseite

Deutschland von der Französischen Revolution bis zum Vormärz (1789–1847/48)

Von September 1814 bis Juni 1815 versammelten sich Monarchen, Fürsten und hochrangige Staatsmänner in der österreichischen Hauptstadt Wien, um einen Schlussstrich unter die napoleonische Zeit zu ziehen und Europa nach jahrzehntelangen Kriegen Stabilität und Ruhe zu geben. Obwohl die Kongressteilnehmer vielfach die früheren, vorrevolutionären Zustände wiederherstellten, konnten sie das Rad der Zeit nicht vollständig zurückdrehen und die Entwicklungen der napoleonischen Ära nicht außer Acht lassen. Zu den zahlreichen Fragen, die geklärt werden mussten, gehörte die zukünftige Gestaltung der deutschen Staatenwelt, die aufgrund ihrer Lage in der Mitte Europas eine wichtige Rolle im Hinblick auf eine dauerhafte Friedensordnung spielen sollte.

1 Deutschland vor der Französischen Revolution

1.1 Das „Alte Reich“, ein territorialer „Flickenteppich“

Deutschland als einheitlichen Nationalstaat gab es Ende des 18. Jahrhunderts noch nicht. Auf „deutschem“ Gebiet waren rund 300 unterschiedliche Staatsgebilde zu finden, die einerseits weitgehend selbstständig, andererseits Teil des **Heiligen Römischen Reichs deutscher Nation** waren. Dieses wird in Abgrenzung zum 1870/71 entstandenen Deutschen Kaiserreich oftmals als **„Altes Reich“** bezeichnet. Seine politische Landkarte war extrem uneinheitlich und glich einem Flickenteppich:

(Brandenburg-)Preußen: ab 1618 Personalunion zwischen dem Kurfürstentum Brandenburg und dem Herzogtum Preußen, ab 1701 Königreich Preußen

Das **Kurfürstentum Hannover** war ab 1714 in einer Personalunion mit Großbritannien verbunden, die bis zum Regierungsantritt von Königin Victoria 1837 bestand.

- Österreich und (Brandenburg-)Preußen zählten neben Großbritannien, Frankreich und Russland zu den fünf **europäischen Großmächten** und waren auch die maßgeblichen Mächte im Reich. Österreich stellte in der Frühen Neuzeit in der Regel den von den Kurfürsten gewählten römisch-deutschen König bzw. Kaiser.
- **Mittelgroße Staaten** wie die Kurfürstentümer Bayern, Sachsen und Hannover spielten auf Reichsebene eine wichtige Rolle und betrieben auch im europäischen Rahmen Politik. Schließlich gab es zahlreiche **kleine bis kleinste autonome Herrschaftsgebiete**, darunter Gebiete von Reichsrittern (= Angehörige des niederen Adels) oder selbstständige Reichsstädte, die nur dem Kaiser unterstellt waren, wie z. B. Frankfurt am Main, der Wahl- und Krönungsort der deutschen Kaiser.
- Eine deutsche Besonderheit waren die **geistlichen Staaten**, z. B. die Erzbistümer Köln, Mainz und Trier, eine Vielzahl von Bistümern und von Klöstern und Abteien. Deren geistliche Führer hatten gleichzeitig die Position weltlicher Regenten inne, weshalb man von Fürst(erz)-bischöfen bzw. Reichsäbten/-äbtissinnen spricht.

Vielfach waren die Staaten **territorial nicht abgerundet**. Dies zeigt das Beispiel Brandenburg-Preußens, das außerhalb seines Kerngebiets über viel Streubesitz verfügte (z. B. Gebiete an Rhein und Ruhr, fränkische Territorien um Ansbach und Bayreuth). Zu Österreich gehörten u. a. die Österreichischen Niederlande. Dabei herrschten diese zwei Länder über weite **Territorien außerhalb der Reichsgrenzen:** Im Falle von Brandenburg-Preußen galt dies für Ost- und Westpreußen, im Falle Österreichs z. B. für das Königreich Ungarn. Die beiden Großmächte wuchsen also territorial und auch machtpolitisch aus Deutschland hinaus. Außerdem konkurrierten sie um die Vorherrschaft im „Alten Reich“: Diese als **Dualismus** bekannte Rivalität sollte die deutsche Geschichte über das Heilige Römische Reich hinaus noch deutlich prägen.

Politisch war das „Alte Reich“ eine **Wahlmonarchie** mit stark **föderativen Strukturen**. Reichsoberhaupt war der **Kaiser**, der aber nur in seinen eigenen Gebieten absolute Macht ausüben konnte. Zu den **Reichsständen**, die einen Sitz im Reichstag hatten, gehörten die weltlichen und geistlichen (Kur-)Fürsten, Grafen, Prälaten sowie Reichsstädte.

Merkmale des Heiligen Römischen Reichs deutscher Nation

Wahlmonarchie mit stark **föderativen Strukturen**, aber ohne systematische Verfassung (nur Gewohnheitsrechte und einzelne zentrale Dokumente, z. B. Goldene Bulle 1356, Westfälischer Frieden 1648)

Reich ohne Hauptstadt, einheitliche Verwaltung und gemeinsames stehendes Heer

Heiliges Römisches Reich deutscher Nation

Reichstag als wichtigstes Verfassungsorgan: Beschluss reichsweit gültiger Gesetze durch Mehrheit der Reichsstände (Ratifizierung durch Kaiser); ansonsten nur wenige integrative bzw. identitätsstiftende Institutionen

Kaiser als Reichsoberhaupt (Wahl durch die Kurfürsten)

Angesichts der allgemeinen Schwäche des Reichs gelang es den Reichsständen im Laufe der Zeit, ihre Machtstellung in ihren jeweiligen Territorien immer umfassender durchzusetzen und an Bedeutung zu gewinnen. Die Landesherren waren verantwortlich für Gesetzgebung und Gerichtsbarkeit, verfügten über die Polizeigewalt und sicherten die Landesverteidigung durch stehende Heere von teilweise großer Schlagkraft. Für die kleineren Reichsstände war die Zugehörigkeit zum Reich aber wichtig, da sie sich dadurch vor dem Zugriff stärkerer Staaten geschützt und ihre Eigenständigkeit gesichert sahen.

1.2 Die Wurzeln des deutschen Nationalismus

Als Folge der territorialen Zersplitterung gab es in Deutschland – anders als z. B. in Frankreich – lange Zeit **kein übergeordnetes kulturelles Zentrum**, das alle anderen Städte überstrahlt hätte. Stattdessen entwickelte sich eine Vielzahl von **Residenzstädten**, in denen Fürsten als Förderer der Kultur auftraten. Neben den großen Städten Wien, Berlin und

Residenzstadt: Stadt, die Wohn-/Regierungssitz eines Herrschers war

München gelang es sogar provinziellen Städten in Kleinstaaten wie Weimar, zu bedeutenden Kulturzentren mit Theatern, Bibliotheken und Universitäten aufzusteigen. Allerdings lebte die breite Masse der Menschen (um 1800 etwa 24 Millionen Einwohner) gar nicht in den Städten, sondern unter oft sehr einfachen Bedingungen auf dem Land, wo trotz einiger Reformen die mittelalterliche **Grundherrschaft** andauerte.

→ **Grundherrschaft** vgl. S. 68

Man nimmt an, dass gerade in der **territorialen Zersplitterung** und der zunehmenden Etablierung der Einzelstaaten bestimmte Wurzeln eines übergreifenden, **deutschen Nationalismus** zu finden sind: Die meist absolutistischen Staaten bauten ihre Verwaltung aus, wozu sie Spezialisten brauchten, bei denen es weniger auf die (adelige) Herkunft als auf die professionelle Ausbildung ankam. So entstand eine **Funktionselite** aus fähigen „Staatsdienern", die an den aus dem Boden sprießenden Akademien, Schulen und Universitäten ausgebildet wurden. Allgemein gewann das städtische Bürgertum, gestützt auf den wachsenden Handel und frühe kapitalistische Strukturen, in dieser Zeit an Bedeutung.

→ **Aufstieg des Bürgertums, Philosophie der Aufklärung, Gottesgnadentum** vgl. S. 2 ff.

In der zweiten Hälfte des 18. Jahrhunderts entwickelte sich also eine **Bildungsschicht** aus Bürgerlichen und Adeligen, zu der u. a. Beamte, Juristen, Pfarrer und Professoren gehörten. Das Selbstbewusstsein dieser Gruppe wuchs auch durch die **Philosophie der Aufklärung**, die sich gegen das Gottesgnadentum wandte. Unter den Gebildeten verstärkte sich der Austausch, die Zahl der veröffentlichen Bücher stieg an. Aus den deutschen Dialekten erwuchs die **deutsche Hochsprache**, wodurch man sich kulturell von den Fürstenhöfen und deren Orientierung an Frankreich abgrenzte. Der **Frühnationalismus** war somit weniger politisch als vielmehr **sprachlich und kulturell** definiert. Für Intellektuelle wie den Dichter Friedrich Schiller oder den Gelehrten Wilhelm von Humboldt war Deutschland ein „neues Griechenland": reich an Kultur, aber politisch und militärisch machtlos.

2 Deutschland unter französischem Einfluss

2.1 Französische Revolution und Koalitionskriege

→ **Französische Revolution** vgl. S. 16 ff.

In Frankreich erklärte sich 1789 der Dritte Stand (Bürger, Bauern) der Generalstände zur **Nationalversammlung**, d. h. zur als rechtmäßig erachteten Vertretung aller Franzosen, und begann, eine Verfassung auf der Basis der **Volkssouveränität** und **Menschenrechte** zu erarbeiten. Viele Vertreter der gebildeten Schichten in den deutschen Staaten reagierten zuerst euphorisch auf diese Entwicklung, schien sie doch ein Beleg dafür zu sein, dass die aufklärerische, die Vernunft betonende Gesinnung auch in der Politik Einzug hielt. Doch die Begeisterung verkehrte sich schnell ins Gegenteil, als die Phase des **Terrors** – die „Schreckensherrschaft" der Jakobiner – begann und tausende Franzosen, darunter Ludwig XVI., auf rechtlich zweifelhafter Grundlage der Guillotine zum Opfer fielen.

Der deutsche Dichter **Friedrich Schiller** (1759–1805) begrüßte die Französische Revolution zuerst, lehnte aber die späteren Gewaltausbrüche (→ jakobinische „Schreckensherrschaft" vgl. S. 23 f.) ab.

Direkt von den Vorgängen in Frankreich betroffen waren die deutschen Staaten und ihre Bevölkerung ab 1792 durch die jahrzehntelangen **Koalitionskriege:** eine Reihe militärischer Auseinandersetzungen zwischen dem revolutionären Frankreich und wechselnden Bündnissen („Koalitionen") der anderen europäischen Mächte **zwischen 1792 und 1815**.

Merkmale der Koalitionskriege	
Kriegsziele	Anfangs ging es den Koalitionären darum, die Auswirkungen der Französischen Revolution zu begrenzen, ja diese womöglich sogar ungeschehen zu machen, da sie ihre eigene Herrschaft bedroht sahen. Später wurde daraus ein Kampf um die Neuordnung von Europa. Dabei ging es auch den Gegnern Frankreichs nicht mehr um die reine Wiederherstellung der vorrevolutionären Zustände, sondern um die Umsetzung eigener Machtinteressen: So teilten die Großmächte Preußen, Österreich und Russland den Staat Polen 1795 im Schatten dieser Kriege endgültig unter sich auf.
Opferzahlen	Vermutlich wurden zwischen 1,5 und 2 Millionen Menschen getötet.
wichtige Kriegsparteien	Dauerhafter Kriegszustand herrschte zwischen der expansiven Kontinentalmacht Frankreich und der Seemacht Großbritannien bzw. (jedoch mit Ausnahmen) der Großmacht Österreich. Letztere zwei Staaten suchten immer wieder aufs Neue Bündnispartner gegen Frankreich, darunter zeitweise die Großmächte Russland und Preußen.

Frankreichs Gegner glaubten anfangs an einen schnellen Sieg über die Revolutionsarmee, da sie über erfahrene Truppen verfügten. Allerdings gelang es Frankreich durch die **„Levée en masse"**, eine zahlenmäßige Überlegenheit zu gewinnen. Ein weiterer Vorteil war, dass die **patriotischen** französischen Soldaten, die für die Verbreitung der **Ideale der Revolution** zu kämpfen glaubten, stärker motiviert waren als die angeworbenen Heere der absolutistischen Staaten. Darüber hinaus war der erfolgreiche französische General **Napoleon Bonaparte** bekannt für die Strategie, mit blitzartigen Feldzügen Entscheidungsschlachten gegen einzelne Gegner zu erzwingen, um so die Koalitionen zu sprengen. Schritt für Schritt erweiterte er den französischen Einflussbereich, indem er Gebiete annektierte, verschiedene Länder in starke Abhängigkeit von Frankreich brachte oder neue Satellitenstaaten gründete. Von diesen Staaten wurde erwartet, dass sie Napoleon bei seinen Expansionsbestrebungen finanziell und durch Bereitstellung von Truppen unterstützten.

„Levée en masse" (frz. für „Massenaushebung"): frühe Form der Wehrpflicht (1793 in Frankreich eingeführt)

→ **Napoleon Bonaparte** (Biografie) vgl. S. 26 f.

Satellitenstaat: schwächerer Staat, der von einem stärkeren Staat (in diesem Fall Frankreich) abhängig ist

Die Koalitionskriege bis 1809 und ihre für Deutschland wichtigsten Ergebnisse	
1. Koalitionskrieg (1792–1797)	Preußen schied im Sonderfrieden von Basel 1795 aus dem Krieg aus und blieb bis 1806 neutral. Es musste auf linksrheinische Gebiete verzichten, sollte aber Entschädigungen am rechten Rheinufer erhalten. Österreich musste im Frieden von Campo Formio 1797 der Abtretung seiner linksrheinischen Gebiete an Frankreich zustimmen.
2. Koalitionskrieg (1799–1801/02)	Im Frieden von Lunéville 1801 musste Kaiser Franz II. für das Heilige Römische Reich die Bedingungen von Campo Formio bestätigen. Die von der Abtretung betroffenen Fürsten des Reichs sollten auf der rechten Rheinseite für ihre Verluste entschädigt werden. Geregelt wurde dies 1803 durch den Reichsdeputationshauptschluss.
3. Koalitionskrieg (1805)	Napoleon siegte in der Drei-Kaiser-Schlacht von Austerlitz. Im Frieden von Preßburg 1805 verlor Österreich Gebiete u. a. an Bayern und Italien und musste die Rangerhöhung einzelner deutscher Fürsten anerkennen.

Drei-Kaiser-Schlacht: Die drei Kriegsgegner in der Schlacht bei Austerlitz wurden von Kaisern regiert: Napoleon (Krönung 1804) auf der einen, Alexander I. von Russland und Franz I. von Österreich auf der anderen Seite.

4. Koalitionskrieg (1806/07)	Nach der Niederlage Preußens und Sachsens in der Schlacht bei Jena und Auerstedt trat Sachsen dem Rheinbund bei. Preußen entging im Frieden von Tilsit 1807 knapp der Auflösung und musste alle Territorien westlich der Elbe und Teile der ehemals polnischen Gebiete abtreten.
5. Koalitionskrieg (1809)	Österreichs Hoffnung, es könnte auf deutschem Boden wie in Spanien zur Volkserhebung kommen, wurde nicht erfüllt, u. a. da Preußen passiv blieb. Nach der Niederlage in der Schlacht von Wagram wurde Österreich im Frieden von Schönbrunn 1809 zum Binnenstaat ohne Zugang zum Meer und verlor Gebiete z. B. an Bayern, Frankreich und Russland.

2.2 Die territoriale Neuordnung Deutschlands

Reichskrieg: Krieg, den das gesamte Heilige Römische Reich gegen einen gemeinsamen Gegner führte

Die Koalitionskriege und die sich Schritt für Schritt entwickelnde französische Hegemonie über Europa versetzten dem „Alten Reich" schließlich den Todesstoß. 1793 erklärte Kaiser Franz II. zwar den **Reichskrieg** gegen das revolutionäre Frankreich, allerdings vertraten die größeren Staaten letztlich ihre eigenen Interessen und nahmen im Laufe der Zeit verschiedene Angebote Frankreichs zur territorialen Neuordnung an.

Der Reichsdeputationshauptschluss 1803

Im Zuge der Kriegsentwicklungen verzichteten Preußen, Österreich und weitere Staaten auf ihre Gebiete links (westlich) des Rheins. Dafür ließen sie sich auf Kosten der geistlichen und kleineren weltlichen Territorien rechts (östlich) des Rheins **entschädigen**. Der **Reichsdeputationshauptschluss** vom 25. Februar 1803 bildete hier die rechtliche Grundlage für eine tiefgreifende Umgestaltung der deutschen Staatenwelt und für das Ende des jahrhundertealten deutschen Sondermodells geistlicher Staaten. Leitende Prinzipien waren die **Säkularisation** und die **Mediatisierung**.

Säkularisation	Auflösung der geistlichen Staaten und Annexion ihrer Gebiete durch andere Staaten, Auflösung geistlicher Einrichtungen sowie Einziehung und anderweitige Nutzung des Kirchengutes (Gebäude, Vermögen, Wertgegenstände)
Mediatisierung	Verlust der Reichsunmittelbarkeit der kleineren Reichsstände (Reichsstädte, Grafschaften und kleinere Fürstentümer), später außerdem Mediatisierung der Reichsritterschaften → Unterstellung unter die Landesherren größerer Territorien

reichsunmittelbar: nur dem Kaiser unterstehend, vgl. S. 86

Die Folgen dieser **„Napoleonischen Flurbereinigung"** waren enorm. Die Zahl der deutschen Territorien reduzierte sich stark, fast alle geistlichen Territorien wurden aufgelöst, nur sechs Reichsstädte konnten ihre Unabhängigkeit bewahren. Mehr als drei Millionen Menschen unterstanden nun neuen Landesherren. Die Hauptgewinner der Maßnahmen waren Baden, Preußen, Württemberg und Bayern, deren Staatsgebiet und Bevölkerung anwuchsen. Der Kaiser und das Reich dagegen verloren ihre treuesten Anhänger, nämlich die Reichskirche, die Reichsstädte und den Reichsadel, die allesamt auf den Schutz durch das Reichsoberhaupt angewiesen gewesen waren.

Gründung des Rheinbunds und Ende des „Alten Reichs" 1806

1806 sagten sich 16 Fürsten aus dem Westen und Süden Deutschlands vom „Alten Reich" los und schlossen sich im **Rheinbund** zusammen, einem Militärbündnis mit Frankreich als Schutzmacht, das Napoleon als **„Cordon Sanitaire"** zwischen Frankreich und Preußen sah. Dem Rheinbund schlossen sich noch weitere deutsche Staaten an. In der Rheinbundakte vom 12. Juli 1806 wurde genau festgelegt, wer wie viele Truppen für Napoleons Feldzüge zu stellen hatte. Außerdem erklärten seine Mitglieder, dass die Gesetze des Heiligen Römischen Reichs für sie keine Gültigkeit mehr hätten und verzichteten auf alle Titel, die damit in Beziehung standen. Als Belohnung erhielt eine Reihe von Fürsten Gebiete

„Cordon Sanitaire" (frz.): Sicherheitsgürtel, Pufferzone und/oder Rangerhöhungen: So wurden Baden, Hessen-Darmstadt und Berg Großherzogtümer, während Bayern und Württemberg bereits 1805/06 zu Königreichen erklärt worden waren. Aufgrund dieser Ereignisse und auf Druck Napoleons legte Franz II. – der 1804 den Kaisertitel für Österreich angenommen hatte und dort seither als Franz I. regierte – die Kaiserkrone nieder. Damit **endete** 1806 die jahrhundertelange Geschichte des **Heiligen Römischen Reichs deutscher Nation**.

2.3 Reformpolitik als Folge der französischen Hegemonie

Zwischen 1792 und 1815 wurden mehr oder weniger große Teile Europas **von Frankreich** direkt oder indirekt **beherrscht**. Hiervon war auch die **deutsche Staatenwelt** betroffen: Manche Gebiete waren zeitweise ins französische Kaiserreich eingegliedert (z. B. die linksrheinischen Territorien); die Rheinbundstaaten waren mit Frankreich verbündet und von diesem abhängig; andere Staaten wie Preußen standen vorübergehend unter französischer Besatzung. Dies hatte innenpolitische Folgen: Im Zuge der territorialen Neuordnung kam es nach französischem Vorbild auch zu einer **inneren Umgestaltung** in den einzelnen Staaten.

Reformen in den Rheinbundstaaten

Nach dem **Vorbild Frankreichs** fanden in den Rheinbundstaaten, zu denen letztendlich alle deutschen Staaten außer Österreich und Preußen zählten, umfassende Reformen statt, bei denen **französische Institutionen und Rechtsnormen adaptiert** wurden. Als Vorbild dienten das Königreich Westfalen und das Großherzogtum Berg, zwei von Napoleon geschaffene Satellitenstaaten. Sie sollten mit ihren modernen, von Frankreich eingesetzten Verwaltungs- und Rechtssystemen Modellcharakter für die Mitglieder des Rheinbundes haben. Wichtige Reformen waren:

- Modernisierung und Zentralisierung der **Verwaltungen** nach französischem Muster (einheitliche Behörden, Fachministerien, Fachbeamte)
- Übernahme des **Code Civil**, d. h. des neuartigen französischen Zivilgesetzbuchs, sowie Erlass von **Verfassungen** („Konstitutionen")
- **Rechtsgleichheit**, Ende der Adelsprivilegien, **„Bauernbefreiung"**
- **staatliche Aufsicht** über Kirchen und Schulen

Code Civil: Da das französische Zivilgesetzbuch von Napoleon eingeführt worden war (1804), wurde es zeitweise **Code Napoléon** genannt.

Einheitsstaat: zentral gelenkter Staat mit einheitlichem Rechts- und Verwaltungssystem

Mit den Reformen wurde die Basis für den modernen Einheitsstaat gelegt und das Ständewesen stark eingeschränkt. Außerdem förderten die Maßnahmen v. a. im süddeutschen Raum das **liberale Denken**.

Die preußische „Revolution von oben"

Im 4. Koalitionskrieg erlitt Preußen bei Jena und Auerstedt eine vernichtende **Niederlage** gegen Napoleon und seine Verbündeten. Die Hohenzollern um **Friedrich Wilhelm III.** mussten ihre Residenz weit nach Osten verlegen, während Napoleon in Berlin einmarschierte. Im **Frieden von Tilsit** (1807) konnte die bisherige Großmacht Preußen nur knapp der eigenen Auflösung entgehen, musste aber auf alle Territorien westlich der Elbe sowie weitere Gebiete östlich davon verzichten. Aus den preußischen Abtretungen schuf Napoleon v. a. das Königreich Westfalen sowie das Großherzogtum Warschau. Der preußische Reststaat hatte seine Armee stark zu reduzieren und wurde vorübergehend unter französische Besatzung gestellt. Der **Nimbus**, also der Ruf **Preußens** als moderne, aufgeklärt-absolutistische Militärmacht war **verloren**!

Vor diesem Hintergrund hatten die **preußischen Reformen** das Ziel, die alte Ständegesellschaft aufzubrechen, den Staat zu modernisieren und finanziell zu sanieren, seine Handlungsfähigkeit wiederherzustellen und die frühere Machtstellung zurückzugewinnen. Es handelte sich um Sozial-, Verwaltungs-, Finanz-, Bildungs- und Heeresreformen im Geist der Aufklärung, die – anders als in den Rheinbundstaaten – als Reaktion auf die Niederlage gegen Frankreich erfolgten. Erdacht und durchgeführt wurden sie von den leitenden Beamten, Juristen und Soldaten, also von Dienern des Staats. Führend waren die beiden Minister **Karl Freiherr vom und zum Stein** und **Karl August von Hardenberg** („Stein-Hardenbergsche Reformen").

Friedrich Wilhelm III. (1770–1840): preußischer König 1797–1840

Napoleon in Berlin: Nach der Eroberung der preußischen Hauptstadt (→ Abbildung vordere Umschlaginnenseite) ließ der französische Kaiser die Quadriga des Brandenburger Tors nach Paris bringen. Nach Napoleons ersten Niederlagen kehrte sie 1814 nach Berlin zurück.

Überblick über wichtige preußische Reformen

1807	Abschaffung der Erbuntertänigkeit („Bauernbefreiung"); stattdessen Freiheit der Person, des Besitzes und der Berufswahl sowie Rechtsgleichheit
1808	Selbstverwaltung der Städte durch gewählte Stadtverordnete; zentrale Verwaltungseinteilung (Provinzen, Regierungsbezirke und Kreise)
1808	Einführung von Fachministerien (Krieg, Inneres, Justiz, Auswärtiges, Finanzen)
1810/12	Gründung der Berliner Universität, Einführung einer staatlichen Gymnasialordnung nach dem Prinzip der (humanistischen) Allgemeinbildung
1810/11	(eingeschränkte) Gewerbefreiheit, Ende des Zunftwesens
1813/14	Einführung der allgemeinen Wehrpflicht

Der nach den **Prinzipien der Aufklärung** reformierte Staat wurde zur Hoffnung derjenigen Deutschen, die auf einen modernen, einheitlichen Nationalstaat setzten. Sie sahen **Preußen** nun **als Vorbild**.

Karl August von Hardenberg (1750–1822)

Karl Freiherr vom und zum Stein (1757–1831)

2.4 Die Entdeckung der deutschen Nation

Entstehung und Probleme der Nationalbewegung

Als Folge der von Frankreich und Napoleon ausgelösten territorialen „Flurbereinigung" in Deutschland fanden sich viele Menschen als Bürger bzw. Untertanen neuer Staaten und Herrscher wieder. Vielfach wurde die Ankunft der französischen Truppen begrüßt, weil man sich eine Übernahme der **„Ideen von 1789"** (Freiheit, Gleichheit, Solidarität) und damit ein Ende der Feudalgesellschaft erhoffte. Doch das anhaltende Gefühl der Demütigung, die Kontributionszahlungen an Frankreich, die Durchmärsche der französischen Armee sowie die Verpflichtung, Soldaten für Napoleons Feldzüge zu stellen, der Anstieg der Preise, die Unterwürfigkeit der eigenen Fürsten und die teilweise langsame Umsetzung von Reformen bewirkten einen **Stimmungsumschwung**, der große Teile der Bevölkerung mobilisierte. Die **antifranzösischen Ressentiments** wuchsen und die Rufe nach einem Ende der Fremdherrschaft wurden lauter. In dieser Hinsicht wurde Napoleon also zum „Einiger des deutschen Volks".

Kontributionszahlung: Zahlung, die ein besiegter/besetzter Staat an den Kriegsgewinner leisten muss

Ein Problem für die sich damals formierende Nationalbewegung war das **Fehlen eines politischen Ordnungsrahmens**, da das „Alte Reich" 1806 aufgelöst worden war und seine vielen Mitglieder zuvor ohnehin nur locker zusammengehalten hatte. Angesichts der staatlichen Teilung Deutschlands in Einzelstaaten konnte keine **moderne „Nation"** im Sinne einer Gemeinschaft rechtsgleicher Bürger gegründet werden. Das Modell einer Staatsnation, wie es in Frankreich vorzufinden war, erwies sich in diesem Fall als untauglich. Stattdessen wurde die Idee der **Kultur- bzw. Volksnation zum Motor nationaler Bestrebungen**, da man sich hier z. B. auf die Entwicklung einer gemeinsamen Kultur und Sprache beziehen konnte.

Staatsnation	Kultur-/Volksnation
einheitliches Staatsgebiet	gemeinsame Kultur, Sprache und Religion
Verfassungspatriotismus: Identifikation der Bürger mit dem Staat und der dort geltenden Verfassung	ethnische Gemeinschaft
Verwirklichung der „Ideen von 1789": Freiheit, Gleichheit, Solidarität	Schicksalsgemeinschaft, bewusste Abgrenzung zu anderen Nationen
Beispiel: Frankreich	Beispiele: Deutschland, Italien

Protagonisten der Nationalbewegung

Johann Gottlieb Fichte (1762–1814): Für den Philosophen waren die Deutschen ein unverfälschtes, von Frankreich unterjochtes Volk, das um seine Freiheit und Identität kämpft. Er forderte einen Nationalstaat gleichberechtigter Bürger.

Jacob und Wilhelm Grimm (1785–1863 bzw. 1786–1859): Mit Werken zur deutschen Sprache und Kultur sowie Märchensammlungen wollten sie ein deutsches Nationalgefühl fördern.

Ernst Moritz Arndt (1762–1814): Der Historiker und Schriftsteller stachelte den Franzosenhass der Bevölkerung mit extremer Propaganda an. Die Frage „Was ist des Deutschen Vaterland?"[1] beantwortete er mit: „So weit die deutsche Zunge klingt / Und Gott im Himmel Lieder singt"[2].

Friedrich Ludwig Jahn (1778–1852): Der auch „Turnvater" genannte Jahn rief die Turnbewegung ins Leben, um Jugendliche für den Kampf gegen Napoleon zu mobilisieren.

Johann Gottlieb Fichte

Brüder Grimm

Ernst Moritz Arndt

Friedrich Ludwig Jahn

2.5 Die Befreiungskriege

1812 griff Napoleons „Grande Armée" („Große Armee") das russische Zarenreich an. Etwa ein Drittel der Truppen bestand aus Soldaten aus den Rheinbundstaaten sowie aus Österreich und Preußen. Die bewegliche Verteidigung des russischen Heeres, eigene Nachschubschwierigkeiten, der Brand Moskaus und der einbrechende, harte Winter zwangen Napoleon aber zum Rückzug. Nur ein Bruchteil der Armee kehrte vom **Russlandfeldzug** heim. Diese Katastrophe entfachte den **nationalen Widerstand** in Europa.

Noch im Jahr 1812 fiel der preußische General Ludwig Yorck von Wartenburg (1759–1830) eigenmächtig von Napoleon ab und öffnete der russischen Armee den Weg nach Ostpreußen. Kurz darauf beendete der preußische König Friedrich Wilhelm III. öffentlich das aufgezwungene Bündnis mit Napoleon und verbündete sich mit Russland. Der Aufruf des Königs **„An mein Volk"** löste 1813 eine **Massenbegeisterung** und große Opferbereitschaft in der Bevölkerung aus. Ausnahmen von der Wehrpflicht wurden abgeschafft, in großen Mengen wurde Geld für die

Der Dichter Theodor Körner trägt seinen Kameraden aus dem Freikorps Lützow Kriegslieder vor.

Truppen gespendet; zudem bildeten sich Freiwilligenverbände wie das **Freikorps Lützow**, dessen Farben **Schwarz-Rot-Gold** später (und bis heute) die deutsche Nationalfahne prägen würden. Als entscheidend sollte sich der Bündniswechsel Österreichs im Jahr 1813 herausstellen. Dessen Außenminister Metternich konnte außerdem Bayern zum Umschwenken bewegen, das als erster Staat aus dem napoleonischen Rheinbund ausschied und sich in den **Befreiungskriegen** der antifranzösischen Koalition anschloss.

Die mehrtägige **Völkerschlacht bei Leipzig** im Oktober 1813 war die bis dato größte Schlacht in Europa. Diese Auseinandersetzung verlor Napoleon auch deswegen, da die meisten Soldaten des Rheinbundverbündeten Sachsen ins Feindeslager übergingen. Zwar konnte sich der französische Kaiser mit seiner restlichen Armee über den Rhein zurückziehen, die **napoleonische Fremdherrschaft über Deutschland** war aber **zu Ende**. Im Frühjahr 1814 erreichten die Koalitionstruppen Paris; Napoleon wurde zur Abdankung gezwungen und auf die Mittelmeerinsel Elba verbannt.

3 Zwischen Restauration und Revolution

3.1 Der Wiener Kongress 1814/15

Die französische Hegemonie und mehr als zwei Jahrzehnte Krieg hatten die territoriale Ordnung Europas stark verändert. Nach Napoleons Niederlagen kamen zwischen September 1814 und Juni 1815 Vertreter der europäischen Mächte in Wien zusammen, mit dem Ziel, Europa so zu ordnen, dass ein dauerhafter Frieden möglich und das Gleichgewicht der Mächte gesichert schien. Bei der **(territorialen) Neuordnung** Europas stellte man in vielen Fällen frühere Zustände und traditionelle Herrschaftsformen wieder her **(Restauration)**, behielt aber auch eine Reihe von Änderungen, die Napoleon initiiert hatte, bei. Hauptarchitekt dieser Ordnung war der konservative österreichische Staatsmann Fürst von **Metternich**. Die Verhandlungsergebnisse wurden in der **Wiener Kongressakte** vom 9. Juni 1815 festgehalten.

Nur wenige Tage nach der Unterzeichnung der **Wiener Kongressakte** wurde Napoleon am 18. Juni 1815 in der Schlacht bei Waterloo endgültig besiegt.

biografie

Klemens Wenzel Lothar Nepomuk Fürst von Metternich

Der adelige Metternich begann seine Laufbahn als Diplomat. 1809 wurde er in Österreich Außenminister, 1821 Staatskanzler. 1814/15 leitete er den Wiener Kongress und versuchte, die Neuordnung Europas nach seinen Vorstellungen zu gestalten. Metternich, der nach 1789 die revolutionären Wirren selbst miterlebt hatte, war u. a. ein Verfechter des Prinzips des Gleichgewichts der europäischen Mächte. So sprach er sich gegen die Schwächung des Kriegsverlierers Frankreich aus, um ein zu starkes Russland zu verhindern. Außerdem setzte der konservative Politiker auf die Restauration, also die weitgehende Wiederherstellung der traditionellen politisch-gesellschaftlichen Ordnung. Die Macht der Habsburger wollte er u. a. durch einen deutschen Staatenbund unter österreichischer Führung sichern. Bis 1848 realisierte er im neu gegründeten Deutschen Bund seine restaurative, antirevolutionäre Politik, die als „System Metternich" bekannt wurde. Dazu gehörten die Verfolgung der Opposition und die Unterdrückung der Meinungsfreiheit, die v. a. in den Karlsbader Beschlüssen 1819 ihren Ausdruck fanden. Für die liberale und nationale Bewegung wurde er zum Feindbild. Im März 1848 zwang ihn die Revolution in Wien zum Rücktritt und zur Flucht nach Großbritannien.

Klemens Wenzel Lothar von Metternich
(1773–1859)

Die **Neuordnung Deutschlands** gehörte zu den zentralen Themen auf dem Wiener Kongress. Hierbei wurde Folgendes festgehalten:

- Das 1806 aufgelöste Heilige Römische Reich deutscher Nation wurde nicht wiederhergestellt; außerdem wurden die Ergebnisse der Säkularisation und Mediatisierung beibehalten. Mit dem **Deutschen Bund** erhielt die deutsche Staatenwelt eine neue, erneut eher lockere Organisationsform. Die Rangerhöhungen, die mehrere deutsche Fürsten rund um die Rheinbundzeit erhalten hatten, blieben bestehen.
- **Österreich** verlor seine Gebiete links des Rheins und gewann dafür Gebiete in Mittel- und Südeuropa (zurück). Die künftige Orientierung des Kaiserreichs war somit bereits vorgezeichnet: Der Vielvölkerstaat hatte umfangreiche Territorien außerhalb des Deutschen Bundes und wuchs nun noch weiter aus Deutschland heraus.
- **Preußen** erhielt Teile des Königreichs Sachsen, das somit aufgeteilt wurde, und weiträumige Gebiete am Rhein (Westfalen und Rheinprovinz). Auf diese Weise nahm die preußische Präsenz in Deutschland zu. Zudem stand das vergrößerte Preußen (statt Österreich) Frankreich im Westen gegenüber, wo es eine Sicherungsrolle spielen sollte.
- Die Dezentralität von Deutschland blieb auch durch die Eigenständigkeit und relativ starke Rolle der **Mittelstaaten** wie Württemberg oder Bayern erhalten.

Heilige Allianz: von Zar Alexander I. 1815 initiiertes überkonfessionelles Bündnis (zunächst aus Russland, Preußen und Österreich, bald aus fast allen europäischen Staaten), das sich zur Aufrechterhaltung der herrschenden politischen Ordnung (auf dem Fundament des Christentums) verpflichtete

Leitgedanken des Wiener Kongresses und der Neuordnung Europas

Restauration	Die Ordnung aus der Zeit vor der Französischen Revolution und der napoleonischen Herrschaft sollte weitgehend wiederhergestellt werden.
Legitimität	Als legitim galt eine Herrschaft von Gottes Gnaden. Die alten Dynastien (z. B. die Bourbonen in Frankreich) sollten wieder in ihre frühere Stellung und die damit verbundenen Rechte eingesetzt werden.
Solidarität	Die europäischen Monarchen sicherten sich gegenseitig Unterstützung bei der Niederschlagung revolutionärer Bestrebungen zu. Ausdruck fand dieses Ziel im Bündnis der Heiligen Allianz.
Gleichgewicht der Mächte	Um Frieden und Sicherheit zu gewährleisten, sollte keine europäische Macht so stark werden, dass sie die anderen dominieren könnte.

3.2 Der Deutsche Bund

Auf dem Wiener Kongress erhielt Deutschland eine neue staatsrechtliche Form. Anders als von vielen Patrioten erhofft, die in den Befreiungskriegen gegen Napoleon gekämpft hatten, wurde aber **kein deutscher Nationalstaat** gegründet, sondern nur ein lockerer Staatenbund ohne gemeinsames Staatsoberhaupt und zentrale Regierung: der **Deutsche Bund**. Außerdem wurden kaum liberale Ideen umgesetzt; die deutschen Fürsten waren nicht bereit, ihre Souveränitätsrechte zu stark zugunsten der Bevölkerung einschränken zu lassen. Neben dem **Partikularismus** verhinderte auch der **Dualismus** zwischen den Großmächten Preußen und Österreich in den nächsten Jahrzehnten die Gründung eines einheitlichen Staats. In der **Bundesakte vom 8. Juni 1815** wurden die Merkmale des Deutschen Bunds, der bis 1866 bestehen blieb, festgelegt:

In der **Bundesakte vom 8. Juni 1815** waren zuerst 38 Staaten vermerkt. Die Mitgliederzahl stieg jedoch bald auf 41.

- Die Mitglieder waren die **„souver[ä]nen Fürsten und freien Städte Deutschlands“**[3] (Art. 1), zuerst 34 Fürstentümer und 4 Städte. Der Deutsche Bund war also deutlich kompakter als das „Alte Reich“.
- Preußen und Österreich gehörten dem Bund nur mit den Gebieten an, die vor 1806 Teil des Heiligen Römischen Reichs gewesen waren. Auch ausländische Fürsten konnten Bundesfürsten sein, wie der König von Großbritannien, der in Personalunion König von Hannover war. Dadurch war die deutsche mit der europäischen Ordnung verzahnt.
- Zweck des Bundes war die „**Erhaltung der äußeren und inneren Sicherheit Deutschlands** und der Unabhängigkeit [...] der einzelnen deutschen Staaten“[4] (Art. 2), die sich gegenseitig ihre Besitzungen und Schutz vor ausländischen Angriffen garantierten.
- Einziges gemeinsames Organ war die **Bundesversammlung** (auch: Bundestag) in Frankfurt am Main. Dort wurden Beschlüsse nach dem

Mehrheitsprinzip von weisungsgebundenen Gesandten gefasst, wobei die größeren Staaten mehr Stimmen hatten. Den Vorsitz hatte Österreich, das somit Präsidialmacht des Bundes war.

- Als Zugeständnis an den Zeitgeist sollte jeder Staat in seinem Gebiet eine **„Landständische Verfassung"**[5] (Art. 13) gewähren, wobei aber offenblieb, welche Art Konstitution es sein und wann diese eingeführt werden sollte. Während Staaten wie Bayern, Baden, Württemberg und Hessen-Darmstadt 1818–1820 Verfassungen erließen und den süddeutschen **Frühkonstitutionalismus** begründeten, war dies in Preußen und Österreich bis 1848/49 nicht der Fall.

→ **Verfassungen in Preußen und Österreich** vgl. S. 61 f., 85 f.

Insgesamt war der eigene Gestaltungsspielraum des Bundes gering, da er unter dem **Einfluss der Großmächte Österreich und Preußen** stand, die den **Status quo** in Deutschland und ihre eigene Macht beibehalten wollten. Gerade für den Konservativen Metternich blieb die Sicherung der unumschränkten Fürstenherrschaft das oberste Ziel. Daher mussten liberale, demokratische und nationale Bestrebungen kleingehalten werden. Vor diesem Hintergrund wurde der Deutsche Bund zum Vollzugsorgan einer **restaurativen, reaktionären Politik**.

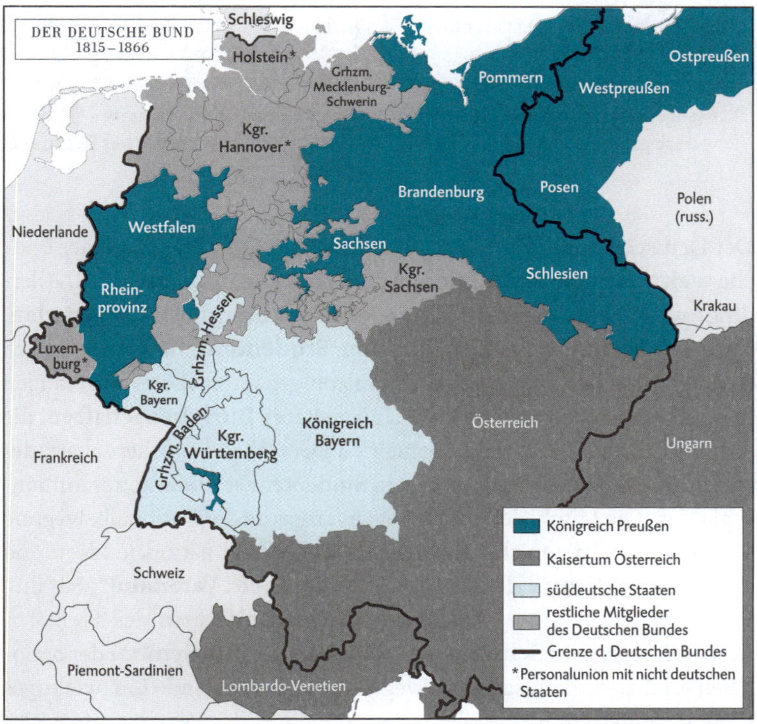

Der Deutsche Bund 1815

Bis auf einzelne territoriale Veränderungen bestand die 1814/15 geschaffene Ordnung bis zur Auflösung des Deutschen Bundes 1866.

Die mit einem Sternchen * markierten Mitglieder wurden durch nicht deutsche Staaten regiert:

- das Königreich Hannover (bis 1837) durch Großbritannien,
- das Großherzogtum Luxemburg durch die Niederlande
- und das Herzogtum Holstein durch Dänemark (→ Schleswig-Holstein-Frage vgl. S. 60 f., 89).

3.3 Studentische Opposition und Karlsbader Beschlüsse

Mit dem Deutschen Bund hatte die deutsche Staatenwelt eine konkrete Organisationsform erhalten. In seinem Inneren sollten in den nächsten Jahrzehnten immer wieder verschiedene **politische Strömungen und Bewegungen** aufeinanderstoßen.

Politische Richtungen nach 1815

Konservativismus	Liberalismus
gegen die „Ideen von 1789“ sowie eine „künstliche“ Veränderung der Gesellschaft durch aufgeklärte Verfassungen/Theorien Sicht auf den Einzelnen als Glied einer abgestuften Gesellschaft Ziel: Bewahrung der überlieferten, „gottgewollten“ Ordnung und ihrer Institutionen (Monarchie, Kirche, Familie)	Glaube an den Fortschritt der Vernunft und die Verwirklichung individueller Freiheiten (Freiheit der Person, Grund- und Menschenrechte) Ziele: Verfassungs- und Rechtsstaat mit Gewaltenteilung und Grundrechten, Mitwirkung der Bürger am Staat durch Wahlrecht (Repräsentation durch ein Parlament), freie Wirtschaft
Demokratische Bewegung	**Nationale Bewegung**
(= Radikale, Republikaner) Betonung von Gleichheit und Volkssouveränität, Vorrang des Rechts der Mehrheit vor dem Recht des Einzelnen Ziele: allgemeines Wahlrecht, Ende der Klassengegensätze und gerechte Verteilung des Eigentums	Patriotismus (Vaterlandsgefühl) Vieldeutigkeit des Begriffes der Nation (Kulturnation, Schicksalsgemeinschaft, Staatsnation), dabei Anschlussfähigkeit an alle wichtigen politischen Strömungen Ziel: Schaffung eines souveränen Nationalstaats (Berücksichtigung des Selbstbestimmungsrechts der Nation)

Der Deutsche Bund führte nach den langen Kriegswirren zu einer Epoche **weitgehender Stabilität** und äußerer Ruhe in Deutschland. Allerdings waren Teile der Bevölkerung mit dem Erreichten **unzufrieden**. Dazu gehörte v. a. die national gesinnte **Studentenschaft**, die vielfach in den Befreiungskriegen gegen Napoleon gekämpft hatte. Angefangen mit Jena entstanden an mehreren Universitäten **Burschenschaften**, die sich im Oktober 1818 zur Allgemeinen Deutschen Burschenschaft, der ersten gesamtdeutsch ausgerichteten Studentenverbindung, zusammenschlossen. Die Mitglieder, die sich als Avantgarde der Nationalbewegung verstanden, vertraten christliche, freiheitliche und nationale Ideen und vereinigten sich unter der Devise **„Ehre, Freiheit, Vaterland“**. Für ihre Farben ließen sich die Studenten von den Uniformen des Freikorps Lützow inspirieren: **Schwarz-Rot-Gold** wurde zum **Symbol** der nationalen und demokratischen Bewegung in Deutschland. Ein wichtiges Ereignis in der Frühphase dieser Bewegung war das **Wartburgfest**, das im Oktober 1817 zur Erinnerung an die 1517 von Martin Luther begonnene Reformation und den Sieg in der Völkerschlacht bei Leipzig 1813 stattfand. Demonstrativ wandten sich die Teilnehmer vom Deutschen Bund ab, indem sie aus Protest gegen Kleinstaaterei und Restauration Schriften konservativer Autoren und Symbole der alten Ordnung wie Uniformrock und Korporalstock verbrannten. In diesem aufgeheizten Klima kam es 1819 zur **Ermordung** des konservativen und in russischen Diensten stehenden Schriftstellers **August von Kotzebue** (1761–1819) durch den radikalen Studenten Karl Ludwig Sand, der dafür hingerichtet wurde.

Teilnehmer des Wartburgfestes verbrannten Bücher und Gegenstände, die für die restaurative Ordnung standen.

ZITAT

Auszug aus der Rede des Studenten Heinrich Riemann (Jenaer Burschenschaft) auf dem Wartburgfest (18. Oktober 1817)[6]

Vier lange Jahre sind seit jener Schlacht [bei Leipzig] verflossen; das deutsche Volk hatte schöne Hoffnungen gefaßt, sie sind alle vereitelt; alles ist anders gekommen, als wir erwartet haben; viel Großes und Herrliches, was geschehen konnte und mußte, ist unterblieben; mit manchem heiligen und edlen Gefühl ist Spott und Hohn getrieben worden. [...] In den Zeiten der Not haben wir Gottes Willen erkannt und sind ihm gefolgt. An dem, was wir erkannt haben, wollen wir aber auch nun halten, solange ein Tropfen Bluts in unsern Adern rinnt; der Geist, der uns hier zusammengeführt, der Geist der Wahrheit und Gerechtigkeit, soll uns leiten durch unser ganzes Leben, daß wir, alle Brüder, alle Söhne eines und desselben Vaterlandes, eine eherne Mauer bilden gegen jegliche äußere und innere Feinde dieses Vaterlandes, daß uns in offner Schlacht der brüllende Tod nicht schrecken soll, den heißesten Kampf zu bestehen, wenn der Eroberer droht; daß uns nicht blenden soll der Glanz des Herrscherthrones, zu reden das starke freie Wort, wenn es Wahrheit und Recht gilt; daß nimmer in uns erlösche das Streben nach Erkenntnis der Wahrheit, das Streben nach jeglicher menschlichen und vaterländischen Tugend.

Daraufhin fand auf Betreiben Metternichs im August 1819 im böhmischen Karlsbad eine Konferenz der wichtigsten deutschen Staaten statt. Um der liberalen und nationalen Bewegung den Wind aus den Segeln zu nehmen und die bestehenden politischen Verhältnisse zu sichern, einigte man sich auf Unterdrückungsmaßnahmen: Die **Karlsbader Beschlüsse** richteten sich v. a. gegen **Studenten und Hochschullehrer**, da man Universitäten als Kristallisationspunkte der nationalen Bewegung ansah.

Die Karlsbader Beschlüsse vom 20. September 1819

Maßnahmen

- **Überwachung der Universitäten:** Einschränkung der Lehrfreiheit, Entlassung liberal und national gesinnter Lehrkräfte, Verbot der Burschenschaften
- **Einschränkung der Meinungsfreiheit:** Verschärfung der Pressezensur, Einrichtung einer zentralen Untersuchungskommission zur Aufdeckung und Unterdrückung revolutionärer Aktivitäten
- **Regelung des militärischen Einsatzes** des Deutschen Bundes im Falle politischer Unruhen in den einzelnen Staaten

Folgen

- **Verfolgung von** Vertretern der liberalen und nationalen Bewegung als **„Demagogen"** (Volksverhetzer) → Bespitzelung von Oppositionellen, Publikationsverbote, Entlassungen, Verhaftungen, Flucht ins Exil (prominente Betroffene: Karl Marx, Georg Büchner, Heinrich Heine) → Rückschlag für den Konstitutionalismus und Nationalismus in Deutschland
- **Biedermeierzeit:** oftmals Abkehr von der Politik, Hinwendung zum Privaten, Blütezeit von Kunst und Kultur → aber: keine vollständige „Friedhofsruhe", sondern Weiterentwicklung von Institutionen der Öffentlichkeit (z. B. Presse, Buchmarkt, Lesegesellschaften, Vereinswesen)

3.4 Die Zeit des Vormärz (1830–1848)

Als **Vormärz** wird meistens die Zeit zwischen der Julirevolution in Frankreich 1830 und den im März 1848 einsetzenden Revolutionen auf deutschem Boden bezeichnet. Sie war geprägt durch Konflikte zwischen den konservativ-restaurativen Kräften auf der einen und den nationalen, liberalen und demokratischen Bewegungen auf der anderen Seite.

Revolutionen 1830/31 und Hambacher Fest 1832

Die restaurative Politik Karls X. (1757–1836) und damit einhergehende Verstöße gegen die Verfassung ließen in Frankreich im Juli 1830 Unruhen ausbrechen, die zur Abdankung des „legitimen" Regenten führten. An dessen Stelle setzte man den „Bürgerkönig" Louis Philippe I. (1773–1850) ein, der versprach, den Willen der französischen Nation zu respektieren. Anschließend schwappte eine **revolutionäre Welle** durch weite Teile Europas (z. B. Polen, Belgien, Italien) und belebte auch die **nationale, liberale und demokratische Bewegung in Deutschland** neu. Neben den repressiven politischen Zuständen trugen soziale und wirtschaftliche Faktoren zur Unzufriedenheit bei, z. B. Versorgungsengpässe, Preissteigerungen, bäuerliche Dienstverpflichtungen und/oder

„Bürgerkönig": Beiname Louis Philippes, der auf die stark durch das Bürgertum geprägte Revolution 1830 und die damals geschaffene politische Ordnung verweist eine hohe Steuer- und Abgabenlast. In einer Reihe von deutschen Staaten kam es 1830/31 zu **Revolutionen bzw. Rebellionen**, die mithilfe des Militärs zumeist schnell beendet werden konnten. Immerhin war der Druck auf manche Herrscher (namentlich die Regenten von Hannover, Sachsen, Braunschweig und Kurhessen) so groß, dass diese sich zur Verabschiedung von **Verfassungen** gezwungen sahen.

Auch im stark von Frankreich beeinflussten Südwesten Deutschlands wuchs die Unzufriedenheit. Im Mai 1832 trafen sich auf dem **Hambacher Schloss** in der bayerischen Rheinpfalz 20 000 bis 30 000 Männer und Frauen aus den deutschen Staaten und anderen Teilen Europas (z. B. Polen, Frankreich), um ein **„Nationalfest der Deutschen“** und einen „Völkerfrühling“ zu feiern. An der bis dahin größten politischen Massenveranstaltung auf deutschem Boden – quasi eine Großkundgebung für die „Deutsche Wiedergeburt“ – nahmen nicht nur Studenten und Professoren (d. h. Angehörige des Bildungsbürgertums) teil, sondern auch Kaufleute, Handwerker und Kleinbauern. Viele Festteilnehmer führten dabei schwarz-rot-goldene Fahnen mit sich, die sie als Symbole für die zentralen **Forderungen Freiheit, Einigkeit und Bürgerrechte** verstanden.

Auf dem Hambacher Fest kritisierte der Publizist Johann Georg August Wirth die Fürsten des Deutschen Bundes mit deutlichen Worten: „Das Land, das unsere Sprache spricht, das Land, wo unsere Hoffnung wohnt, wo unsere Liebe schwelgt, wo unsere Freuden blühen, […] dieses schöne Land wird verwüstet und geplündert, zerrissen und entnervt, geknebelt und entehrt.“[7]

Der Erfolg der Veranstaltung ermutigte radikale Studenten im April 1833 zum **Sturm auf die Frankfurter Polizeiwachen**. Ziel war es, ausgehend von einem Umsturz in Frankfurt am Main, dem Sitz der Bundesversammlung, Aufstände in ganz Deutschland zu initiieren. Doch mangelnde Unterstützung durch die Bevölkerung und militärische Unterlegenheit brachten diese Aktion zum Scheitern. Infolge dieser Ereignisse kam es zur **Verschärfung** der Pressezensur und **der „Demagogenverfolgung“** durch die Obrigkeiten. Ein Beispiel für die damalige reaktionäre Politik ist die Aufhebung der erst 1833 eingesetzten Verfassung im Königreich Hannover im Jahr 1837. Als sieben Professoren der Göttinger Universität, die **„Göttinger Sieben“** (u. a. die Brüder Grimm), dagegen Protest einlegten, wurden sie aus dem Hochschulbetrieb entlassen und zum Teil sogar des Landes verwiesen.

August Heinrich Hoffmann von Fallersleben (1798–1874)

info

Das „Lied der Deutschen" (1841) im Kontext seiner Zeit

Nicht nur die schwarz-rot-goldene Nationalfahne der Bundesrepublik hat ihren Ursprung im 19. Jahrhundert. Auch ihre mit „Einigkeit und Recht und Freiheit" beginnende Nationalhymne (mit der von Joseph Haydn komponierten Melodie) geht auf die damalige liberale und nationale Bewegung zurück.

Autor und Anlass

Das „Lied der Deutschen" wurde 1841 von dem deutschen Germanisten und Dichter August Heinrich Hoffmann von Fallersleben verfasst. Hintergrund war die Rheinkrise 1840: Als Frankreich den Rhein als „natürliche Grenze" zum Deutschen Bund forderte, flammte in Deutschland eine starke nationale Stimmung auf, die sich z. B. in einer Reihe von „Rheinliedern" zeigte.

Inhalt und kurze Interpretation

Die mit „Deutschland, Deutschland über alles" eingeleitete erste Strophe, die später im „Dritten Reich" von den Nationalsozialisten im Sinne ihrer rassistischen Ideologie und ihres übersteigerten Nationalismus missbraucht wurde, stand zu ihrem Entstehungszeitpunkt dafür, dass Deutschland als Einheit wichtiger sei als alle Teilstaaten des Deutschen Bunds, die „brüderlich" zusammenhalten sollten, um äußere Bedrohungen abzuwehren. In der dritten Strophe, die heutzutage die deutsche Nationalhymne bildet, wird die Forderung nach „Einigkeit und Recht und Freiheit für das deutsche Vaterland" erhoben. Dabei handelt es sich um zentrale Gedanken des Nationalismus und Liberalismus. Der Begriff „Recht" kann im Sinne von Rechtsstaatlichkeit verstanden werden. Somit ist Hoffmann von Fallerslebens „Lied der Deutschen" künstlerischer Ausdruck der Ziele der Nationalbewegung während des Vormärz.

Liedtext[8]

Deutschland, Deutschland über alles,
Über alles in der Welt,
Wenn es stets zu Schutz und Trutze
Brüderlich zusammenhält,
Von der Maas bis an die Memel,
Von der Etsch bis an den Belt –
Deutschland, Deutschland über alles,
Über alles in der Welt!

Deutsche Frauen, deutsche Treue,
Deutscher Wein und deutscher Sang
Sollen in der Welt behalten
Ihren alten schönen Klang,
Uns zu edler Tat begeistern
Unser ganzes Leben lang –
Deutsche Frauen, deutsche Treue,
Deutscher Wein und deutscher Sang!

Einigkeit und Recht und Freiheit
Für das deutsche Vaterland!
Danach lasst uns alle streben
Brüderlich mit Herz und Hand!
Einigkeit und Recht und Freiheit
Sind des Glückes Unterpfand –
Blüh' im Glanze dieses Glückes,
Blühe, deutsches Vaterland!

Wirtschaftliche und soziale Krise

Das politische Konfliktpotenzial dieser Zeit wurde noch durch eine zunehmende **wirtschaftliche und soziale Krise** verschärft. In der ersten Hälfte des 19. Jahrhunderts wuchs die deutsche Bevölkerung so stark an, dass die Nahrungsmittelproduktion nicht mehr folgen und die einsetzende Industrialisierung (noch) nicht genügend Arbeitsplätze bereitstellen konnte. Im Übergang von der Stände- zur Industriegesellschaft kam es zu einer **Massenarmut und Verelendung** der unteren Schichten, die man als **Pauperismus** (lat. „pauper“ = arm) bezeichnet. In den Städten stiegen zahlreiche Handwerker nach der Aufhebung der Zunftbeschränkungen zu Lohnarbeitern ab. Auf dem Land wurden im Zuge der preußischen „Bauernbefreiung“ aus Kleinbauern oftmals schlecht bezahlte Landarbeiter oder Tagelöhner. In anderen Regionen blieben Agrarreformen vollständig aus. Wesentliche Folgen dieser Entwicklungen waren Landflucht, Auswanderung und wachsende Unzufriedenheit, die sich in Protesten wie dem **Schlesischen Weberaufstand** in Preußen im Juni 1844 äußerte.

→ **Bevölkerungsentwicklung, Industrialisierung** vgl. S. 65 ff.

Carl Hübner hielt das Leid der schlesischen Weber 1844 in diesem Gemälde fest. Große Bekanntheit erlangten auch die Ballade „Die schlesischen Weber“ von Heinrich Heine und das erst 1892 entstandene Drama „Die Weber“ von Gerhart Hauptmann.

4 Zusammenfassung und Fazit

Die Koalitionskriege als Folge der 1789 ausgebrochenen Französischen Revolution führten zur **Auflösung des „Alten Reichs":** Im Zuge der „Napoleonischen Flurbereinigung" kam es zur territorialen Neuordnung der deutschen Staatenwelt sowie zu inneren **Reformen** nach französischem Vorbild, die Deutschland insgesamt **modernisierten** und die bisherige Ständegesellschaft aufbrachen. Darüber hinaus wurde die französische Hegemonie in Mitteleuropa zunehmend als demütigende Fremdherrschaft empfunden, was dem entstehenden **deutschen Nationalismus** mehr Stärke verlieh. Nachdem Napoleon in den Befreiungskriegen durch ein weites Bündnis europäischer Fürsten sowie unter Beteiligung der Bevölkerung besiegt werden konnte, wurde Europa auf dem Wiener Kongress neu geordnet. Dabei kam es weitgehend zur **Restauration** der traditionellen monarchischen Herrschaftsstrukturen. Der 1815 gegründete **Deutsche Bund** enttäuschte die Nationalbewegung, da sie sich einen einheitlichen und freiheitlichen Nationalstaat erhofft hatte.
In den nächsten Jahrzehnten wuchs der Gegensatz zwischen der **nationalen und liberalen Bewegung**, die v. a. von Studenten und dem Bürgertum getragen wurde, und der **restaurativen und repressiven Politik des „Systems Metternich"**, das diese Bestrebungen bekämpfte. Im Vormärz intensivierten sich die Konflikte, auch weil die Unzufriedenheit der Unterschichten wegen der sozialen und wirtschaftlichen Krise wuchs. Es kam zu Rebellionen und Massenkundgebungen.
In den Jahrzehnten zwischen 1789 und 1847/48 formierte sich also die liberale und nationale Bewegung, die trotz obrigkeitsstaatlicher Unterdrückung an ihren Zielen festhielt und schließlich in der Revolution von 1848/49 den ersten Versuch wagen sollte, einen liberalen Nationalstaat zu schaffen. Aus dieser Zeit stammen auch **wesentliche nationale Symbole**, die die deutsche Geschichte bis in die heutige Zeit prägen: die Farben **Schwarz-Rot-Gold** und das **„Lied der Deutschen"**.

Die Revolution von 1848/49

Die Zeichnung von Ludwig von Elliott (1848) gibt Einblick in die Paulskirche in Frankfurt am Main, in der die Nationalversammlung 1848/49 ausgiebig und mitunter hitzig über die Schaffung eines deutschen Nationalstaats mit einer liberalen Verfassung debattierte. Die schwarz-rot-goldenen Flaggen über dem Rednerpult betonen den gesamtdeutschen Anspruch des Parlaments. Auch wenn die Revolution von 1848/49 letztlich scheiterte, hinterließ sie einige politische, verfassungsrechtliche und symbolkräftige Spuren in der deutschen Geschichte.

1 Die Märzrevolution 1848

1.1 Ursachen und Auslöser der Märzrevolution

Lernvideo: **Die Revolution von 1848/49**

In der Zeit vor den revolutionären Ereignissen von 1848/49, v. a. während des Vormärz, nahm auf deutschem Boden die **Unzufriedenheit** mit den politischen und wirtschaftlich-sozialen Zuständen zu, sowohl im liberalen Bürgertum als auch in den Unterschichten. Letztendlich ist die Märzrevolution auf eine Reihe von **Ursachen** zurückzuführen.

→ **Pauperismus, Vormärz** vgl. S. 46 ff.

wirtschaftlich-soziale Ursachen	politische Ursachen
• andauernde Massenarmut (Pauperismus) der Unterschichten als Folge des starken Bevölkerungswachstums • Verschärfung der angespannten Lage durch eine schwere Wirtschaftskrise 1846/47: Missernten, steigende Lebensmittelpreise, abnehmende Kaufkraft → letzte vorindustrielle Hungersnot	• fehlende Reformbereitschaft der Regierungen: unzureichende Reaktion auf die soziale Krise, keine Gewährung von Freiheitsrechten und politischer Teilhabe, Unterdrückung der liberalen und nationalen Bewegung • zunehmende Politisierung des Bürgertums und Erstarken der Nationalbewegung während des Vormärz

Im Februar 1848 kam es zu einer weiteren **Revolution in Frankreich**, die zur Abdankung des „Bürgerkönigs" Louis Philippe I. und zur Proklamation der „Zweiten Republik" führte. Anschließend wurde fast ganz Europa von einer Revolutionsstimmung erfasst. In **Deutschland** nahmen die Unruhen im französisch beeinflussten **Südwesten** ihren Anfang, bevor sie auf **weitere Staaten**, darunter die Großmächte Preußen und Österreich, übergriffen. Der Protest äußerte sich in Demonstrationen, Kundgebungen und Versammlungen; außerdem wurden Petitionen erarbeitet und Resolutionen beschlossen, in denen bestimmte Forderungen an die jeweilige Regierung übermittelt wurden. Darüber hinaus kam es zu gewalttätigen Zusammenstößen und Straßenschlachten zwischen Obrigkeit und Revolutionären, die Barrikaden errichteten, um sich so vor dem Zugriff der Truppen zu schützen. Charakteristisch für die Revolution war, dass im Laufe der Entwicklungen sehr **heterogene Gruppen** das Geschehen bestimmten.

Petition: Eingabe, Bitt- bzw. Beschwerdeschrift

Barrikaden: Straßensperren → Noch heute gibt es für Protestaktionen die Redewendung „auf die Barrikaden gehen".

Träger	typische Forderungen
Handwerker, Bauern, Arbeiter und Landarbeiter	Lösung der wirtschaftlich-sozialen Probleme (z. B. Agrarreformen, Gewerbeschutz, kürzere Arbeitszeiten)
liberal bzw. demokratisch gesinntes Bürgertum	Freiheitsrechte, politische Teilhabe sowie nationale Einheit und eine liberale Verfassung für Gesamtdeutschland

1.2 Der Verlauf der Revolution

Die Anfänge in Südwestdeutschland

Für die Entwicklungen gerade in den deutschen Mittel- und Kleinstaaten kann exemplarisch das **Großherzogtum Baden** herangezogen werden. Unmittelbar nach Bekanntwerden der Vorgänge in Frankreich fand in Mannheim eine erste Volksversammlung statt, der viele weitere in ganz Deutschland folgen sollten. Die Aktivisten einigten sich auf **„Märzforderungen“** an die Fürsten und Regierungen, darunter:

- die **Volksbewaffnung** (in Bürgerwehren oder Nationalgarden), um das Gewaltmonopol des Staats zu brechen, da die Heere zu dieser Zeit Instrumente der Unterdrückungspolitik der Herrschenden waren,
- die **Versammlungs-, Rede- und Pressefreiheit**, um den liberalen, demokratischen und nationalen Ideen Öffentlichkeit zu verschaffen,
- die **Einrichtung von Schwurgerichten**, um eine von den Interessen der bisherigen Machthaber unabhängige Justiz zu schaffen sowie
- die **Einberufung eines Nationalparlaments**, das einen politischen Systemwechsel und die deutsche Einheit herbeiführen sollte.

Schwurgericht: Geschworenengericht, bei dem auch Nichtjuristen als Geschworene an der Urteilsfindung beteiligt sind

Die von den Entwicklungen überrumpelten Staatsoberhäupter versuchten, die revolutionären Bestrebungen durch Zugeständnisse einzudämmen. So setzte der Großherzog von Baden eines der ersten **liberalen, reformwilligen „Märzministerien“** ein. Andere Klein- und Mittelstaaten folgten, wobei die Fürsten jedoch meist im Amt blieben. Eine Ausnahme war Bayern, wo es zur Abdankung von König Ludwig I. kam. An den „Märzministerien“ zeigt sich die **Spaltung der revolutionären Bewegung:** Während die gemäßigten Liberalen sich in der Regierung wiederfanden, wo sie oft mit reformbereiten Konservativen zusammenarbeiteten, mussten die Demokraten trotz ihres Rückhalts in bestimmten Bevölkerungsschichten mit der Opposition vorliebnehmen. Ihr Ziel, radikal mit der monarchischen Vergangenheit zu brechen, schien bereits gescheitert, wohingegen die Liberalen noch hoffen konnten, den Staat in ihrem Sinne zu reformieren, ohne das Bestehende völlig zu zerstören.

„Märzministerien“: liberal geprägte Ministerien, die in der Märzrevolution 1848 eingesetzt wurden

Friedrich Wilhelm IV. (1795–1861): Noch 1847 hatte der preußische König (1840–1861) gesagt, es solle sich kein Blatt Papier (d. h. eine geschriebene Verfassung) zwischen ihn und sein Volk drängen.

Die Revolution in Preußen und Österreich

Entscheidend für die weitere Entwicklung in Deutschland wurden die Ereignisse in Preußen und Österreich. Der preußische König **Friedrich Wilhelm IV.** versuchte, der revolutionären Bewegung mit Reformen den Wind aus den Segeln zu nehmen, räumte dem **Vereinigten Landtag** das Recht auf regelmäßige Tagungen ein und versprach, die Zensur zu

Das Gemälde von Adolph von Menzel zeigt die Aufbahrung der „Märzgefallenen" auf dem Berliner Gendarmenmarkt, denen König Friedrich Wilhelm IV. die letzte Ehre erweisen musste.

lockern. Damit konnte er aber die Unruhen, die in den fortschrittlichen Westprovinzen begonnen hatten und schließlich die Hauptstadt Berlin erreichten, nicht stoppen. Nach ersten Zusammenstößen zwischen Militär und Protestierenden bewilligte der Monarch die **„Märzforderungen"**. Allerdings kippte auf einer Großkundgebung vor dem Berliner Schloss am 18. März 1848 die Stimmung und es brachen **Straßen- und Barrikadenkämpfe** aus, die das Militär nicht niederschlagen konnte. Der König sah sich zum Nachgeben gezwungen, zog die Truppen aus der Stadt ab und musste sich vor den zivilen Todesopfern **(„Märzgefallene")** verneigen. Ferner setzte er ein liberales „Märzministerium" ein und bewilligte Wahlen zu einer preußischen Nationalversammlung, die eine Konstitution für das immer noch verfassungslose Königreich ausarbeiten sollte. Darüber hinaus bekannte sich Friedrich Wilhelm IV. zur Einigkeit und Freiheit Gesamtdeutschlands: Preußen solle nun **in Deutschland „aufgehen"**. Damit schien die Revolution auch in Preußen gesiegt zu haben.

ZITAT

Friedrich Wilhelm IV.: „An mein Volk und an die deutsche Nation" (Proklamation vom 21. März 1848)[1]

Mit Vertrauen spreche Ich heute, wo das Vaterland in höchster Gefahr schwebt, zu der deutschen Nation, unter deren edelste Stämme Mein Volk sich mit Stolz rechnen darf. Deutschland ist von innerer Gährung ergriffen und kann durch äußere Gefahr von mehr als einer Seite bedroht werden. Rettung aus dieser doppelten dringenden Gefahr kann nur aus der innigsten Vereinigung der deutschen Fürsten und Völker unter Einer Leitung hervorgehen. Ich übernehme heute diese Leitung für die Tage der Gefahr. Mein Volk, das die Gefahr nicht scheut, wird Mich nicht verlassen, und Deutschland wird sich Mir mit Vertrauen anschließen. Ich habe heute die alten deutschen Farben angenommen, und Mich und Mein Volk unter das ehrwürdige Banner des deutschen Reiches gestellt. Preußen geht fortan in Deutschland auf.

Vielvölkerstaat: Staat, in dem unterschiedliche Völker bzw. Nationalitäten zusammenleben

In **Österreich** war die Lage besonders schwierig. Zum einen handelte es sich um einen **Vielvölkerstaat** aus unterschiedlichen Landesteilen und Nationen, was großes Konfliktpotenzial in sich barg. Manche Gebiete (z. B. Ungarn im Osten und Lombardo-Venetien im Süden) gehörten gar nicht zum Deutschen Bund. Zum anderen war das Kaiserreich **politisch**

rückständig: So gab es – wie in Preußen – noch immer keine Verfassung; zudem war das andernorts impulsgebende liberale Bürgertum schwach. Im Laufe der Revolution von 1848/49 kam es zu **nationalen Erhebungen** z. B. in Norditalien, Ungarn und Böhmen, die die Existenz der Habsburgermonarchie bedrohten. Im März 1848 brach in der österreichischen Hauptstadt **Wien** ein blutiger **Aufstand** aus (erste Revolution), der zum **Sturz des restaurativen Staatskanzlers Metternich** führte. Anschließend sicherte die politische Führung die Umsetzung der „Märzforderungen" (z. B. Pressefreiheit) und die Einrichtung einer konstitutionellen Regierung zu. Doch die neue, im April 1848 vom Kaiser gewährte konservative Verfassung wurde von weiten Kreisen abgelehnt, da das Volk bzw. seine Vertreter nicht an der Ausarbeitung mitgewirkt hatten. Da zudem die Wahlordnung für das neue Parlament sehr restriktiv war, kam es im Mai 1848 zur zweiten Revolution, die v. a. von Arbeitern, Handwerkern und Studenten getragen wurde. Das Ergebnis war die Einberufung eines **verfassunggebenden Reichstags**, der die „Bauernbefreiung" und auf diese Weise das Ende des Feudalismus beschloss. Fürs Erste hatten auch hier die revolutionären Kräfte gesiegt, aber die neue Regierung verfügte nur über eine geringe Machtbasis. Ungelöst waren zudem die **Nationalitätenprobleme** in den anderen Reichsteilen.

→ **Metternich** (Biografie) vgl. S. 41

Die Revolution – eine Zwischenbilanz

Erfolge

- schneller Zusammenbruch des Systems der Restauration
- Fürsten in der Defensive: Machtverlust, Zugeständnisse an die Revolutionäre → v. a. Bewilligung der liberalen „Märzforderungen"
- Bildung liberaler „Märzministerien" unter (gemäßigt) liberaler Beteiligung
- Weichenstellung für eine verfassunggebende Nationalversammlung

Probleme

- gewaltsame Straßen-/Barrikadenkämpfe, v. a. in Preußen und Österreich
- Weiterbestehen der Monarchien und ihrer konservativen Herrschaftsapparate
- Spaltung und Uneinigkeit der revolutionären Bewegung (z. B. Gemäßigte – Radikale), schwache Machtbasis der Revolutionäre

2 Der Versuch der Nationalstaatsbildung

2.1 Die Frankfurter Nationalversammlung

Das Vorparlament

Zu den wesentlichen „Märzforderungen" gehörte die Einberufung eines gesamtdeutschen Parlaments. Hierfür sollte ein **Vorparlament** die Wahl und das Zusammentreten einer Nationalversammlung in der Frankfurter Paulskirche vorbereiten. Auch dort kam es zu Differenzen zwischen den radikalen Demokraten, die die Monarchie beseitigen und eine Republik schaffen wollten, und den gemäßigten Liberalen, die für eine konstitutionelle Monarchie eintraten. Kurz darauf wurde außerdem der Versuch einiger Demokraten, die Republik auszurufen, mit Waffengewalt niedergeschlagen. Letztendlich blieb die Entscheidung, welche **Staatsform** ein geeintes Deutschland haben sollte, der Nationalversammlung überlassen. Um hierfür die Abgeordneten zu bestimmen, wurden im Gebiet des Deutschen Bundes, darüber hinaus in West- und Ostpreußen sowie in Schleswig Wahlen angesetzt. Die Frage, wie die Einzelstaaten dazu gebracht werden konnten, einer durch die Nationalversammlung ausgearbeiteten Neuordnung zuzustimmen, blieb vorerst ungeklärt.

konstitutionelle Monarchie: Monarchie mit einer Verfassung, in der die Rechte und Pflichten der einzelnen Verfassungsorgane niedergelegt sind

Die Nationalversammlung in der Frankfurter Paulskirche

Am **18. Mai 1848** wurde die erste frei (nach allgemeinem Männerwahlrecht) bestimmte deutsche Nationalversammlung in der **Frankfurter Paulskirche** feierlich eröffnet. Knapp 600 Parlamentarier berieten nun über eine **freiheitliche Verfassung** sowie die **Schaffung eines deutschen Nationalstaats**. Die Versammlung spiegelte jedoch nicht die Sozialstruktur der Bevölkerung wider, sondern bestand großteils aus Vertretern des Bürgertums. Sie wurde oft als „Professorenparlament" bezeichnet, da viele bekannte Hochschullehrer in das Parlament gewählt wurden und den politischen Diskurs prägten. Treffender sind aber Bezeichnungen wie „Akademiker-" und „Beamtenparlament", die z. B. auch Juristen und Beamte umfassen. Wirtschaftsvertreter wie Kaufleute oder Industrielle waren weniger stark vertreten, auch waren nur vier Handwerker im Parlament, während die Arbeiter gar keinen Repräsentanten hatten. Zu ihrem ersten Präsidenten wählte die Nationalversammlung den angesehenen liberalen Politiker

Tagungsort von Vorparlament und Nationalversammlung und zentraler Schauplatz der Revolution von 1848/49 war die **Paulskirche in Frankfurt am Main**. Nachdem sie im Zweiten Weltkrieg zerstört worden war, wurde sie wieder aufgebaut und am 18. Mai 1948, also genau 100 Jahre nach der Eröffnung des Paulskirchenparlaments, eingeweiht.

Heinrich von Gagern. Das Parlament gab sich eine Geschäftsordnung, setzte Ausschüsse und Kommissionen ein und bildete eine **Übergangsregierung**, der der volkstümliche Habsburger Erzherzog Johann als **Reichsverweser** vorstand.

Reichsverweser: Vertreter eines Monarchen während einer Thronvakanz (z. B. Abwesenheit oder Tod des Regenten)

In Deutschland existierten damals noch keine politischen Parteien. Zur Vorbereitung ihrer parlamentarischen Arbeit kamen jedoch viele Abgeordnete mit ähnlichen politischen Zielen und Interessen in **Klubs** zusammen, um über anstehende Fragen zu beraten und das weitere Vorgehen abzustimmen. Diese nach den jeweiligen Tagungslokalen benannten Klubs gelten als **Vorformen der heutigen parlamentarischen Fraktionen**, die aber noch nicht so geschlossen und verbindlich waren. Ungefähr ein Viertel bis ein Drittel der Parlamentarier waren hingegen Fraktionslose, die sich ihre politische Unabhängigkeit bewahren wollten. Die Sitzordnung der Parlamentarier wurde prägend für die spätere deutsche Parteienlandschaft: Die Konservativen saßen vom Präsidium aus gesehen rechts, die Gemäßigten in der Mitte, die radikalen Demokraten links.

Neben **Heinrich von Gagern** (1799–1880) gehörten u. a. auch die folgenden Männer zu den bekannteren Gesichtern in der Nationalversammlung: Ernst Moritz Arndt, Jacob Grimm und Friedrich Ludwig Jahn (→ vgl. S. 39), Johann Gustav Droysen (→ vgl. S. 321) und Robert Blum (vgl. S. 61).

Die wichtigsten Fraktionen und ihre politischen Ziele

	Demokratische Linke	Liberale Mitte	Konservative Rechte
Bezeichnung des Klubs (Tagungslokal)	„Deutscher Hof“, „Donnersberg“	Rechte Mitte: „Casino“, „Landsberg“ Linke Mitte: „Württemberger Hof“, „Augsburger Hof“	„Steinernes Haus“, „Café Milani“
wichtige politische Ziele	Errichtung einer parlamentarischen, demokratischen Republik auf der Grundlage der Volkssouveränität	föderal strukturierte, konstitutionelle Monarchie mit Parlament und erblichem Kaiser als Staatsoberhaupt	Wahrung der Rechte der Einzelstaaten und der Monarchen, Reform des Deutschen Bundes, Parlament ohne eigene Machtstellung

2.2 Die Reichsverfassung von 1849

Hauptaufgabe der Versammlung in der Paulskirche war die Beratung und Verabschiedung einer **liberalen, gesamtnationalen Verfassung**. Dabei mussten die Abgeordneten eine Reihe von schwierigen, aber für die von ihnen angestrebte politische Zukunft Deutschlands entscheidenden Fragen klären, die sich zu **zentralen Streitpunkten** entwickelten.

Frage	Alternativen	Lösung/Ergebnis
Welche Territorien sollen dem neuen deutschen Staat angehören?	Die Anhänger der großdeutschen Lösung favorisierten die Einbeziehung zumindest der deutschsprachigen Gebiete Österreichs. Die Verfechter der kleindeutschen Lösung setzten auf die Vereinigung aller deutschen Länder ohne Österreich.	Die kleindeutsche Lösung setzte sich durch, da Österreich auf seiner territorialen Integrität beharrte.
Welche Staatsform soll Deutschland bekommen?	Hier reichte das Spektrum von einer Staatenbund-Lösung über die Errichtung einer konstitutionellen Monarchie (Kaisertum) bis hin zur Schaffung einer Republik.	Deutschland sollte konstitutionelles Erbkaisertum werden. Dabei wollte man die Macht des Monarchen durch ein Parlament begrenzen.
Welche Stellung sollen die Einzelstaaten besitzen?	Hier waren die Alternativen ein starker Zentralstaat oder eine bundesstaatliche Ordnung mit vielen Rechten und Kompetenzen für die Teilstaaten.	Deutschland sollte ein Bundesstaat werden, der auf den weitestgehend monarchisch regierten Einzelstaaten fußte. Kaiser, Reichstag und Reichsregierung waren zentralistische Elemente.

Überblick: kleindeutsche und großdeutsche Lösung

→ **Siebzigmillionenreich** vgl. S. 85

Nach langen Debatten wurde am 20. Dezember 1848 zuerst ein **Grundrechtskatalog** verabschiedet, der wesentliche persönliche und politische Freiheitsrechte umfasste, z. B. Freiheit der Person, Rechtsgleichheit sowie Glaubens-, Gewissens-, Presse-, Meinungs- und Versammlungsfreiheit. Am 27. März 1849 sprach sich eine knappe Mehrheit der Abgeordneten schließlich für die neu ausgearbeitete **Reichsverfassung** aus, die einen Tag später in Kraft trat.

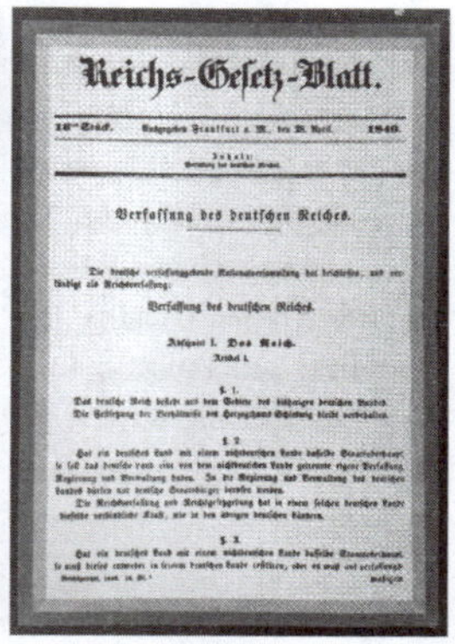

Der Grundrechtskatalog und die Reichsverfassung gehören zu den zentralen Errungenschaften der Revolution von 1848/49, die bis in die heutige Zeit Spuren hinterlassen haben.

Der neu zu schaffende Staat lässt sich als eine **konstitutionelle Monarchie** beschreiben, die jedoch auch Züge einer **parlamentarischen Monarchie** trug, weil das Parlament die politische Richtung vorgeben konnte. Dabei trug die Verfassung dem Prinzip der **Gewaltenteilung** Rechnung. Der Monarch war zwar Staatsoberhaupt und hatte eine starke Stellung in der Exekutive inne, um einem „Parlamentsabsolutismus" vorzubeugen. Sein Titel **„Kaiser der Deutschen"** war aber als Absage an das Gottesgnadentum zu verstehen; zudem musste sich der Kaiser durch einen Eid an die Verfassung binden.

Im Bereich der Legislative war der **Reichstag die dominierende Kraft**; zu seinen Aufgaben gehörten die Gesetzgebung (mit dem Budgetrecht) und die Kontrolle der Regierung. Das Parlament bestand aus einem aus allgemeinen, gleichen Wahlen hervorgehenden **Volkshaus** sowie dem **Staatenhaus**, das zur Hälfte von den einzelstaatlichen Regierungen, zur Hälfte von den entsprechenden Parlamenten beschickt werden sollte. Im Reichstag repräsentierte das Staatenhaus also das **föderale Element**.

Budgetrecht: Recht eines Parlaments, über den Haushalt eines Staats zu entscheiden, also über die Frage, wie und wofür die Staatsgelder verwendet werden

Ein entscheidender Schritt war die Einbindung **liberaler Grundrechte**, die erstmals in Deutschland Gesetzeskraft erhalten und den Einzelnen somit vor staatlichen Zugriffen schützen sollten. Der 1848 verabschiedete und 1849 auch in die Verfassung aufgenommene Grundrechtskatalog hatte letztlich Vorbildwirkung für die Weimarer Verfassung und das Grundgesetz. Insgesamt betrachtet war die Reichsverfassung von 1849 eine **moderne, liberale Konstitution**, die einen Kompromiss zwischen den verschiedenen Kräften und Vorstellungen in der Nationalversammlung darstellte.

Überblick über die Reichsverfassung vom 28. März 1849

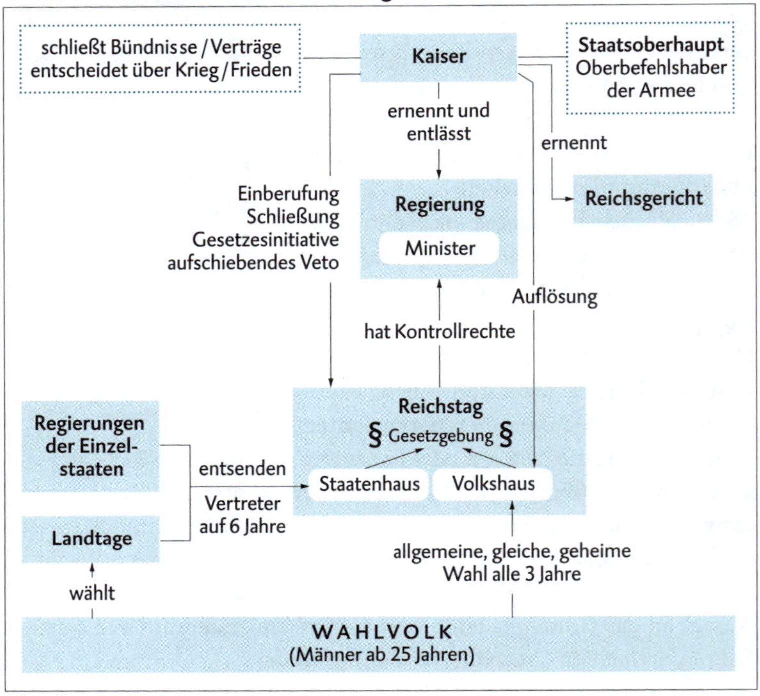

3 Probleme und Ende der Revolution

3.1 Krisen und Schwächen der Nationalversammlung

Schleswig und Holstein wurden beide vom dänischen König regiert, Holstein gehörte jedoch auch zum Deutschen Bund. 1864 kam es erneut zum Konflikt in der Schleswig-Holstein-Frage (→ **Deutsch-Dänischer Krieg** vgl. S. 89).

Die Nationalversammlung und die Übergangsregierung waren **politisch und militärisch machtlos**, da ihnen die Mittel zur Durchsetzung ihrer Beschlüsse sowie der von ihnen beanspruchten Führungsrolle fehlten. Diese Schwäche zeigte sich zum Beispiel 1848 in der **Krise um Schleswig**, das der dänische König völlig in seinen Staat integrieren wollte, woraufhin es zu einer nationalen Erhebung sowohl in Schleswig als auch in Holstein kam. Die provisorische Regierung dieser Herzogtümer rief die Nationalversammlung zu Hilfe, die hoffte, die beiden Gebiete in den geplanten deutschen Nationalstaat integrieren zu können. Im Auftrag des Deutschen Bundes führte Preußen **Krieg gegen Dänemark**, beendete diesen aber auf Druck europäischer Mächte und gegen den Willen

der Nationalversammlung im August 1848 mit einem Waffenstillstand. Dieser Fall verdeutlicht zum einen, dass Preußen nicht bereit war, sich sein Vorgehen von der Nationalversammlung diktieren zu lassen, zum anderen, dass die **Entstehung eines deutschen Nationalstaats** im europäischen Ausland kritisch betrachtet wurde, da dieser Schritt das Gleichgewicht der Mächte gefährdet hätte.
Dass die Nationalversammlung den Waffenstillstand letztlich gezwungenermaßen akzeptierte, sorgte für **Aufruhr bei der politischen Linken**. Im September 1848 kam es zum Aufstand in Baden und zu Unruhen in Frankfurt am Main, wo Radikale versuchten, ein Gegenparlament zu errichten. Beide Erhebungen wurden militärisch niedergeschlagen. Die Folgen dieser Krise waren ein Prestigeverlust der Nationalversammlung und eine Vertiefung der Spaltung der Revolutionäre. Viele gemäßigt liberale bzw. bürgerliche Vertreter fürchteten sich vor einer sozialen Revolution und einer damit möglicherweise verbundenen Anarchie. Im Versuch, das bisher Erreichte zu sichern, arrangierten sie sich mit der immer stärker werdenden **Gegenrevolution**.

3.2 Das Scheitern der Revolution von 1848/49

Die Gegenrevolution in Österreich und Preußen

Unter „**Gegenrevolution**" versteht man den letztlich erfolgreichen Versuch der Monarchien und ihrer konservativen Herrschaftsapparate (u. a. Militär und Verwaltung), die Revolution aufzuhalten, eine weitere Liberalisierung zu verhindern und die eigene Souveränität so weit wie möglich zurückzugewinnen. Im Vielvölkerstaat Österreich kam noch hinzu, dass das Militär die in mehreren Regionen aktiven **nationalen Bewegungen** stoppte und auf diese Weise die Habsburgermonarchie vor dem Zerfall retten konnte.

Beispielhaft für das Erstarken der Gegenrevolution und für den damit verbundenen Wandel des Revolutionsgeschehens ist die Erschießung **Robert Blums**. Er wurde 1848 am 9. November in Wien hingerichtet – ein Tag, der in der deutschen Geschichte noch weitere einschneidende Ereignisse mit sich bringen sollte.

Die Gegenrevolution setzte im Herbst 1848 v. a. in Österreich und Preußen ein und reduzierte die Chancen der Nationalversammlung erheblich. In Wien wurde die erneut auflodernde Revolution, an der auch der prominente demokratische Paulskirchenabgeordnete Robert Blum teilnahm, unter großen Opfern niedergeschlagen. Im März 1849 wurde der österreichische Reichstag, der an einer Verfassung arbeitete, aufgelöst. Zwar oktroyierte

oktroyierte Verfassung: Verfassung, die einseitig vom Staatsoberhaupt ohne Mitwirkung eines Parlaments erlassen wird

Mit nur 18 Jahren folgte **Franz Joseph I.** (1830–1916) seinem Onkel auf den Thron. Seine Regentschaft, die bis in den Ersten Weltkrieg dauerte, gehört bis heute zu den längsten in der Geschichte.

→ **preußische Verfassung 1848/50** vgl. S. 85 f.

die Regierung – seit Dezember 1848 unter Führung des jungen Kaisers **Franz Joseph I.** – ihrerseits eine Verfassung, die die Einrichtung eines Parlaments und die Gewährung von Grundrechten vorsah, insgesamt aber deutlich konservativer ausfiel. Die Absicht, dass Österreich ein Einheitsstaat werden sollte, bereitete großdeutschen Plänen der Nationalversammlung ein Ende. Nur zwei Jahre später wurde die Verfassung außer Kraft gesetzt und der Kaiser reagierte wieder absolutistisch.

In Preußen kam es zu lang anhaltenden Konflikten zwischen der preußischen Nationalversammlung, der liberalen Regierung und den Konservativen, v. a. im Hinblick auf die zukünftige verfassungsrechtliche Stellung des Königs. Gleichzeitig wuchs bei den revolutionären Linken die Unzufriedenheit, sodass **Unruhen in Berlin** ausbrachen. Im Herbst 1848 vollzog Friedrich Wilhelm IV. die **staatsstreichartige Wende:** Er berief einen Konservativen zum Ministerpräsidenten, vertagte die Nationalversammlung und löste sie später sogar auf, ließ das Militär in Berlin einmarschieren und **oktroyierte** im Dezember 1848 eine **Verfassung**. Zwar sprach diese dem Monarchen weiterhin eine starke Stellung zu, Preußen machte aber nun endlich den **Schritt hin zum Konstitutionalismus:** Fortan existierten in Preußen Gewaltenteilung sowie ein Parlament aus zwei Kammern, zudem sollten die Grundrechte garantiert werden. Allerdings wurde das Wahlrecht noch eingeschränkt: Nach dem Dreiklassenwahlrecht wurden die Wähler nach ihrem jeweiligen Steueraufkommen in drei Gruppen eingeteilt, wobei die Stimmen der Vermögenden mehr Gewicht hatten.

In seiner Antwort an die Nationalversammlung (April 1849) begründete Friedrich Wilhelm IV. die **Ablehnung der Kaiserkrone** damit, dass er diese Entscheidung (also die Annahme der Kaiserwürde) nicht „ohne das freie Einverständniß der gekrönten Häupter, der Fürsten und freien Städte Deutschlands“[2] treffen könne.

Das Scheitern des Verfassungsentwurfs der Paulskirche

Da Österreich nur in seiner Gesamtheit Teil eines deutschen Staats werden wollte, siegte die **kleindeutsche Lösung**. Am 28. März 1849 trat nicht nur die Verfassung in Kraft, die Abgeordneten wählten außerdem Friedrich Wilhelm IV. zum **„Kaiser der Deutschen“**. Doch der preußische König lehnte die Kaiserkrone ab, weil der ihm angetragenen Würde der **„Ludergeruch der Revolution“**[3] anhafte. Diese Aussage vom Dezember 1848 verdeutlicht, dass er das Prinzip der Volkssouveränität verneinte, weil er im Gottesgnadentum die einzig mögliche Legitimierung von Herrschaft sah.

Obwohl sich bereits viele Staaten hinter die Konstitution gestellt hatten, weigerten sich fünf der größten Länder des Deutschen Bundes (Preußen, Österreich, Bayern, Sachsen, Hannover), die Reichsverfassung anzunehmen. Mehrere Staaten beriefen ihre Abgeordneten aus Frankfurt am Main ab, darüber hinaus wurde Ministerpräsident Gagern aus dem Amt gedrängt, sodass die Mehrheit der Liberalen resignierte. Von der Paulskirchenversammlung blieb ein linkes **„Rumpfparlament“** in Stuttgart übrig, das letztlich vom Militär aufgelöst wurde. Radikaldemokratische Kräfte initiierten **Aufstände** in Sachsen, Baden, Teilen Preußens und der bayerischen Pfalz, um die Reichsverfassung durchzusetzen. Allerdings wurden diese bis Ende Juli 1849 militärisch niedergeschlagen.

Gründe für den Misserfolg der Revolution

Die Revolutionäre und die Nationalversammlung hatten mit Problemen und Schwächen zu kämpfen, die zu ihrem Scheitern führten:

- Die Abgeordneten waren in gemäßigte Liberale und radikale Demokraten **gespalten**. Erstere waren dabei auch bereit, mit den Monarchen zusammenzuarbeiten, u. a. aus Angst vor anarchischen Zuständen.
- Die Revolutionäre hatten sich sehr **anspruchsvolle Aufgaben** vorgenommen, es fehlten ihnen aber die politischen Erfahrungen und (militärischen) Mittel, um Beschlüsse durchsetzen zu können. Außerdem erschwerte die **territoriale Zersplitterung** Deutschlands ein einheitliches Handeln. Auch besaß das Paulskirchenparlament letztendlich **nicht genügend Unterstützung** durch die breite Bevölkerung.

Die konservative Gegenrevolution unter preußischer Führung siegt und zwingt viele Revolutionäre ins Exil, sogar über den Atlantik in die USA (Karikatur von Ferdinand Schröder, 1849). Dort wurden diese politischen Flüchtlinge als „Forty-Eighters“ („Achtundvierziger“) bekannt.

- Darüber hinaus spielte die konservative **Gegenrevolution** eine entscheidende Rolle. Die Revolution hatte im März 1848 vor den Thronen Halt gemacht. Beamtenschaft und Militär hielten weiterhin **loyal** zu den Fürsten. Auch die Uneinigkeit der Revolutionäre und die langwierige Kompromissfindung in der Frankfurter Nationalversammlung begünstigten das **Wiedererstarken der Monarchen** und der konservativen Herrschaftsapparate.
- Letztendlich gab es auch aufseiten der **europäischen (Groß-)Mächte** kein Interesse an einem geeinten und dadurch starken Deutschland. Ein Erfolg der Revolutionäre hätte das 1814/15 auf dem Wiener Kongress betonte **Gleichgewicht der Mächte** stark verändert.

4 Zusammenfassung und Fazit

Eine wirtschaftlich-soziale Krise und der unerfüllte Wunsch nach einem **Nationalstaat und liberalen Reformen** verursachten im März 1848 eine Revolution, die von den Unterschichten und vom Bürgertum getragen wurde. Es gelang, die Monarchen in die Defensive zu drängen und zentrale liberale Forderungen durchzusetzen. In Frankfurt am Main nahm eine verfassunggebende Nationalversammlung ihre Tätigkeit auf, als **erstes gesamtdeutsches, aus freien Wahlen hervorgegangenes Parlament**. Diese Vertretung aller wahlberechtigten Deutschen erarbeitete eine **liberale Verfassung für einen deutschen Nationalstaat**, die u. a. Gewaltenteilung und Grundrechte vorsah. Die Machtlosigkeit des Parlaments, die Spaltung der Revolutionäre und das Erstarken der **Gegenrevolution** führten allerdings zum **Scheitern** des Versuchs, **auf demokratischem Wege** einen Nationalstaat zu gründen. Es kam zur massenhaften Auswanderung von Oppositionellen, was die demokratische Bewegung schwächte. Der Deutsche Bund wurde wiederhergestellt, schlug erneut einen reaktionären Kurs ein und wurde bis zum Einigungsprozess 1864 bis 1871 vom anwachsenden Dualismus zwischen Preußen und Österreich bestimmt. Das enttäuschte Bürgertum wandte sich von der Politik ab und konzentrierte sich auf die Wirtschaft. Der **Wunsch nach nationaler Einheit** blieb aber erhalten, wobei die Bereitschaft wuchs, eine Reichsgründung „von oben" zu akzeptieren. Dabei wurde oft die **kleindeutsche Lösung** bevorzugt, die wirtschaftlich durch den **Deutschen Zollverein** (1834) vorgezeichnet war.

→ **Deutscher Zollverein** vgl. S. 71

Die Revolution von 1848/49 war jedoch nicht völlig gescheitert, sondern hinterließ **wichtige Errungenschaften**. Einige **liberale Reformen** erwiesen sich als dauerhaft; mit Preußen erhielt eine deutsche Großmacht eine Verfassung, die über 1849 hinaus Bestand hatte. Die Abgeordneten der Nationalversammlung machten praktische **politische Erfahrungen**. Durch die verschiedenen Fraktionen bildete sich eine Vorform des deutschen Parteienspektrums heraus, zudem wurden parlamentarische Verfahrensweisen etabliert. Darüber hinaus entfalteten sich immer mehr (politische) Vereine und eine unabhängige, stark anwachsende Presse, die von der Aufhebung früherer Beschränkungen profitierten. Es entstand eine **kritische Öffentlichkeit**, die wesentlich zur zunehmenden Politisierung der Bevölkerung beitrug. Und auch wenn der Verfassungsentwurf 1849 gescheitert war, wurde er (nicht nur durch die Garantie von Grundrechten) **vorbildhaft** für spätere Konstitutionen wie die Weimarer Verfassung und das Grundgesetz der Bundesrepublik, die sich auf das **Erbe von 1848/49** beriefen.

→ **Weimarer Verfassung, Grundgesetz** vgl. S. 158 ff., 252 f.

Industrialisierung und Soziale Frage

Das Gemälde von Adolph von Menzel (1815–1905) aus dem Jahr 1875 gibt einen eindrucksvollen Einblick in ein Eisenwalzwerk im Industriezentrum Oberschlesien. Unter schwersten, gefährlichen Arbeitsbedingungen – keine Schutzvorkehrungen, keine besondere Kleidung, dazu schlechte Luft- und Lichtverhältnisse sowie die Hitze des glühenden Ofens – gingen Männer und Frauen dort ihrer Tätigkeit nach. Sie stellten u. a. Schienen für die Eisenbahn her, die seit Mitte des 19. Jahrhunderts ein wesentlicher Motor der Industrialisierung in Deutschland war.

1 Einführung: Industrialisierung und „Industrielle Revolution“

Sektor: Bereich, Branche

Einteilung von **Wirtschaftssektoren:**

- primärer Sektor = Land- und Forstwirtschaft, Fischerei, Bergbau
- sekundärer Sektor = Industrie, Gewerbe
- tertiärer Sektor = Dienstleistungen

Unter **Industrialisierung** versteht man den Bedeutungszuwachs des **industriellen Sektors**, der gewerblichen Güterproduktion, auf Kosten des Agrarsektors, also der Landwirtschaft. Basis dieser Entwicklung war ein grundlegender Wandel der Herstellungsprozesse: An die Stelle von Einzelanfertigungen in Handwerksbetrieben trat die **Massenproduktion in Fabriken**. Der Einsatz von Maschinen und weitere Rationalisierungsvorgänge führten dabei zu einer enormen Steigerung der Produktivität. Das Wirtschaftswachstum ließ die Nachfrage nach Arbeitskräften ansteigen, wodurch eine **abhängige Lohnarbeiterklasse** entstand.
Dieser äußerst dynamische Prozess prägte nicht nur die Wirtschaft, sondern veränderte die gesamte Gesellschaft sowie Politik und Kultur tiefgreifend. Um die umfassenden Auswirkungen der Industrialisierung zu betonen, wird häufig der Begriff **„Industrielle Revolution“** gebraucht. Insgesamt wandelte sich die agrarisch geprägte **Ständegesellschaft** zur modernen **Industriegesellschaft**. Rohstoffvorkommen, eine verkehrsgünstige Lage und die Nähe zu Absatzmärkten waren wichtige Voraussetzungen für das Entstehen **industrieller Zentren** (z. B. Ruhrgebiet, Berlin), die durch Zuwanderung stark anwuchsen. **Verstädterung und Urbanisierung** waren die Folgen. Kehrseite dieses Modernisierungsprozesses waren die zeitweise elenden Arbeits- und Lebensbedingungen der Arbeiterschaft, die sich schließlich in der **Sozialen Frage** zuspitzten.

Erwerbstätige in Deutschland nach Wirtschaftssektoren 1800–1914

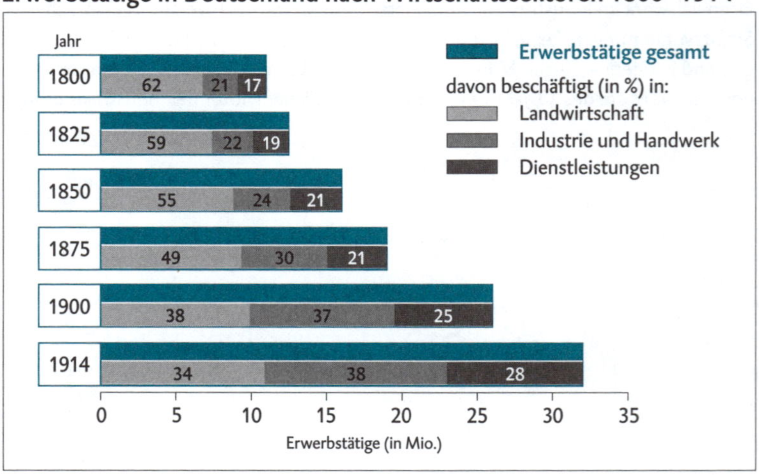

Das Schaubild illustriert den Übergang von der **Agrar- zur Industriegesellschaft**, der sich im 19. Jahrhundert auf deutschem Boden vollzogen hat. Dabei nahm die Gesamtzahl der Erwerbstätigen klar zu, was mit dem **enormen Bevölkerungswachstum** in diesem Zeitraum zusammenhängt. Es wird deutlich, dass die relative Bedeutung des Agrarsektors immer weiter zurückging, während der Sektor „Industrie und Handwerk" stark wuchs, dort also immer mehr Arbeitsplätze geschaffen wurden. Gleichzeitig bildete sich der Dienstleistungssektor vermehrt aus.

2 Deutschland vor der Industrialisierung

Während die Industrialisierung in **England** schon Mitte des 18. Jahrhunderts einsetzte, begann die „Industrielle Revolution" auf deutschem Boden erst um 1840. Diese **Rückständigkeit** hatte verschiedene Ursachen, u. a. die besondere politische Lage im **staatlich zersplitterten „Deutschland"** sowie die jahrhundertealte gesellschaftlich-wirtschaftliche Ordnungsstruktur der **Ständegesellschaft**.

deutsche Kleinstaaterei: **„Altes Reich" (bis 1806) und Deutscher Bund (1815–1866)**	⇨	• Fehlen eines einheitlichen Binnenmarkts • begrenzte Absatzmärkte, viele Handelsbeschränkungen und Zölle • unterschiedliche Währungen, Gewichte und Maße • unterentwickeltes Verkehrswesen • keine Kolonien als Absatzmärkte oder Rohstofflieferanten

→ **Untergang des „Alten Reichs", Gründung des Deutschen Bunds**
vgl. S. 35 f., 42 f.

Beharrungskräfte der frühneuzeitlichen Ständegesellschaft: **Ständeordnung, Grundherrschaft, Zunftordnung**	⇨	• Dominanz des landbesitzenden Adels als Führungsschicht, dagegen Fehlen einer selbstbewussten bürgerlichen Unternehmerschicht als Träger des Fortschritts • fehlende räumliche Mobilität und kaum persönliche Freiheiten auf dem Land (Grundherrschaft) • fehlender wirtschaftlicher Wettbewerb in den Städten (Zunftordnung) • fehlende soziale Mobilität (Begrenzungen der Ständeordnung)

Das Mittelalter und die Frühe Neuzeit waren von **handwerklicher Produktion** geprägt: Güter wurden in Kleinbetrieben in Handarbeit hergestellt, oft als Einzelstücke auf Bestellung. Die Handwerker waren sowohl Arbeiter als auch Unternehmer und produzierten für die lokalen Märkte.

info

Ständeordnung	Grundherrschaft	Zunftordnung
In der **Ständegesellschaft**, die sich schon im Mittelalter ausgebildet hatte und auch die Frühe Neuzeit deutlich prägte, wurden die Menschen in eine bestimmte soziale Gruppe mit unterschiedlichen Rechten und Pflichten hineingeboren. Privilegierte Stände waren der Klerus und der landbesitzende Adel. Der Dritte Stand bestand aus Bürgern und Bauern. Die **hierarchische Gliederung** der Gesellschaft galt als **gottgewollt**.	Ein **Grundherr** (aus dem Adel oder Klerus) hatte das Obereigentum über das Land, vergab das Nutzungsrecht an **abhängige Bauern**, bot Schutz und übte die Polizei- und Gerichtsgewalt aus. Die Bauern bewirtschafteten das Land, leisteten Abgaben und Dienste oder zahlten Renten. Eine Extremform war die **Leibeigenschaft**, die persönliche Abhängigkeit der Bauern vom Grundherrn, der z. B. Eheschließungen zustimmen musste. Östlich der Elbe entwickelte sich eine strengere Form der Grundherrschaft, die **Gutsherrschaft**.	Zünfte waren **Ständevertretungen von Handwerkern** mit eigener Rechtsprechung. Nur Zunftmitglieder durften ein bestimmtes Gewerbe eröffnen. Zünfte verhinderten unliebsame Konkurrenz, legten Preise und Qualitätsstandards fest und kontrollierten so den Markt. Zudem hatten sie einen gewissen Verhaltenskodex sowie gesellschaftlich-soziale Funktionen (z. B. Hilfen im Krankheits- oder Todesfall, eigene Feste).

„proto“: vorab, ursprünglich → „Proto-Industrialisierung“ als Begriff für eine Vorform der Industrialisierung

Doch schon lange vor der Industrialisierung bildeten sich in den Manufakturen und im Verlagswesen moderne Verfahren wie Arbeitsteilung, Spezialisierung und Marktorientierung heraus. Man spricht hier von der **„Proto-Industrialisierung“**. Im **Verlagswesen** wurden u. a. Textilien produziert: Dabei kaufte bzw. verkaufte der kapitalistische Verleger Rohstoffe und Fertigwaren in großem Stil auf internationalen Märkten, während nichtzünftische Heimhandwerker auf dem Land die Stoffe dezentral für niedrigen Lohn anfertigten. **Manufakturen** waren zentralisierte Großbetriebe, in denen Luxuswaren (z. B. Uhren, Porzellan) oder Waren des täglichen Bedarfs in arbeitsteiliger Massenproduktion hergestellt wurden, jedoch noch – anders als in modernen Fabriken – in Handarbeit.

3 Die Industrialisierung in Deutschland

Um den Prozess der deutschen Industrialisierung besser verstehen zu können, wird er vielfach **in drei Phasen** eingeteilt, wobei deren Grenzen oft unterschiedlich definiert werden: **Frühindustrialisierung**, Phase des wirtschaftlichen **„Take-off“** und **Hochindustrialisierung**.

3.1 Die Phase der Frühindustrialisierung

Die Übernahme englischer Erfindungen

Auf die „Proto-Industrialisierung“ folgte die Zeit der **Frühindustrialisierung**, die vom ausgehenden 18. Jahrhundert bis etwa 1840 dauerte. In dieser Phase entstanden in der **Textilindustrie** die ersten modernen Fabriken, die technologische Innovationen wie die mechanische Spinnmaschine aus **England** übernahmen, wo die Industrialisierung schon deutlich weiter fortgeschritten war. Auch die Innovation der **Dampfmaschine** fand in dieser Zeit ihren Weg nach „Deutschland“. Diese witterungsunabhängige Energiequelle wurde zuerst im Bergbau eingesetzt. Das **innovative Fabriksystem** und der Einsatz verschiedener Erfindungen veränderten das Arbeits- und Wirtschaftsleben der Menschen stark, blieben aber auf wenige Regionen und Branchen beschränkt. Im Gewerbe überwogen noch bei Weitem handwerkliche Produktionsweisen und die Landwirtschaft war weiterhin der dominierende Sektor.

Der westfälische Industriepionier und spätere Politiker Friedrich Harkort (1793–1880) gründete 1819 auf Burg Wetter (heute Nordrhein-Westfalen) eine Fabrik, die u. a. die für den Industrialisierungsprozess zentralen Dampfmaschinen herstellte. Harkort, auch „Vater des Ruhrgebiets“ genannt, machte sich zudem Gedanken über die soziale Lage seiner Beschäftigten und setzte sich im Reichstag u. a. für ein Verbot der Kinderarbeit ein.

Staatliche Reformen als Grundlage der Industrialisierung

Kennzeichnend für die Zeit der Frühindustrialisierung sind auch **Reformen**, mit denen Wirtschaft und Staat in einer Reihe von deutschen Ländern nach der Auflösung des „Alten Reiches“ 1806 und in Auseinandersetzung mit der napoleonischen Hegemonie in Europa **modernisiert** wurden. Die damaligen Maßnahmen und Neuerungen stellten letztlich wichtige Voraussetzungen für die industrielle Entwicklung dar. In den **Rheinbundstaaten** erfolgten sie nach französischem Vorbild, in Preußen als Reaktion auf die Demütigung durch Frankreich und die darauffolgende Existenzkrise des Königreichs. Als besonders schlagkräftig erwiesen sich die **Agrar- und Gewerbereformen**, die die alte Ständegesellschaft sprengten, dem Einzelnen mehr wirtschaftlich-soziale Freiheiten ermöglichten und auf diese Weise die Grundlage für eine dynamische Wirtschaftsentwicklung legten. Wichtig war zudem die Förderung der naturwissenschaftlich-technischen Bildung z. B. in Form von Handwerks- und Gewerbeschulen sowie polytechnischen Hochschulen.

→ **Reformen in den Rheinbundstaaten und in Preußen** vgl. S. 36 f.

Die preußischen Agrarreformen 1807/11

Übergeordnete Ziele	• Einführung marktwirtschaftlicher Strukturen in der Landwirtschaft • Modernisierung der Landwirtschaft → Steigerung der Produktivität, bessere Versorgung der Bevölkerung, mehr Einnahmen für den (damals stark verschuldeten) Staat
Konkrete Maßnahmen	• Aufhebung der bisherigen Abhängigkeit der Bauern vom Grund- bzw. (östlich der Elbe) Gutsherrn = „**Bauernbefreiung**" → Ende der Dienstverpflichtungen; mehr persönliche Freiheiten, u. a. Aufhebung der Heiratsbeschränkungen, Gewährung von Freizügigkeit, freie Berufswahl • Privatisierung des Landeigentums; aber: Bauern mussten Ablösezahlungen an ihre ehemaligen Herren leisten.
Langfristige Folgen	• Grundherren: zwar Verlust des Obereigentums über das Land, aber: trotzdem oft Gewinner der Reformen, da sich viele Bauern ihr Land nicht leisten konnten und es ganz oder teilweise an ihre früheren Herren verkauften • Kleinbauern: oftmals Abstieg zu besitzlosen Landarbeitern, häufig Umzug in die Städte auf der Suche nach Arbeit → in der klein- und unterbäuerlichen Schicht Freisetzung eines riesigen Arbeitskräftepotenzials für die wachsende Industrie • Rationalisierung und Mechanisierung der Güter unter Einsatz neuer Anbaumethoden und Düngemittel → immense Produktionssteigerung → „**Agrarrevolution**"

Die preußischen Gewerbereformen 1810

Übergeordnete Ziele	• Brechung der jahrhundertealten Macht der Zünfte, stattdessen Ermöglichung eines marktorientierten Wettbewerbs, der Raum für Innovationen lässt • steigende Staatseinnahmen durch mehr Produktivität im Gewerbe
Konkrete Maßnahmen	• Abschaffung des Zunftzwangs und der starren wirtschaftlich-sozialen Regeln des Zunftwesens • allgemeine Gewerbefreiheit und freie Berufswahl: Möglichkeit für alle Untertanen, einen eigenen Betrieb zu gründen; gewerbliches Niederlassungsrecht in Stadt und Land
Langfristige Folgen	• Förderung von Wettbewerb und Unternehmergeist, mehr Spielraum für Innovationen und Risikobereitschaft • Zugewinn persönlicher Freiheiten durch den Wegfall wirtschaftlich-sozialer Vorgaben (z. B. auch Ende der Heiratsbeschränkungen der Zünfte) • aber auch: erhöhtes Armutsrisiko für Handwerker, da die Zünfte vorher den Markt geregelt, Konkurrenz verhindert und ein soziales Auffangnetz geboten hatten • Gewinner: v. a. großbürgerliche Unternehmer, die in der Folge z. T. zu wohlhabenden, einflussreichen Industriellen aufstiegen

→ Modernisierung Preußens → Vorreiterrolle in der Industrialisierung

3.2 Die Phase des wirtschaftlichen „Take-off“

Die Schwerindustrie als treibende Kraft

Um 1840 gewann die wirtschaftliche Entwicklung in „Deutschland“ an Dynamik und die **„Industrielle Revolution“** setzte vollends ein. **Leitsektor**, d. h. Impulsgeber dieser Entwicklung, war die **Montanindustrie**, die – im Gegensatz zur Textilindustrie – auch als Schwerindustrie bezeichnet wird. Befeuert wurde der Wirtschaftsboom außerdem durch das riesige Angebot an billigen Arbeitskräften, eine Folge des enormen Bevölkerungswachstums der damaligen Zeit.

Montanindustrie (von lat. „mons“ = Berg): Gewinnung und Weiterverarbeitung von Bodenschätzen (z. B. Kohle, Eisenerz) → Bergbau, Eisen- und Stahlindustrie → Begriff z. B. bekannt durch die Europäische Gemeinschaft für Kohle und Stahl (1951), auch als „Montanunion“ bezeichnet (vgl. S. 254, 303)

Die Schaffung eines einheitlichen Wirtschaftsraums

Der 1814/15 auf dem Wiener Kongress geschaffene **Deutsche Bund** bestand bei seiner Gründung aus 34 Fürstentümern und 4 Städten. Diese **Kleinstaaterei** brachte zahlreiche **Zoll- und Handelsschranken** zwischen den deutschen Ländern mit sich. Die Güter waren durch die Zollabgaben teuer, Schmuggel war an der Tagesordnung. Zudem existierten viele unterschiedliche Währungen. Zur **Schaffung eines einheitlichen Wirtschaftsraums** schlossen sich die meisten deutschen Staaten 1834 unter preußischer Führung zum **Deutschen Zollverein** zusammen, und zwar ohne Österreich, was die 1871 verwirklichte **kleindeutsche Lösung** bereits vorgeprägt hat. Der Zollverein, dem im Laufe der Zeit weitere deutsche Länder beitraten, setzte in mehreren Reformschritten noch vor der Gründung des Deutschen Kaiserreichs den **Wegfall von Zöllen** zwischen den Mitgliedern, einen gemeinsamen Außenzoll sowie ein gleiches Zollrecht nach preußischem Vorbild durch. Darüber hinaus gelang nach und nach die Schaffung eines **einheitlichen Münz-, Maß- und Gewichtssystems**. So wurde 1868 das metrische System im Norddeutschen Bund eingeführt. Auch wollte man gegen Schmuggel vorgehen.

„Das Lichten eines Hochwaldes“: In dieser gegen die deutsche Kleinstaaterei gerichteten Karikatur von 1847 lichtet ein freiheitsliebender Germane mit seiner Axt einen „Wald“, der aus Schlagbäumen, Grenzmarkierungen und Hoheitszeichen der deutschen Länder besteht.

Die Bedeutung der Eisenbahn

Um das Ziel eines gemeinsamen Binnenmarkts in der Praxis zu ermöglichen, mussten die **Verkehrsverbindungen modernisiert** werden, die bis dahin langsam, schwerfällig und in schlechtem Zustand waren.

Friedrich List (1789–1846): deutscher Wirtschaftstheoretiker und Unternehmer

Dabei spielte die **Eisenbahn** eine entscheidende Rolle, für deren Ausbau sich besonders der Wirtschaftstheoretiker **Friedrich List** gegen konservative und technikfeindliche Widerstände stark machte. 1835 wurde die **erste Eisenbahnstrecke zwischen Nürnberg und Fürth** eröffnet. Die Lokomotive („Adler") wurde aus England importiert. Kurz vor der Revolution von 1848/49 gab es fast 5 000 Eisenbahnkilometer auf dem Gebiet des Deutschen Zollvereins. Die Eisenbahn ermöglichte es den Menschen, schneller zu reisen bzw. Produkte kostengünstig zu transportieren, und wirkte sich somit entscheidend auf die wirtschaftliche Entwicklung und die **Schaffung eines einheitlichen Binnenmarkts** aus.

Die Eisenbahn: Impulsgeber für einen einheitlichen Binnenmarkt

höhere Transportgeschwindigkeit, kürzere Reise- bzw. Transportdauer, große Frachtkapazitäten	⇨	geringere Transportkosten trotz weiter Strecken, höhere Anreize für grenzüberschreitenden Warenverkehr	⇨	einheitlichere Ausbildung von Angebot, Nachfrage und Preisen, Unterstützung bei der Schaffung eines Binnenmarkts

Durch die stetige Erweiterung des Schienennetzes wurde besonders die **Schwerindustrie** gefördert, da man den hohen Bedarf an Lokomotiven, Waggons, Maschinen und Gleisen decken musste. Die Nachfrage nach Eisenerz, Kohle und Stahl stieg, der Bergbau wurde ausgeweitet, in der Eisen- und Stahlproduktion wurden neue Verfahren angewandt. Nun stieg das **Ruhrgebiet** zum größten Industrierevier Europas auf; weitere Zentren entstanden in Oberschlesien, in Sachsen, im Saargebiet und im Berliner Raum. Darüber hinaus entwickelte sich auch der **Finanzkapitalismus** weiter: Für den Bau der Eisenbahnen und Produktionsstätten wurde viel Geld benötigt, was u. a. zur Gründung von Banken und Aktiengesellschaften führte.

Die „Gleichzeitigkeit des Ungleichzeitigen"

Während sich mancherorts das Fabriksystem rasch etablierte und die Industrialisierung Fuß fassen konnte, weil u. a. Rohstoffe und risikobereite Unternehmer vorhanden waren, blieben ständegesellschaftliche Strukturen und frühere Produktionsweisen in anderen Regionen länger erhalten, weil z. B. staatliche Unterstützung fehlte, es in der Bevölkerung Widerstand gegen Neuerungen gab oder die Verkehrslage schlecht war. Unterschiede gab es zwischen den Einzelstaaten des Deutschen Bunds bzw. ab 1871 des Deutschen Reichs, aber auch innerhalb der Länder, wie das Beispiel **Preußen** zeigt. Das Königreich, das sich durch eine frühe Wirtschaftsförderung auszeichnete, nahm einerseits eine **Vorreiterrolle** im Industrialisierungsprozess ein. Aufgrund von Rohstoffvorkommen entstanden große und bedeutende Industriereviere (Ruhrgebiet, Oberschlesien, Sachsen). Andererseits blieben v. a. die Gebiete östlich der Elbe noch lange ländlich geprägt und wurden zu Abwanderungsregionen. Für solch unterschiedliche Entwicklungsgeschwindigkeiten findet man häufig den (besonders durch den Philosophen Ernst Bloch geprägten) Begriff **„Gleichzeitigkeit des Ungleichzeitigen"**.

3.3 Die Phase der Hochindustrialisierung

Die Epoche des **Kaiserreichs** deckt sich mit der Zeit der **Hochindustrialisierung**. In dieser Phase erlebte Deutschland einen starken wirtschaftlichen Aufschwung, entwickelte sich **vom Agrar- zum Industriestaat** und wurde schließlich – trotz konjunktureller Schwankungen – zum **führenden Industriestaat Europas**. Die „zweite industrielle Revolution" wurde von neuen Leitsektoren getragen und führte zu immer komplexeren Unternehmensformen wie Konzernen und Aktiengesellschaften. Darüber hinaus zeigten sich gerade in den (Groß-)Städten **enorme gesellschaftliche Veränderungen:** Die angesichts des großen Bevölkerungswachstums begehrten Arbeitsplätze zogen zahlreiche Menschen vom Land in die Stadt, was Verstädterung und Urbanisierung zur Folge hatte. Die Ständegesellschaft wurde nun endgültig durch die **Klassengesellschaft** abgelöst, in der die wirtschaftliche Lage des Einzelnen maßgeblich wurde. Während bürgerliche Unternehmer gesellschaftlich aufstiegen und zu Wohlstand kamen, waren die Lebens- und Arbeitsbedingungen der Arbeiter meist prekär. Im Laufe der Zeit intensivierten sich die Verstädterung und Urbanisierung noch und die Lösung der Sozialen Frage erwies sich als immer dringlicher.

Berlin, ab 1871 Hauptstadt des Deutschen Reichs, entwickelte sich während der Hochindustrialisierung zu einer der weltweit größten Städte. Der enorme Fortschritt zeigte sich u. a. im **Transportwesen**: 1881 fuhr hier die erste elektrische Straßenbahn der Welt, 1902 die erste U-Bahn Deutschlands.

Gründerzeit und Gründerkrise

Als **Gründerzeit oder Gründerjahre** bezeichnet man die ersten Jahre unmittelbar nach der Schaffung des Kaiserreichs 1870/71, als die deutsche Wirtschaft boomte, zahlreiche neue Unternehmen gegründet wurden und insgesamt eine optimistische Grundstimmung vorherrschte. Neben Faktoren, die bereits den bisherigen Industrialisierungsprozess

1885/87 hielt Anton von Werner den 70. Geburtstag des Berliner Textilfabrikanten Valentin Manheimer fest. Dieser war einer von vielen Unternehmern, die während der Industrialisierung gesellschaftlich aufstiegen und sich einen gehobenen Lebensstil (z. B. den Bau einer Villa) leisten konnten. Da Manheimer Jude war, steht er außerdem für den Anteil, den die jüdische Bevölkerung am wirtschaftlichen Aufstieg des Kaiserreichs hatte.

begünstigt hatten, spielten jetzt der Sieg im Deutsch-Französischen Krieg und die **Bildung des nationalen Einheitsstaats** eine bedeutende Rolle: Die hohe Kriegsentschädigung, die das 1871 endgültig unterlegene Frankreich hatte zahlen müssen, stand für Investitionen zur Verfügung; darüber hinaus gewann man mit **Elsass-Lothringen** ein Zentrum der Montanindustrie für sich. Der deutsche Wirtschaftsraum, der durch den Deutschen Zollverein vorbereitet worden war, wurde weiter vereinheitlicht, v. a. durch die Einführung der Mark als gemeinsame Währung. Um 1870/71 entstanden große **Geschäftsbanken** (z. B. Deutsche Bank), die Unternehmern Kredite für Investitionen zur Verfügung stellten. Auch nahm der **Aktienhandel** zu: Zur Finanzierung von Betrieben wurden neue Aktiengesellschaften ins Leben gerufen, sodass man sein Geld in Aktien anlegen und so in Firmen investieren konnte.

→ **politische Folgen des „Gründerkrachs“** vgl. S. 99

Ab 1873 kam es zwar zur **Gründerkrise** und zum **„Gründerkrach“**, als in verschiedenen europäischen Staaten sowie den USA die Börsenkurse abstürzten und auch in Deutschland die Spekulationsblase platzte. Der wirtschaftliche Aufschwung geriet ins Stocken und sorgte für Arbeitslosigkeit und Unzufriedenheit; der Staat intervenierte mit einer **Schutzzollpolitik**, die den Freihandel beschränkte. Der Industrialisierungsprozess lief jedoch ununterbrochen weiter, lediglich die Wachstumsraten verlangsamten sich vorübergehend.

Entwicklung „alter“ und „neuer“ Industrien

Die Branchen, die den frühen Industrialisierungsprozess geprägt hatten (v. a. Montanindustrie, Eisenbahnbau), entwickelten sich stetig fort: Die Braun- und Steinkohleförderung und die Roheisenproduktion nahmen weiter zu, die industriellen Zentren expandierten. Immer mehr Arbeitskräfte wurden gebraucht, die aus Agrarregionen wie den ostelbischen Gebieten abwanderten. Das Eisenbahnnetz wurde stark ausgebaut und erleichterte das Zusammenwachsen des neuen Staats und die Erschließung neuer Märkte und Rohstoffvorkommen.

Die Zeitspanne zwischen Mitte der 1890er-Jahre und dem Ersten Weltkrieg war eine Phase **wirtschaftlicher Hochkonjunktur**, die man auch als **„zweite industrielle Revolution“** bezeichnet. Es kam zu einem gewaltigen Innovationsschub, der mit **neuen Leitsektoren** verbunden war und Deutschland eine wirtschaftliche Spitzenposition einbrachte: Deutsche Produkte v. a. aus Maschinenbau, chemischer und Elektroindustrie fanden weltweit starken Absatz. Hier wirkten sich auch das hohe Ausbildungsniveau, der fortgeschrittene Stand der wissenschaftlichen Forschung und das Kapital, das Investoren bereitstellten, förderlich auf die wirtschaftliche Entwicklung aus.

Neue Leitsektoren (führende Unternehmen, technische Innovationen)

Maschinenbau	Großchemie	Elektroindustrie
MAN (Maschinenfabrik Augsburg-Nürnberg), Opel, Benz	BASF (Badische Anilin- und Soda-Fabrik), Bayer	Siemens & Halske, AEG (Allgemeine Elektricitäts-Gesellschaft)
Verbrennungsmotor, Automobil	Farbstoffe, Pharmazeutik, Düngemittel	Elektromotor, Elektrik, Kraftwerke, Telegrafie, Telefonie, Leuchtmittel

Insgesamt hatte auch die Hochindustrialisierung einen gewaltigen **wirtschaftlichen Strukturwandel** zur Folge: Da immer mehr Geld für Investitionen benötigt wurde, gewann das **Finanzkapital** an Bedeutung; traditionelle Familienbetriebe wurden oft durch Aktiengesellschaften abgelöst. Viele Unternehmen wurden von **Managern** und nicht mehr von ihren eigentlichen Besitzern geleitet; zudem entstand neben der Arbeiterschaft ein neuer Typ von Arbeitnehmern: **Angestellte** („Fabrikbeamte“) führten die in immer größerem Ausmaß anfallenden bürokratischen und kaufmännischen Tätigkeiten durch. Der Zusammenschluss von Fabriken und Betrieben zu großen **Konzernen** hatte zur Folge, dass manche Unternehmen eine dominierende Rolle auf dem Markt einnahmen. **Konzentrationsprozesse** fanden zudem auf der Ebene der Arbeitgeber bzw. Arbeitnehmer statt: Beide Seiten stärkten ihre Position, indem sie sich zunehmend in Industrieverbänden bzw. Gewerkschaften organisierten und gemeinsam ihre Interessen artikulierten.

Diese Fotografie aus dem Ersten Weltkrieg gibt Einblick in eine Werkshalle der Firma Krupp. Der riesige Stahlkonzern stieg in der Zeit der Hochindustrialisierung zum größten Unternehmen im Deutschen Reich auf und beschäftigte 1914 bereits 80 000 Menschen. Wie im Deutsch-Französischen Krieg belieferte Krupp im Ersten Weltkrieg die deutsche Armee mit Waffen.

4 Arbeit und Leben in der Industriegesellschaft

4.1 Bevölkerungsentwicklung und Urbanisierung

Seit Mitte des 18. Jahrhunderts kam es in ganz Europa zu einem starken Bevölkerungswachstum, ja sogar zu einer regelrechten **Bevölkerungsexplosion**. Diese Entwicklung, die auf eine Reihe von Gründen zurückzuführen war, verschärfte das **Elend der Unterschichten**, ermöglichte aber gleichzeitig eine **große Dynamik**, die letztlich zur endgültigen Zerschlagung der agrarisch geprägten Ständegesellschaft führte.

info

Ursachen des Bevölkerungswachstums

- Steigerung der landwirtschaftlichen Produktion durch die zunehmende Industrialisierung der Landwirtschaft; Verbesserung und Ausweitung des Lebensmittelangebots → „Agrarrevolution"
- leichtere Verteilung von Nahrungsmitteln durch den Ausbau des Verkehrswesens (z. B. auch bei Missernten)
- erleichterte Familiengründungen und Zunahme von Geburten durch das Ende ständischer Heiratsbeschränkungen und das steigende Arbeitsangebot in der Industrie, das die Bestreitung des Familienunterhalts ermöglichte
- erhöhte Lebenserwartung und Zurückdrängung von Seuchen durch die Verbesserung der Hygiene in den Städten (Bau von Kanalisationen, Bereitstellung von sauberem Trinkwasser) und durch medizinische Fortschritte (Entwicklung von Medikamenten und Impfstoffen)
- relativ lange Friedensphase nach dem Ende der Napoleonischen Kriege 1815

→ geringere Sterblichkeit und höhere Geburtenraten
→ Bevölkerungswachstum

→ **Pauperismus** vgl. S. 49

Während der Frühindustrialisierung, als es noch nicht so viele Stellen in der Industrie gab und Missernten für Hungersnöte sorgten, ging das enorme Bevölkerungswachstum mit der **Pauperismus-Krise** einher. Um der damaligen **Massenarmut** zu entkommen, wanderten zahlreiche Menschen auf der Suche nach Arbeit aus dem ländlichen Raum ab. Während manche von ihnen „Deutschland" ganz verließen und **emigrierten** (v. a. nach Nordamerika), zogen andere in die Gewerbestädte und entstehenden Industriereviere. Die **„Take-off"-Phase** sorgte für ein **wachsendes Angebot an Arbeitsplätzen**, sodass weite Teile der verarmten Unterschichten eine Anstellung in den neuen großen Ballungszentren finden konnten. Im Ruhrgebiet kam es in der zweiten Hälfte des 19. Jahrhunderts beinahe zur Verzehnfachung der Bevölkerung. In Preußen lebten nach den Napoleonischen Kriegen noch knapp ¾ der Menschen auf dem Land; 1910 wohnten fast ⅔ der stark angewachsenen Gesamtbevölkerung in den Städten. Allein die Einwohnerzahl der preußischen bzw. deutschen Hauptstadt Berlin wuchs auf rund zwei Millionen an.

Bevölkerungsentwicklung in Preußen und im Deutschen Reich

	Jahr	Einwohnerzahl in Mio.	Stadtbevölkerung in %
Preußen	1816	10,3	27,9
	1849	16,3	28,1
	1871	24,6	37,2
	1910	40,2	61,5
Deutsches Reich	1871	41,0	36,1
	1910	64,9	60,0

Die Industrialisierung half dabei, den vorindustriellen Pauperismus zu überwinden. Zu zentralen Merkmalen dieser Zeit gehörten die **Landflucht** sowie die damit einhergehende **Verstädterung und Urbanisierung**. Während der Begriff „Verstädterung" für das Wachstum und die flächenmäßige Ausdehnung der Städte, die immer dichtere Bebauung sowie den Ausbau der Infrastruktur (z. B. Bus- und Tramlinien, Kanalisation) verwendet wird, stößt man auf den Ausdruck „Urbanisierung" eher dann, wenn es um die Entstehung einer **modernen Stadtkultur** mit bestimmten Lebensweisen und Wertvorstellungen (z. B. Individualisierung, Mobilität, Materialismus) geht. Dieser Prozess brachte in vielerlei Hinsicht Fortschritte mit sich, ging jedoch auch mit zahlreichen **sozialen Problemen** einher. Bevölkerungsschichten mit unterschiedlichem Sozialstatus wohnten in der Regel in verschiedenen Stadtteilen. Gerade die Lebens- und Arbeitsbedingungen der **Arbeiterschaft** sollten sich zunehmend verschärfen und sich in der **Sozialen Frage** zuspitzen.

4.2 Lebens- und Arbeitsbedingungen der Arbeiterklasse

Der gesellschaftliche Umbruch führte zur Beseitigung der Ständegesellschaft. Nun fanden sich die Menschen in neuen sozialen Gruppen, den **Klassen**, wieder. Entscheidend waren nicht mehr Geburt und Herkunft, sondern Besitz und Einkommen, berufliche Leistungsfähigkeit, Ausbildung und Qualifikation sowie die jeweilige Stellung und Rolle im Marktgefüge. So gab es die **Klasse des Bürgertums**, der in steigender Anzahl

Unternehmer angehörten. Besonders relevant wurde die stark anwachsende **Klasse der Industriearbeiter**. Diese Entwicklung wird auch als **Proletarisierung** bezeichnet, da die Arbeiter oft sehr arm waren, keinen anderen Besitz als ihre Arbeitskraft hatten und aus diesem Grund **Proletarier** genannt wurden. Diese Menschen mussten sich mit miserablen bis katastrophalen Arbeits- und Lebensbedingungen auseinandersetzen.

Proletarier (lat. „proles" = Nachkommen): in der Antike Bezeichnung für die Unterschicht, die nur über ihre Nachkommenschaft verfügte; während der Industrialisierung vom Marxismus geprägter Begriff für abhängige Lohnarbeiter

Sie arbeiteten meist in Fabriken, wo man auch als ungelernte Arbeitskraft beschäftigt werden konnte. Dort wurde der Herstellungsprozess von den Unternehmern strikt nach rationalen Gesichtspunkten organisiert und gesteuert, um möglichst viel Gewinn zu machen. Die **Massenproduktion** der Güter erfolgte arbeitsteilig, mit **Maschinen** und am Fließband. Die Arbeit war hart und gefährlich, wurde aber nur gering entlohnt; Verstöße gegen Fabrikordnungen wurden bestraft. Darüber hinaus waren viele **Frauen** und zunächst noch **Kinder** in der Produktion tätig. Das neue **bürgerliche Familienideal** – der Mann kümmerte sich um das Einkommen, die Frau blieb zu Hause bei den Kindern – war in den meisten Arbeiterfamilien finanziell nicht möglich. Gerade die Frauen hatten also eine doppelte Aufgabe zu erfüllen: Beruf und Haushalt.

Blick in eine Berliner Arbeiterwohnung (1910): Schlafen, essen, Heimarbeit zur Verbesserung des Einkommens – alles fand im gleichen Raum statt.

Auch die Wohnverhältnisse waren zumeist prekär. Aufgrund des starken Zuzugs von Menschen war die **Wohnungsnot in den Städten** groß. Die Arbeiterschaft wohnte in der Regel in eigenen Vierteln und in mehrstöckigen **„Mietskasernen"** auf engstem Raum beisammen. Die Mieten waren hoch, deshalb waren die Wohnungen oft überbelegt; viele Familien nahmen Untermieter auf und vermieteten ihre Betten stundenweise an „Schlafgänger". Die sanitären Einrichtungen und hygienischen Zustände waren so schlecht, dass sich manche Wohngebiete zu regelrechten **„Elendsquartieren"** entwickelten.

4.3 Ansätze zur Lösung der Sozialen Frage

Die Industriearbeiterschaft wuchs bis zum Ersten Weltkrieg zur größten sozialen Gruppe an. Die Arbeits- und Lebensbedingungen, denen sie sich täglich stellen musste, wurden immer gravierender; die **Soziale Frage** löste den Pauperismus der vorindustriellen Zeit ab. Auch Politiker und Unternehmer sahen zunehmend das Konfliktpotenzial, das mit der Lage der Arbeiterschaft verbunden war; man fürchtete Arbeitsniederlegungen und **soziale Unruhen**. Damit wurde die Lösung der Sozialen Frage zu einem wichtigen sozialen und politischen Anliegen.

Die Arbeiterbewegung

Zu Beginn der Industrialisierung hatten die Arbeiter **kaum politischen Einfluss** und keine eigene Partei, die ihre Interessen vertreten hätte. Zudem waren sie durch die damaligen Wahlrechtsformen, v. a. das Zensuswahlrecht (z. B. Dreiklassenwahlrecht in Preußen), gegenüber der besitzenden Ober- und Mittelschicht klar im Nachteil.

→ **Zensuswahlrecht, Dreiklassenwahlrecht** vgl. S. 86, 96

Die politische **Machtlosigkeit** und die tägliche Erfahrung von **Armut**, Abhängigkeit und Existenzangst ließen allmählich ein **proletarisches Klassenbewusstsein** entstehen. Die Arbeiter erkannten, dass sie für sich selbst einstehen und sich zur Wahrung ihrer Interessen **solidarisch** verhalten mussten. Bereits vor der Jahrhundertmitte entstanden **Arbeiterbildungsvereine**, in denen sich die Arbeiter bilden, über Politik diskutieren und das gesellige Miteinander pflegen konnten. Später gründete man größere Organisationen zur Vertretung der Arbeiterschicht wie Gewerkschaften sowie Vereine und Parteien, die der **Sozialdemokratie** angehörten. Zudem gab es in der damals entstehenden **Frauenbewegung** eine Richtung, die sich besonders für die Arbeiterinnen einsetzte.

Neben der **proletarischen** gab es die **bürgerliche Frauenbewegung**, die sich für Frauen aus dem Bürgertum einsetzte. Gemeinsam war beiden Richtungen v. a. die Forderung nach politischer Gleichberechtigung (Frauenwahlrecht).

Arbeiterparteien	Gewerkschaften
• erste Arbeiterpartei: Allgemeiner Deutscher Arbeiterverein (1863) als ein Vorläufer der Sozialdemokratischen Partei Deutschlands (SPD, seit 1890) • anfangs revolutionäre Einstellung, später Einsatz in den Parlamenten für Reformen (v. a. allgemeines Wahlrecht, soziale Verbesserungen) • trotz Rolle als Oppositionspartei sowie staatlicher Verfolgung („Sozialistengesetz") Aufstieg zur stärksten Partei im Kaiserreich	• Vereinigungen von Lohnarbeitern zur Vertretung ihrer gemeinsamen Interessen (verschiedene Ausrichtungen: sozialistisch, liberal, kirchlich) → Ziel: Verbesserung der Arbeits- und Lebensbedingungen • Bedeutung der Koalitionsfreiheit (1860er-Jahre): Recht auf Zusammenschluss und Streik als Mittel zur Durchsetzung von Interessen • im 19. Jahrhundert Entwicklung zu einflussreichen Massenorganisationen

→ **Entwicklung der Sozialdemokratie, „Sozialistengesetz"** vgl. S. 100 f.

Friedrich Wilhelm Raiffeisen (1818–1888)

Hermann Schulze-Delitzsch (1808–1883)

Alfred Krupp (1812–1887): Pionier der Eisen- und Stahlindustrie im Ruhrgebiet (Essen)

Ernst Abbe (1840–1905): Physiker, Optiker, Inhaber der Firma Carl Zeiss in Jena

Die Genossenschaftsbewegung

Die damaligen Genossenschaften waren Vereinigungen von **Kleinproduzenten** wie Bauern und Handwerkern, die sich gemäß den Leitsätzen **Selbsthilfe, Selbstverantwortung und Selbstverwaltung** zusammenschlossen, um ihre eigene Position auf dem Markt zu stärken und sich in Notsituationen gegenseitig zu unterstützen. **Friedrich Wilhelm Raiffeisen** vertrat die Interessen der bäuerlichen Bevölkerung, indem er u. a. Spar- und Darlehenskassen für Landwirte gründete. **Hermann Schulze-Delitzsch** setzte sich für Handwerker ein, z. B. durch Konsumvereine, die billige Waren anboten, sowie Vorschuss- und Kreditkassen, die günstige Kredite bereitstellten. Auf die beiden Sozialreformer gehen die heutigen Genossenschaftsbanken (Volks-/Raiffeisenbanken) zurück.

Unternehmerische Ansätze

Einzelne Unternehmer wie **Alfred Krupp**, **Ernst Abbe** und **Friedrich Harkort** versuchten, die Lage ihrer eigenen Belegschaft zu verbessern. Sie waren ständig mit dem Elend der Arbeiter konfrontiert und spürten eine **ethische Verantwortung** und eine **patriarchalische Fürsorgepflicht**, sich um ihre Beschäftigten zu kümmern. Ihre Bereitschaft, Hilfe zu leisten, war aber auch Ausdruck **unternehmerischen Weitblicks:** Durch soziale Unterstützungsmaßnahmen wollten sie die Loyalität und Leistungsbereitschaft ihrer Arbeiter stärken und auf diese Weise deren Produktivität steigern. Außerdem hatten sie die Hoffnung, dass sie den Einfluss der als Bedrohung empfundenen Arbeiterbewegung begrenzen und ihre Belegschaft von politischen Aktivitäten fernhalten könnten.

Alfred Krupp	Ernst Abbe
• Gründung von Betriebskrankenkassen, Absicherung der Beschäftigten im Falle von Krankheit, Unfall, Alter und Tod • Bau und günstige Vermietung von Werkswohnungen • Aufbau einer Konsumanstalt mit preiswerten Produkten für die Arbeiter	• Reduzierung der Arbeitszeit auf acht Stunden mit Recht auf Urlaub • Zahlungen im Falle von Alter, Krankheit, Dienstunfähigkeit und Tod • Gewinnbeteiligung der Arbeiter • Begrenzung der Einkommensunterschiede innerhalb der Belegschaft

Ansätze der christlichen Kirchen

Die Kirchen hatten das Elend der Arbeiterschaft zunächst oft mit deren Kirchenferne sowie mit sittlicher Verwahrlosung erklärt. Nun reagierten sie allmählich auf die zunehmenden sozialen Probleme und die schwierige Lage der Arbeiter: Kirchenvertreter riefen den Staat dazu auf, eine **Sozialpolitik** zugunsten der Arbeitnehmer auf den Weg zu bringen, und richteten eine **kirchliche Sozialarbeit** ein. So forderte der langjährige Bischof von Mainz, **Wilhelm Emmanuel von Ketteler**, u. a. kürzere Arbeitszeiten, gerechtere Löhne und die Einschränkung der Frauen- und Kinderarbeit. Der katholische Priester **Adolph Kolping** gründete Gesellenvereine und -häuser, die wandernden Handwerksgesellen Herbergen und Bildungsstätten boten. Auf evangelischer Seite baute **Johann Hinrich Wichern** deutschlandweit soziale Einrichtungen auf, darunter das „Rauhe Haus" für verwahrloste Kinder in Hamburg.

Adolph Kolping (1813–1865): Das internationale Kolpingwerk (Schwerpunkt: Familien) geht auf Kolpings Gesellenvereine zurück.

Die staatliche Sozialpolitik

Auf staatlicher Ebene stand anfangs die liberale Auffassung vom passiven **„Nachtwächterstaat"** der Umsetzung weitreichender sozialpolitischer Maßnahmen entgegen: Der Staat sollte nur Rahmenbedingungen für wirtschaftliches Handeln schaffen. Dies änderte sich unter Reichskanzler Otto von Bismarck, der sowohl auf das soziale Elend der Arbeiter als auch auf die Wirkungslosigkeit seines innenpolitischen Kampfes gegen die Sozialdemokratie reagierte. Um die Identifikation der Arbeiter mit dem Staat zu stärken und sie von der Sozialdemokratie fernzuhalten, wurde das weltweit erste **Sozialversicherungssystem** eingeführt: Versicherungen sollten die Arbeiter im Falle von Krankheit (1883), Unfall (1884) sowie Alter und Invalidität (1889) unterstützen. Bismarck schuf so die Grundlagen des heutigen deutschen **Sozial- und Wohlfahrtsstaats**, also eines Staats, der die soziale Absicherung und Daseinsvorsorge seiner Bürger anstrebt. Diese und weitere staatliche Maßnahmen verbesserten zwar allmählich die materielle Lage vieler Arbeiter, der große Zulauf zur Sozialdemokratie konnte aber nicht eingedämmt werden.

Johann Hinrich Wichern (1808–1881) war ein Vertreter der **„Inneren Mission"**: Soziale Arbeit sollte aus christlicher Nächstenliebe geschehen.

→ **Bismarcks Sozialpolitik** vgl. S. 101

Bilanz

Die Bilanz zur Lösung der Sozialen Frage fällt ambivalent aus. Einerseits sank die Arbeitszeit: 1900 wurde z. B. der 10-Stunden-Tag, 1918 in der Novemberrevolution der 8-Stunden-Tag eingeführt. Die Kinderarbeit wurde zunehmend eingeschränkt, die Schulpflicht stärker durchgesetzt. Die Reallöhne stiegen, die allgemeinen Lebensverhältnisse verbesserten sich, die durchschnittliche Lebenserwartung nahm zu, auch die Arbeiter konnten vermehrt am gesellschaftlichen Leben und am Konsum teilhaben. Andererseits war die Soziale Frage am Ende des Kaiserreichs nicht völlig beseitigt. Fortschritte wie die Arbeitslosenversicherung (1927) wurden erst nach dem Untergang der Monarchie 1918 eingeführt. Trotz steigenden Einflusses der Gewerkschaften war zunächst nur ein Teil der Beschäftigungsverhältnisse durch Tarifverträge geregelt.

→ **Novemberrevolution** vgl. S. 154 ff.

5 Zusammenfassung

Die Industrialisierung setzte in „Deutschland“ erst Mitte des 19. Jahrhunderts ein. Dies lag u. a. an der fehlenden territorialen Einheit und den Beharrungskräften der frühneuzeitlichen Ständegesellschaft. Als es um 1840 schließlich zur **„Industriellen Revolution“** kam, wirkten sich u. a. staatliche Agrar- und Gewerbereformen, technische Innovationen (z. B. Dampf-, Spinnmaschine) und die Verbesserung der Infrastruktur durch die Eisenbahn aus, die den schnelleren, billigeren Transport über weite Distanzen ermöglichte. Durch die damalige Bevölkerungsexplosion waren viele Arbeitskräfte und eine steigende Nachfrage nach industriell gefertigten Produkten vorhanden. Der Glaube an den technischen Fortschritt ließ die Risikobereitschaft von Unternehmern steigen, die Fabriken mit maschineller Massenproduktion errichteten. Zudem hatte die **nationale Entwicklung** wichtige Auswirkungen: Durch den Deutschen Zollverein wurde 1834 der erste Schritt zu einem Binnenmarkt gemacht, der durch die Gründung des Kaiserreichs 1871 und die staatliche Einigung abgeschlossen werden konnte. War die Industrialisierung in Deutschland zunächst durch den Bergbau und die Eisen- und Stahlindustrie geprägt, entwickelten sich später der Maschinenbau und die chemische bzw. Elektroindustrie zu Leitsektoren. In einigen Branchen nahm das Deutsche Reich sogar eine weltweite Führungsposition ein.
Um 1900 wandelte sich Deutschland **vom Agrar- zum Industriestaat**. Die Industrialisierung hatte aber nicht nur wirtschaftliche, sondern auch gewaltige politische und gesellschaftliche Folgen. So bildete sich eine **Klassengesellschaft**, die den Einzelnen nicht nach Herkunft, sondern nach Leistung und Besitz einordnete. Gerade in Städten, die durch die Landflucht stark wuchsen, entstanden eigene Lebenswelten: Während erfolgreiche Unternehmer dabei ein fast schon herrschaftliches Leben führten, war die Lage des Proletariats, der stetig wachsenden Arbeiterschicht, meist prekär. Die Probleme, die mit den katastrophalen Arbeits- und Lebensbedingungen der Arbeiter einhergingen, spitzten sich in der **Sozialen Frage** zu. Zu den damals forcierten Lösungsansätzen gehörten die staatlichen Sozialversicherungen der 1880er-Jahre, die den **Grundstein für unseren heutigen Sozialstaat** legten.

Die Beschäftigten einer Fabrik legen ihre Arbeit nieder und verhandeln mit dem Unternehmer über ihre Forderungen („Der Streik“ von Robert Köhler, 1886). Streiks als Mittel im Arbeitskampf gehen auf die Arbeiterbewegung des 19. Jahrhunderts zurück und spielen bis heute eine Rolle.

Das Deutsche Kaiserreich

Das Gemälde zeigt die Kaiserproklamation Wilhelms I. am 18. Januar 1871. Der Maler, Anton von Werner (1843–1915), war zu dieser Veranstaltung im Spiegelsaal von Schloss Versailles bei Paris eingeladen worden und hierfür extra nach Frankreich gereist. Seine Eindrücke hielt er im Laufe der Jahre in mehreren Gemälden fest. Die erste Fassung (1877), die er im Auftrag deutscher Fürsten für Wilhelm I. angefertigt hatte, wurde 1945 bei einem Luftangriff auf Berlin zerstört. Hier ist die dritte, nämlich die Friedrichsruher Fassung (1885) zu sehen – ein Geschenk der Hohenzollern zu Bismarcks 70. Geburtstag. Anders als in der ersten Fassung steht der preußische Ministerpräsident und erste deutsche Reichskanzler klar im Mittelpunkt, was auch noch durch seine weiße Uniform betont wird.

1 Der Weg zur Reichsgründung (1849–1871)

Der Zeitraum zwischen der gescheiterten bürgerlichen **Revolution von 1848/49** und der **Reichsgründung 1870/71** durch die deutschen Fürsten wurde von zwei zentralen Konflikten bestimmt:

- **innenpolitisch** zwischen dem **bürgerlichen Liberalismus** und den wiedererstarkten **Monarchien**, v. a. in Österreich und Preußen,
- **außenpolitisch** zwischen den beiden stärksten deutschen Staaten und europäischen Großmächten Österreich und Preußen.

Der österreichisch-preußische **Dualismus**, also die beständige Konkurrenz zwischen diesen zwei Staaten, war eine der bestimmenden außen- und deutschlandpolitischen Konstanten des 18. und 19. Jahrhunderts. Er endete 1871 mit der **Gründung des kleindeutschen Reichs unter der Führung Preußens**.

1.1 Die Wiedererrichtung des Deutschen Bunds

→ **Scheitern der Revolution von 1848/49** vgl. S. 61 ff.

Nachdem der preußische König im Frühjahr 1849 die Kaiserkrone abgelehnt hatte, zogen Österreich, Preußen und andere Staaten ihre Abgeordneten aus der Paulskirche zurück. Übrig blieb nur ein **„Rumpfparlament"** unter dem Einfluss der Republikaner, das im Sommer 1849 in Stuttgart durch das württembergische Militär aufgelöst wurde. Zudem wurden radikaldemokratische Erhebungen in Sachsen und im Rheinland sowie ein größerer Umsturzversuch in Baden und der Rheinpfalz von preußischen, bayerischen und württembergischen Truppen niedergeschlagen. Viele Demokraten wurden inhaftiert, exekutiert oder wanderten nach Amerika aus. Der Versuch war **gescheitert**, einen **deutschen Einheitsstaat** auf demokratischem Wege **„von unten" zu schaffen**.
Das durch die Ereignisse von 1848/49 entstandene **Machtvakuum** versuchten die beiden Großmächte Preußen und Österreich für sich zu nutzen. Schon im April/Mai 1849 entwarf die preußische Regierung das **Konzept eines Doppelbunds** aus einem „engeren Bund" („Deutsches Reich", später „Deutsche bzw. Erfurter Union") unter Führung Preußens und einem „weiteren Bund" mit Österreich. Die Verfassung des engeren Bunds wäre eine konservativere Variante der Paulskirchenverfassung gewesen. Tatsächlich kam es zum Zusammenschluss von 26 deutschen Staaten, allerdings ohne die politisch einflussreicheren süddeutschen Königreiche Bayern und Württemberg. Zuletzt waren nur noch 12 Staaten in der „Erfurter Union" übrig. Immerhin tagte im März/April 1850

ein nach dem Dreiklassenwahlrecht gewähltes **Unionsparlament** in Erfurt. Im Herbst 1850 fand das Projekt aber sein Ende, v. a. aufgrund des massiven Drucks Österreichs und Russlands, was im Vertrag von Olmütz vom 29. November 1850 festgehalten wurde.
Zwischen März 1849 und 1851 scheiterten jedoch auch österreichische Pläne, das multinationale Österreich in seiner Gesamtheit mit den deutschen Staaten in einem riesigen Staatenbund **(„Reich der 70 Millionen")** zu verknüpfen. Hier waren es neben Russland v. a. die mittelgroßen deutschen Staaten, die eine österreichische Dominanz fürchteten und diese Vorschläge daher ablehnten. Zuletzt kehrte man im Sommer 1851 zum alten System zurück. Innenpolitisch forcierte der nun **wiederhergestellte Deutsche Bund** eine politische Rückwärtsbewegung („Reaktion"): Demokratische Rechte und Strukturen aus der Revolutionsphase sollten in allen Ländern zurückgenommen („Bundesreaktionsbeschluss"), politische Vereine/Parteien („Bundesvereinsgesetz") verboten werden; eine Geheimpolizei („Polizeiverein") überwachte die Bürger; die Presse unterlag wieder großen Einschränkungen (Zensur). Nach dem Scheitern der nationalen Pläne 1849 und dem Beginn neuer reaktionärer Entwicklungen auf Bundesebene verlagerten sich die politischen Möglichkeiten der liberal-bürgerlichen Bewegung auf die Parlamente der einzelnen Staaten, v. a. auf das preußische Abgeordnetenhaus.

„Reich der 70 Millionen": Da dieser Plan auch die Einbindung derjenigen Gebiete Österreichs und Preußens vorsah, die nicht zum Deutschen Bund gehörten, hätte der neue Staatenbund eine Einwohnerzahl von rund 70 Millionen gehabt.

„Reaktion": abwertender Begriff, den Liberale für die Politik der fürstlichen Regierungen (v.a. bei Einschränkung der Rechte des Volks) verwendeten

1.2 Die preußische Verfassung von 1848/50

Die verfassungsmäßigen Rechte der zweiten Kammer des preußischen Parlaments waren eine weitere Auswirkung der Revolutionsphase. Denn um die innenpolitische Lage zu entspannen, hatten Preußen und Österreich **oktroyierte Verfassungen** erlassen. Die österreichische Verfassung von 1849 wurde bereits 1851 wieder aufgehoben, die preußische aber blieb bis zum Untergang der Monarchie 1918 bestehen. Sie nahm wesentliche Strukturen der Reichsverfassung von 1871 voraus.
In der **preußischen Verfassung von 1848/50** hatte der **König** die gesamte Exekutivgewalt und damit eine Reihe von Kompetenzen inne. So ernannte und entließ er die Minister, entschied über Krieg und Frieden und hatte den Oberbefehl über die Armee. Darüber hinaus konnte er die beiden Kammern des Parlaments einberufen, schließen, vertagen und vorzeitig auflösen. Das Recht, Gesetze zu initiieren und zu erlassen, teilte er sich mit dem Parlament: Ein Gesetz musste zu seiner Gültigkeit die Zustimmung des Monarchen und die Mehrheit in beiden Kammern finden, was auch für den Staatshaushalt galt. In der Ersten Kammer des

reichsunmittelbar: Bezeichnung für diejenigen Personen/Institutionen (Adelige, Kirchenvertreter, Städte), die im Heiligen Römischen Reich deutscher Nation nur dem Kaiser unterstanden hatten

Parlaments **(Herrenhaus)** saßen die volljährigen Prinzen des Königshauses, die Häupter der ehemals reichsunmittelbaren Geschlechter, vom König auf Lebenszeit oder erblich ernannte Personen, 90 von den Vertretern der höchsten Steuerklasse gewählte sowie 30 Mitglieder aus den größten Städten des Landes. Die 350 Abgeordneten der Zweiten Kammer **(Abgeordnetenhaus)** wurden nach dem **Dreiklassenwahlrecht** ermittelt. Diesem Wahlrecht lag das Steuerprinzip zugrunde, weshalb es sich um eine Form des Zensuswahlrechts handelte: Die Bürger wurden nach ihrem Steueraufkommen in eine von drei Klassen eingeteilt, die jeweils über die gleiche Anzahl an Wahlmännern verfügten. Die Stimmen der Bürger waren also je nach Steueraufkommen unterschiedlich gewichtet: Je höher die Steuerklasse, desto mehr Einfluss auf die Verteilung der Wahlmänner.

1.3 Die Entwicklung der liberalen Bewegung nach 1849

→ **Industrialisierung** vgl. S. 65 ff.

Die gescheiterte Revolution von 1848/49 hatte die politische Position des **liberalen Bürgertums** entscheidend geschwächt. Wirtschaftlich wurde es jedoch mit der zunehmenden **Industrialisierung** immer einflussreicher. Der Wohlstand der Bürgerlichen zahlte sich politisch v. a. durch Mehrheiten im preußischen Abgeordnetenhaus aus, dessen Zensuswahlrecht Begüterte massiv bevorteilte. Die zweite Parlamentskammer wurde ab 1861 durch die neu gegründete liberaldemokratische **Deutsche Fortschrittspartei** dominiert, die bald darauf im preußischen Verfassungskonflikt zum Gegenspieler Bismarcks wurde. Die Bürgerlichen profitierten seit 1857 außerdem von der innenpolitischen Liberalisierung in Preußen und im Deutschen Bund nach der Regierungsübernahme durch den späteren König **Wilhelm I.** („Neue Ära").

Wilhelm I. (1797–1888): ab 1857/58 Regent anstelle seines kranken Bruders Friedrich Wilhelm IV., ab 1861 König von Preußen, ab 1871 Deutscher Kaiser

Die Handlungsmöglichkeiten der bürgerlichen Liberalen wuchsen auch durch ihre grundlegende Umorientierung hin zur **Realpolitik:** Man akzeptierte die bestehenden Machtverhältnisse und versuchte, sich nun mit Fürsten und Konservativen zu arrangieren; radikaldemokratische Positionen waren nicht mehr mehrheitsfähig. Auch dies ebnete den Weg zu Arrangements mit den monarchischen Regierungen. Dieser Trend verstärkte sich, je weiter sich die wirtschaftliche Entwicklung hin zur Hochindustrialisierung steigerte. Aus erfolgreichen Industriellen ging letztendlich ein schwerreiches **Industriebürgertum** hervor, das seinen Hauptgegner in den ebenfalls neu entstehenden **Arbeiterparteien** erkannte und zunehmend bereit war, diese in Zusammenarbeit mit den fürstlichen Regierungen zu bekämpfen. Diese politische Annäherung an die adelige Führungsschicht ging schließlich sogar mit einer gesellschaftlichen „Feudalisierung" des industriellen Großbürgertums einher, das den luxuriösen Lebensstil und teils die Werte des Hochadels übernahm. Um 1860 dominierten aber noch die Gegensätze zwischen bürgerlichem Liberalismus und monarchischem System. Vor allem die **nationale Einheit** wurde wieder zu einem großen Thema der liberalen Bewegung in ganz Deutschland, als sich 1859 der **Deutsche Nationalverein** in Frankfurt am Main als Sammelbecken von Liberalen und Demokraten gründete (mit etwa 25 000 Mitgliedern 1862). Der Verein strebte eine kleindeutsche Lösung unter preußischer Führung und unter Ausschluss Österreichs an. Das großdeutsch ausgerichtete Bürgertum schloss sich 1862 dagegen im **Deutschen Reformverein** zusammen.

Vorbild für den Deutschen Nationalverein war die **Società nazionale italiana** im ebenfalls staatlich geteilten Italien, die eine nationale Einigung durch den Einzelstaat Piemont-Sardinien anstrebte. Unter dessen Führung wurde 1861 tatsächlich ein Nationalstaat, das **Königreich Italien**, gegründet.

Damit war das Spannungsfeld aufgebaut, auf das 1862 der neue Ministerpräsident Bismarck während einer tiefen Krise des politischen Systems in Preußen traf: Bestimmt wurde es durch das nationale Denken eines immer selbstbewusster werdenden liberalen Bürgertums, durch den Reformbedarf des monarchischen Systems, durch die weiter offene Frage der deutschen Staatlichkeit und durch den außenpolitisch bedeutenden preußisch-österreichischen Dualismus.

1.4 Der preußische Verfassungskonflikt (ab 1862)

1862 eskalierte ein schwerer, mehrere Jahre andauernder Konflikt zwischen der preußischen Regierung und dem Abgeordnetenhaus, in dem die Liberalen damals in der Mehrheit waren. Ausgangspunkt war eine von der Regierung angestrebte **Heeresreform**, die die Dienstzeit in der preußischen Armee von zwei auf drei Jahre erhöhen und die Rolle der von bürgerlichen Offizieren geführten **Landwehr** einschränken sollte. Im Parlament lehnten die Liberalen jedoch – unter Berufung auf ihr Budgetrecht – die Bewilligung der hierfür notwendigen Gelder ab. Es kam zur Staatskrise; dabei spielte König Wilhelm I. sogar mit dem Gedanken, zugunsten seines Sohnes abzudanken. In dieser schwierigen Situation berief er schließlich den Diplomaten **Otto von Bismarck zum preußischen Ministerpräsidenten**. Dieser war dazu bereit, die Heeresreform wenn nötig auch ohne die Zustimmung des Parlaments umzusetzen. Als Begründung brachte er die **„Lückentheorie"** ins Spiel: Sah die Verfassung keine explizite Regelung zu einem bestimmten Problem – in diesem Fall zum Konflikt um die Heeresreform und zur fehlenden Einigung im Haushaltsstreit – vor, so liege die Entscheidungsgewalt letztlich beim Souverän, dem Monarchen.

Landwehr: Reservearmee neben den regulären Truppen, die vorwiegend aus Freiwilligen bestand und im Kriegsfall Teil der Armee wurde

Otto von Bismarck
(1815–1898)

„ostelbische Junker“: zeitgenössischer Begriff für den preußischen, östlich der Elbe liegenden Großgrundbesitzer-Adel, der aus dem feudalen System der Gutsherrschaft (→ vgl. S. 68) hervorgegangen ist

biografie

Otto von Bismarck

Bismarck entstammte einer Familie adelig-preußischer Großgrundbesitzer. Diese politisch sehr einflussreiche gesellschaftliche Schicht wird auch als „ostelbische Junker“ bezeichnet. Bismarck war immer den konservativen Werten seiner Gruppe verpflichtet, die eine möglichst uneingeschränkte monarchische Herrschaft und den sozialen Vorrang des Adels enthielten. Seit 1851 arbeitete er im diplomatischen Dienst Preußens; so war er Gesandter am Frankfurter Bundestag, in St. Petersburg und in Paris. 1862–1890 war er preußischer Ministerpräsident, 1867–1871 Bundeskanzler des Norddeutschen Bunds und 1871–1890 erster Reichskanzler des Deutschen Reichs. Durch eine diplomatisch geschickte, aber auch aggressive Außenpolitik gelang es ihm, nicht zuletzt in drei großen Kriegen (gegen Dänemark, Österreich und Frankreich), Preußen als Führungsmacht des 1871 gegründeten Kaiserreichs zu etablieren. Innenpolitisch löste Bismarck den Konflikt der preußischen Monarchie mit den wirtschaftlich dominierenden bürgerlichen Liberalen: Er erfüllte mit der deutschen Einigung ein grundlegendes Ziel der Liberalen und setzte bis 1878 deren Agenda im Reich um. Hart ging er ab 1878 gegen die aufstrebende Sozialdemokratie vor. Außenpolitisch setzte Bismarck bis zu seiner Entlassung 1890 auf einen Ausgleich der europäischen Mächte, um die Position des noch jungen, aber vermeintlich territorial „saturierten“ Deutschen Reichs nicht zu gefährden. „Reichsgründer“ Bismarck stand noch nach seinem Tod bis zum Ende des Deutschen Reichs 1945 als zentrale und heroisierte Ikone der deutschen Einigung im Zentrum des deutschen Nationalbewusstseins und eines zunehmenden, auch übersteigerten Nationalismus. Tausende von Denkmälern und zahlreiche „Bismarck-Türme“ wurden für ihn im Deutschen Reich errichtet. Nach 1945 wurden seine aggressive Reichseinigungspolitik und sein Antiparlamentarismus abwertend in eine Kontinuität mit dem Scheitern der Weimarer Republik sowie dem Nationalsozialismus gebracht. Die jüngere Forschung geht hier differenzierter vor und betont dagegen wieder mehr die Zeitgebundenheit seines Handelns als preußischer Konservativer und letztendlich bedeutendster deutscher Politiker des 19. Jahrhunderts.

Amnestie: Erlass einer Strafe, Begnadigung

In den folgenden Jahren regierte Bismarck ohne einen nach den Regeln der preußischen Verfassung bewilligten Haushalt. Erst nach den gewonnenen Kriegen gegen Dänemark 1864 und Österreich 1866 billigte der preußische Landtag im Rahmen von Bismarcks **„Indemnitätsvorlage“** nachträglich den nicht verfassungsgemäß genehmigten Haushalt und die Finanzierung der Heeresreform und amnestierte auf diese Weise Bismarcks Vorgehen. Der Verfassungskonflikt und die Indemnitätsvorlage führten letztlich zur **Spaltung der Liberalen:** Neben der oppositionellen, demokratischer gesinnten **Deutschen Fortschrittspartei** gab es fortan die **Nationalliberale Partei**, die Bismarcks Politik unterstützte.

1.5 Die Einigungskriege 1864–1871

Die innen- und außenpolitische Entwicklung Preußens, die schließlich erhebliche Auswirkungen auf die gesamte deutsche Staatenwelt haben sollte, wurde in den folgenden Jahren bis zur Reichsgründung 1870/71 maßgeblich durch Bismarcks politische Strategie und Ziele bestimmt: Als Anhänger der **Monarchie** wollte er deren Macht weitgehend erhalten, als preußischer Patriot die kleinste der europäischen Großmächte zu einer **gleichwertigen Stellung im Mächtekonzert** führen. Dies sollte letztlich durch die Schaffung eines von Preußen dominierten kleindeutschen Reichs erreicht werden; dazu musste Österreich als deutsche Vormacht ausgeschaltet werden. Dabei konnte Bismarck mit der nationalen Begeisterung des liberalen Bürgertums rechnen und durch seine nationalistisch geprägte Politik den innerpreußischen Konflikt zwischen Königtum und Landtag nach außen verlagern. Insgesamt war Bismarck ein **Realpolitiker**, der für Preußen günstige Gelegenheiten zur Umsetzung seiner machtpolitischen Ziele ausnutzte; dabei setzte er auch auf das Mittel des begrenzten Kriegs mithilfe unterschiedlicher Verbündeter.

Lernvideo: **Die Reichseinigung 1864–1871**

Deutsch-Dänischer Krieg 1864 und Deutscher Krieg 1866

Der erste der drei „Einigungskriege" ging aus langjährigen Streitigkeiten um die **Herzogtümer Schleswig und Holstein** hervor. 1863 annektierte **Dänemark** entgegen internationalen Vereinbarungen (u. a. Londoner Protokolle) das vorwiegend deutsch besiedelte Schleswig. Schleswig hatte, wie Holstein, einen komplizierten rechtlichen Status: Die Elbherzogtümer waren bereits seit 1460 mit dem Königreich Dänemark in **Personalunion** vereint, völkerrechtlich betrachtet aber selbstständige Territorien. Seit damals galt auch der Grundsatz, dass Schleswig und Holstein nicht voneinander getrennt werden sollten. Anders als Holstein war Schleswig aber kein **Mitglied des Deutschen Bunds**. 1864 zwangen Österreich und Preußen, unterstützt von der national gesinnten bürgerlichen Öffentlichkeit, Dänemark in einem gemeinsamen Feldzug, Schleswig und Holstein aufzugeben; die Herzogtümer sollten nun von den beiden deutschen Großmächten verwaltet werden, was Preußen mehr Macht in Norddeutschland einbrachte.

Meinungsverschiedenheiten über die Verwaltung und den zukünftigen Status Schleswig-Holsteins steigerten die Rivalität zwischen Preußen und Österreich, sodass es 1866 zum **innerdeutschen Krieg** kam: Dabei kämpfte Preußen mit einer Reihe von norddeutschen Staaten und dem Königreich Italien gegen Österreich und dessen Verbündete, darunter

Londoner Protokolle: 1850/52 wurden die Selbstständigkeit und Zusammengehörigkeit der Herzogtümer Schleswig und Holstein vertraglich garantiert.

Personalunion: Ein Herrscher regiert gleichzeitig mehrere völkerrechtlich unabhängige Staaten (vgl. S. 141).

die süddeutschen Staaten. Schon nach kurzer Zeit, am 3. Juli 1866, entschied Preußen in der **Schlacht bei Königgrätz** (Böhmen) den Krieg zu seinen Gunsten. Anschließend setzte Bismarck in der preußischen Führung den Verzicht auf die Annexion österreichischer Gebiete durch, während Österreich der **Auflösung des Deutschen Bunds**, der preußischen Annexion von Hannover, Kurhessen, Nassau, Schleswig-Holstein und der Freien Stadt Frankfurt am Main sowie der **Gründung des Norddeutschen Bunds** unter preußischer Führung zustimmte.

Memel: bedeutende, damals deutsch besiedelte Hafenstadt an der Ostsee, heute Klaipėda in Litauen

Napoleon III. (1808–1873): Neffe Napoleons I., 1852–1870 französischer Kaiser; autoritäre, durch Plebiszite (Volksentscheide) legalisierte und durch aggressive Außenpolitik gestützte Herrschaft

Die Entwicklung der deutschen Frage fand fortan **ohne österreichische Beteiligung** statt: Die europäische Großmacht und einstige deutsche Vormacht zog sich aus Deutschland zurück und konzentrierte sich in der Folge auf die Sicherung und den Ausbau ihrer ost- und südeuropäischen Territorien. Preußen dagegen dominierte nun durch seine eigenen Besitzungen sowie den Norddeutschen Bund einen geschlossenen Länderblock von der Grenze zu Frankreich im Südwesten bis zur Stadt Memel im Nordosten. Ein deutscher Nationalstaat wurde zu dieser Zeit aber noch nicht geschaffen. Vielmehr verlangte **Frankreich unter Kaiser Napoleon III.** als Gegenleistung für seine Neutralität, dass Preußen die Unabhängigkeit Bayerns, Württembergs und Badens anerkennen sollte. Die süddeutschen Staaten schlossen allerdings geheime Schutz- und Trutzbündnisse (Verteidigungsbündnisse) mit Preußen – eine Reaktion auf Frankreichs territoriale Forderungen im Grenzgebiet am Rhein.

Der Deutsch-Französische Krieg 1870/71

Die Spannungen mit Frankreich heizte Bismarck im diplomatischen Streit um die **spanische Thronfolge** weiter an: Damals wurde einem Verwandten des preußischen Königs die Übernahme des freigewordenen spanischen Throns angeboten, wodurch sich Frankreich eingekreist und existenziell bedroht sah. Unter französischem Druck stoppte der preußische König Wilhelm I. dieses Vorhaben; allerdings stellte Bismarck Frankreich in der deutschen Presse durch die Veröffentlichung der von ihm redigierten **„Emser Depesche“** bloß. Daraufhin erklärte Frankreich Preußen am 19. Juli 1870 den Krieg.

„Emser Depesche“: die von Bismarck gekürzte und somit inhaltlich verschärfte Nachricht über die französischen Forderungen und das (aus preußischer Sicht unangemessene) Auftreten des französischen Botschafters gegenüber Wilhelm I. in Bad Ems

Während der Norddeutsche Bund und die süddeutschen Staaten an die Seite Preußens traten, hatte Frankreich keine Verbündeten. Bereits sechs Wochen später erlitt Frankreich am 2. September 1870 eine herbe Niederlage in der **Schlacht bei Sedan:** Ein großer Teil der französischen Truppen musste kapitulieren, Napoleon III. geriet in deutsche Gefangenschaft. In Frankreich wurde kurz darauf die Republik ausgerufen. Die neue Regierung führte den Krieg noch bis 1871 weiter, jedoch vergeblich: Im **Frieden von Frankfurt am Main** vom 10. Mai 1871 verpflichtete sich Frankreich zur Zahlung einer Kriegsentschädigung von fünf Milliarden Goldfrancs. Zudem musste es **Elsass-Lothringen**, dessen deutschsprachige Bevölkerung über einen längeren Zeitraum hinweg Teil Frankreichs gewesen war, an den neuen deutschen Nationalstaat abtreten.

Darstellung Bismarcks als Schmied der deutschen Einheit

Die Gründung des Deutschen Kaiserreichs 1870/71

In der nationalen Begeisterung über den militärischen Erfolg gelang es Bismarck, die süddeutschen Fürsten für die **Gründung eines Deutschen Reichs** unter preußischer Führung zu gewinnen. Noch ehe der Krieg zu Ende war, wurden die Verhandlungen mit den süddeutschen Staaten erfolgreich abgeschlossen, sodass die **Reichsgründung am 18. Januar 1871** mit einem feierlichen Staatsakt im Spiegelsaal von Schloss **Versailles** vollzogen wurde. Der preußische König **Wilhelm I.** wurde dabei zum Deutschen Kaiser ausgerufen.

In **Versailles** befand sich damals das Hauptquartier der deutschen Truppen (→ **Schloss Versailles** vgl. S. 16).

2 Einführung: Das Deutsche Kaiserreich

Das **Deutsche Kaiserreich** wurde im Januar 1871 als **erster deutscher Nationalstaat** gegründet und hatte anschließend bis zur Revolution von 1918/19 Bestand. In drei Einigungskriegen hatte Preußen 1864–1871 die nationale Einheit vor allem militärisch und – in Bismarcks Worten von 1862 – „durch Eisen und Blut" vollbracht.

ZITAT

Bismarck am 30. September 1862 in der Budgetkommission des Abgeordnetenhauses während des Verfassungskonflikts[1]

Nicht auf Preußens Liberalismus sieht Deutschland, sondern auf seine Macht; [...] Preußen muß seine Kraft zusammenfassen und zusammenhalten auf den günstigen Augenblick, der schon einige Male verpaßt ist; Preußens Grenzen nach den Wiener Verträgen sind zu einem gesunden Staatsleben nicht günstig; nicht durch Reden und Majoritätsbeschlüsse werden die großen Fragen der Zeit entschieden – das ist der große Fehler von 1848 und 1849 gewesen – sondern durch Eisen und Blut.

War Preußen zuvor die kleinste europäische Großmacht gewesen, so war das neue, von Preußen angeführte Deutsche Reich nun ein territorial großer und geschlossener Staat mit einem erheblichen wirtschaftlichen, militärischen und demografischen Machtpotenzial. Durch die Umsetzung der **kleindeutschen Lösung** umfasste das Kaiserreich alle Einzelstaaten des Deutschen Bunds außer Österreich.

Demografie: Wissenschaft, die sich mit der Struktur und Entwicklung von Bevölkerungen befasst

info

Territorialer Umfang des Deutschen Reichs

Das Kaiserreich umfasste insgesamt 25 Bundesstaaten:

- 4 Königreiche: Preußen, Bayern, Sachsen, Württemberg
- 6 Großherzogtümer: Baden, Hessen, Mecklenburg-Schwerin, Mecklenburg-Strelitz, Oldenburg, Sachsen-Weimar-Eisenach
- 5 Herzogtümer: Anhalt, Braunschweig, Sachsen-Altenburg, Sachsen-Coburg und Gotha, Sachsen-Meiningen
- 7 Fürstentümer: Waldeck, Lippe, Schaumburg-Lippe, Schwarzburg-Rudolstadt, Schwarzburg-Sondershausen, Reuß Ältere Linie, Reuß Jüngere Linie
- 3 Freie Städte: Hamburg, Bremen, Lübeck
- Einen Sonderstatus hatte das „Reichsland" Elsass-Lothringen, das direkt dem Kaiser unterstand, von einem Statthalter regiert wurde und erst ab 1911 im Bundesrat vertreten war.

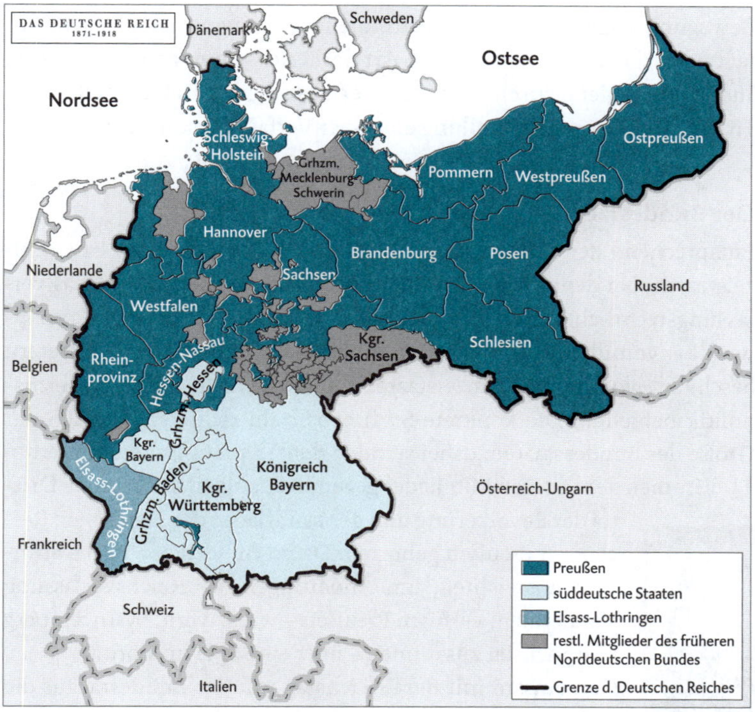

In Verlauf und Entwicklung des Kaiserreichs lassen sich insgesamt **zwei große Phasen** unterscheiden:

- zuerst die Regierungszeit **Wilhelms I.** (1871–1888), der Reichskanzler Bismarck die Gestaltung der Reichspolitik weitgehend überließ;
- anschließend, nach einem kurzen Zwischenspiel unter Friedrich III., die Regentschaft **Wilhelms II.** (1888–1918), der Bismarck 1890 entließ und das Reich in einem „persönlichen Regiment“ selbst führen wollte. Die Ära des **„Wilhelminismus“** war gekennzeichnet durch einen nationalistischen, militaristischen, „wilhelminischen“ Zeitgeist.

3 Die Verfassung des Kaiserreichs

Die Reichsgründung von 1870/71 war letztendlich eine **„Revolution von oben“** der deutschen Fürsten unter der Führung Preußens. Die nationale Einheit wurde nicht durch die breite Einbeziehung und maßgebliche Mitwirkung des Volks sowie der liberalen und nationalen

Bewegung realisiert, wie es das Paulskirchenparlament 1848/49 vergeblich versucht hatte. Die konkrete Art der Reichseinigung spiegelte sich auch in der föderalistisch geprägten **Verfassung des Kaiserreichs** vom 16. April 1871 und der Stellung einzelner Verfassungsorgane wider.

Der Bundesrat

Entsprechend der bedeutenden Rolle der deutschen Fürsten bzw. Einzelstaaten, bei denen die Souveränität lag, war der **Bundesrat** das verfassungsrechtlich zentrale Reichsorgan. Im Sinne des föderalen Prinzips wurde er von allen **Bundesstaaten** mit weisungsgebundenen Vertretern beschickt, wodurch die Einzelstaaten direkten Einfluss auf die Reichspolitik behielten. Die konkrete Stimmenanzahl richtete sich nach der Größe der Bundesstaaten; dabei standen den 17 preußischen immerhin 41 Stimmen der anderen Mitglieder gegenüber, obgleich etwa zwei Drittel der Bevölkerung und der Landfläche des Deutschen Reiches zu Preußen gehörten. Da im Bundesrat aber 14 Stimmen ausreichten, um Änderungen der Reichsverfassung abzulehnen, verfügte Preußen – wie Bayern, Württemberg und Sachsen zusammen – über eine Sperrminorität.

Die drei **Deutschen Kaiser** auf einem Bild: Wilhelm I., sein Sohn Friedrich III. (links) und sein Enkel Wilhelm II. (rechts).

Gemeinsam mit dem Reichstag war der Bundesrat für die **Reichsgesetzgebung** zuständig und konnte Gesetzesvorschläge im Reichstag einbringen. Zudem bedurften alle von der Volksvertretung beschlossenen Reichsgesetze seiner Zustimmung, ebenso wie bestimmte Entscheidungen des Kaisers (z. B. Kriegserklärungen). Darüber hinaus kontrollierte der Bundesrat auch die Umsetzung der Reichsgesetze durch die Exekutive. In der Praxis verwirklichte der Bundesrat seine starke Stellung insgesamt nicht; so wurde er zunächst durch Reichskanzler Bismarck, dann von Kaiser Wilhelm II. in den Hintergrund gedrängt.

Der Deutsche Kaiser

Das Präsidium des Bundesrats übernahm der **Deutsche Kaiser**, der damit auch als **Staatsoberhaupt** des Reichs fungierte. Dieses Amt hatte – in Form der **Erbmonarchie** – der König von Preußen inne. Er nahm verschiedene Aufgaben und Rechte wahr, die ihm eine mächtige Stellung einbrachten:

- Er vertrat das Reich völkerrechtlich nach außen und hatte den Oberbefehl über das Heer und die Reichsflotte. Zudem durfte er Verträge und Bündnisse mit anderen Staaten eingehen und konnte im Namen des Reichs Krieg führen bzw. Frieden schließen. Dabei brauchte er nicht in allen Fällen die Zustimmung anderer Verfassungsorgane wie des verfassungsrechtlich zentralen Bundesrats.

- Ohne Mitwirkung von Bundesrat und Reichstag ernannte und entließ er die Reichsbeamten, Offiziere und vor allem auch den Reichskanzler, wodurch der Kaiser direkt Einfluss auf die Reichsregierung nahm.
- Gegenüber dem Reichstag besaß der Kaiser im Zusammenspiel mit dem Bundesrat das Recht, das Parlament vorzeitig aufzulösen (allerdings mit dem Zwang, innerhalb von 60 Tagen Neuwahlen durchzuführen) – ein wichtiges Druckmittel gegen die Volksvertretung.

Nach der Verfassung hatte der Kaiser also die stärkste Stellung im Reich inne, zumal er als **König von Preußen** auch den mächtigsten Bundesstaat kontrollierte. Die Zukunft Deutschlands hing deshalb erheblich davon ab, ob der jeweilige Kaiser in der Lage war, umsichtig die Grundlinien der Innen- und Außenpolitik zu bestimmen oder diese Aufgabe einem fähigen Reichskanzler zu übertragen.

Der Reichskanzler

Der **Reichskanzler** (meist der preußische Ministerpräsident) hatte insgesamt eine starke Position: So war er der höchste Regierungsbeamte und Vorsitzende des Bundesrats. Er leitete die gesamte Verwaltung des Reichs, wobei ihm von ihm selbst ernannte Staatssekretäre als Chefs der Reichsämter (z. B. Auswärtiges Amt für die Außenpolitik) unterstanden. Zudem mussten alle Anordnungen des Kaisers (mit Ausnahme militärischer Kommandoakte) vom Reichskanzler **gegengezeichnet** werden, wodurch dieser gegenüber dem Reichstag für das Regierungshandeln die Verantwortung übernahm; gestürzt werden konnte er vom Parlament aber nicht, da ihn nur der Kaiser einsetzen und entlassen durfte.

Auswärtiges Amt: Noch heute nennt sich in dieser Tradition das deutsche Außenministerium „Auswärtiges Amt".

Der Reichstag

Der **Reichstag** war die **Volksvertretung** des Kaiserreichs und wurde nach allgemeinem, direktem, gleichem und geheimem Mehrheitswahlrecht aller Männer über 25 Jahre gewählt. Eine Legislaturperiode betrug ab 1871 zuerst drei, ab 1888/90 dann fünf Jahre. Tagungsort des Reichstags war zunächst die ehemalige Königliche Porzellan-Manufaktur, ab 1894 dann das neu errichtete **Reichstagsgebäude in Berlin**, das heute Sitz des Bundestags ist.

info

Wahlrecht – Formen und Begriffe

Allgemeines und gleiches (Männer-)Wahlrecht

Die Einführung des allgemeinen, gleichen (Männer-)Wahlrechts war für die damalige Zeit fortschrittlich. Üblich war ansonsten ein Zensuswahlrecht, das die Beteiligung an Wahlen oder den Wert einer Stimme von der Höhe des Steuereinkommens oder Besitzes eines Bürgers abhängig machte (z. B. noch bis 1918 Dreiklassenwahlrecht bei der Wahl des preußischen Landtags).

Mehrheitswahlrecht

Der Reichstag des Kaiserreichs wurde nach dem Mehrheitswahlrecht gewählt. Um einen Wahlkreis zu gewinnen und diesen anschließend im Reichstag zu vertreten, war eine Mehrheit von mindestens 50 % der abgegebenen Stimmen nötig (= absolute Mehrheit).

Frauenwahlrecht

Zwar war das Wahlrecht des Kaiserreichs recht modern; dennoch durften nur Männer ihre Stimme abgeben. Um dies zu ändern, kämpften Vertreterinnen der sozialistischen bzw. bürgerlichen Frauenbewegung seit der zweiten Hälfte des 19. Jahrhunderts um das Wahlrecht für Frauen. Eingeführt wurde es in Deutschland aber erst im Zuge der Revolution von 1918/19.

Dem Reichstag stand das Recht zu, im Zusammenspiel mit dem Bundesrat **Gesetze** zu erlassen. Darüber hinaus bewilligte er den Staatshaushalt, den die Reichsregierung jährlich vorlegen musste. Ausgenommen von dieser Regelung waren die Militärausgaben, also etwa vier Fünftel des Reichshaushalts: Sie wurden gleich für sieben, ab 1893 für fünf Jahre festgelegt. Dies bedeutete eine empfindliche Einschränkung des Budgetrechts der Abgeordneten.
Trotz seiner eingeschränkten politischen Macht war der Reichstag die **wichtigste Bühne der Opposition** gegenüber der Reichsführung und konnte in zunehmendem Maße das öffentliche Interesse auf sich ziehen. Allerdings gelang es den demokratisch(er) gesinnten Kräften (Liberale, Zentrum und Sozialdemokraten nach 1890) im Reichstag nicht, den **Parlamentarismus** auf dem Weg der Verfassungsreform weiter durchzusetzen, z. B. das Recht zu erkämpfen, den Reichskanzler und seine Reichsregierung zu berufen und wieder abzusetzen. Darin bestand der Hauptunterschied zwischen der Verfassungsentwicklung des Deutschen Kaiserreichs und jener der west- und nordeuropäischen Industrieländer und Italiens.

Die Verfassung des Deutschen Reichs vom 16. April 1871

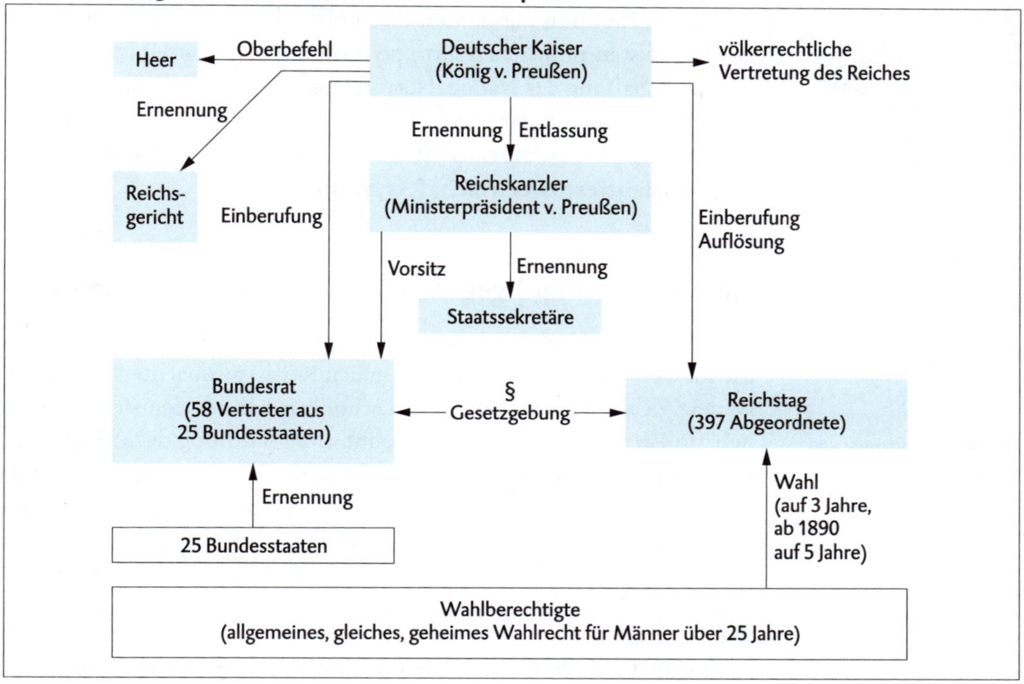

4 Innenpolitik

4.1 Charakter der Innenpolitik der Ära Bismarck

Bis zu seiner Entlassung 1890 bestimmte Reichskanzler **Bismarck** die innenpolitische Entwicklung des Kaiserreichs. Ihm ging es in erster Linie um den Erhalt einer starken Monarchie in Form eines nationalen, protestantischen Kaisertums. Das neu gegründete Reich hielt Bismarck für ein instabiles Gebilde, dessen Festigung – die **„innere Reichsgründung"** – zum Hauptziel seiner Innenpolitik wurde. Dazu definierte er einzelne politische oder gesellschaftliche Gruppen als **„Reichsfeinde"**, gegen die er Bündnisse im Reichstag suchte, um sie mit legalen Mitteln bekämpfen zu können **(negative Reichsintegration)**. Dies galt besonders für die katholische Minderheit und die aufstrebende Sozialdemokratie.

negative (Reichs-)Integration: wissenschaftlicher Begriff für Bismarcks systematische Ausgrenzungspolitik gegen missliebige politische Gruppen

liberale Wirtschaftsprinzipien: Gewerbefreiheit, Rechtseinheit, Vereinheitlichung der Währung (1871 Mark), Einführung einer Zentralbank (1875 Reichsbank), Freihandel und Abbau der Außenzölle

Zur Umsetzung seiner Politik arbeitete Bismarck zuerst eng mit den bürgerlichen **Liberalen** zusammen (besonders den Nationalliberalen), der 1871 stärksten politischen Gruppe im Reichstag. Die Liberalen sahen mit der Schaffung des Nationalstaats eines ihrer wesentlichen Anliegen erfüllt und glaubten, eine demokratische Reform der Reichsverfassung anstoßen zu können. Sie erreichten aber lediglich **ein an liberalen Prinzipien orientiertes Wirtschaftssystem**.

4.2 „Kulturkampf" gegen den politischen Katholizismus

Ultramontanismus: von lat. „ultra montes" = über die Berge, also über die Alpen hin nach Italien

Von Bismarcks „Reichsfeinde"-Politik waren zunächst die Katholiken, die rund ein Drittel der Bürger des neuen Reichs ausmachten, betroffen. Gerade viele politisch engagierte Katholiken orientierten sich traditionell am Papsttum in Rom; man nennt diese Richtung deshalb **„Ultramontanismus"**. Nach der Gründung der preußischen Zentrumspartei 1870 fanden die Anhänger des **politischen Katholizismus** nun auch auf Reichsebene zusammen. Bismarck sah im **Zentrum** einen inneren Feind, den er mithilfe der Liberalen mit gesetzlichen Mitteln bekämpfte.

info

Maßnahmen 1871–1878 in Preußen und/oder im gesamten Reich

- Verbot des politischen Engagements von Priestern („Kanzelparagraph")
- weitgehende Beschränkung der Tätigkeit des Jesuitenordens
- Einführung der staatlichen (statt der geistlichen) Schulaufsicht und eines staatlichen „Kulturexamens" für Geistliche in Preußen sowie der Zivilehe im gesamten Reich (geschlossen durch staatliche Standesämter)
- Einstellung aller staatlichen Leistungen an die katholische Kirche in Preußen („Brotkorbgesetz")

Bismarck und Pius IX. spielen Schach (Karikatur aus dem Satiremagazin Kladderadatsch, 1875).

Trotz der Einschränkungen sowie massiver Verhaftungen von Priestern und Bischöfen **scheiterte** der „Kulturkampf": Die Katholiken rückten vielmehr enger zusammen, das Zentrum war 1881–1912 sogar stärkste Reichstagsfraktion. 1878/79 beendete Bismarck zudem seine Zusammenarbeit mit den Liberalen und näherte sich den Konservativen an; für die Bildung einer neuen Reichstagsmehrheit brauchte er aber die Abgeordneten des Zentrums. Nachdem 1878 Leo XIII. den päpstlichen Stuhl in Rom bestiegen hatte, nahmen beide Seiten Verhandlungen auf, sodass sich die Lage in den kommenden Jahren wieder entspannte. Während viele Maßnahmen zurückgenommen wurden, ist die von staatlichen Standesbeamten geschlossene **Zivilehe** bis heute gültig.

4.3 Bismarcks „konservative Wende" und ihre Folgen

Bismarcks Abwendung von den Liberalen 1878/79 hatte politisch-wirtschaftliche Gründe: So ging es ihm darum, durch **Schutzzölle** und eine staatliche Sozialpolitik den Interventionsstaat, die von billigen Getreideimporten bedrohte preußische Großlandwirtschaft und die Macht der konservativen Bürokratie zu stärken. Hintergrund war eine durch den **„Gründerkrach"** an der Börse 1873 eingeleitete Wirtschaftskrise, die dem „Gründerboom" zur Zeit der Reichsgründung ein Ende setzte. Für die Liberalen, die für Freihandel und gegen Schutzzölle waren, bedeutete Bismarcks „konservative Wende" einen entscheidenden Machtverlust, was dazu führte, dass sie deutlich unterschiedliche Wege gingen: Während die linksliberale Deutsche Fortschrittspartei und der linke Flügel, der sich von der Nationalliberalen Partei abspaltete, Bismarcks Innenpolitik (u. a. das „Sozialistengesetz") ablehnten und sich verstärkt um die Demokratisierung des Reichs bemühten, unterstützten die Nationalliberalen den Reichskanzler weiter und versuchten, die Interessen der Industrie gegen die Arbeiterbewegung und die konservative Landwirtschaft zu sichern. Die Spaltung in eine links- und eine nationalliberale Richtung schwächte die liberale Bewegung und zeigte sich z. B. in der Weimarer Republik in den Parteien DDP und DVP. Dieser inhaltliche Gegensatz ist bis heute ein Kennzeichen der Liberalen.

Schutzzölle: Abgaben auf ausländische Importe, um die heimische Industrie und Landwirtschaft zu schützen und zu unterstützen

Interventionsstaat: Staat, der aktiv in Gesellschaft und Wirtschaft eingreift (modern auch „Sozialstaat", „Wohlfahrtsstaat"); Gegenstück: liberales Ideal eines „Nachtwächterstaats": neutraler Staat, der sich kaum einmischt und dem freien Markt die Kraft zuspricht, die besten Regelungen ohne staatliche Eingriffe zu finden

→ **DDP, DVP** vgl. S. 167 f.

info

Entstehung einer konservativen Reichsbürokratie

Nach der gescheiterten Revolution von 1848/49 war die Beamtenschaft immer konservativer geworden: Liberale Beamte wurden zunächst in Preußen, später dann auf Reichsebene systematisch aus ihren Positionen gedrängt. Bürokratie und Justiz wurden auf diese Weise zum Garanten konservativer politisch-ideologischer Kontinuität, die sich über die Revolution von 1918 hinaus erhielt: Die weitgehend ablehnende Haltung der alten Eliten in Justiz, Verwaltung und Militär war letztlich ein wichtiger Faktor beim Scheitern der Weimarer Republik. Den Parteipolitikern fühlten sich die hohen Beamten überlegen: Sie glaubten, eine dem „Reich" verpflichtete Stellung zu besitzen, während die Parteien nur den Interessen einzelner Gruppen folgen würden. Eine Demokratisierung des politischen Systems wurde von konservativen Spitzenbeamten abgelehnt, die nur dem Kaiser gegenüber verantwortlich waren.

→ **Problematik der alten Eliten in der Weimarer Republik** vgl. S. 186

4.4 Bismarcks Kampf gegen die Sozialdemokratie

→ **Industrialisierung** vgl. S. 65 ff.

marxistische Ziele der Sozialdemokratie: u. a. Propagierung des „Klassenkampfs" gegen die bürgerlichen Unternehmer, internationaler Zusammenschluss der „Proletarier aller Länder"

Die sich dynamisch beschleunigende **Industrialisierung** Deutschlands ließ die **Arbeiterbewegung** als Interessenvertretung der neuen Klasse der Industriearbeiter erstarken. Wegen ihrer marxistischen Ausrichtung wurde sie von den anderen, bereits etablierten Gesellschaftsgruppen zunehmend als Bedrohung für das bestehende System empfunden.

info

Entstehung und Entwicklung der Sozialdemokratie

- 1863: Gründung des „Allgemeinen Deutschen Arbeitervereins" (ADAV) in Leipzig durch Ferdinand Lassalle
- 1869: Gründung der „Sozialdemokratischen Arbeiterpartei" (SDAP) in Eisenach durch Wilhelm Liebknecht und August Bebel
- 1875: in Gotha Zusammenschluss von ADAV und SDAP zur „Sozialistischen Arbeiterpartei Deutschlands" (SAP); Orientierung an marxistischen, revolutionären Grundsätzen („Gothaer Programm")
- 1890: Umbenennung in „Sozialdemokratische Partei Deutschlands" (SPD), anschließend allmähliche Ausrichtung der Partei an einer (nicht revolutionären) parlamentarischen Weiterentwicklung des politischen Systems

Wilhelm Liebknecht (1826–1900): Vater des Politikers Karl Liebknecht (→ vgl. S. 154)

August Bebel (1840–1913)

Der Erlass des „Sozialistengesetzes"

Bismarck nutzte die verbreitete Angst vor der Arbeiterbewegung, um politisch gegen Sozialdemokraten, Sozialisten und Kommunisten vorzugehen. 1878 beschloss der Reichstag das (bis 1890 mehrmals verlängerte) „Gesetz gegen die gemeingefährlichen Bestrebungen der Sozialdemokratie" (**„Sozialistengesetz"**): Es verbot alle Vereinigungen, „welche durch sozialdemokratische, sozialistische und kommunistische Bestrebungen den Umsturz der bestehenden Staats- und Gesellschaftsordnung bezwecken" und auf diese Weise „den öffentlichen Frieden, insbesondere die Eintracht der Bevölkerungsklassen"[2] stören. Neben sozialistischen Organisationen wie der SAP waren auch sozialistische Versammlungen und Publikationen untersagt. Verstöße wurden u. a. mit Gefängnis oder Ausweisung geahndet. Durch diese Maßnahmen wurde die **Partei- und Gewerkschaftsarbeit** lahmgelegt, ohne die Sozialdemokratie als Ganzes zu verbieten: So durften sich Sozialdemokraten weiter an Wahlen beteiligen, ohne aber Wahlkampf führen zu können. Die Parteiführung arbeitete im Untergrund oder Ausland, um der Verfolgung zu entgehen. Wie schon beim „Kulturkampf" verfehlte Bismarck letztlich sein Ziel, einen vermeintlichen „Reichsfeind" als politische Kraft auszuschalten. Vielmehr wuchs der Zusammenhalt der politisch engagierten Arbeiterschaft durch die Verfolgung. Die SAP (bzw. ab 1890: SPD) verdreifachte zwischen 1878 und 1890 ihren Stimmenanteil bei Reichstagswahlen; ab 1890 erhielt sie stets die meisten Stimmen, wurde jedoch aufgrund der ungleichen, für sie ungünstigen Einteilung der Wahlkreise erst 1912 zur **stärksten Fraktion** mit den meisten Mandaten. Nach Bismarcks Sturz 1890 wurde das „Sozialistengesetz" nicht mehr verlängert, da sich Wilhelm II. zu dieser Zeit gegenüber der Arbeiterschaft als volksnaher Kaiser profilieren wollte.

Beispiel: 1890 erhielten die Sozialdemokraten 19,8 % der Stimmen. Dies entsprach damals 35 Mandaten, also 8,8 % der Sitze im Reichstag.

Bismarcks Sozialgesetzgebung und die Anfänge des Sozialstaats

Bismarck stellte dem „Sozialistengesetz" Eingriffe des Staats in Gesellschaft und Wirtschaft an die Seite, um die Folgen der Sozialen Frage abzumildern, die Arbeiterschaft für sich zu gewinnen und sie auf diese Weise von einer Unterstützung der Sozialdemokratie abzubringen. Als wichtigste Maßnahme wurde das weltweit erste **staatliche Sozialversicherungssystem** eingeführt und somit der Grundstein für den heutigen Sozialstaat gelegt; Deutschland hatte hier also eine **Vorreiterrolle**.

→ **Soziale Frage und Sozialgesetzgebung** vgl. S. 81

info

Anfänge der deutschen Sozialgesetzgebung im Deutschen Reich

- 1883: Krankenversicherung (Finanzierung: 2/3 Arbeiter, 1/3 Unternehmer)
- 1884: Unfallversicherung (Finanzierung: vollständig durch die Unternehmen)
- 1889: Alters- und Invaliditätsversicherung (Rente nach dem 70. Lebensjahr bzw. bei Erwerbsunfähigkeit; Finanzierung: gleiche Beiträge für Arbeitgeber und Arbeitnehmer sowie staatliche Zuschüsse)
- nach 1890: Verbot der Fabrikarbeit für Kinder unter 13 Jahren; Begrenzung der Arbeitszeit für Frauen auf 11 Stunden, für Jugendliche unter 16 Jahren auf 10 Stunden täglich

1927 wurde das **staatliche Sozialversicherungssystem** noch durch die Arbeitslosenversicherung ergänzt (→ vgl. S. 161).

4.5 „Persönliches Regiment" Wilhelms II.

Als am 9. März 1888 Wilhelm I. in hohem Alter starb, folgte ihm sein Sohn auf den preußischen und deutschen Thron nach. Allerdings starb **Friedrich III.** (1831–1888) nach nur 99-tägiger Regentschaft an Krebs. Dritter Kaiser innerhalb eines Jahres (**„Dreikaiserjahr"**) wurde sein Sohn **Wilhelm II.**, ein sprunghafter, charakterlich schwieriger junger Mann, der u. a. durch Minderwertigkeitsgefühle wegen eines von Geburt an verkrüppelten Arms und schwerer Konflikte mit der Mutter geprägt war. Nach der Regierungsübernahme wurde sein monarchisches Selbstverständnis zum zentralen innenpolitischen Faktor: Ermächtigt durch die starke verfassungsrechtliche Stellung des Kaisers und getrieben von einer bereits veralteten Vorstellung des **Gottesgnadentums** entließ er

→ **Gottesgnadentum** vgl. S. 5, 32

Bismarck im Jahr 1890 und zog politische Entscheidungen im Sinne eines **„persönlichen Regiments"** an sich. Dabei schwächte er die Stellung der zivilen Machtzentren in der Reichs- und der preußischen Regierung; zudem verachtete er den Reichstag und schätzte auch die Fürsten der Bundesländer gering. Stattdessen förderte er die Militärs in seiner Umgebung und stärkte deren politischen Einfluss entscheidend. Darüber hinaus umgab er sich mit persönlichen Ratgebern, die Berufungen in hohe Staatsämter maßgeblich mitbestimmten. Letztendlich war Wilhelms II. Herrschaftsstil eine der wesentlichen Ursachen der scheiternden Demokratisierung des Reichs. Zudem trug der Monarch durch sein sprunghaftes Verhalten und seine machtpolitischen Entscheidungen erheblich zu den fatalen außenpolitischen Fehlentwicklungen vor dem Ersten Weltkrieg bei. Begleitet wurde dieses fast schon **neoabsolutistische Herrschaftsverständnis** von einem pompösen **Kaiserkult**, der zu einem prägenden Kennzeichen des **Wilhelminismus** wurde.

→ **Absolutismus** vgl. S. 16

4.6 Militarismus und Nationalismus

Die hohen Militärs am Hofe des Kaisers nahmen nicht nur Einfluss auf die Grundlinien der Politik; das **Militärische** wurde darüber hinaus zu einer **„Leitkultur"** der wilhelminischen Eliten sowie der bürgerlichen Schichten. Militärische Werte wie klare Hierarchien mit Über-/Unterordnung, ein überkommener Ehrbegriff oder die hohe Akzeptanz von Krieg als Mittel der Konfliktlösung durchdrangen auch die Zivilgesellschaft des Wilhelminismus. Beispiele hierfür sind die Hochschätzung von Uniformen, die hohe Mitgliederzahl nationalistisch-militaristischer Verbände (z. B. der Kriegerverein „Kyffhäuserbund") oder die Bedeutung des illegalen Duellwesens. Die **Militarisierung der Außenpolitik** zeigte sich nach 1890 in einer massiven Aufrüstung, der Flottenpolitik sowie der zunehmenden Fixierung auf militärische statt auf diplomatische Lösungen (z. B. Ausarbeitung des Schlieffenplans 1905).

Duellwesen: Beilegung eines Streits durch einen nach bestimmten Regeln geführten, manchmal tödlichen Zweikampf; dabei Orientierung an einem privaten, „feudalen" Ehrenkodex höherer gesellschaftlicher Gruppen (v. a. Adel)

Das gesellschaftliche Fundament dieser Politik wurde, wie in allen damaligen Großmächten, ein immer stärkerer **Nationalismus**, der sich – anders als das patriotische Nationalbewusstsein – durch die überzogene, ausschließliche Wertschätzung der eigenen Nation ausdrückte. Diese Haltung setzte andere Nationen herab und legitimierte ein **aggressives Auftreten**, z. B. gegenüber Frankreich im Rahmen der nach 1871 besonders behaupteten **„Erbfeindschaft"** oder im **Kolonialismus**, der die Unterwerfung von angeblich – im Vergleich mit der eigenen, vermeintlich überlegenen Nation – minderwertigen Kulturen enthielt.

Deutsch-französische „Erbfeindschaft": Konstrukt einer angeblich seit Jahrhunderten bestehenden Feindschaft zwischen Deutschland und Frankreich

Nach innen wirkte das einfache nationalistische Denken **integrierend** im noch jungen Deutschen Reich, das unterschiedlichste Regionen, Konfessionen und soziale Schichten vereinte. Außerdem war es attraktiv für Personen und Gruppen, die sich angesichts der politischen, wirtschaftlichen und gesellschaftlichen Veränderungen bedroht fühlten. Die wichtigste Ursache für die **Anziehungskraft** des damaligen Nationalismus waren die (Hoch-)Industrialisierung und die fortschreitende Modernisierung, die fast alle bestehenden Strukturen in einer ungeheuer dynamischen und für viele Menschen furchteinflößenden Art und Weise veränderten, so auch im Deutschen Reich, besonders nach 1890. Das die komplexe Realität vereinfachende nationalistische Denken gab dagegen Halt und wertete jeden auf, der sich der eigenen Nation zuordnen konnte. Die wilhelminischen Eliten nutzten deswegen den Nationalismus, um ihre eigene Position gesellschaftlich und politisch zu stabilisieren. Ausdruck des herrschenden Nationalismus und Militarismus waren u. a. Feierlichkeiten wie im Rahmen des Sedantags (zur Erinnerung an den Sieg bei Sedan 1870) oder die steigenden Mitgliederzahlen in militaristisch-nationalistischen Vereinen.

Eine kriegerisch gekleidete **Germania** – ein nationales deutsches Symbol – wird immer stärker aufgepumpt und droht bereits zu platzen (Karikatur aus der Satirezeitschrift „Simplicissimus", 1900).

4.7 Parteien, Verbände, Vereine und Gewerkschaften

Im Kaiserreich traten die **politischen Parteien** zwar bei Wahlen an und trugen durch ihre Programme und ihre jeweilige Einstellung zur Regierungspolitik zur Meinungsbildung bei; wegen der durch die Verfassung bedingten schwachen Position des Reichstags konnten sie jedoch kaum direkten Einfluss auf die Politik der kaiserlichen Regierungen nehmen. Ohne die Möglichkeit, Politik entscheidend mitgestalten zu können, fehlte der Zwang, **Parteiprogramme** in praktische Politik umzusetzen, eigene Vorstellungen in Koalitionen mit anderen Parteien anzupassen und dabei Kompromissbereitschaft zu lernen, wie es in einem parlamentarischen System notwendig ist. So konnte sich damals keine demokratische Streitkultur entwickeln. Darüber hinaus waren die Parteien im Kern **Interessenparteien** ihrer jeweiligen Wählergruppen, die sich deutlich voneinander abgrenzten. Das betraf vor allem Bürgertum und Arbeiterschaft, deren Parteien trotz durchaus vorhandener ähnlicher Ziele wie der Demokratisierung des politischen Systems nicht gemeinsam agier-

Interessenpartei: Partei, die die Interessen einer bestimmten Wählergruppe/-schicht vertritt; Gegenteil: **Volkspartei** als Ideal moderner Demokratien (Orientierung an einem breiteren politischen Programm, um bei Wahlen Zustimmung aus unterschiedlichen gesellschaftlichen Schichten zu erreichen) ten. Diese parteipolitische Tradition und die **fehlenden parlamentarischen Erfahrungen** erschwerten es den Parteien später in der Weimarer Republik, die nötigen Kompromisse und Koalitionen einzugehen, um die Demokratie auf Dauer zu sichern.

Auf die relative Machtlosigkeit der Parteien im politischen System reagierten **Interessenverbände** und Vereine, indem sie auf außerparlamentarischem Weg zum Teil sogar erheblichen Einfluss auf politische Entscheidungen nahmen.

info

Wirtschaftsverbände und rechte Vereine im Kaiserreich (Beispiele)

- Der 1893 gegründete, politisch äußerst einflussreiche **Bund der Landwirte** (BdL; rund 330 000 Mitglieder 1913) vertrat v. a. die Interessen der ostelbischen Großgrundbesitzer und verlangte Schutzzölle und Subventionen für die Landwirtschaft. Sein starker Nationalismus und Antisemitismus bereiteten der „Blut-und-Boden-Ideologie" der Nationalsozialisten den Weg; seine Russlandfeindlichkeit, die der Konkurrenz mit der billiger produzierenden russischen Großlandwirtschaft geschuldet war, hatte großen Einfluss auf die antirussische Außenpolitik nach 1894.
- Schon 1876 wurde im Interesse der Großindustrie der **Centralverband deutscher Industrieller** (CDI) gegründet, 1895 mit dem **Bund der Industriellen** (BdI) ein Verband klein- und mittelständischer Gewerbetreibender.
- In der Gesellschaft des Kaiserreichs zeigte sich der konservative, aggressive, nationalistische Zeitgeist auch in Vereinen, die zur Unterstützung bestimmter politischer Maßnahmen gegründet wurden: So befürwortete der **Deutsche Flottenverein** (etwa 1 Million Mitglieder 1913) die Flottenpolitik, die **Deutsche Kolonialgesellschaft** (rund 43 000 Mitglieder 1913) die Kolonialpolitik. Der **Alldeutsche Verband** (etwa 18 000 Mitglieder 1913) war auch ein Sammelbecken rechtsextremer, antisemitischer und rassistischer Anschauungen, ebenso wie zahlreiche weitere Gruppierungen „völkischer Radikaler", die v. a. vielen Kleinbürgern eine ideologische Heimat vor dem Hintergrund der Modernisierungskrise der Jahrhundertwende boten. Diese rechten Vereine gelten als Nährboden des Nationalsozialismus.

Freie Gewerkschaften nach 1918: 1918 Anerkennung als Tarifpartner („Stinnes-Legien-Abkommen"); 1919 Zusammenschluss zum „Allgemeinen Deutschen Gewerkschaftsbund" (ADBG); 1933 Zerschlagung durch die Nationalsozialisten; 1949 Gründung des „Deutschen Gewerkschaftsbunds" (DGB)

Auf der linken Seite des politischen Spektrums waren die seit Mitte der 1860er-Jahre entstandenen **Gewerkschaften** der erfolgreichste Interessenverband: Am wirksamsten erwies sich die Gründung der sozialdemokratisch orientierten Freien Gewerkschaften (1913 etwa 2,6 Millionen Mitglieder); diese grenzten sich mit einem reformerischen Programm – Konzentration auf die Verbesserung des Arbeitsrechts, der Lohnpolitik und der Arbeitsbedingungen – von der noch zum Teil marxistisch ausgerichteten SPD ab und konnten nach der Jahrhundertwende die soziale Situation der Arbeiterschaft wesentlich **verbessern**.

5 Außenpolitik

Im Februar 1871 bezeichnete der britische Politiker Benjamin Disraeli die Reichsgründung im Zuge des Deutsch-Französischen Kriegs als „die deutsche Revolution, ein größeres politisches Ereignis als die Französische Revolution des vergangenen Jahrhunderts“[3], die das europäische Gleichgewicht zerstört habe. Tatsächlich besaß das Deutsche Kaiserreich eine **„halbhegemoniale“ Stellung** in Europa: Es war zwar die militärisch stärkste Nation, einer Koalition mehrerer anderer Mächte jedoch potenziell unterlegen. Die weitere außenpolitische Entwicklung hing vor allem davon ab, wie sich das neue Reich in die internationale, ohnehin nicht konfliktfreie Mächtekonstellation eingliedern würde.

Hegemonie: Vormachtstellung/Vorherrschaft eines Staats in einem bestimmten geografischen Raum (z. B. in Europa)

info

Internationale Konflikte nach 1871

Die außenpolitischen Beziehungen zwischen den europäischen Großmächten waren durch verschiedene Konflikte im imperialistischen Wettlauf um die **Kontrolle Asiens, Afrikas und des Balkans** geprägt:

- Nachdem die Krise des Osmanischen Reichs ein Machtvakuum auf dem Balkan geschaffen hatte, gerieten Österreich-Ungarn und Russland in Streit um die Kontrolle dieser Region.
- Großbritannien wollte verhindern, dass Russland sich die Kontrolle über die Meerengen Bosporus und Dardanellen und damit den ungehinderten Zugang zum Mittelmeer über das Schwarze Meer sicherte; zudem sah Großbritannien sein Kolonialreich in Indien durch die russische Machtstellung in Zentralasien bedroht.
- Frankreich und Großbritannien konkurrierten bei der Kolonisierung Afrikas.

→ **Zeitalter des Imperialismus** vgl. S. 115 ff.

In der Ära Bismarck konnte sich das Deutsche Reich diesen internationalen Krisenherden aber weitgehend entziehen. Bis zum Beginn der deutschen „Weltpolitik“ profitierte es sogar von den Konflikten der anderen Mächte: Dem Kaiserreich standen mehrere **Bündnisoptionen** offen.

5.1 Außenpolitik unter Bismarck (1871–1890)

Nach der Verfassung von 1871 hatte eigentlich der Kaiser die fast unbeschränkte Verfügung über die Militär- und Außenpolitik. Wilhelm I. ließ Reichskanzler Bismarck jedoch freie Hand, sodass dieser die auswärtigen Angelegenheiten praktisch allein bestimmte. Dabei reagierte er besonders auf das Misstrauen der anderen Großmächte gegenüber dem neu gegründeten und mächtigen Deutschen Reich. Die von ihm verfolgte Außenpolitik war durch folgende Merkmale gekennzeichnet:

Status quo: gegenwärtiger Zustand, hier bezogen auf die Machtverhältnisse zwischen den europäischen Staaten

- Bismarck war an der **Erhaltung des Status quo** und einem friedenssichernden **Kräftegleichgewicht** in Europa interessiert. In diesem Sinne erklärte er das Deutsche Reich für **„saturiert"** (gesättigt) und lehnte dessen weitere territoriale Ausdehnung ab. Eine Ausnahme war die Anfangsphase deutscher Kolonialpolitik 1884/85, als Erwerbungen deutscher Privat- und Kaufleute in **Afrika** (Südwestafrika, Togo, Kamerun, Ostafrika) und verschiedene Gebiete im **Pazifik** zu deutschen „Schutzgebieten" erklärt wurden, ohne dass damit weitergehende strategische Interessen verbunden waren.

„cauchemar des coalitions": frz. für „Albtraum der Koalitionen", Begriff aus Bismarcks „Kissinger Diktat" (1877) über die deutsche Außenpolitik

- Durch die Annexion Elsass-Lothringens nach dem Sieg im Deutsch-Französischen Krieg 1871 hatte sich Deutschland **Frankreich** zum dauerhaften Gegner gemacht, weshalb die Isolierung des Nachbarn im Westen zu Bismarcks Hauptzielen gehörte. Koalitionen anderer Großmächte mit Frankreich gegen Deutschland mussten daher unbedingt verhindert werden („cauchemar des coalitions").

Drei-Kaiser-Abkommen: benannt nach den drei Kaisern Wilhelm I. (Deutsches Reich), Franz Joseph I. (Österreich-Ungarn) und Alexander II. (Russland)

„Drei-Kaiser-Bund": Verlängerung 1884, Nichtverlängerung 1887 wegen der Differenzen auf dem Balkan zwischen Russland und Österreich-Ungarn

Meerengen: Gemeint sind die Meerengen zwischen Schwarzem Meer und Mittelmeer (Dardanellen, Bosporus). Sie gehörten zum Osmanischen Reich und versperrten der russischen Schwarzmeerflotte im Kriegsfall den Weg.

Um die aus seiner Sicht instabile äußere Lage Deutschlands abzusichern, schuf Bismarck ein kompliziertes, sich teilweise auch widersprechendes Bündnissystem mit verschiedenen Partnern. Eine wichtige Rolle spielte dabei der Nachbar im Osten, das **russische Zarenreich:** Zunächst verpflichteten sich die drei konservativen Monarchien Deutschland, Österreich-Ungarn und Russland 1873 im **Drei-Kaiser-Abkommen** zu gegenseitiger Konsultation in außenpolitischen Krisenfällen, 1881 dann im **Drei-Kaiser-Bund** zu „wohlwollender Neutralität" im Falle eines Kriegs mit einer vierten Großmacht. Nach Konflikten zwischen Russland und Österreich-Ungarn auf dem Balkan zeichnete sich 1887 ein Bündnis zwischen Frankreich und Russland ab. Um dies zu verhindern, schloss das Deutsche Reich mit der russischen Regierung den **„Rückversicherungsvertrag":** Dieser verpflichtete beide Mächte zur Neutralität, wenn die jeweils andere in einen Krieg verwickelt würde; ausgenommen waren Angriffe Deutschlands auf Frankreich bzw. Russlands auf Österreich-Ungarn. Zudem versprach das Deutsche Reich in einem geheimen Zusatzprotokoll Neutralität, falls das Zarenreich zur Aufrechterhaltung seiner Rechte die Meerengen in Besitz nähme.

Die Entwicklungen auf dem Balkan führten jedoch auch zwischen dem Deutschen Reich und Russland zu zwischenzeitlichen Spannungen, ermöglichten es Bismarck aber, sich auf europäischer Ebene als **Vermittler** zu präsentieren. 1877/78 führte Russland erfolgreich Krieg gegen das Osmanische Reich und schuf im Frieden von San Stefano einen vom Zarenreich abhängigen neuen Staat: **Bulgarien**, das nun eine Vormachtstellung auf dem Balkan innehatte und Russland somit einen indirekten Zugang zum Mittelmeer ermöglichte. Großbritannien (als stärkste Seemacht) und Österreich-Ungarn (aufgrund eigener Interessen auf dem Balkan) widersetzten sich diesem Vorgehen. Ein Kongress der europäischen Mächte in Berlin 1878 bestätigte zwar Russlands Landgewinne, verkleinerte Bulgarien aber territorial und hielt es vom Mittelmeer fern. Österreich-Ungarn erhielt als Kompensation das Verwaltungsrecht in den osmanischen Provinzen Bosnien und Herzegowina.

Es war Bismarck, der auf dem **Berliner Kongress** den Frieden in Europa rettete und als **„ehrlicher Makler“** Vertrauen bei den europäischen Mächten gewann. Russland war aber enttäuscht, weshalb Deutschland und Österreich-Ungarn 1879 den **„Zweibund“**, ein Defensivbündnis gegen einen möglichen russischen Angriff, abschlossen, dem sich 1882 Italien **(„Dreibund“)** aus Furcht vor Frankreich anschloss. Die Vertragspartner versprachen sich – neben der Hilfe bei einem Angriff einer anderen Macht – auch „wohlwollende Neutralität“, sollte einer von ihnen zum Präventivkrieg gezwungen werden.

Bismarck als „ehrlicher Makler“ auf dem Berliner Kongress 1878 (Anton von Werner, 1881)

Darüber hinaus förderte Bismarck 1887 die „Mittelmeer-Entente“ (auch „Orient-Dreibund“) zwischen Großbritannien, Österreich-Ungarn und Italien, die Russland aus dem Mittelmeer fernhalten wollten. Das Zarenreich sah sich insgesamt um die Früchte seines Siegs gegen die Türkei 1878 gebracht und warf Deutschland Undankbarkeit für Russlands wohlwollende Haltung während der Einigungskriege 1864, 1866 und 1870/71 vor. Der Abschluss des „Rückversicherungsvertrags“ und die Vermittlung der „Mittelmeer-Entente“ (beide 1887) erfolgten auf dem Höhepunkt von Bismarcks (Schaukel-)Diplomatie. Diese Beispiele verdeutlichen auch, dass sich dessen Außenpolitik durchaus in ihren Zielen widersprach.

Präventivkrieg: Krieg, den man unprovoziert beginnt, um einer (möglichen) künftigen Bedrohung zuvorzukommen

5.2 Außenpolitik unter Wilhelm II. (1890–1914)

Als dynamisierende Elemente der deutschen Außenpolitik wirkten das sehr hohe **Bevölkerungswachstum** (von etwa 41 Millionen 1871 auf rund 65 Millionen 1913) sowie ein radikaler **wirtschaftlicher und gesellschaftlicher Wandel**. 1871 noch weitgehend agrarisch geprägt, entwickelte sich das Deutsche Reich bis 1914 neben Großbritannien und

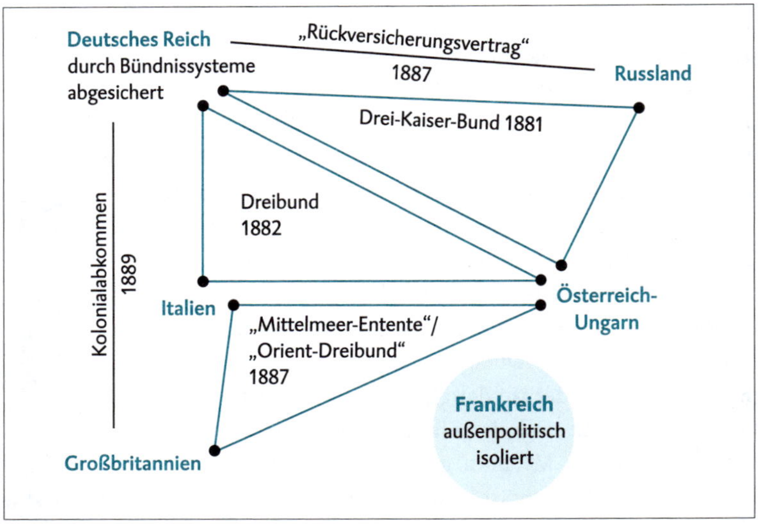

Bismarcks Bündnissystem

den USA zu einem der drei weltweit größten Industrieländer mit einer Führungsrolle im Bereich der damaligen Zukunftstechnologien Chemie und Elektrotechnik. Nach 1890 führten diese Entwicklungen zu einem durchgreifenden gesellschaftlichen Wertewandel mit wichtigen Folgen: Die **Modernisierungsprozesse** lösten in der Bevölkerung, v. a. im Bürgertum, große Verunsicherung aus, die wesentlich zum Erfolg einfacher aggressiver Orientierungsmuster (Nationalismus, Militarismus, Antisemitismus, Sozialdarwinismus) beitrug. Ihren politischen Niederschlag fanden solche Haltungen in nationalistischen Vereinen und Verbänden wie dem Alldeutschen Verband. Kristallisationspunkt der deutschen Außenpolitik nach der Entlassung des „Stabilitätsgaranten“ Bismarck 1890 war der junge und sprunghafte Wilhelm II. Sein pompöses Auftreten, sein ungehemmter Machtanspruch und sein diplomatisches Ungeschick spiegelten die Entwicklung Deutschlands zu einer für die Nachbarn zunehmend unberechenbaren Großmacht wider.

„Neuer Kurs“: zeitgenössischer Begriff für die Abkehr von Bismarcks Politik, also auch von dessen defensiver Außenpolitik

Leo von Caprivi (1831–1899): 1890–1894 deutscher Reichskanzler

Der „Neue Kurs“ in der Außenpolitik

Die Regierung unter dem neuen Reichskanzler **Leo von Caprivi** (1890–1894) wollte in der Innen- und Außenpolitik einen **„Neuen Kurs“** fahren. In den auswärtigen Beziehungen wandte man sich dabei von Bismarcks Bündnissystem ab, das als zu kompliziert und widersprüchlich bewertet wurde, und glaubte, die eigene Machtstellung am besten durch eine „Politik der freien Hand“ absichern zu können. Dabei setzte man die ersten eigenständigen Akzente im Verhältnis zu **Russland:** Durch die Nichtverlängerung des „Rückversicherungsvertrags" 1890 gab man dem Dreibund den Vorzug und wollte auch die eigene Annäherung an das antirussisch gestimmte Großbritannien begünstigen. Um gleichzeitig aber eine gewisse Bindung an Russland zu erhalten, versuchte man 1894, das Zarenreich mithilfe eines für Russland günstigen Handels- und Zollvertrags in den deutsch dominierten mitteleuropäischen Wirtschaftsraum einzubeziehen. Diese Konzeption scheiterte aber sowohl außen- als auch innenpolitisch:

- 1894 schloss Russland, das ein antirussisches Abkommen zwischen dem Deutschen Reich, Großbritannien und Österreich-Ungarn fürchtete, ein defensiv ausgerichtetes **Militärbündnis mit Frankreich**. Frankreich gelang damit der Ausbruch aus der außenpolitischen Isolation, für Deutschland dagegen hatte sich Bismarcks „Albtraum" einer Zweifronten-Konstellation realisiert.
- Im Inneren des Deutschen Reichs rief **Caprivis Zollpolitik** die einflussreiche Lobby der konservativen preußischen Großgrundbesitzer („ostelbische Junker") auf den Plan, die ihre Geschäfte durch billigere landwirtschaftliche Importe aus Russland bedroht sahen. Der Bund der Landwirte, ihre Interessenvertretung, belastete durch seine Agitation das deutsche Verhältnis zu Russland.

Die wilhelminische „Weltpolitik"

Ab 1897 wurde aus dem „Neuen Kurs" die **„Weltpolitik"** mit einer globalen Perspektive, die dem Deutschen Kaiserreich einen **„Platz an der Sonne"** (Reichskanzler Bernhard von Bülow, 1897) einbringen sollte. Erreichen wollte man dieses Ziel

„Platz an der Sonne": Forderung der damaligen deutschen Regierung, dass das Kaiserreich gleichberechtigt an der imperialistischen Aufteilung Afrikas und Asiens teilhaben müsse (→ vgl. S. 122)

- durch den Ausbau des eigenen Kolonialreichs (Afrika, Asien, Pazifik),
- eine ehrgeizige Flottenaufrüstung, die neben der Verfolgung der neuen weltpolitischen Ambitionen auch dazu diente, die deutschen Kolonien zu schützen,
- und die Ausweitung der eigenen Interessensphäre auf das Osmanische Reich durch umfassende Militärhilfen für die türkische Regierung und die Finanzierung der neuen „Bagdad-Bahn", einer Eisenbahnstrecke, die heute von Konya (Türkei) bis nach Bagdad (Irak) führt.

Beibehalten wurde die **„Politik der freien Hand":** Man glaubte, letztlich ohne feste Bündnisse zwischen den beiden europäischen „Flügelmächten" Russland und Großbritannien lavieren zu können. Dabei blieb die deutsche Außen- und Kolonialpolitik allerdings unberechenbar, was v. a. das mächtige Großbritannien irritierte.

Die deutsche Flottenpolitik und ihre Folgen

Alfred von Tirpitz (1849–1930)

Flottenpolitik: Im Ersten Weltkrieg war die kostspielige deutsche Flotte der britischen Seemacht völlig unterlegen und blieb militärisch bedeutungslos. Erfolgreich war die Flotten- und Weltpolitik aber im deutschen Bürgertum; der Deutsche Flottenverein (→ vgl. S. 104, 123) hatte großen Zulauf.

„splendid isolation": langjähriges außenpolitisches Leitprinzip Großbritanniens; Vermeidung von festen Bündnissen, um sich die eigene Handlungsfreiheit zu erhalten

Besonders folgenreich, gerade im Verhältnis zu Großbritannien, war die von Admiral Alfred von Tirpitz entworfene **Flottenpolitik**. Durch den Bau einer großen Kriegsflotte sollte das Deutsche Reich zur Weltmacht Großbritannien aufschließen und deren gleichwertiger Gegenspieler in der Weltpolitik werden. Auf diese Weise wollte man Großbritannien zu einem Ausgleich bzw. Bündnis mit Deutschland oder zur Zurückhaltung gegenüber einer angestrebten deutschen Hegemonie in Europa zwingen. Erreicht wurde jedoch das Gegenteil: Zum einen baute Großbritannien seine eigene Flotte uneinholbar aus. Trotzdem lehnte die deutsche Regierung britische Vorschläge einer Rüstungsbegrenzung im Flottenbau mehrfach ab und verschlechterte so das bilaterale Verhältnis weiter.
Zum anderen legte Großbritannien seine Differenzen mit Frankreich und Russland bei und gab schließlich seine **„splendid isolation"** auf: 1904 schloss man mit Frankreich ein lockeres Bündnis, die **„Entente cordiale"** (französisch für „herzliches Einvernehmen"). Vervollständigt wurde die Wende in der englischen Außenpolitik durch Kolonialabsprachen mit Russland 1907, die anschließend zur **„Triple Entente"** der drei Großmächte Frankreich, Russland und Großbritannien führten. Diese war anfangs defensiv ausgerichtet, entwickelte sich aber durch das offensive deutsche Verhalten in den außenpolitischen Krisen der Folgezeit zu einem antideutschen Eindämmungs-Bündnis. Das Deutsche Reich war nun – mit Ausnahme des Zweibunds mit Österreich-Ungarn – **außenpolitisch isoliert** und sah sich dabei Frankreich im Westen und Russland im Osten gegenüber. Somit war eingetreten, was Bismarck durch sein Bündnissystem hatte verhindern wollen.

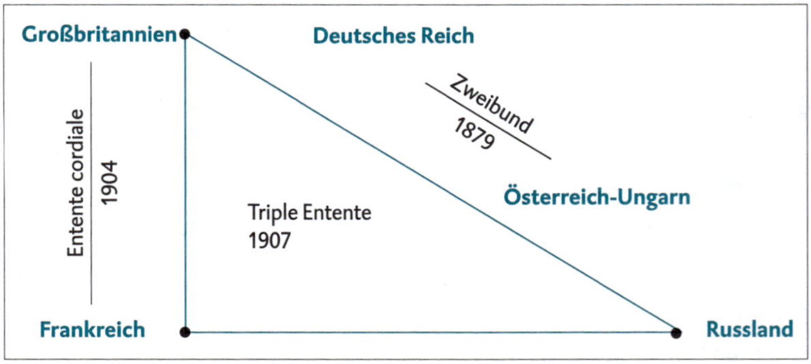

Die europäischen Bündnissysteme am Vorabend des Ersten Weltkriegs

Die Verfestigung der Bündnisse (Marokko- und Balkankrisen)

Die **Marokkokrisen** 1905/06 und 1911 sind ein gutes Beispiel für die diplomatisch verheerende Praxis der deutschen Weltpolitik. Nachdem Großbritannien und Frankreich ihre kolonialen Differenzen 1904 in der „Entente" beigelegt hatten, protestierte das Deutsche Reich gegen die Eingliederung Marokkos in den französischen Machtbereich, 1911 sogar durch die Entsendung des Kriegsschiffs „Panther" in das marokkanische Agadir. Neben eigenen kolonialen Ansprüchen in Afrika wollte man die Stabilität der „Entente" testen und Frankreich in eine „Kontinentalliga" gegen Großbritannien zwingen. Damit erreichte man erneut das Gegenteil: Großbritannien und Frankreich arbeiteten nun konkrete, wenn auch noch unverbindliche militärische Pläne gegen Deutschland aus.

„Panthersprung nach Agadir": Bezeichnung für die deutsche Intervention in Marokko 1911, benannt nach dem Namen des entsandten Kriegsschiffs

Angesichts der seit den 1890er-Jahren zunehmenden Annäherung zwischen Frankreich, Russland und Großbritannien verlagerte die deutsche Außenpolitik ihren Schwerpunkt immer mehr auf den „Zweibund"-Partner Österreich-Ungarn. Dabei entwickelte sich das gegenseitige Verhältnis mit der fortschreitenden Isolation des Deutschen Reichs in der Phase der „Weltpolitik" zur unbedingten **„Nibelungentreue"**.

„Nibelungentreue": bedingungslose Treue zu einem Partner, benannt nach den sagenhaften Nibelungen im gleichnamigen mittelalterlichen Epos

ZITAT

Reichstagsrede von Reichskanzler Bernhard von Bülow am 29. März 1909 vor dem Hintergrund der bosnischen Annexionskrise[4]

Meine Herren, ich habe irgendwo ein höhnisches Wort gelesen über unsere Vasallenschaft gegenüber Österreich-Ungarn. Das Wort ist einfältig! Es gibt hier keinen Streit um den Vortritt, wie zwischen den beiden Königinnen im Nibelungenliede; aber die Nibelungentreue wollen wir aus unserem Verhältnis zu Österreich-Ungarn nicht ausschalten, die wollen wir gegenseitig wahren. [...] damit aber ängstlichen Gemütern nicht Bilder blutigen Kampfes emporsteigen, beeile ich mich hinzuzufügen, daß ich gerade in unserm festen Zusammenstehen mit Österreich-Ungarn eine eminente Friedenssicherung erblicke.

bosnische Annexionskrise 1908/09: 1908 annektierte Österreich-Ungarn die osmanischen Gebiete Bosnien und die Herzegowina, die es seit dem Berliner Kongress 1878 verwaltet hatte. Dies löste unter den anderen europäischen Mächten z. T. große Empörung aus.

Dadurch verlor Deutschland aber an außenpolitischem Handlungsspielraum und wurde in Österreich-Ungarns Konflikte mit Russland auf dem Balkan – vor allem während der **Balkankrisen** 1908/09 und 1912/13 – hineingezogen, obwohl es selbst keine Interessen in dieser Region hatte. Der Balkan blieb bis 1914 ein Pulverfass, auf dem die Lage jederzeit eskalieren konnte – was nach dem **Attentat von Sarajevo am 28. Juni 1914** schließlich auch geschah.

→ **Attentat von Sarajevo und Ausbruch des Ersten Weltkriegs** vgl. S. 132

→ **innere Entwicklung des Osmanischen Reichs**
vgl. S. 129

info

Machtverfall des Osmanischen Reichs

Die Balkankrisen sind im Zusammenhang mit dem fortschreitenden Machtverlust des Osmanischen Reichs zu sehen, der bereits im 19. Jahrhundert eingesetzt hatte („Kranker Mann am Bosporus“). Ab 1900 verstärkte sich die innere Krise des autokratisch regierten Reichs, das nach und nach seine europäischen Gebiete verlor. Im Streit um die Beute eskalierten die Konflikte zwischen den Balkanstaaten und den mit ihnen verbündeten Großmächten: Russland als Schutzmacht Serbiens auf der einen, Österreich-Ungarn (im Bündnis mit Deutschland) als Partner Bulgariens auf der anderen Seite.
Die Bilanz der Konflikte auf dem Balkan war für Deutschland und Österreich-Ungarn negativ: Im Ersten Balkankrieg (1912) wurde das mit Deutschland befreundete Osmanische Reich, im Zweiten Balkankrieg (1913) das Österreich-Ungarn nahestehende Bulgarien besiegt. Zu den territorialen Gewinnern zählte hingegen Serbien, das durch seine großserbische Propaganda den Bestand des Habsburgerstaats (in Bosnien-Herzegowina, Kroatien und Slowenien) grundsätzlich infrage stellte. Es arbeitete mit Russland zusammen, dessen imperialistische Politik eng mit dem Panslawismus verbunden war.

→ **Panslawismus**
vgl. S. 124

Die Militarisierung der deutschen Außenpolitik

Die Marokko- und Balkankrisen sowie die deutsche Rolle in diesen Konflikten verstärkten den Gegensatz zwischen den beiden zentralen Bündnissen in Europa, dem **„Zweibund“** auf der einen, der **„Triple Entente“** auf der anderen Seite. Angesichts dieser Entwicklung steigerte sich in Deutschland die Furcht vor einer feindlichen „Einkreisung“; allerdings zog man daraus keine defensiven Konsequenzen, im Gegenteil: Versuche Großbritanniens, durch eine Beschränkung der Flottenrüstung den Konflikt mit Deutschland zu beruhigen, wurden von der deutschen Führung abgelehnt. Darüber hinaus wurde immer häufiger eine militärische Lösung der Spannungen erwogen: Der offensive **Schlieffenplan** zur Führung eines Zweifrontenkriegs gegen Frankreich im Westen und Russland im Osten sowie ein damit verbundenes **Präventivkriegsdenken** wurden als noch verbleibende Alternativen gesehen. Durch sein eigenes Handeln und Auftreten verstärkte Deutschland die **außenpolitische Isolation** des „Zweibunds“, dem ein – nach Bevölkerungszahl und Wirtschaftspotenzial – überlegenes Bündnis aus Großbritannien, Frankreich und Russland gegenüberstand. Trotzdem war die deutsche Führung zunehmend bereit, diese Isolation im Notfall sogar durch einen europäischen Krieg zu sprengen.

→ **Schlieffenplan**
vgl. S. 133

Präventivkriegsdenken: Annahme der deutschen Führung, durch einen Krieg dem zunehmenden industriellen und militärischen Erstarken Russlands zuvorkommen zu müssen, um einen Zweifrontenkrieg gewinnen zu können

Friedens- und Abrüstungsinitiativen vor dem Ersten Weltkrieg

Während die Spannungen zwischen den europäischen Großmächten immer größer wurden, blieben ernsthafte Friedensinitiativen bzw. Abrüstungsvorschläge auf einzelne **pazifistisch** denkende Persönlichkeiten und Gruppen beschränkt. Im deutschen Parteienspektrum waren es die Sozialdemokraten, die sich für den Frieden engagierten und von der Vorstellung geprägt waren, dass sich alle europäischen Sozialisten der Aufrüstungspolitik verweigern müssten. Trotzdem unterstützten 1914 die Sozialisten in den am Krieg beteiligten Staaten mehrheitlich die Politik ihrer Regierungen, in Deutschland im Rahmen des **„Burgfriedens"**.

Pazifismus: von lat. „pax" = Frieden → idealistische Haltung, Ablehnung jeglicher Gewalt aus ethischen und/oder religiösen Gründen

→ **„Burgfrieden" 1914** vgl. S. 144

info

Friedensinitiativen vor 1914 (Beispiele)

Am Anfang der pazifistischen Bewegung standen „Friedensgesellschaften" wie die „Peace Society" in Großbritannien (1816), das „Comité de la Paix" in Frankreich (1841) oder die „Deutsche Friedensgesellschaft" (DFG, 1892). Wichtige Etappen in der Entwicklung der Friedensbewegung waren:

- 1863/64: Gründung des Roten Kreuzes durch den Genfer Henri Dunant (1828–1910)
- 1889: Veröffentlichung des Romans „Die Waffen nieder!" von Bertha von Suttner (1843–1914; Mitbegründerin der DFG, 1905 Friedensnobelpreis)
- 1898: Studie „Die Zukunft des Krieges in technischer, wirtschaftlicher und politischer Relation" des polnischen Unternehmers Johann von Bloch, der die Wirklichkeit des modernen, „industrialisierten" Kriegs und die ihm folgenden revolutionären Veränderungen in Europa „vorhersagte"
- 1901: Verleihung des ersten, von Alfred Nobel (Erfinder des Dynamits) testamentarisch gestifteten Friedensnobelpreises u. a. an Henri Dunant
- 1899/1907: Internationale Friedenskonferenzen in Den Haag mit der Errichtung des Internationalen Schiedsgerichtshofs, den es heute noch gibt
- 1913: Einweihung des Friedenspalastes in Den Haag (heute Sitz des Internationalen Gerichtshofs der Vereinten Nationen und des Internationalen Schiedsgerichtshofs)

Nobelpreis-Medaille mit dem Bildnis von **Alfred Nobel** (1833–1896)

6 Zusammenfassung und Ausblick

Nach jahrhundertelanger territorialer Zersplitterung war das Deutsche Kaiserreich der **erste deutsche Nationalstaat**, in dessen staatlicher Kontinuität die heutige Bundesrepublik steht. Geschaffen wurde es „von oben", im Zuge dreier Einigungskriege und durch Verhandlungen der deutschen Fürsten, was sich auch in der Verfassung des Deutschen Reiches niederschlug.

Anschließend gelang es den demokratischen Kräften im Inneren nicht, eine entscheidende Parlamentarisierung des politischen Systems anzustoßen und die kaiserliche Regierung dadurch nachhaltig kontrollieren zu können. Daher war es dem Reichstag z. B. nicht möglich, die aggressive deutsche Außenpolitik vor dem Ersten Weltkrieg zu verhindern, die schließlich erheblich zum Ausbruch des katastrophalen Kriegs im Sommer 1914 beitrug. Darüber hinaus wirkten sich die **fehlenden parlamentarischen (Macht-)Erfahrungen der Parteien** negativ auf die innenpolitische Entwicklung der Weimarer Republik aus, die das Kaiserreich im Zuge der 1918 ausgebrochenen Novemberrevolution ablöste. Insgesamt lässt sich der **wilhelminische Staat** als **gespalten** beschreiben: Einer hochmodernen industrialisierten Wirtschaft mit einer sich rasant vergrößernden und verändernden Gesellschaft stand ein wenig flexibles politisches System gegenüber, dessen nationalistisch-militaristische Werte die Zukunft Deutschlands noch deutlich belasten sollten.

Zwei Beispiele, die die großen Gegensätze des Kaiserreichs auch optisch verdeutlichen: Kaiser Wilhelm II. in prunkvoller Uniform auf der einen, ein Vertreter der proletarischen Arbeiterschicht auf der anderen Seite.

Das Zeitalter des Imperialismus

Diese zeitgenössische Farblithografie (1902) zeigt deutsche Matrosen, die auf der Karolinen-Insel Ponape (Pazifik) landen und vor einer paradiesischen Kulisse friedlich Kontakt zu den Einheimischen aufnehmen. Was hier nach der vermeintlichen Erfüllung des Traums vom deutschen „Platz an der Sonne" aussieht, fiel letztlich ernüchternd aus: Das Streben nach einem eigenen kolonialen Weltreich brachte Deutschland keine wirtschaftlichen Vorteile, sorgte für Konflikte mit anderen Großmächten und hinterließ wegen der an der indigenen Bevölkerung begangenen Verbrechen ein schweres moralisches Erbe, das eine kritische Aufarbeitung der Vergangenheit erfordert.

1 Einführung: Das Zeitalter des Imperialismus

Imperialismus: von lat. „imperium" = Befehlsgewalt, Macht, Reich, Herrschaftsgebiet; „imperare" = herrschen

Kolonialismus: weltweit praktizierte Unterwerfung fremder Territorien und Einrichtung von Kolonien, von den europäischen Mächten bereits in der Frühen Neuzeit begonnen

Begriffe und Formen

Mit dem Begriff **Imperialismus** wird eine Epoche der Weltgeschichte im 19./20. Jahrhundert bezeichnet, deren Hochphase etwa in die Jahre **1880 bis 1914** fällt. Charakteristisch waren die Eroberung, Beherrschung und/oder wirtschaftlich-kulturelle Durchdringung des industriell nicht entwickelten Afrikas, weiter Teile Asiens sowie verschiedener Gebiete Lateinamerikas durch die militärisch-technisch überlegenen europäischen (Groß-)Mächte, die USA und Japan. In den meisten Fällen wurden die unterworfenen Territorien zu abhängigen **Kolonien**, weshalb diese historische Phase Teil des **Zeitalters des Kolonialismus** ist.

info

Imperialistische Herrschaftsformen

- **informeller Imperialismus:** indirekte Kontrolle von Territorien mithilfe einheimischer Eliten, was die Risiken und den Aufwand für die imperiale Macht reduzierte
- **formeller Imperialismus:** direkte Verwaltung der Kolonien sowie Durchsetzung rechtlicher und kultureller Standards (v. a. Verbreitung der Sprache der imperialistischen Macht) durch das Mutterland
- **Wirtschaftsimperialismus:** wirtschaftliche Durchdringung und Ausbeutung von eigentlich völkerrechtlich selbstständigen Staaten (z. B. China, Osmanisches Reich, lateinamerikanische Länder)
- **Kulturimperialismus:** Durchsetzung der eigenen religiösen und kulturellen Vorstellungen durch die Kolonialherren (z. B. Missionierung Afrikas)

Erklärungsversuche

Unterschiedliche Imperialismus-Theorien beschäftigten sich mit den Ursachen und Motiven imperialistischer Politik, wobei sich die Wirklichkeit am ehesten im Zusammenspiel aller Ansätze spiegeln dürfte. So erklärten z. B. zeitgenössische **ökonomische Imperialismus-Theorien** (u. a. John Atkinson Hobson 1902, Lenin 1916) die Expansion mit wirtschaftlichen Motiven wie der Suche nach Rohstoffen, Absatzmärkten für die Industrie und Investitionsmöglichkeiten für das Großkapital. Sozialökonomische Ansätze (z. B. Hans-Ulrich Wehlers **Sozialimperialismus**, 1969) sehen die Absicht, innenpolitisch-soziale Spannungen nach außen abzuleiten, als Hauptmotiv. Die Theorie des **„peripheren Imperialismus"** spricht den Interessen der vor Ort Handelnden (z. B. Kaufleute, Siedler, Missionare, Militärs, Beamte) eine entscheidende Rolle zu: Sie hätten Fakten gesetzt, auf die die imperialistischen Mächte mit der weiteren Kontrolle der Kolonien reagiert hätten. Schließlich sind das Bewusstsein und die Denkweisen derer anzuführen, die imperialistische Politik geplant, unterstützt und umgesetzt haben, v. a. der **Sozialdarwinismus** und der **Rassismus**, in denen von hoch- und minderwertigeren menschlichen Rassen ausgegangen wird. Dazu kam noch das **zivilisatorische Überlegenheitsgefühl** gegenüber den vermeintlich „wilden"

Sozialdarwinismus: (vereinfachende) Übertragung von Charles Darwins biologischer Evolutionstheorie vom Tierreich auf Menschen, Völker und Staaten, verbunden mit der Idee vom „Recht des Stärkeren" (→ vgl. S. 203)

Die Welt im Zeitalter des Imperialismus

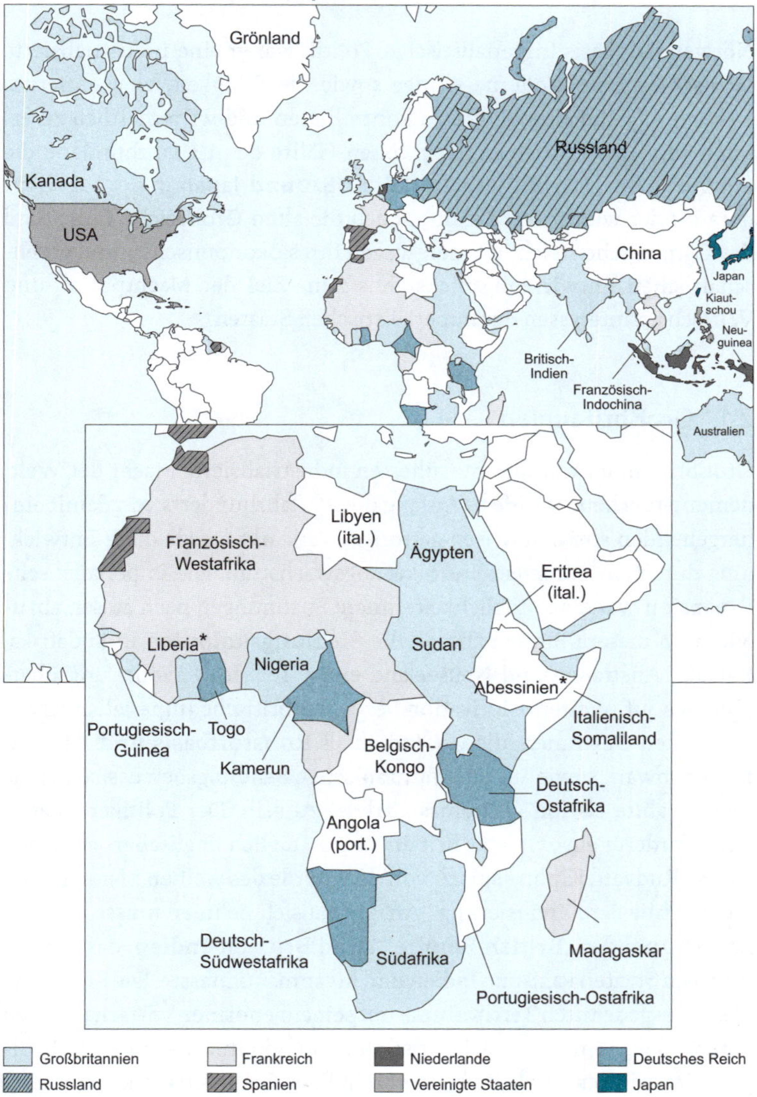

Die beiden mit einem Sternchen * gekennzeichneten Staaten **Liberia** und **Abessinien** waren am Vorabend des Ersten Weltkriegs 1914 die einzigen Gebiete in Afrika, die nicht von Kolonialmächten beherrscht waren. Liberia, in dem sich viele ehemalige Sklaven aus den Vereinigten Staaten niederließen, hatte sich 1847 für unabhängig erklärt. Das Kaiserreich Abessinien (Äthiopien) konnte seine Eigenständigkeit bewahren, bis es 1935/36 vom faschistischen Italien unter Mussolini besetzt wurde.

Kulturen Afrikas oder Asiens; deren jahrhundertealte Traditionen (z. B. die 3 000-jährige Geschichte Chinas) wurden gering geschätzt. Im Sinne eines religiös-kulturellen Sendungsbewusstseins wollte man den fremden Kulturen die angeblichen Segnungen der „Zivilisation" vermitteln.

2 Die imperialistischen Mächte und ihre Reiche

Notwendige Basis imperialistischer Politik waren eine industrialisierte Wirtschaft, eine moderne Armee sowie die Fähigkeit, weit entfernte Gebiete mithilfe einer Flotte zu kontrollieren und wirtschaftlich zu erschließen. Dazu waren in der zweiten Hälfte des 19. Jahrhunderts die **europäischen (Groß-)Mächte, die USA und Japan** in der Lage. Andere Länder wiederum, darunter auch die alten Großreiche China und das Osmanische Reich, wurden wegen ihres ökonomischen und gesellschaftlichen Entwicklungsrückstands zum Ziel der Machtpolitik und Wirtschaftsinteressen der imperialistischen Staaten.

2.1 Großbritannien

Siedlungskolonie: erobertes Gebiet, in dem sich eine große Zahl Siedler aus dem Mutterland niederließ und bald häufig die Mehrheit stellte

Großbritannien war die am frühesten industrialisierte Macht der Welt; dementsprechend wurde es Anfang des 19. Jahrhunderts von damit einhergehenden sozialen Krisen getroffen. Verstärkt wurde diese Entwicklung durch ein immenses Bevölkerungswachstum. Die imperialistische Expansion war eine Möglichkeit, innere Spannungen nach außen abzuleiten; in diesem Sinne nahmen die **Siedlungskolonien** in Südafrika, Kanada, Australien und Neuseeland einen Teil des Bevölkerungsüberschusses auf. Weitere Motivation bezog der britische Imperialismus aus den hohen Gewinnen, die v. a. Indien als **Rohstoffbasis und Absatzmarkt** abwarf, sowie aus dem puritanischen Sendungsbewusstsein, eine „auserwählte Nation" (Thomas Carlyle) zu sein. Der Politiker Charles Dilke forderte ein „Greater Britain", eine „täglich englischer werdende Welt". Rudyard Kipling sprach von der „Bürde des weißen Mannes", der die Aufgabe der „Zivilisierung" Afrikas auf sich nehmen müsse.

Rudyard Kipling (1865–1936): britischer Schriftsteller, u. a. bekannt für „Das Dschungelbuch" und das Gedicht „The White Man's Burden" („Die Bürde des weißen Mannes")

Im Zentrum des **„British Empire"** stand **Britisch-Indien**, das u. a. die heutigen Staaten Pakistan, Indien und Myanmar umfasste. Die Sicherung dieses ausgedehnten Territoriums mit seinem enormen wirtschaftlichen Potenzial war ein Hauptziel britischer Außenpolitik. 1876 nahm **Königin Victoria** den Titel „Kaiserin von Indien" an. In **Afrika** kontrollierte Großbritannien um 1900 v. a. weite Teile des Kontinents von Südafrika bis Ägypten. Einen politischen Sonderstatus mit weitgehender Autonomie im Inneren **(„Dominion")** erhielten die Siedlungskolonien Kanada (1867), Australien, Neuseeland und Neufundland (1907) sowie die Südafrikanische Union (1910).

info

Queen Victoria und das „Viktorianische Zeitalter"

Queen Victoria gab wegen ihrer langen Regierungszeit (63 Jahre) dem überaus erfolgreichen britischen 19. Jahrhundert seinen Namen. Das „Viktorianische Zeitalter" erlebte den Aufstieg Großbritanniens zur führenden Industrie-, See-, Kolonial- und Weltmacht, den Victoria als konstitutionelle Monarchin begleitete. Außenpolitisch bestimmte Großbritannien durch sein riesiges „Empire" und die „Pax Britannica" die Weltpolitik vor dem Ersten Weltkrieg. Begleitet wurde diese politisch-wirtschaftliche Entwicklung durch eine kulturelle Blüte (z. B. viktorianische Architektur). Als „viktorianisch" bezeichnet man außerdem eine strikt moralisch definierte, von Fleiß und Bescheidenheit geführte persönliche Haltung. Mit diesem Ethos bewältigte Victoria auch die Geburt und Erziehung von neun Kindern, die zum Teil in wichtige europäischen Herrscherhäuser einheirateten. Man nennt Victoria daher auch die „Großmutter Europas".

Victoria (1819–1901): Königin Großbritanniens und Irlands (1837–1901), Kaiserin von Indien (ab 1876)

„Pax Britannica" (lat.: „britischer Frieden"): Anspruch, als Weltmacht eine weltweite Friedensordnung nach britischen Regeln (v. a. englisches Recht, Freihandel) durchzusetzen

Die Stütze der britischen Macht war seit dem 17. Jahrhundert die Flotte als Garantin der Kontrolle des Seewegs nach Indien, die Stellung als weltweit führende Seemacht **(„Britannia rules the waves")** war die dazugehörige außenpolitische Maxime. Da die Schifffahrtsroute nach Indien (mit den nötigen Stützpunkten) bis zum Bau des **Suezkanals** (zwischen Mittelmeer und Rotem Meer) an der afrikanischen Küste verlief, versuchte Großbritannien, ein zusammenhängendes Gebiet von Südafrika bis Ägypten zu beherrschen **(„Kap-Kairo-Linie")**. Nach Eröffnung des Kanals 1869 galt es, Ägypten und den Sudan zu kontrollieren. Dieses Vorhaben kollidierte mit den kolonialen Plänen Frankreichs; der Streit um den Sudan gipfelte 1898 in der **„Faschoda-Krise"**. 1904 vereinbarte man einen Interessenausgleich in der **„Entente cordiale"**. Zum britischen Einflussgebiet gehörte zudem das Mittelmeer, dessen westlichen Zugang England seit 1704 durch die Festung Gibraltar beherrschte. Um Russland mit seiner Schwarzmeerflotte vom Mittelmeer (und darüber hinaus) abzuhalten, sollte das Osmanische Reich weiter den Zugang zum Schwarzen Meer kontrollieren. Dementsprechend führten russische Versuche, die türkischen Meerengen (Bosporus, Dardanellen) zu erobern, zu ständigen Konflikten mit Großbritannien, wie z. B. schon im Krimkrieg (1853–1856).

Vom **Kap** der Guten Hoffnung im Süden bis nach **Kairo** (Ägypten) sollte sich das britische Reich in Afrika erstrecken. Die Karikatur (1892) zeigt Cecil Rhodes, der diese Politik entschieden verfocht.

Das britische Empire bis 1914

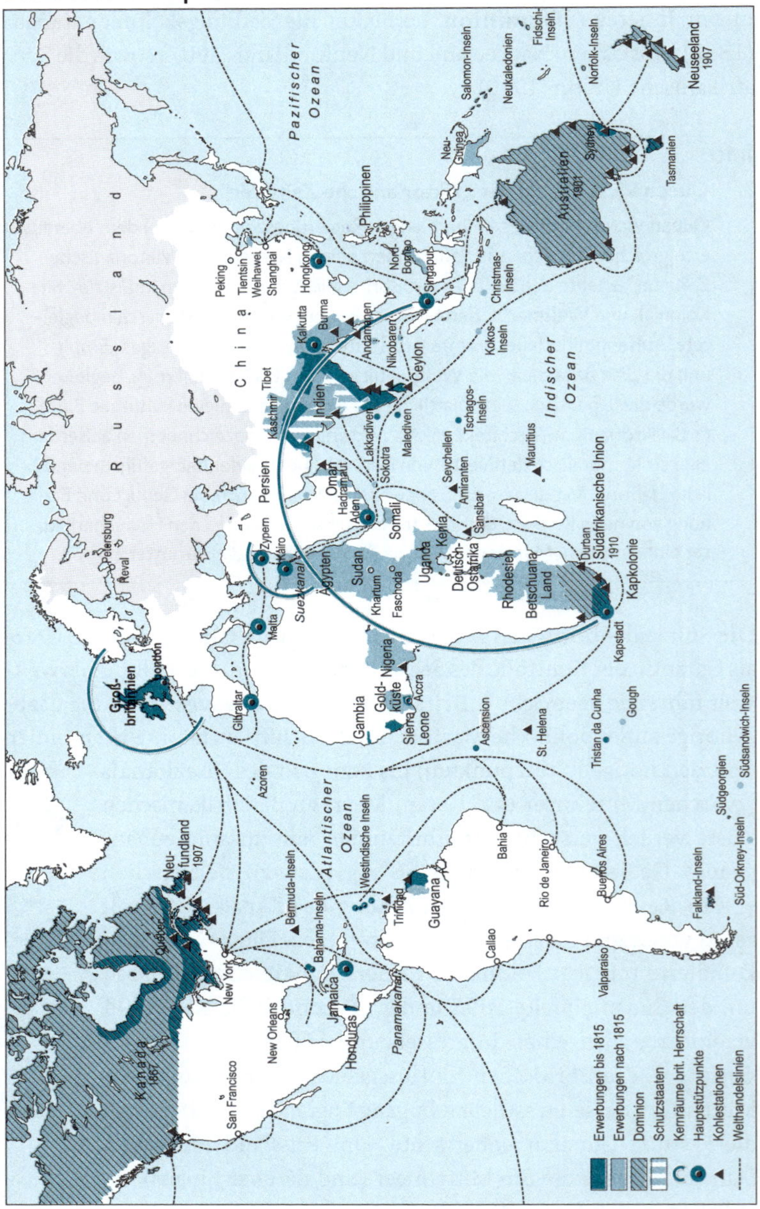

2.2 Frankreich

Die Geschichte der **Dritten Französischen Republik** wurde im Inneren durch Unruhen zwischen linken Republikanern und konservativbürgerlichen Monarchisten bestimmt. Daher versuchte man, das Land mithilfe einer dynamischen sozialimperialistischen Kolonialpolitik zu stabilisieren. Eine Besonderheit Frankreichs war das sich im Vergleich zu den anderen europäischen Gesellschaften schnell abschwächende Bevölkerungswachstum, das somit nicht zu den maßgeblichen Gründen für die koloniale Expansion zählt. Eine wichtige Rolle spielte dagegen, dass französische Großbanken einen enormen Kapitalstock besaßen, der in Frankreichs Kolonien investiert und für **Wirtschaftsimperialismus** in Ländern wie China und dem Osmanischen Reich verwendet wurde. Darüber hinaus vertieften große Kapitaltransfers nach Russland – für die dortige Industrialisierung und den Eisenbahnbau (v. a. der strategisch bedeutenden „Transsibirischen Eisenbahn") – seit den 1890er-Jahren das Bündnis mit diesem Partner. Frankreich wurde auf diese Weise zum „Bankier der Welt" und nutzte seine finanzielle Stärke zur militärischen Aufrüstung vor dem Ersten Weltkrieg.

Dritte Französische Republik: 1870/71 nach der Niederlage von Sedan (Deutsch-Französischer Krieg) entstanden, nach der deutschen Invasion 1940 untergegangen

Transsibirische Eisenbahn: 1891–1916 erbaute Eisenbahnstrecke von Moskau bis Wladiwostok (am Pazifik)

Die Schwerpunkte der französischen Kolonialherrschaft lagen in **Nord- und Westafrika** (u. a. Algerien, Tunesien, Marokko) und in **Indochina** (Vietnam, Kambodscha, Laos), dazu kamen noch weitere, über die ganze Welt verstreute Gebiete. Das Ziel, ein geschlossenes Herrschaftsgebiet in Afrika von West nach Ost zu schaffen, scheiterte im kolonialen Konflikt mit Großbritannien um den Sudan („Faschodakrise" von 1898).

Die Franzosen bauten die eigene Kolonialherrschaft durch eine direkte, von Paris aus gesteuerte Verwaltung intensiv aus und sicherten diese formelle Herrschaft durch eine Politik der **kulturellen Durchdringung** ab: Die Kolonialbevölkerung sollte die französische Sprache und Kultur übernehmen. Auf diese Weise könne man – so der Gedanke des französischen Politikers Gabriel Hanotaux – „so viele Frankreichs wie möglich" schaffen. Damit verbunden war auch das Ziel einer militärischen Rekrutierung der Kolonialbevölkerung, um die rückläufige Bevölkerungsentwicklung im Mutterland auszugleichen und Frankreichs Position im Konflikt mit dem vermeintlichen „Erbfeind" Deutschland („Revanche" für den Verlust Elsass-Lothringens 1871) zu stärken. Tatsächlich kämpften im Ersten Weltkrieg zahlreiche Männer aus den Kolonien für Frankreich, auch auf den Schlachtfeldern in Europa.

2.3 Deutsches Reich

Deutsch-Südwestafrika: 1884 gegründete deutsche Kolonie auf dem Gebiet des heutigen Namibia

Deutsch-Ostafrika: 1885 gegründete deutsche Kolonie, die v. a. die heutigen Staaten Tansania, Burundi und Ruanda umfasste

Die deutsche Kolonialpolitik begann während Bismarcks Reichskanzlerschaft, als ab 1884 private Erwerbungen in Afrika (Deutsch-Südwestafrika, Kamerun, Togo, Deutsch-Ostafrika) und in der Südsee (Deutsch-Neuguinea) zu **„Schutzgebieten"** des Deutschen Reichs erklärt wurden. Dieses Ausgreifen über Europa hinaus entsprach im Grunde nicht Bismarcks außenpolitischen Vorstellungen, dennoch ließ er sich von der Gunst der Stunde und möglicherweise von sozialimperialistischen Ideen verleiten, wenn auch ohne besonderes Engagement. Bismarcks Nachfolger führten diese Anfänge mit einer forcierten **„Weltpolitik"** fort: Nun wurde das deutsche Kolonialreich in Afrika, in China (Stützpunkt Tsingtau 1898) und in der Südsee (z. B. Deutsch-Samoa 1900) um kleinere Gebiete erweitert. Dabei dienten die Kolonien als Legitimation für ein intensives Flottenprogramm und die Neudefinition der deutschen Rolle in der globalen Politik. Die berühmte Forderung **Bernhard von Bülows** nach einem „Platz an der Sonne" meinte die gleichberechtigte Stellung als Weltmacht mit dem Anspruch auf Kolonien und eine starke Flotte.

ZITAT

Bernhard von Bülow am 6. Dezember 1897 im Reichstag (vor dem Hintergrund der damaligen Entwicklungen in China)[1]

Wir empfinden […] durchaus nicht das Bedürfniß, unsere Finger in jeden Topf zu stecken. Aber allerdings sind wir der Ansicht, daß es sich nicht empfiehlt, Deutschland in zukunftsreichen Ländern von vornherein auszuschließen vom Mitbewerb anderer Völker. […] Die Zeiten, wo der Deutsche dem einen seiner Nachbarn die Erde überließ, dem anderen das Meer und sich selbst den Himmel reservi[e]rte, wo die reine Doktrin thront […] – diese Zeiten sind vorüber. […] Mit einem Worte: wir wollen niemand in den Schatten stellen, aber wir verlangen auch unseren Platz an der Sonne.

Bernhard von Bülow (1849–1929): 1897–1900 Staatssekretär des Äußeren, 1900–1909 Reichskanzler

Das Vordringen der deutschen Siedler und die zunehmende Kontrolle der afrikanischen Schutzgebiete durch die deutsche Kolonialverwaltung führten zu mehreren **Aufständen einheimischer Stämme** (1904–1908: Herero und Nama in Südwestafrika, 1905–1907: Maji-Maji-Aufstand in Ostafrika), die brutal niedergeschlagen wurden. Während des Herero- und Nama-Aufstands verwendete der kommandierende General Lothar von Trotha bereits den Begriff „Rassenkampf" als Legitimation des harten Vorgehens, das letztendlich zu Zehntausenden Todesopfern führte (u. a. ließ man die überlebenden Herero in der Wüste umkommen). Heute gilt dieses koloniale Verbrechen als erster **Völkermord** des 20. Jahrhunderts.

info

Imperialistische Motive am Beispiel der deutschen Kolonialpolitik

- Die Hoffnung auf wirtschaftlichen Gewinn und Siedlungsmöglichkeiten ging mit nationalistischem Sendungsbewusstsein sowie rassistisch-sozialdarwinistischen Denkformen einher. Dazu kamen unmittelbare Interessen von Siedlern und Unternehmen.
- Die imperialistische Kolonialpolitik war aber v. a. ein Prestigeobjekt der politisch-militärischen Führung um Kaiser Wilhelm II., die sich die Stellung als Weltmacht ohne Kolonialreich nicht vorstellen konnte und wollte.
- Zudem wurde die Welt- und Kolonialpolitik zunehmend zu einem gesamtgesellschaftlichen Projekt, an dem gerade bürgerliche Kreise durch Mitgliedschaft in entsprechenden Interessenverbänden (Deutsche Kolonialgesellschaft, Deutscher Flottenverein, Alldeutscher Verband) Anteil hatten.

→ **Vereine im Deutschen Kaiserreich** vgl. S. 104

Kritisch betrachtet waren die Kolonien für das Deutsche Reich insgesamt ein **Verlustgeschäft:** Der wirtschaftliche Nutzen und die Zahl der weißen Siedler waren faktisch bedeutungslos, die Ausgaben für Kolonialkriege und den Ausbau der Infrastruktur dagegen gewaltig; lediglich einzelne Privatleute und Unternehmen konnten Gewinne verzeichnen. Die dennoch hohe Akzeptanz imperialistischen Vorgehens in der Bevölkerung zeigt den damaligen Wandel des gesellschaftlichen Bewusstseins: **Nationalismus und Militarismus** waren weit in die Köpfe vorgedrungen und hatten traditionelle liberale Vorstellungen beiseitegedrängt. Kritiker der Kolonialpolitik befanden sich in der Minderheit.

2.4 Russland

Seit Iwan IV. „dem Schrecklichen“ (1530–1584) hatte Russland die Völker Sibiriens und Zentralasiens unterworfen und das größte **Kontinentalreich** der Zeit gegründet, das im Osten bis an die Grenzen Chinas reichte (Kontinentalimperialismus). In der zweiten Hälfte des 19. Jahrhunderts tendierten die russischen Zaren dazu, die gewaltigen inneren Spannungen in eine aggressive imperialistische Außenpolitik abzuleiten. Um 1900 versuchte Russland, in Ostasien seinen Einfluss auf das nördliche **China** auszubauen. Als Basis diente der Bau der Transsibirischen Eisenbahn (1891–1901), die von Moskau bis zum eisfreien Pazifikhafen Wladiwostok führte und somit die asiatischen Gebiete Russlands wirtschaftlich und militärisch erschloss. Dieses Vordringen endete mit der Niederlage des Zarenreichs im **Russisch-Japanischen Krieg** 1904/05, den die beiden Konkurrenten Russland und Japan um den Einfluss in der Mandschurei (Nordchina) und in Korea geführt hatten.

Kontinentalimperialismus: Erweiterung des eigenen Reichs über die bisherigen Grenzen hinaus durch die Eroberung angrenzender Gebiete

→ **innere Entwicklung Russlands bis 1917** vgl. S. 140

Russland richtete sich nach der Niederlage gegen Japan wieder verstärkt auf den **Balkan** aus und versuchte, seine dortige Einflusszone gegen Österreich-Ungarn und das Osmanische Reich zu vergrößern, u. a. durch die gezielte Förderung des **Panslawismus**. Hauptziel war der ungehinderte Zugang zum Mittelmeer durch die Eroberung der türkischen Meerengen, was bestehende Konflikte der Großmächte in Europa verschärfte. Zudem rivalisierte das Zarenreich in Asien mit Großbritannien, das sein indisches Reich durch Russlands Vorgehen in Afghanistan bedroht sah.

info

Panslawismus

Als Legitimation der imperialistischen Politik auf dem Balkan diente Russland der Panslawismus, die Betonung der kulturellen und politischen Gemeinsamkeiten aller Slawen. Damit verbunden war der Glaube an die Überlegenheit der russischen Kultur und an eine kulturell-religiöse Vorherrschaft Moskaus über alle griechisch-orthodoxen und slawischen Völker. In diesem Sinne versuchte Russland, die slawischen Nationen in Ost- und Südosteuropa unter seiner Führung politisch-kulturell zu einigen. Panslawistisch motiviert war auch die Unterstützung des Königreichs Serbien gegen die Expansion Österreich-Ungarns auf dem Balkan. In diesen Kontext fällt 1914 der Ausbruch des Ersten Weltkriegs.

→ **Ausbruch des Ersten Weltkriegs** vgl. S. 132

2.5 Japan

Shogun: militärischer Titel für einen Anführer aus dem Samurai-Adel

Tenno: Bezeichnung für den japanischen Kaiser

Meiji: jap. für „erleuchtete Herrschaft/Regierung"

Japan hatte bis zur Mitte des 19. Jahrhunderts unter der mittelalterlich strukturierten Herrschaft der **Shogune** in strenger Isolation von der restlichen Welt gelebt. In den 1850er-Jahren erzwangen US-Kriegsschiffe eine Öffnung der japanischen Häfen für den Welthandel. Diesem Schock folgte 1867/68 die Errichtung eines konstitutionellen Kaisertums unter dem **Tenno („Meiji-Restauration")**. Nun wurden Staat und Gesellschaft (z. B. Verwaltung, Bildung und Wirtschaft) nach westlichen Vorbildern modernisiert und rasch industrialisiert; die religiös-kulturellen Hemmnisse des alten Japans wurden beseitigt. Die neue wirtschaftliche Stärke und das große Bevölkerungswachstum ausnutzend richtete sich die japanische Expansion zuerst gegen das von China beherrschte Korea: Dieses wurde nach dem Sieg über China 1894/95 japanische Einflusszone, nach dem erfolgreichen Krieg gegen Russland 1904/05 zum japanischen Protektorat und 1910 ganz annektiert. Auch besetzte Japan das heutige Taiwan und sicherte sich Stützpunkte und Wirtschaftskonzessionen in Nordchina (Mandschurei). Das weitere militärische und wirtschaftliche Vordringen auf dem asiatischen Festland führte zu Konflikten mit anderen imperialistischen Großmächten.

2.6 USA

Nachdem sich die Vereinigten Staaten ihre Unabhängigkeit 1776/1783 erkämpft hatten, erreichten sie im Laufe des 19. Jahrhunderts durch Krieg, Kauf und Kolonisation sowie mithilfe einer gewaltigen Einwanderungswelle aus Europa ihre heutige Ausdehnung auf dem nordamerikanischen Kontinent; auch hier lässt sich der Begriff **„Kontinentalimperialismus"** anwenden. Im Inneren mündeten die großen Konflikte zwischen dem industrialisierten Norden und den durch Plantagenwirtschaft geprägten Südstaaten in den Amerikanischen Bürgerkrieg (1861–1865). Nach dem Sieg der Nordstaaten und der endgültigen Abschaffung der Sklaverei konzentrierte man sich auf die Erschließung des Westens Nordamerikas, was die indigene Bevölkerung ihr Land und vielfach das Leben kostete, den USA aber die Basis für eine erfolgreiche Landwirtschaft verschaffte. Darüber hinaus brachte der lange Zeit unbeschränkte Kapitalismus eine große wirtschaftliche Dynamik mit sich, die das baldige **imperialistische Ausgreifen der USA** über den nordamerikanischen Kontinent hinaus und die Suche nach neuen Absatzmärkten mitbedingte. Nach 1900 entwickelte sich das Land schnell zur **stärksten Industriemacht** der Welt.

→ **Unabhängigkeit der USA** vgl. S. 9 ff.

→ **indigene Bevölkerung Nordamerikas** vgl. S. 10

Ihre **Einflusssphäre in Karibik und Pazifik** erweiterten die USA besonders im Jahr 1898, als sie Hawaii annektierten und durch den Sieg über Spanien Guam, Puerto Rico und die Philippinen erhielten. In Kuba und verschiedenen Staaten Lateinamerikas übten die USA indirekten Einfluss und wirtschaftliche Kontrolle aus **(Wirtschafts-/„Dollar-Imperialismus")**; bei einer Gefährdung amerikanischer Interessen intervenierten die USA sogar militärisch. Insgesamt folgte die US-Außenpolitik der **Monroe-Doktrin** von 1823, die sich gegen jedweden europäischen Einfluss in Nord- und Südamerika wandte („Amerika den Amerikanern"), und entwickelte sie weiter: Nun beanspruchten die USA das alleinige Recht, in amerikanischen Staaten zu intervenieren (**„Roosevelt Corollary"** von 1904).

Die Karikatur zeigt US-Präsident **Theodore Roosevelt**, der mit einem dicken Knüppel („big stick") bewaffnet das Karibische Meer durchschreitet und die amerikanische Kriegsflotte hinter sich herzieht. Gerade unter Roosevelt wurden die Interessen der Vereinigten Staaten im amerikanischen Raum auch durch die Stärke der US-Marine durchgesetzt **(„Big Stick Policy")**.

In Asien erzwangen die USA in der zweiten Hälfte des 19. Jahrhunderts – teils gemeinsam mit den europäischen Kolonialmächten – die wirtschaftliche Öffnung und Ausbeutung Chinas **(„Open Door Policy")**.

Die Expansionspolitik der USA seit 1867

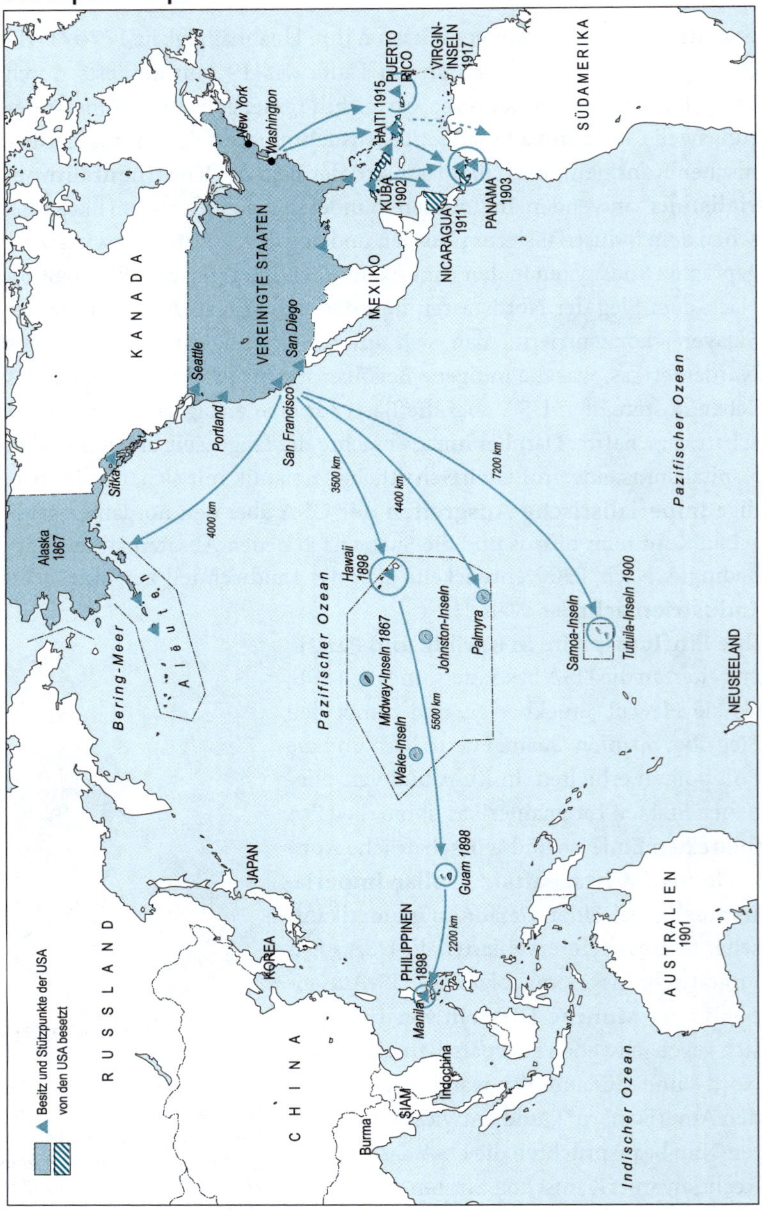

3 Imperialistische Politik gegenüber China und dem Osmanischen Reich

Eine besondere Form imperialistischer Politik war die langfristige **wirtschaftliche Durchdringung Chinas und des Osmanischen Reichs** durch die industrialisierten Mächte. Dieses Vorgehen hat in den betroffenen Staaten bzw. Gebieten bis heute tiefe Spuren hinterlassen, die sich v. a. in einer negativen Sichtweise auf den christlich und kapitalistisch geprägten Westen erhalten haben.

3.1 China

Das bevölkerungsreiche Kaiserreich China (**„Reich der Mitte“**) geriet seit Anfang des 19. Jahrhunderts in das Blickfeld der westlichen Mächte. Ausgangspunkt der westlichen Expansion war der **Erste Opiumkrieg** (1839–1842): Als die chinesischen Behörden große Mengen des Rauschgifts Opium vernichteten, das britische Kaufleute gewinnbringend ins Land brachten, reagierte Großbritannien. Nach seiner Niederlage hatte China nicht nur Hongkong an England abzugeben, sondern wurde auch in den nächsten Jahrzehnten gezwungen, weitere **Territorien** als militärische bzw. Handelsstützpunkte in Pacht **abzutreten** (z. B. Kiautschou/Tsingtau 1898 an das Deutsche Reich). Insgesamt musste es sich für den westlichen Handel öffnen und ausländischen Handelsniederlassungen einen rechtlichen Sonderstatus (Exterritorialität) zugestehen, sodass diese nicht chinesischem Recht unterworfen waren. Darüber hinaus wurden die chinesischen Zölle von Ausländern verwaltet und begrenzt, um Importe aus den Industrieländern zu erleichtern; außerdem hatte China das wirtschaftlich bedeutende Jangtse-Becken im Süden des Landes für den **ausländischen Handel** unbeschränkt zu öffnen. In religiöser Hinsicht musste China die **christliche Mission** erlauben.

Die Chinesen betrachteten sich traditionell als das kulturell führende **„Reich in der Mitte“** der Welt.

Nach und nach kontrollierten die imperialistischen Mächte größere Gebiete Chinas: Russland im Norden, Großbritannien und Japan an der Pazifikküste sowie Frankreich im Süden. Zudem gingen Korea und Taiwan an **Japan** verloren; dies empfanden die Chinesen als Gesichtsverlust, da Japan das erste Mal die größte Nation Asiens besiegt hatte.

Karikatur von 1898, die die imperialistische Rivalität um China thematisiert: Großbritannien (Queen Victoria), Deutschland (Kaiser Wilhelm II.), Russland (Zar Nikolaus II.) und Japan (vertreten durch einen Samurai) versuchen, sich ihr Stück vom „Kuchen China“ zu sichern, Frankreich (symbolisiert durch die Marianne) sieht interessiert zu.

Zeittafel: Beziehungen China und Japan

1894/95: Erster Japanisch-Chinesischer Krieg → Niederlage Chinas (Verlust Koreas und Taiwans)

ab 1931: Japans Vordringen auf das chinesische Festland, 1932 Gründung des japanischen Vasallenstaats „Mandschukuo" im Norden

1937–1945: Zweiter Japanisch-Chinesischer Krieg, Besetzung von Teilen Chinas durch Japan → beendet durch japanische Niederlage im Zweiten Weltkrieg

Um 1900 einigten sich die imperialistischen Mächte auf eine **„Politik der offenen Tür"**, die zwar die territoriale Integrität Chinas wahrte, aber dessen unbehinderte wirtschaftliche Ausbeutung ermöglichte: In der Folge zerstörten billige Industriewaren aus dem Westen endgültig Handwerk und Gewerbe in China, der Lebensstandard sank, in den schnell wachsenden Hafenstädten entstand ein Proletariat. Die Zentralregierung in Peking wurde zum Handlanger des ausländischen Kapitals und musste für Rechtssicherheit sowie die Erfüllung der Verträge mit den imperialistischen Mächten sorgen. Für die Erschließung des Landes wurden China hoch verzinste Anleihen bei westlichen Geldgebern aufgedrängt, die den chinesischen Staatshaushalt stark belasteten. Gegen die ausländische Bevormundung gab es zwar durchaus Widerstand; allerdings wurden verschiedene Aufstände, so 1900 der große **„Boxeraufstand"** nationalistischer chinesischer Gruppen, brutal niedergeschlagen.

info

Politische Entwicklung Chinas ab 1900

Die Schwäche der kaiserlichen Regierung führte zum Herrschaftsverlust, aber auch zur Abkehr von Traditionen, die einer Industrialisierung des Landes im Weg gestanden hatten. Zu dieser Zeit machten sich die Provinzen unter lokalen Machthabern weitgehend unabhängig (z. B. 1920er-Jahre: Herrschaft von „Warlords" in Nordchina). 1905/12 gründete Sun Yat-sen (1866–1925) eine Nationale Volkspartei (Kuomintang), die sich für nationale Unabhängigkeit, Demokratisierung und wirtschaftliche Wohlfahrt einsetzte. 1911/12 beendete die Revolution der „Jungchinesen" die jahrtausendealte Monarchie; zudem rief Sun Yat-sen die Republik aus. In den 1920er-Jahren gelang der Kuomintang unter Sun Yat-sen und seinem Nachfolger Chiang Kai-shek (1887–1975) die Wiedererrichtung der Zentralherrschaft. Zur großen Rivalin wurde die 1921 gegründete Kommunistische Partei Chinas: Ab 1927 führten beide Machtgruppen einen langen Bürgerkrieg (mit einer Unterbrechung während des Kriegs gegen Japan 1937–1945), den die Kommunisten unter Mao Tse-tung 1949 gewannen. Im gleichen Jahr riefen sie die bis heute bestehende „Volksrepublik China" aus. Die Kuomintang zog sich auf die Insel Taiwan zurück und erhielt dort die „Republik China" aufrecht. Noch immer ist der Anspruch der Volksrepublik China auf die Oberhoheit über Taiwan ein bedeutender außenpolitischer Konfliktherd in Asien. 1950 griff China in den Koreakrieg (1950–1953) ein, was zur Konfrontation mit den unter US-Führung kämpfenden UN-Truppen führte. Im Weiteren isolierte sich China weitgehend, die Kommunisten konzentrierten sich auf die radikale sozialistische Umgestaltung des Landes, was Millionen Opfer forderte (Hungerkrisen, beschönigend „Kulturrevolution" genannte Säuberungen). Erst nach Maos Tod kam es unter Führung der Gemäßigten um Deng Xiaoping zur rasanten ökonomischen Umgestaltung. Infolgedessen stieg China zur politischen und wirtschaftlichen Weltmacht auf.

„Warlord" („Kriegsfürst"): (militärischer) Anführer einer Gruppe/eines Stammes, der in einem begrenzten Gebiet die Macht übernimmt

Mao Zedong/Mao Tse-tung (1893–1976): Mitbegründer und langjähriger Anführer der Kommunistischen Partei Chinas, ab 1949 diktatorisch regierender Staatschef der Volksrepublik China

3.2 Osmanisches Reich

Noch um 1850 war das Osmanische Reich eine **Großmacht** mit einem Territorium, das sich von Bosnien im Südosten Europas bis zum Arabischen Meer erstreckte und den gesamten Nahen Osten umfasste. Allerdings bröckelte die Herrschaft des **„kranken Mannes am Bosporus“** im Verlauf des 19. Jahrhunderts zunehmend. Dies zeigte sich immer wieder auf dem Balkan, besonders 1877/78 nach der militärischen Niederlage gegen Russland und der Neuordnung des Balkans auf dem Berliner Kongress: Rumänien, Serbien und Montenegro waren nun unabhängige Staaten; Bulgarien wurde ein selbstständiges, wenn auch tributpflichtiges Fürstentum. In den beiden Balkankriegen 1912/13 verlor das Osmanische Reich bis auf Ostthrakien endgültig seinen europäischen Besitz. Darüber hinaus geriet das Land vor allem durch den Staatsbankrott 1876 in die Mühlsteine des **europäischen Wirtschaftsimperialismus**. Es wurden ruinöse Staatsanleihen an westliche Gläubiger vergeben; die Staatsschulden und Teile des Zollwesens wurden durch internationale Gremien verwaltet. Wie in China hemmten umfangreiche Handelsrechte für europäische Unternehmen die wirtschaftliche Entwicklung des Landes. Auch investierten westliche Firmen mit großen Gewinnen in den Eisenbahnbau und die Rohstoffindustrie. So engagierten sich deutsche Unternehmen seit 1888 für die strategisch wichtige „Bagdad-Bahn“, die das nahöstliche Herrschaftsgebiet der Türkei erschloss.

„Kranker Mann am Bosporus“: zeitgenössische Bezeichnung für das Osmanische Reich, das im Laufe des 19. Jahrhunderts innen- und außenpolitisch immer schwächer wurde und zunehmend unter den Einfluss der europäischen Großmächte geriet („Orientalische Frage“)

Ostthrakien: Teil der heutigen Türkei, der auf dem europäischen Kontinent liegt („Europäische Türkei“)

info

Innere Entwicklung des Osmanischen Reichs

Das Osmanische Reich mit dem Sultan als weltlich-religiösem Führer an der Spitze näherte sich Mitte des 19. Jahrhunderts im Inneren den europäischen Verfassungsstaaten an, z. B. durch die Gewährung wichtiger Bürgerrechte und die Osmanische Verfassung von 1876. Dem Reformkurs folgte eine erneute Phase autokratischer Herrschaft; 1878 löste der Sultan das Parlament auf. Widerstand regte sich durch die „jungtürkische“, liberal-westlich ausgerichtete, aber auch nationalistische Bewegung, die nach der Revolution 1908 zur stärksten Kraft im Land wurde. Im Ersten Weltkrieg stand das Osmanische Reich aufseiten der Mittelmächte. Ab 1915 ging die türkische Regierung massiv gegen die armenische Minderheit vor; die (weithin anerkannte) Einordnung der brutalen Maßnahmen mit Hunderttausenden Opfern als Völkermord sorgt bis heute für internationale Spannungen mit der Türkei. Nach der Kriegsniederlage und der Besetzung durch die Westmächte und Griechenland erhob sich 1919 die türkische Nationalbewegung unter Führung des Generals Mustafa Kemal Pascha (Ehrenname: „Atatürk“ = „Vater der Türken“), was das Ende des Sultanats und die Ausrufung der Republik Türkei 1922/23 zur Folge hatte.

Mustafa Kemal Pascha bzw. **Kemal Atatürk** (1881–1938): Begründer und erster Präsident der Republik Türkei

4 Zusammenfassung und Ausblick

Um 1900 waren es Großbritannien, Frankreich, Russland, Deutschland, die USA und Japan, die in unterschiedlichem Ausmaß imperialistische Politik betrieben. Dies hatte Folgen für die internationalen Beziehungen: Auch wenn manche Streitigkeiten durch koloniale Ausgleiche gelöst werden konnten, erzeugte der **imperialistische Wettlauf** um die Kontrolle Afrikas und Asiens zwischen den imperialistischen Mächten doch oft große Spannungen, die sich in Auseinandersetzungen wie dem Russisch-Japanischen Krieg 1904/05 entluden. In Europa verschärften sich vor dem Ersten Weltkrieg die Konflikte zwischen Deutschland auf der einen, Frankreich und Großbritannien auf der anderen Seite. Auf dem asiatischen Kontinent kam es ab den 1930er-Jahren zur latenten Rivalität zwischen Japan und den USA, die 1941 im Pazifikkrieg eskalierte.
Folgenreich war die imperialistische Herrschaft in der Mehrheit für die **beherrschten, ausgebeuteten Völker**, die massiv in ihrer politischen, wirtschaftlichen und kulturellen Entwicklung beeinflusst wurden. Die in Afrika vorgenommenen Grenzziehungen und die damals eingeführten Wirtschafts- und Verkehrsstrukturen dienten in erster Linie den Interessen der Kolonialmächte (v. a. Rohstoffexport) und erhielten die Abhängigkeit der Kolonien von der industrialisierten Welt, selbst über ihre spätere staatliche Unabhängigkeit hinaus. Von den Zivilisations- und Bildungsstandards der imperialen Staaten profitierten fast nur die indigenen (einheimischen) Eliten, die während der **Dekolonisation** die Positionen der früheren Kolonialherren übernahmen. Demokratische Strukturen konnten sich nur in wenigen Fällen (z. B. Indien) entwickeln.
Die imperialistische Herrschaft fand zu verschiedenen Zeiten ihr Ende: Während z. B. Deutschland seine Kolonien bereits 1919 durch den Versailler Vertrag abgeben musste, verloren Großbritannien und Frankreich ihre Kolonialreiche erst nach 1945 in der **Phase der Dekolonisation** Asiens und Afrikas, die häufig mit gewaltsamen Konflikten einherging. Damals entstanden viele neue Staaten, die während des Ost-West-Konflikts einer **„Dritten Welt“** abseits der beiden Blöcke angehörten und bis heute mehrheitlich zu den wirtschaftlich unterentwickelten Staaten zählen. Das Zeitalter des Imperialismus hat aber nicht nur in den ehemaligen Kolonien, sondern auch bei den früheren imperialistischen Mächten Spuren hinterlassen. Eine Herausforderung stellt hier die **kritische Aufarbeitung** der eigenen kolonialen Vergangenheit dar. In Deutschland zeigt sich dies u. a. in Debatten über die Verwendung bestimmter Straßennamen, den richtigen Umgang mit kolonialer Raubkunst und die Einstufung der Verbrechen an den Herero und Nama als Völkermord.

Dekolonisation (auch: Dekolonisierung): Prozess, der zum Ende kolonialer Herrschaft und zur Unabhängigkeit der bisherigen Kolonien führt

„Dritte Welt“: zunächst Bezeichnung für Länder, die im Kalten Krieg weder zum kapitalistischen Westen („Erste Welt“) noch zum sozialistischen Osten („Zweite Welt“) gehörten; mittlerweile Bezeichnung für Staaten mit einem niedrigen wirtschaftlichen Entwicklungsstand

Der Erste Weltkrieg

„Ausflug nach Paris" – „Auf Wiedersehn auf dem Boulevard" – „Auf in den Kampf mir juckt die Säbelspitze": Kurz nach Ausbruch des Ersten Weltkriegs im Sommer 1914 war (nicht nur auf deutscher Seite) der Optimismus groß, dass die Kampfhandlungen nicht lange dauern würden und man Weihnachten wieder in der Heimat feiern könnte. Diese Zuversicht wich aber bald der harten Realität: Der erste industrialisierte Krieg der Geschichte sollte bis zur deutschen Kapitulation am 11. November 1918 dauern, Millionen Soldaten und Zivilisten das Leben kosten und die politische Landkarte Europas deutlich umgestalten.

1 Ursachen und Anlass

Der Erste Weltkrieg – vom US-Diplomaten George F. Kennan später als **„Urkatastrophe"** des 20. Jahrhundert bezeichnet – ist auf eine Reihe von Ursachen zurückzuführen, die ihren Ursprung bereits im 19. Jahrhundert hatten. Dazu gehörten der zunehmende **Nationalismus** und **Militarismus** (Aufrüstung), **imperialistische Rivalitäten** sowie die Entwicklung der europäischen **Bündnissysteme**. Am Vorabend des Kriegs waren die Mächtebeziehungen stark angespannt.

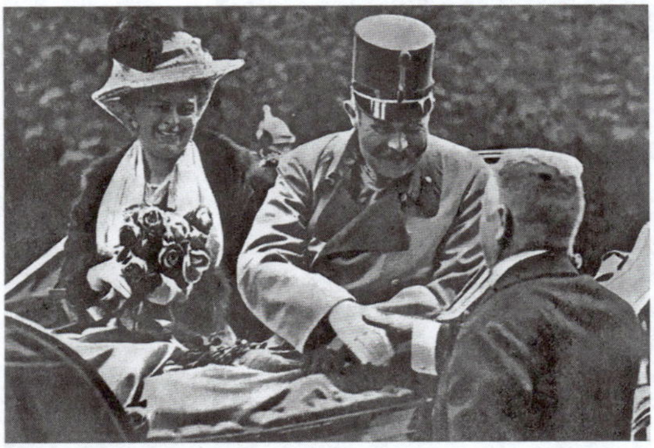

Momentaufnahme vor dem Attentat: Am 28. Juni 1914 besuchte der Neffe Kaiser Franz Josephs, **Franz Ferdinand** (1863–1914), mit seiner Ehefrau die Stadt **Sarajevo**. Die Lage vor Ort war angespannt: Bosnisch-serbische Nationalisten arbeiteten auf die Bildung eines großserbischen Reichs auf dem Balkan hin.

Der konkrete Anlass für den Ausbruch des Ersten Weltkriegs war die **Ermordung** des österreichischen Thronfolgers **Franz Ferdinand** durch großserbische Nationalisten am **28. Juni 1914 in Sarajevo**, der zu Österreich-Ungarn gehörenden Hauptstadt Bosnien-Herzegowinas. In Wien vermutete man richtig, dass Mitglieder der serbischen Führung den Anschlag unterstützt hatten. Daher wollte man Serbien durch einen regional auf den Balkan begrenzten Krieg bestrafen und schwächen. Am 5./6. Juli 1914 versicherte die deutsche Regierung ihrem einzig verbliebenen Bündnispartner die unbedingte Vertragstreue und stellte ihm einen **„Blankoscheck"** für das weitere Vorgehen aus. In der Folge versprach Russland Serbien seine Unterstützung; Frankreich signalisierte, dass es Russland im Kriegsfall zur Seite stehen würde.

Schließlich eskalierte die **Julikrise:** Zwar nahm die serbische Regierung ein österreichisches Ultimatum vom 23. Juli 1914 zur Untersuchung der Hintergründe des Attentats zum größten Teil an, verweigerte dabei aber die weitergehende Aufgabe von Souveränitätsrechten, was wiederum Österreich ablehnte. Vermittlungsversuche Englands und Deutschlands scheiterten; Österreich-Ungarn sowie Serbien und Russland begannen, sich für eine militärische Auseinandersetzung zu rüsten. Der österreichischen Kriegserklärung an Serbien (28. Juli 1914) folgten jetzt regelmäßig neue Meldungen über **Teil- und Generalmobilmachungen**. Das Deutsche Reich fühlte sich besonders von Russlands Kriegsvorbereitungen (30./31. Juli 1914) bedroht und forderte ultimativ deren Einstellung. Schließlich ordnete die deutsche Führung am 1. August 1914 die Mobilmachung an und **erklärte Russland den Krieg**. Das mit dem Zarenreich verbündete **Frankreich** verkündete nun ebenfalls die Mobilmachung,

Mobilmachung: Vorbereitung der Armee auf den Krieg, u.a. Einberufung der Reservisten (frühere Wehrdienstleistende), verschiedene Stufen (Teil- bzw. Generalmobilmachung)

woraufhin Deutschland am 3. August 1914 dem Nachbarn im Westen den Krieg erklärte. Gemäß der Logik des **Schlieffenplans** marschierten deutsche Truppen noch am gleichen Tag in Belgien ein, was Großbritannien als Garantiemacht der **belgischen Neutralität** mit der Kriegserklärung an das Deutsche Reich (4. August 1914) beantwortete.

belgische Neutralität: 1830/39 im Zuge der Unabhängigkeit Belgiens von den Großmächten festgelegt; zentrale Forderung der britischen Außenpolitik („british essential") → Versuch, hegemoniale Bestrebungen auf dem europäischen Kontinent zu verhindern („Balance of Power") und die belgischen Häfen für den Handel offen zu halten

info

Der Schlieffenplan

Es handelt sich um ein strategisches Konzept des preußischen Militärs Alfred Graf von Schlieffen (1833–1913), das die zahlenmäßige Unterlegenheit der Mittelmächte ausgleichen und es Deutschland ermöglichen sollte, einen Zweifrontenkrieg gegen Frankreich und Russland zu gewinnen. Der Plan verlangte, den Großteil der deutschen Soldaten zuerst im Westen zusammenzuziehen und einen schnellen Sieg gegen Frankreich zu erringen; dies wollte man durch die Umgehung der französischen Verteidigungslinien über das neutrale Belgien erreichen. Anschließend sollten die im Westen frei gewordenen Truppen rasch an die (bis dahin nur mit den nötigsten Mitteln verteidigte) Ostfront gebracht werden, um Russland niederzuwerfen. Voraussetzung hierfür war die große Mobilität der Armee aufgrund des gut ausgebauten deutschen Eisenbahnnetzes. Der Plan barg aber Risiken, darunter die (letztlich falsche) Annahme, dass man Frankreich leicht besiegen könne, sowie den sehr wahrscheinlichen und 1914 eingetretenen Fall, dass Großbritannien die Verletzung der belgischen Neutralität nicht dulden würde. Folgenreich war die Fixierung der deutschen Führung auf den Schlieffenplan bereits in der Vorgeschichte des Ersten Weltkriegs: Im Konfliktfall mit Russland sah dieser zwangsläufig einen vorherigen Angriff Deutschlands auf das an der Balkankrise unbeteiligte, aber mit Russland verbündete Frankreich vor und erzwang eine „Alles-oder-nichts-Situation". So gab man Möglichkeiten einer diplomatischen Lösung der Krise aus der Hand.

In nur wenigen Tagen hatte also der Automatismus der **Bündnisse** aus einem **lokalen/regionalen Konflikt** (zwischen Österreich-Ungarn und Serbien) einen **großen europäischen Krieg** zwischen allen Großmächten werden lassen, der schließlich noch auf weiteren Kontinenten ausgefochten werden und sich somit zum **Weltkrieg** entwickeln sollte. In den folgenden Jahren beteiligten sich viele Staaten weltweit an den Kampfhandlungen, darunter das **Osmanische Reich**, das ab Herbst 1914 die Mittelmächte unterstützte, um seine Oberhoheit über die Meerengen gegen Russland und die Westmächte zu verteidigen. 1915 stellte sich **Italien** nicht an die Seite der Dreibundpartner, sondern an die der Entente mit dem Ziel, gewisse Teile Österreich-Ungarns (Südtirol, Triest, Istrien) zu erobern. Als entscheidend sollte sich der Kriegseintritt der **USA** erweisen, die die Alliierten ab 1917 aktiv unterstützten.

2 Die „Kriegsschuldfrage“

→ **Versailler Vertrag** vgl. S. 162 ff.

Die Frage nach der **Schuld am Ausbruch des Ersten Weltkriegs** ist bis heute eine der umstrittensten Kontroversen der deutschen und internationalen Geschichtswissenschaft und hat bereits die Zeitgenossen rege beschäftigt. 1919 schrieb der „Kriegsschuldartikel“ 231 des **Versailler Vertrags** dem Deutschen Reich und seinen Verbündeten die Alleinschuld zu, um die weiteren Bestimmungen dieses Friedensvertrags zu rechtfertigen. Deutsche Historiker wiesen diese Bewertung zurück; bis in die 1950er-Jahre wurde v. a. die Meinung vertreten, die europäischen Großmächte seien in den Krieg „hineingeschlittert“.
Um 1960 behauptete der Historiker **Fritz Fischer**, die deutsche Führung habe in der Julikrise 1914 den Krieg bewusst riskiert und als Chance gesehen, die seit Längerem angestrebte **Hegemonialstellung** in Europa und eine Weltmachtposition zu erkämpfen. Die Gelegenheit sei günstig gewesen, da der Zweibundpartner Österreich-Ungarn die Krise ausgelöst habe und sich daher nicht heraushalten konnte. Vor 1914 habe sich das Deutsche Reich durch seine Außenpolitik zudem selbst isoliert. Mit seinen Thesen, die auf die Hauptverantwortung Deutschlands hinauslaufen, löste der Historiker die **„Fischer-Kontroverse“** aus: Nun wurde über geschichtswissenschaftliche Kreise hinaus rege bis hitzig über die **Frage der deutschen Kriegsschuld** debattiert.

ZITAT

Auszug aus Fritz Fischers „Griff nach der Weltmacht“[1]

Bei der angespannten Weltlage des Jahres 1914, nicht zuletzt als Folge der deutschen Weltpolitik […], mußte jeder begrenzte (lokale) Krieg in Europa, an dem eine Großmacht unmittelbar beteiligt war, die Gefahr eines allgemeinen Krieges unvermeidbar nahe heranrücken. Da Deutschland den österreich[isch]-serbischen Krieg gewollt, gewünscht und gedeckt hat und, im Vertrauen auf die deutsche militärische Überlegenheit, es im Jahre 1914 bewußt auf einen Konflikt mit Rußland und Frankreich ankommen ließ, trägt die deutsche Reichsführung einen erheblichen Teil der historischen Verantwortung für den Ausbruch des allgemeinen Krieges.

„Sozialimperialismus-These“: Ablenkung innerer Probleme eines politischen Systems nach außen durch eine aggressive Außenpolitik (→ **Formen des Imperialismus** vgl. S. 116)

Hans-Ulrich Wehler und Wolfgang J. Mommsen ergänzten die „Fischer-These“ durch einen **innen- und sozialpolitischen Ansatz:** So hätten die deutschen Eliten unter dem Demokratisierungsdruck ab 1912 (große Wahlerfolge der Sozialdemokratie) die aggressive Außenpolitik genutzt, um ihre gefährdete politisch-soziale Machtposition durch den Kriegskonsens („Burgfrieden“ von 1914) zu behaupten **(„Sozialimperialismus-These“)**. Historiker wie Egmont Zechlin, Karl Dietrich Erdmann und Andreas Hillgruber vertraten die **Theorie des „kalkulierten Risikos“:** Die deutsche Führung habe die Julikrise nutzen wollen, um die sich verfestigende „Triple Entente“ durch diplomatischen Druck zu sprengen; Russland sollte die Unterstützung der Verbündeten verlieren. Dabei hätten die Verantwortlichen in Berlin das Risiko eines europäischen Kriegs bewusst in Kauf genommen, allerdings nicht aus hegemonialen Gründen: Auf deutscher Seite seien vielmehr die Furcht vor einer **Einkreisung**, das Gefühl der innenpolitischen Blockade durch die Wahlerfolge der Sozialdemokraten, die Angst vor einem übermächtigen Russland, die Bereitschaft zum Präventivkrieg und die Fixierung auf den riskanten Schlieffenplan entscheidend gewesen.

Einkreisung: subjektives Empfinden der deutschen Führung, durch die Mächte der Entente außenpolitisch bewusst und aggressiv eingekreist worden zu sein

Jüngere Veröffentlichungen haben die deutsche Regierung teils wieder etwas entlastet, darunter die viel und kontrovers diskutierte Publikation „Die Schlafwandler“ (2012) von **Christopher Clark**. Darin beleuchtet der australische Historiker die Zustände in Europa vor 1914, auch auf dem Balkan, und spricht Österreich-Ungarn im damaligen historischen Kontext ein gewisses Recht zu einer Strafaktion gegen Serbien zu, das den Mord am Thronfolger des Nachbarstaats unterstützt habe. Zudem betrachtet er die regen Debatten zwischen „Falken“ und „Tauben“ in den Führungen der beteiligten Staaten und zeigt, dass die Regierungen aller Großmächte die Situation im Juli 1914 verschärften und den Krieg riskierten, so Russland durch die vorschnelle Unterstützung Serbiens und Frankreich durch die frühe Bündniszusage gegenüber Russland. Eine kleine Gruppe Politiker, Diplomaten und Militärs habe gehandelt wie **„Schlafwandler“**, die gemeinsam in den Abgrund gingen.

„Falken“ bzw. „Tauben“: bildhaft für Kriegsbefürworter/Hardliner bzw. Kriegsgegner/Gemäßigte

ZITAT

Auszug aus Christopher Clarks „Die Schlafwandler“[2]

Das vorliegende Buch setzt sich zum Ziel, die Julikrise von 1914 als ein modernes Ereignis zu verstehen, als das komplexeste Ereignis der heutigen Zeit, womöglich bislang aller Zeiten. Es befasst sich weniger mit der Frage, warum der Krieg ausbrach, als damit, wie es dazu kam. […] In der Geschichte, die dieses Buch erzählt, bestimmen handlungsfähige und -bereite Entscheidungsträger das Bild. Diese Entscheidungsträger (Könige, Kaiser, Außenminister, Botschafter, Militärs und eine Fülle kleinerer Beamter) bewegten sich mit behutsamen, wohlberechneten Schritten auf die Gefahr zu. Der Ausbruch des Krieges war der Höhepunkt in einer Kette von Entscheidungen, die von politischen Akteuren mit bewussten Zielen getroffen wurden. […] So gesehen waren die Protagonisten von 1914 Schlafwandler – wachsam, aber blind, von Albträumen geplagt, aber unfähig, die Realität der Gräuel zu erkennen, die sie in Kürze in die Welt setzen sollten.

3 Der Kriegsverlauf

Die Mittelmächte Deutschland und Österreich-Ungarn bildeten ein zusammenhängendes Gebiet im Zentrum Europas, das jedoch durch die überlegene britische Flotte und eine Seeblockade von den Weltmeeren und damit vom Weltmarkt abgeschnitten werden konnte. Somit waren sie wie eine belagerte Festung ohne ausreichenden Nachschub an Rohstoffen und Lebensmitteln. Allerdings hatten sie den Vorteil der „inneren Linie" und konnten ihre Truppen mithilfe der **Eisenbahn** in kurzer Zeit zwischen den Fronten verlagern. Die Alliierten der „Triple Entente" mussten dagegen auf für sie isolierten Kriegsschauplätzen im Westen, Osten und Süden Europas operieren.

Eisenbahn: Alle Industriestaaten verfügten 1914 über ein effizientes und dichtes Eisenbahnnetz, was für den schnellen Transport der Truppen wichtig war.

weitere Kriegseintritte:
1914: Japan
1915: Italien, Bulgarien
1916: Rumänien, Osmanisches Reich, Griechenland
1917: USA

Scheitern des Schlieffenplans und Stellungskrieg im Westen

Die Kriegshandlungen begannen Anfang August 1914 mit dem **Einmarsch deutscher Truppen in Luxemburg und Belgien**, um die starken französischen Grenzbefestigungen zu umgehen, was aber die britische Kriegserklärung an Deutschland nach sich zog. Kurz darauf war der **Schlieffenplan** endgültig **gescheitert:** Zwar gelang es, Belgien fast völlig zu erobern; der Angriff auf Frankreich dagegen kam in der Schlacht an der Marne (September 1914) kurz vor Paris zum Stehen. Im Westen erstarrte der Kampf zum **Stellungskrieg:** Von der Kanalküste bis zu den Vogesen entstand nun eine durchgängige Front, die mit Befestigungen, Maschinengewehren und Artillerie (großkalibrige Kanonen) gesichert war. Bei den Versuchen, feindliche Schützengräben zu stürmen, starben

Hunderttausende Soldaten im Abwehrfeuer; das einzelne Leben verlor fast jede Bedeutung. Die militärischen Operationen waren von einem bis dahin unvorstellbaren Einsatz von Waffen gekennzeichnet und entwickelten sich zu regelrechten **„Materialschlachten"**. Der Versuch, feindliche Stellungen zu durchbrechen, ist aber nur selten gelungen, auch nicht mit der schrecklichsten Waffe des Ersten Weltkriegs, dem **Giftgas**, welches das Deutsche Reich erstmals 1915 bei **Ypern** (Flandern, Belgien) einsetzte.

Soldaten der Royal Irish Rifles 1916 zu Beginn der Schlacht an der Somme: Während des **Stellungskriegs** an der Westfront bestimmten Festungen und weitläufige Schützengräben die ins Stocken geratenen Kampfhandlungen. Ab 1915 gehörten Gasmasken zum Schutz vor **Giftgas** zur Ausrüstung der Soldaten. Diese neue Waffe verschlimmerte den Alltag der Männer, der schon durch die ständige Angst vor einem kaum sichtbaren Feind sowie durch Hunger, Kälte und Heimweh geprägt war.

„Abnutzungsschlachten" 1916/17

Im Westen entwickelten sich die Kämpfe zum **„Abnutzungskrieg"** von Mensch und Material; enormen Verlusten standen dabei nur kleine Geländegewinne gegenüber. Vor der Festung **Verdun** versuchte der deutsche Oberbefehlshaber Erich von Falkenhayn im Jahr 1916 erfolglos, die Franzosen mit massivem Materialeinsatz zum „Ausbluten" ihrer Armee zu bringen. Beide Seiten zusammen verloren innerhalb kürzester Zeit Hunderttausende Männer. In der ähnlich verlaufenden **Schlacht an der Somme** im gleichen Jahr – eine Offensive der Alliierten – waren die Verluste mit mehr als einer Million deutscher, französischer und britischer Soldaten noch größer. Im Februar 1917 zogen sich die deutschen Truppen hinter die **„Siegfriedstellung"**, ein gut befestigtes Verteidigungssystem, zurück; verschiedene Durchbruchsversuche der Alliierten scheiterten. Die dabei erlittenen hohen Verluste führten zur Meuterei in der französischen Armee, die erst durch den neuen Oberbefehlshaber Philippe Pétain beendet wurde. Bei **Cambrai** setzten die Engländer 1917 zum ersten Mal **Kampfpanzer (Tanks)** ein.

Tanks (hier eine Aufnahme aus Cambrai) waren im Ersten Weltkrieg eine völlig neue Waffe. Im Zweiten Weltkrieg sollten sie dann zur Hauptwaffe des Bewegungskriegs werden.

→ **Philippe Pétain** vgl. S. 221

Orte wie **Verdun**, eine Festung in Nordfrankreich, oder die **Schlachtfelder in Flandern** sind bis heute Symbole für die Brutalität und die großen Verluste aller Seiten im Stellungskrieg an der Westfront. Noch immer wird, nicht nur an den ehemaligen Kriegsschauplätzen, der vielen Toten des Ersten Weltkriegs gedacht.

Der Verlauf der Westfront

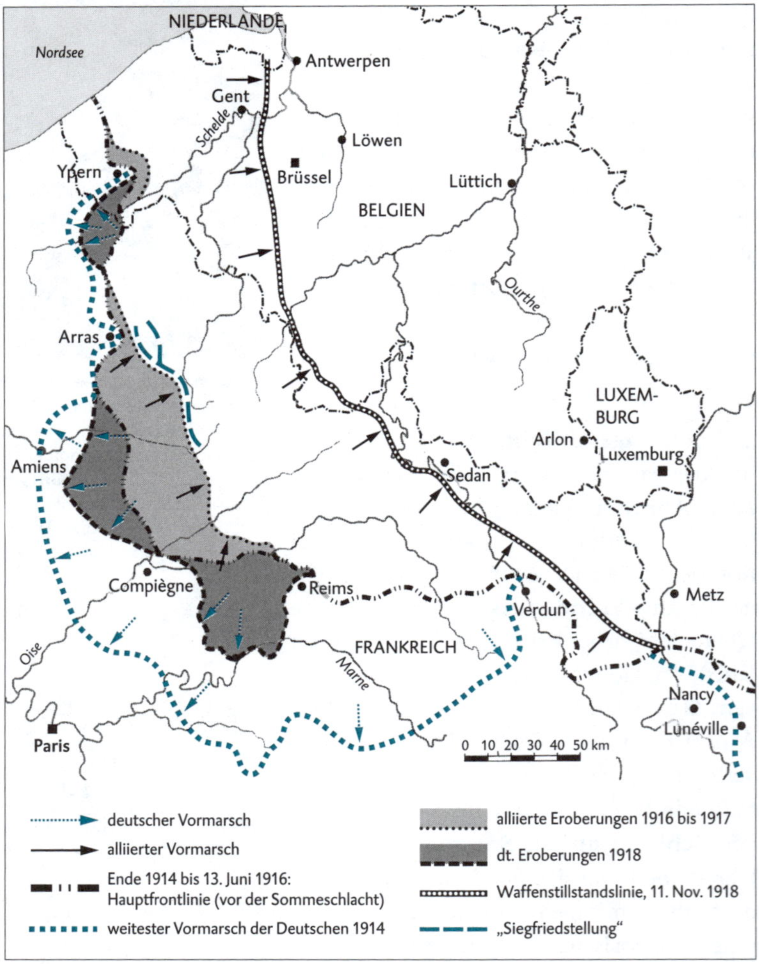

Britische Seeblockade und deutscher U-Boot-Krieg

Angesichts der erstarrten Fronten im Westen und der zunehmenden Dauer der Kampfhandlungen waren die Versorgungsfrage und die Organisation von **Nachschub** bedeutend. Vor diesem Hintergrund erklärte England die von seinen Schiffen kontrollierte Nordsee zum Kriegsgebiet und errichtete eine umfassende **Seeblockade**, die die deutsche Flotte aber nicht durchbrechen konnte. Die einzige größere **Seeschlacht im Skagerrak** (Mai/Juni 1916) brachte keine Entscheidung. Die Mittelmächte waren von Nahrungsmitteln und Rohstoffen abgeschnitten, die Entente konnte sich dagegen auf Transporte aus den USA stützen. Die in

Übersee operierenden deutschen Flottenverbände wurden von der Entente größtenteils versenkt, ohne militärischen Schutz gingen die meisten Kolonien (Ausnahme: Deutsch-Ostafrika) schnell verloren. Der deutschen Marine blieb nur der U-Boot-Krieg gegen die lebenswichtigen Nachschublinien ihrer Gegner über den Atlantik. Letztlich war die deutsche U-Boot-Flotte jedoch zu schwach, um die Alliierten ernsthaft zu gefährden, zumal diese zum Schutz vor Angriffen die Geleitzug-Taktik anwandten, also Gruppen von Schiffen einsetzen, die teils Waren transportierten, teils den Schutz des Konvois übernahmen. Anfang 1917 drängte die deutsche Seekriegsleitung daher darauf, den **uneingeschränkten U-Boot-Krieg** wiederaufzunehmen, den sie schon 1915 praktiziert hatte. Am 6. April 1917 führte diese fatale Fehlentscheidung allerdings zum kriegsentscheidenden **Eintritt der Industriemacht USA** aufseiten der Entente.

"All the News That's Fit to Print"
The New York Times.
EXTRA 6:30 A. M.
LUSITANIA SUNK BY A SUBMARINE, PROBABLY 1,260 DEAD; TWICE TORPEDOED OFF IRISH COAST; SINKS IN 15 MINUTES; CAPT. TURNER SAVED, FROHMAN AND VANDERBILT MISSING; WASHINGTON BELIEVES THAT A GRAVE CRISIS IS AT HAND

New York Times, 8. Mai 1915: Schon einmal hatte die deutsche Führung den **uneingeschränkten U-Boot-Krieg** praktiziert. Der Abschuss des Passagierschiffs **„Lusitania"** sorgte für die zeitweilige Einstellung der Kriegsstrategie, die den Angriff auf feindliche Schiffe ohne Vorwarnung vorsah und v. a. wegen der Gefahr, auch Zivilisten und Nichtkombattanden (nicht Kämpfende) zu treffen, völkerrechtlich sehr umstritten war.

Niederlage und Kriegsaustritt Russlands

Nachdem im Osten russische Offensiven gegen **Ostpreußen** und das österreichisch-ungarische **Galizien** erfolgreich gewesen waren, wurden zwei russische Armeen in Ostpreußen in den Schlachten bei **Tannenberg** (August 1914) und an den **Masurischen Seen** (September 1914) vernichtet. Um den deutschen General **Paul von Hindenburg**, der, unterstützt von Erich von Ludendorff, den Oberbefehl innehatte, entfaltete sich in der Folge ein beispielloser Propagandakult („Held von Tannenberg"). Bis Januar 1916 entwickelte sich jedoch auch der Krieg im Osten zum Stellungskrieg. 1917 wurde die militärische Entwicklung durch die **Februarrevolution** in Russland bestimmt, die das Zarenregime stürzte und zur erheblichen Schwächung der russischen Kampfkraft führte. Nach der **Oktoberrevolution** beendete die bolschewistische Regierung unter Lenin den Krieg. Mit dem **„Friedensdiktat" von Brest-Litowsk** vom 3. März 1918 schied Russland aus dem Krieg aus und gab gewisse Gebiete auf (u. a. Finnland, Baltikum, Polen, Ukraine). Die OHL beließ allerdings einen großen Teil der Truppen zur Durchsetzung deutscher Interessen im Osten stationiert, sodass die Westfront nicht ausreichend verstärkt wurde.

Ostpreußen: östlichste deutsche Provinz (Hauptstadt: Königsberg), 1945 Flucht/Vertreibung der ca. zwei Millionen Deutschen durch die Rote Armee, heute russische Exklave

Lernvideo: **Die Russischen Revolutionen 1917**

Die **Februarrevolution** trägt diesen Namen, da sie im Februar 1917 ausbrach – zumindest nach dem 1917 in Russland verwendeten julianischen Kalender. Nach dem gregorianischen Kalender, der damals schon in den meisten Staaten galt, fand sie im März statt. Gleiches gilt für die **Oktoberrevolution** (Oktober bzw. November 1917).

Wladimir Iljitsch Lenin (1870–1924): Anführer der Bolschewiki, Regierungschef Russlands bzw. der Sowjetunion 1917–1924

info

Die Russischen Revolutionen von 1917

Die russischen Revolutionen von 1917 stellten gemeinsam mit dem Kriegseintritt der USA einen welthistorisch bedeutsamen Wendepunkt dar.

Vorgeschichte: Bis 1917 wurde das riesige Russland durch den weitgehend uneingeschränkt herrschenden Zaren (seit 1894: Nikolaus II.) regiert. Das Reich hinkte bei der Modernisierung der Gesellschaft hinterher, die durch adlige Großgrundbesitzer dominiert wurde; auch fand die Industrialisierung verspätet statt. Russland finanzierte sich v. a. durch umfangreiche Getreideexporte in den Westen, was aber Hungersnöte auf dem Land und eine andauernde revolutionäre Grundstimmung bedingte, besonders bei der vernachlässigten Arbeiterschaft und den intellektuellen bürgerlichen Eliten. Schwere innere Unruhen („Erste Russische Revolution“) nach der Niederlage gegen Japan 1905 wurden brutal niedergeschlagen, allerdings machte Nikolaus II. vorübergehend Zugeständnisse: So wurde ein Parlament („Duma“) errichtet, das zwar verfassungsrechtlich schwach, aber auch Ausgangspunkt für eine parteipolitische Kultur war. Eine Reform der überkommenen feudalen Struktur blieb jedoch aus, sodass sich an der explosiven Lage grundsätzlich nichts änderte.

Verlauf: Im Frühjahr 1917 entluden sich die Spannungen, v. a. wegen des verlustreichen Kriegs und der miserablen Versorgungslage der Bevölkerung, in der Februarrevolution: Nach Arbeiteraufständen übernahmen bürgerliche und gemäßigte sozialistische Kräfte die Führung und zwangen Zar Nikolaus II. zur Abdankung. Ihre Reformen blieben aber beschränkt und unwirksam, v. a. weil sie den Krieg gegen die Mittelmächte erfolglos weiterführten. Widerstand leisteten die kommunistischen Bolschewiki unter Lenin, der mit deutscher Hilfe nach Russland zurückgekehrt war und nun Unterstützung in den Reihen der Arbeiter und Soldaten sammelte. In der Oktoberrevolution 1917 übernahmen die Bolschewiki gewaltsam die Macht und beendeten im März 1918 den Krieg mit den Mittelmächten, um alle Kräfte für die Durchsetzung ihrer Macht im Inneren mobilisieren zu können. Politische Gegner wurden mithilfe der „Roten Armee“ ausgeschaltet („Roter Terror“), einen vierjährigen Bürgerkrieg mit Millionen von Opfern (Gewalt, Hunger und Seuchen) entschieden die Kommunisten 1922 für sich. Hauptgrund ihres Erfolgs war neben brutaler Gewalt auch die konsequente Enteignung der russischen Industriellen und Großgrundbesitzer zugunsten der Arbeiter und Bauern. 1922 wurde die Union der Sozialistischen Sowjetrepubliken (UdSSR, Sowjetunion) gegründet, die zur Industriemacht aufstieg und über die Kommunistische Internationale (Komintern) kommunistische Parteien weltweit dirigierte. Nach dem Sieg über NS-Deutschland 1945 wurde die Sowjetunion neben den USA die zweite Weltmacht und führte während des Kalten Kriegs den Ostblock an. 1991 zerbrach das kommunistische System an seinen vielen politischen und wirtschaftlichen Problemen und die Sowjetunion löste sich in eine Reihe von Einzelstaaten auf.

Ausscheiden der deutschen Verbündeten

Im Herbst 1918 schieden die deutschen Verbündeten nach und nach aus dem Krieg aus. Offensiven der Entente auf dem Balkan und in Arabien führten zu Waffenstillständen mit **Bulgarien** und dem **Osmanischen Reich**. **Österreich-Ungarn** konnte sich kaum noch an den Fronten gegen Italien und auf dem Balkan halten. Als sich Ungarn für selbstständig erklärte und seine Truppen von der Italienfront abzog, brach diese in der Folge zusammen. Gleichzeitig proklamierten Tschechen, Polen und Südslawen (Slowenen, Kroaten, Serben) ihre Unabhängigkeit. Das Kaiserreich bemühte sich um einen Waffenstillstand, der am 3. November 1918 zustande kam. Somit war der letzte deutsche Verbündete aus dem Krieg ausgestiegen.

info

Vielvölkerstaat Österreich-Ungarn („k.-u.-k.-Monarchie")

Die österreichisch-ungarische Doppelmonarchie bestand aus dem Kaisertum Österreich und dem Königreich Ungarn (= kaiserlich-königliche Monarchie), in Personalunion von den Habsburgern in Wien geführt. Der Doppelstaat wurde 1867 gegründet, um Ungarn weiter an Österreich zu binden, nachdem Österreich nach der Niederlage gegen Preußen 1866 aus dem Deutschen Bund gedrängt worden war. Innerhalb der Realunion war Ungarn ein gleichberechtigter Staat, der bestimmte Angelegenheiten selbst regeln durfte. Neben den Österreichern und den Ungarn gehörten noch viele weitere Nationen und Gebiete zur Vielvölkermonarchie, wie die heutigen Staaten Tschechien, die Slowakei, Slowenien, Kroatien, Bosnien-Herzegowina sowie Teile Serbiens, Rumäniens, Montenegros, Polens, der Ukraine und Italiens. Österreich-Ungarn war (nach Russland) die flächenmäßig zweitgrößte und 1914 mit etwa 53 Millionen Menschen die nach Bevölkerung drittgrößte europäische Großmacht (nach Russland und Deutschland). Verfassungsrechtlich war das Land eine konstitutionelle Monarchie und wurde bis 1916 von Franz Joseph I. regiert. Während Ungarn ab 1867 einen eigenen Reichstag in Budapest hatte, waren die Nationen der österreichischen Reichshälfte im Reichsrat in Wien vertreten; beide Parlamente arbeiteten in bestimmten Bereichen (z. B. Außenpolitik, Militär) zusammen. Trotz gewisser Rechte der kleineren Nationen (z. B. Schulen in der Landessprache) und eines erfolgreichen gemeinsamen Wirtschaftsraums verlangten v. a. die Tschechen und Slawen weitere Autonomie (wie die Ungarn) oder strebten die nationale Eigenstaatlichkeit an. In der Endphase des Ersten Weltkriegs zerfiel das Reich. Im Herbst 1918 endete die Realunion, als Ungarn die Doppelmonarchie verließ. In Wien wurde die Republik Deutschösterreich ausgerufen; die Herrschaft der Habsburger war nach Jahrhunderten vorbei. 1919/20 wurde der Vielvölkerstaat durch die Pariser Vorortverträge (Saint-Germain, Trianon) endgültig aufgelöst; außerdem wurde der Anschluss Deutschösterreichs an Deutschland verboten.

Personalunion: Regentschaft eines Herrschers über mehrere Gebiete bzw. Länder → Verbindung von Ländern durch ein gemeinsames Staatsoberhaupt

Realunion: Verbindung zwischen Staaten durch ein gemeinsames Oberhaupt und gemeinsame Institutionen → engeres Verhältnis als bei der Personalunion

1916–1918 war **Karl I.** der letzte österreichische Kaiser. 1919 wurde das „Habsburgergesetz" erlassen, das seither mehrfach überarbeitet wurde. Es erklärte die Herrschaft der Habsburger für alle Zeit für erloschen.

Kriegsentscheidung und Parlamentarisierung 1918

Ab Frühjahr 1918 versuchte die deutsche Heeresführung, durch mehrere Großoffensiven eine Entscheidung im Westen herbeizuführen und der amerikanischen Verstärkung für die Entente zuvorzukommen. Das Vorhaben scheiterte aber an der mangelhaften Ausrüstung, am fehlenden strategischen Konzept der OHL und an der Tatsache, dass die Soldaten nach jahrelangem Kampf körperlich ausgebrannt waren. Eine militärische Vorentscheidung fiel im August 1918 bei Amiens, als alliierte Tanks die deutsche Front durchbrachen. Spätestens im Herbst 1918 war der Krieg für die Mittelmächte verloren und die OHL forderte die deutsche Regierung auf, dem völligen Zusammenbruch des Heeres zuvorzukommen und auf der Basis der **14 Punkte Woodrow Wilsons** einen **Waffenstillstand** abzuschließen. Dabei bestand auch die Hoffnung, später einen maßvollen Frieden erreichen zu können. Da der US-Präsident eine durchgreifende Demokratisierung Deutschlands forderte und nur mit einer demokratisch legitimierten Regierung verhandeln wollte, wurden Schritte zur **Parlamentarisierung der Verfassung** eingeleitet. Am 3. Oktober 1918 ernannte Wilhelm II. den liberal gesinnten Max von Baden zum neuen Reichskanzler und stellte das Deutsche Reich auf eine parlamentarische Grundlage (**„Oktoberverfassung“**).

Woodrow Wilson (1856–1924): amerikanischer Politiker (Demokratische Partei), 1912–1921 US-Präsident

info

Wilsons 14-Punkte-Programm von 1918

US-Präsident Wilson formulierte Anfang 1918 ein 14-Punkte-Programm, das als Grundlage für einen Friedensschluss in Europa dienen sollte. Es umfasste u. a. die Räumung aller besetzten Gebiete, die Neuordnung Europas nach dem Prinzip des Selbstbestimmungsrechts der Völker (mit Folgen für die Vielvölkerreiche Österreich-Ungarn und Osmanisches Reich), die umfassende Abrüstung, das Ende der Geheimdiplomatie und die Bildung eines Völkerbunds. Letzterer wurde 1920 tatsächlich gegründet, allerdings blieben ihm die USA aus innenpolitischen Gründen fern.

→ **Novemberrevolution** vgl. S. 154 ff.

Die OHL behauptete aber bald darauf entgegen der Faktenlage, die Niederlage sei durch die revolutionären Ereignisse im Innern des Deutschen Reichs (v. a. Novemberrevolution) zu erklären, nicht durch ihr eigenes militärisches Versagen. Auf diese Weise wälzte sie die Verantwortung für die drohende Kapitulation von sich ab und schuf die für die weitere Entwicklung Deutschlands folgenschwere **Dolchstoßlegende**.

info

Dolchstoßlegende

Es handelt sich um eine faktisch widerlegbare, aber dennoch äußerst folgenreiche Behauptung, die auf die 3. Oberste Heeresleitung unter Hindenburg zurückgeht und von dieser auch nach 1918 propagiert wurde: Die kaiserliche Armee habe den Krieg nicht durch die Überlegenheit ihrer Gegner an der Front, sondern aufgrund der sozialistischen Unruhen in der Heimat verloren. Das deutsche Heer sei quasi durch die Aktivitäten der linken Revolutionäre in Deutschland „erdolcht" worden. Auf diese Weise wollte sich die eigentlich für die Kriegsniederlage verantwortliche politisch-militärische Führung entlasten und ihr eigenes Versagen kaschieren. Die Dolchstoßlegende wurde in der Weimarer Republik ein zentrales Propagandamittel rechter Kräfte, die die Legitimität des demokratischen Systems auf diese Weise infrage stellten, bürgerliche und sozialdemokratische Politiker als „Vaterlandsverräter" diffamierten und das politische Klima erheblich vergifteten.

→ **Bedeutung der Dolchstoßlegende in der Weimarer Republik** vgl. S. 169 f.

Der **Waffenstillstand** wurde am **11. November 1918** in Compiègne (Frankreich) unterzeichnet; die Reichsregierung wurde von Matthias Erzberger (Zentrum) vertreten. Damit war der verlustreiche Erste Weltkrieg, der Millionen Menschenleben gefordert hatte, zu Ende.

Verluste der Mittelmächte und der Entente im Ersten Weltkrieg

Staaten	Bevölkerung (Millionen)	Streitkräfte (insgesamt)	in % der wehrfähigen Männer	Militärische Todesfälle
Mittelmächte	142,1	25 800 000	71 %	3 550 000
Deutschland	67,8	13 200 000	81 %	2 037 000
Österreich-Ungarn	52,6	9 000 000	78 %	1 460 000
Bulgarien	4,7	600 000 (?)	55 %	88 000
Türkei	17,0	3 000 000	30 %	325 000 (?)
Entente	861,3	46 596 000	19 %	5 296 000
Frankreich	39,0	8 100 000	81 %	1 327 000
Franz. Kolonien	52,7	449 000	3 %	78 000
Großbritannien	46,1	6 100 000	53 %	750 000
Britische Kolonien	342,2	2 800 000	3 %	180 000
Italien	36,0	5 600 000	55 %	460 000
Russland	164,0	15 800 000 (?)	39 %	1 800 000
USA	98,8	4 750 000	8 %	117 000

(?) = Angaben nicht vollständig gesichert

4 Innenpolitik

Zweite (Sozialistische) Internationale: 1889 gegründeter internationaler Zusammenschluss von Arbeiterorganisationen, basierend auf der sozialistischen Forderung „Proletarier aller Länder, vereinigt euch!"; 1914 wegen des Ersten Weltkriegs aufgelöst

Herrschaftslegitimation: Glaube der Bevölkerung an die Berechtigung einer politischen Herrschaftsform (z. B. Gottesgnadentum, besondere Fähigkeiten eines Monarchen oder einer politischen Führung)

Kriegskredit: Anleihe des Staats bei der Bevölkerung oder bei Banken zur Finanzierung eines Kriegs; Zustimmung des Reichstags nötig (Haushaltsrecht)

In allen kriegführenden Staaten unterstützte die jeweilige Bevölkerung anfangs ihre Regierungen, obgleich sie nur teilweise von einer regelrechten Kriegsbegeisterung erfasst wurde. Selbst die sozialistischen Parteien Europas, die grenzüberschreitend zusammenarbeiteten (Zweite Internationale), standen nicht abseits. Aufgrund der Dauer und Brutalität der Kampfhandlungen verlor sich die breite Zustimmung aber im Verlauf des Kriegs, viele Parlamente forderten mehr politische Mitsprache und eine Demokratisierung v. a. des Wahlrechts. Besonders gravierende Folgen hatte der Erste Weltkrieg für die konservativen Monarchien Russlands und der Mittelmächte, die einen starken **Legitimitätsverlust** erlitten: Ihr Schicksal wurde durch die Russischen Revolutionen von 1917 bzw. durch die Kriegsniederlage von 1918 besiegelt.

Vom „Burgfrieden" zur „Diktatur" der Obersten Heeresleitung

In Deutschland unterstützten nach der russischen Mobilmachung alle Parteien die Regierung. Die weit verbreitete, wenn auch nicht allumfassende patriotische Aufbruchsstimmung **(Mythos „Augusterlebnis")** reichte bis in die Reihen der oppositionellen SPD, die in der Reichstagssitzung am 4. August 1914 den zur Kriegsführung nötigen **Krediten** geschlossen zustimmte. Dies lag v. a. daran, dass die Sozialdemokraten den Hauptfeind der internationalen Arbeiterbewegung in der autoritären Monarchie Russlands sahen. Ohnehin wurde gerade das Zarenreich in der deutschen Propaganda als Aggressor dargestellt, gegen den man sich **verteidigen** müsse. Der berühmte Ausspruch Wilhelms II., er kenne keine Parteien mehr, nur noch Deutsche, symbolisierte den inneren **„Burgfrieden":** Innenpolitische Konflikte sollten fortan ruhen.

ZITAT

Rede Wilhelms II. vor den Reichstagsabgeordneten, 4. August 1914[3]

Die Feindseligkeit, die im Osten und im Westen seit langer Zeit um sich gegriffen hat, ist nun zu hellen Flammen aufgelodert. Die gegenwärtige Lage [...] ist das Ergebnis eines seit langen Jahren tätigen Übelwollens gegen Macht und Gedeihen des Deutschen Reichs. [...] An die Völker und Stämme des Deutschen Reichs ergeht Mein Ruf, mit gesamter Kraft, in brüderlichem Zusammenstehen mit unseren Bundesgenossen, zu verteidigen, was wir in friedlicher Arbeit geschaffen haben. Nach dem Beispiel unserer Väter fest und getreu, ernst und ritterlich, demütig vor Gott und kampfesfroh vor dem Feind, so vertrauen wir der ewigen Allmacht, die unsere Abwehr stärken und zu gutem Ende lenken wolle! [...] Ich kenne keine Parteien mehr, Ich kenne nur Deutsche.

Der für Deutschland **ungünstige und lange Kriegsverlauf** führte allerdings zur zunehmenden Unzufriedenheit in der Bevölkerung und auf politischer Ebene zu teils deutlichen Veränderungen. Rechtlich galt der Kriegs- bzw. Belagerungszustand, d. h., die Militärbefehlshaber erhielten exekutive Befugnisse; auch wurden verschiedene Rechte wie Vereins-, Versammlungs- und Pressefreiheit eingeschränkt. Zudem verabschiedete der Reichstag 1914 ein **„Kriegsermächtigungsgesetz"**, durch das er bestimmte, auf die Wirtschaft bezogene Gesetzgebungsrechte auf den Bundesrat übertrug. Ab Sommer 1916 nutzte dann die **3. OHL** (Hindenburg, Ludendorff) ihre Vollmachten **quasi diktatorisch**, um den Krieg mit allen Mitteln weiterführen zu können. Sie reglementierte die gesamte Wirtschaft, Rüstungsproduktion und Lebensmittelversorgung, ohne aber die Notlage der Bevölkerung in den Griff zu bekommen. Die schwache Reichsregierung unter **Theobald von Bethmann Hollweg** konnte dem nichts entgegensetzen. **Wilhelm II.** zog sich, obgleich der Kaiser laut Verfassung eigentlich den militärischen Oberbefehl innehatte, immer mehr in die Rolle eines „Schattenkaisers" zurück.

„Ermächtigungsgesetz": Gesetz, durch das das Parlament eigene Rechte auf ein anderes Organ überträgt; bei Übertragung von Kompetenzen auf die Regierung Aufhebung der Gewaltenteilung zwischen Legislative und Exekutive; bekanntestes Beispiel: „Ermächtigungsgesetz" vom 23. März 1933 (vgl. S. 197 f.)

biografie

Paul von Hindenburg

Hindenburg wurde als Sohn eines Gutsbesitzers im preußischen Posen (heute Poznan/Polen) geboren. Er durchlief eine erfolgreiche militärische Karriere und kämpfte in den Kriegen gegen Österreich 1866 und Frankreich 1870/71. 1914 war er Oberbefehlshaber der deutschen Truppen, die das Vordringen der Russen ins Deutsche Reich verhinderten. Obwohl für die strategische Planung sein General Erich Ludendorff zuständig war, entstand um Hindenburg der Mythos des „Siegers von Tannenberg" und Retters des Vaterlands. 1916–1918 bildete er mit Ludendorff die 3. Oberste Heeresleitung (OHL), die de facto an Kaiser und Reichsregierung vorbei regierte. Hindenburg war mitverantwortlich für zentrale Fehlentscheidungen (u. a. unbeschränkter U-Boot-Krieg 1917, Ablehnung deutscher Friedensinitiativen, Beharren auf einen „Siegfrieden"). Im Herbst 1918 gestand er (überraschend für die deutsche Öffentlichkeit) die Niederlage ein und verlangte einen schnellen Waffenstillstand. Zudem propagierte er die Dolchstoßlegende, um vom eigenen Versagen abzulenken. 1925 wurde der Monarchist Hindenburg als Kandidat der Konservativen zum Reichspräsidenten gewählt; seine Wiederwahl 1932 wurde von den demokratischen Parteien unterstützt, die die Wahl Adolf Hitlers verhindern wollten. Ab 1930 spielte er durch seine Machtfülle eine entscheidende Rolle in den Präsidialkabinetten, 1932 entließ er den letzten demokratisch gesinnten Reichskanzler, Heinrich Brüning. Unter dem Einfluss rechtsnationaler Berater ernannte er 1933 Hitler zum Reichskanzler und war auch durch Notverordnungen mitverantwortlich für den Aufbau der NS-Diktatur. 1934 starb er auf seinem Gut in Ostpreußen.

Paul von Hindenburg (1847–1934)

Erich Ludendorff (1865–1937)

Theobald von Bethmann Hollweg (1856–1921): 1909–1917 Reichskanzler

Annexion: Angliederung eines fremden Territoriums an das eigene Staatsgebiet

Pufferstaat: kleinerer, zwischen konkurrierenden Großmächten liegender Staat

Kriegsziele und Friedensvorstellungen

Von Anfang an wurde das Kriegsgeschehen in Politik und Gesellschaft durch eine rege Diskussion über die **deutschen Kriegsziele** begleitet. Mit fortschreitendem Krieg verband sich dies immer mehr mit Vorstellungen, wie ein abschließender Frieden zu gestalten sei. Nach Kriegsausbruch hielt die Reichsleitung an der Außendarstellung fest, dass es sich um einen **Verteidigungskrieg** gegen Russland und seine Verbündeten handle. Im September 1914 hielt Reichskanzler **Bethmann Hollweg** allerdings in einer inoffiziellen, geheimen Denkschrift **(„Septemberprogramm")** die eigentlichen Kriegsziele der Regierung fest, darunter gewisse Annexionen im Westen (u. a. Luxemburg, lothringische Industriegebiete) und die Schaffung eines von **Deutschland als europäische Hegemonialmacht** beherrschten, wirtschaftlich starken Mitteleuropa, in das auch Frankreich, Polen, Österreich-Ungarn und weitere Staaten eingebunden sein sollten. Russland wollte man durch die Bildung neuer **Pufferstaaten** weiter in den Osten abdrängen.

Deutlich weiter in ihren Forderungen gingen nationalistisch-militaristische Kreise und Organisationen wie der Alldeutsche Verband, der Kolonial- bzw. Flottenverein und (seit 1917) die Deutsche Vaterlandspartei. Sie setzten sich im Interesse von Adel und Großbürgertum vehement gegen soziale und politische Reformen ein und verlangten einen **„Siegfrieden"** mit weitgehenden **Annexionen**.

Im Reichstag wiederum formierte sich mit zunehmendem Zweifel an einem militärischen Sieg eine **politische Opposition** gegen die Regierungspolitik: Dort richteten die liberalen Parteien, das Zentrum und die SPD 1917 nach der Friedensrede des Abgeordneten Matthias Erzberger den **„Interfraktionellen Ausschuss"** ein. Gemeinsam wollten diese Parteien, die seit 1912 die Mehrheit im Parlament besaßen, einen **Verständigungsfrieden** ohne Annexionen erreichen. Am 19. Juli 1917 verabschiedete der Reichstag eine **Friedensresolution**, die jedoch von Regierung und OHL abgelehnt wurde und damit wirkungslos blieb.

Die Spaltung der SPD

Im August 1914 hatte die SPD den **Kriegskrediten** zugestimmt, allerdings war diese Entscheidung innerhalb der Partei umstritten. Im Laufe des Kriegs wurden die Spannungen zwischen der SPD-Führung und dem **linken Flügel**, der die sofortige, bedingungslose Beendigung des Kriegs und einen schnellen Verständigungsfrieden ohne Annexionen wollte, größer, besonders nach der Russischen Februarrevolution 1917, die zum Sturz des Zaren Nikolaus II. geführt hatte, und wegen des Ausbleibens politischer Reformen im Inneren. Im April 1917 spaltete sich die **Unabhängige Sozialdemokratische Partei Deutschlands** (USPD) von der SPD ab. Im Januar 1918 organisierten USPD-nahe Arbeiterfunktionäre aufgrund der miserablen Versorgungslage Streiks. Zuvor hatte sich 1916 der noch weiter links stehende **Spartakusbund** (unter Rosa Luxemburg und Karl Liebknecht) gebildet, der die SPD mit seiner radikalen Propaganda unter Druck setzte. Die für die Weimarer Republik folgenreiche Spaltung der Arbeiterschaft in eine **gemäßigte Mehrheit** und eine **radikal-sozialistische Minderheit** war damit vollzogen.

→ **Karl Liebknecht, Rosa Luxemburg** vgl. S. 154

sozialistische Minderheit der Arbeiterbewegung: kommunistische Richtung mit radikalen revolutionären Vorstellungen, russische Oktoberrevolution als Vorbild, Orientierung am Erfolg der Bolschewiki

5 Wirtschaft und Gesellschaft

Der lange andauernde **technisierte/industrialisierte Krieg**, der mit massivem Materialeinsatz und Handelsblockaden geführt wurde, hatte auch entscheidende Auswirkungen auf die Wirtschaft und Gesellschaft der kriegführenden Staaten: Der Krieg wurde zum **„totalen Krieg"**, der jeden Einzelnen – Soldaten wie Zivilisten – direkt betraf.

totaler Krieg: Begriff für die rücksichtslose Ausnutzung aller wirtschaftlichen und gesellschaftlichen Ressourcen für die Kriegsführung, v. a. bekannt durch die Rede von NS-Propagandaminister Goebbels 1943

5.1 Kriegswirtschaft

Die deutsche Wirtschaft, die nicht ausreichend auf den langen Krieg vorbereitet war, wurde ab August 1914 zentral aus Berlin gelenkt, um dem Rohstoff- und Lebensmittelmangel zu begegnen. Das marktorientierte Wirtschaftssystem blieb grundsätzlich bestehen, sodass besonders Unternehmen der **Rüstungsindustrie** riesige Gewinne einstreichen konnten. Sozialpolitische Errungenschaften und Schutzmaßnahmen (z. B. Ende überlanger Arbeitszeiten, Einschränkungen der Überstunden und Nachtarbeit) wurden hingegen aufgehoben, **Frauen und Jugendliche** ersetzten die Männer teils als Arbeitskräfte, später kamen Fremdarbeiter und Kriegsgefangene hinzu. Bei Kriegsende betrug der Frauenanteil in den Gewerkschaften 35 %. Ein „Gesetz über den **Vaterländischen Hilfsdienst**" verpflichtete alle männlichen Deutschen zwischen 17 und 60 Jahren, die nicht an der Front waren, ab Dezember 1916 zur Arbeit.

Da ein Großteil der Männer im Fronteinsatz war, durch Verwundungen ausfiel oder gefallen war, waren – nicht nur in Deutschland – viele Frauen in den Fabriken der Rüstungsindustrie tätig, um Waffen und Munition für den Krieg herzustellen. Zudem arbeiteten sie oft in der Verwaltung und in Lazaretten und kümmerten sich überdies um ihre Familien.

Trotz dieser staatlichen Wirtschaftslenkung wurde v. a. die **Nahrungsmittelversorgung** immer schwieriger, was an der Seeblockade durch die Alliierten sowie am Arbeitskräfte-, Maschinen-, Futter- und Düngemittelmangel lag. Die Produktion von Grundnahrungsmitteln wie Kartoffeln fiel stark, die „Ersatzstoffe“ für lebensnotwendige Güter waren minderwertig. Auf diese Probleme reagierte der Staat mit festgesetzten Höchstpreisen und der Ausgabe von **Lebensmittelkarten** (z. B. „Brotkarten“), die jedem Bürger eine gewisse Menge im Bereich des Existenzminimums zusprachen. Viele Menschen wichen auf den **Schwarzmarkt** aus, auf dem zu überhöhten Preisen fast alles zu haben war. Davon profitierten v. a. die Bauern und die wohlhabenderen Schichten.

Schwarzmarkt: illegaler Austausch von Waren, der staatliche Beschränkungen umgeht

Große Auswirkungen hatte die Kriegswirtschaft mit ihren riesigen unproduktiven Kriegskosten auf die **Währungen**. In Deutschland verzichtete die Regierung auf Steuererhöhungen und nahm Kredite auf, die nach dem fest eingeplanten deutschen Sieg durch die Kriegsgegner zurückbezahlt werden sollten. Trotz sinkender Produktivität wurde die Geldmenge erhöht, was zur **Inflation** führte; die Mark verlor die Hälfte ihres Werts. Verlierer der Entwicklung waren die Arbeiter, Angestellten und Beamten, die als Lohnempfänger besonders unter dem hohen Kaufkraftverlust litten. Nun drohte auch den beiden letztgenannten Gruppen der soziale Abstieg in die Armut – ein Zustand, den die Arbeiterschaft schon aus früheren Zeiten kannte. Nach der Niederlage und den daraufhin durch Deutschland zu zahlenden Kriegsentschädigungen beschleunigte sich die Geldentwertung bis zur **Hyperinflation** 1923.

Inflation: Geldentwertung durch Erhöhung der Geldmenge ohne gleichzeitige Steigerung des Angebots an Waren und Dienstleistungen

Hyperinflation: extreme Geldentwertung bis zum Zusammenbruch des Geldsystems (→ **Hyperinflation 1923** vgl. S. 172 f.)

5.2 Kriegsalltag, gesellschaftliche und mentale Folgen

Den Kriegsalltag der Zivilbevölkerung bestimmten **Hunger und Mangelernährung**; ihren Höhepunkt fand die Krise im Hungerwinter („Steckrübenwinter“) 1916/17. Die Folgen waren eine um 50 % höhere Kindersterblichkeit, ernährungsbedingte Krankheiten und Hunderttausende Tote. Alltäglich waren auch die **materiellen und psychischen Belastungen** durch das Fehlen eines Großteils der Männer, die enormen Verluste an der Front und die Versorgung zahlloser Kriegsinvalider. Angesichts der immer angespannteren Lage verstärkte sich in Deutschland während des Ersten Weltkriegs der **Antisemitismus:** Obgleich die deutschen Juden ebenfalls an der Front kämpften, für ihre Heimat starben und viele von ihnen höchste Auszeichnungen erhielten, wurden sie von den nationalistischen Verbänden pauschal zu Sündenböcken für die Kriegsfolgen gemacht und als **„Kriegsgewinnler“** abgestempelt. Diese

„Steckrübenwinter“: benannt nach der Kohl- bzw. Steckrübe, die als Ersatz für Kartoffeln benutzt wurde

Antisemitismus: irrationale Ablehnung der Juden als Gruppe aufgrund ihrer angeblichen negativen und für die Gesellschaft schädlichen Eigenschaften (→ Antisemitismus in der **NS-Ideologie** vgl. S. 203 f.)

antisemitische Hetze sollte sich nach der Kriegsniederlage 1918 fortsetzen und einen festen Platz in der rechten Propaganda erhalten.

Folgenreich war das Fronterlebnis für Millionen junger Männer: Viele von ihnen hatten **körperliche und psychische Schäden** davongetragen und waren **traumatisiert** und abgestumpft durch die „Stahlgewitter" (Ernst Jünger) der Materialschlachten. Zudem hatten sie aus ihren Erfahrungen heraus ein eigenes Wertesystem aus militärischer Ordnung und Kameradschaft entwickelt, was sie dem zivilen Leben in der Heimat **entfremdete**. Viele ehemalige „Frontkämpfer" sammelten sich nach der Demobilisierung in **rechtsradikalen Freikorps und Parteimilizen** (z. B. der nationalsozialistischen SA). Ihr Aggressionspotenzial wurde zu einer latenten Bedrohung für die Weimarer Republik.

Freikorps, Parteimilizen: militärisch organisierte, teilweise bewaffnete private Gruppen (→ **Freikorps 1918/19** vgl. S. 155)

Mit der Erfahrung von Hunger, Verlust und Mangel, die ein Großteil der Deutschen machte, **verlor** außerdem das überkommene **monarchische System** deutlich an Akzeptanz und dadurch an **Legitimität**. Besonders der wirtschaftliche Abstieg der staatstragenden bürgerlichen Schichten erschütterte das Herrschaftsfundament der wilhelminischen Monarchie schwer. Dazu kam, dass **Wilhelm II.** – in Friedenszeiten im Zentrum eines **Personenkults** – im Krieg als Führungsfigur völlig **versagte**.

Personenkult: durch Propaganda getragene, fast religiöse Verehrung eines Herrschers/politischen Führers zur Stabilisierung von dessen Herrschaft sowie zur Schaffung von Identität und Gemeinschaft in der Bevölkerung

Auf der Seite der **Arbeiterschaft**, der größten sozialen Schicht im Deutschen Reich, vollzog sich in den gewaltsam niedergeschlagenen Streiks und Protesten gegen die Weiterführung des Kriegs eine bedeutende **Radikalisierung:** Hier baute sich eine revolutionäre Stimmung auf, die zur entscheidenden Kraft beim Zusammenbruch des alten Systems im November 1918 werden sollte.

6 Zusammenfassung

Der **Erste Weltkrieg** begann am **28. Juli 1914** mit der Kriegserklärung Österreich-Ungarns an Serbien und endete am **11. November 1918** mit dem Waffenstillstand zwischen dem Deutschen Reich und den alliierten Mächten Frankreich, Großbritannien und den USA, die mit dem Großteil der restlichen Kriegsteilnehmer verbündet waren. Russland hatte bereits 1918 den Separatfrieden von Brest-Litowsk mit den Mittelmächten geschlossen, der aber im Versailler Vertrag annulliert wurde.

Der Erste Weltkrieg stellt eine **bedeutende Zäsur** in der Weltgeschichte mit weitreichenden Folgen dar; genau aus diesem Grund wurde er von Kennan 1979 als **„Urkatastrophe"** des 20. Jahrhunderts bezeichnet. Es war der erste technisierte, industrialisierte Krieg, in dem Massenheere

„Schlagt die Hunnen zurück", lautet der Slogan auf diesem US-Propagandaplakat (1918). Die Deutschen werden als blutrünstige Hunnen dargestellt, die sogar Zivilisten brutal ermorden würden. Das Plakat wirbt für den Kauf von Kriegsanleihen, die den Freiheitskampf der demokratischen Gesellschaften gegen die deutschen „Hunnen" finanzieren sollten.

mit modernen Waffen (Panzer, schwere Artillerie, Flugzeuge, U-Boote, Maschinengewehre und Giftgas) eingesetzt wurden. 1914–1918 wurde die **„Materialschlacht"** geboren, die Millionen Soldaten an der Front das Leben kostete. Auch die **Zivilbevölkerung** war umfassend vom Kriegsgeschehen betroffen, z. B. durch die Zerstörungen und Evakuierungen in den umkämpften Gebieten, die Zwangsverpflichtung von Arbeitskräften in der Kriegswirtschaft an der **„Heimatfront"**, den von Deutschland forcierten uneingeschränkten U-Boot-Krieg und die britische Seeblockade, die v. a. bei den Mittelmächten zu schweren Hungerkrisen und zahlreichen Hungertoten führte. „Erfunden" und von allen Teilnehmern genutzt wurde die moderne **Kriegspropaganda** in Form von Flugblättern, Plakaten, Zeitungen und Zeitschriften. Im Inland wurde sie benutzt, um der Bevölkerung die vermeintliche Sinnhaftigkeit des Kriegs zu vermitteln und ein mentales Gegengewicht zur realen Alltags- und Kriegsmisere zu bilden. Durch die Abwertung der Gegner zielte man auch darauf ab, die eigenen Soldaten für den Einsatz zu motivieren. Die Propaganda hatte schwerwiegende Auswirkungen auf die gegenseitige Wahrnehmung der europäischen Nachbarn und sollte die internationalen Beziehungen in der Zwischenkriegszeit erheblich belasten.

Der Erste Weltkrieg hatte umfassende **politisch-ideologische und territoriale Folgen:** Er zerstörte die im Europa der Vorkriegszeit vorherrschende aristokratisch-großbürgerliche Ordnung mit ihren starren, aber meist stabilen Strukturen. In Deutschland, Österreich-Ungarn und Russland **stürzten die Monarchien**; sie hatten durch die Niederlage und die massive Belastung der Bevölkerungen ihre Legitimation verloren. Unter weitgehender Beachtung des **Selbstbestimmungsrechts der Völker** entstand eine Reihe neuer Länder, v. a. auf dem Gebiet der früheren Vielvölkerstaaten Österreich-Ungarn und Osmanisches Reich. Zudem entwickelten sich aus dem politisch-moralischen Zusammenbruch der alten Ordnung radikale ideologische Strömungen, die Europa in den folgenden Jahrzehnten klar prägen sollten: der russische **Sowjetkommunismus** auf der einen, der italienische **Faschismus** und der deutsche **Nationalsozialismus** auf der anderen Seite. 1945–1991 standen sich dann die **Sowjetunion** mit dem von ihr kontrollierten kommunistischen Ostblock und die westlich-demokratische Welt unter Führung der **USA** gegenüber. Diese zwei neuen „Flügelmächte" hatten 1917 die Bühne betreten und davon profitiert, dass sich die europäischen Großmächte gegenseitig schwächten und ihre Dominanz in der Welt bröckelte.

Die Weimarer Republik

Auf der Fotografie werden die Widersprüche der ersten deutschen Demokratie, der Weimarer Republik, sichtbar: Das Spruchband auf dem Brandenburger Tor fordert im Jahr 1932 dazu auf, Paul von Hindenburg, der symbolisch für die rechten, antidemokratischen Eliten des untergegangenen Kaiserreichs steht, in einer demokratischen Wahl zum Reichspräsidenten zu wählen. Auf den Straßen werden die Modernität und der technische Fortschritt der Weimarer Republik durch die neuartigen Automobile deutlich.

1 Weimar, ein gescheitertes Experiment?

Die Weimarer Republik war die **erste parlamentarische Demokratie** in der Geschichte Deutschlands. Sie wurde nach dem Ende des Ersten Weltkriegs als Ergebnis der Revolution von 1918/19 gegründet und dauerte bis zur Machtübernahme durch die von Adolf Hitler geführten Nationalsozialisten am 30. Januar 1933.

info

Man kann die Weimarer Republik in **drei Phasen** unterteilen:

1919–1923	Entstehung und Krisenjahre nach dem Ersten Weltkrieg
1924–1928/29	Konsolidierung und „Goldene Zwanzigerjahre"
1929–1933	Weltwirtschaftskrise und Zerstörung der Demokratie

Da konkrete Erfahrungen bei der Umsetzung einer Demokratie in die Praxis fehlten und demokratisches Denken und Handeln erst noch gelernt werden mussten, war die Weimarer Republik von Beginn an ein Laboratorium und Experimentierfeld. Lange Zeit wurde sie ausschließlich als Einbahnstraße gesehen, die unweigerlich in die **Katastrophe des Nationalsozialismus** münden musste. Oftmals wurde sie als **„Demokratie ohne Demokraten"** oder „Republik ohne Republikaner" bezeichnet, aus deren Schwächen man zumindest Lehren für die Gründung der Bundesrepublik Deutschland 1949 hatte ziehen können. Der Slogan **„Bonn ist nicht Weimar"** galt viele Jahre als geflügeltes Wort. Wer heute noch von „Weimarer Verhältnissen" spricht, versucht in der Regel, auf die Unzulänglichkeiten einer Demokratie hinzuweisen. Weimar wurde so zum Symbol für das Scheitern eines Experiments, welches von Anfang an von Krisen gekennzeichnet und stets durch antidemokratische Kräfte von links und rechts bedroht war.

Bonn: 1949–1990 Hauptstadt der Bundesrepublik Deutschland (→ „Bonner Republik" vgl. S. 251 ff.)

Trotzdem dürfen auch die Leistungen des „Weimar-Experiment[s]"[1] (Walter Mühlhausen) nicht übersehen werden: Durch die Wahlen zur verfassunggebenden Nationalversammlung 1919 durfte die damalige wahlberechtigte Bevölkerung direkter am Verfassungsprozess teilhaben, als es 1948/49 bei der Ausarbeitung des Grundgesetzes (durch den von den westlichen Länderparlamenten gewählten Parlamentarischen Rat) der Fall war. 70 Jahre nach der gescheiterten Einführung einer liberalen Verfassung im Zuge der Revolution von 1848/49 wurden die Farben **„Schwarz-Rot-Gold"**, die bis heute für Freiheit, Demokratie und Rechtsstaatlichkeit stehen, die Nationalfarben der Weimarer Republik. Mit dem Novum der republikanischen Verfassung verbunden waren eine

→ **Parlamentarischer Rat** vgl. S. 247 f.

→ **Revolution 1848/49** vgl. S. 51 ff.

„Schwarz-Rot-Gold" waren laut Weimarer Verfassung (Art. 3) die Reichsfarben. Nach „Schwarz-Weiß-Rot" der NS-Zeit griffen beide deutsche Staaten 1949 erneut auf „Schwarz-Rot-Gold" zurück.

grundlegende **Demokratisierung** des politisch-gesellschaftlichen Lebens sowie wegweisende Errungenschaften wie die Einführung des allgemeinen, gleichen Wahlrechts für Männer und Frauen oder der Ausbau des modernen Sozialstaats. Die demokratischen Entwicklungen auf dem Gebiet der Politik trugen außerdem maßgeblich zu einer **gesellschaftlichen und kulturellen Blütezeit** bei, die unter dem Schlagwort „Goldene Zwanzigerjahre" in die Geschichte eingegangen ist: Deutschland war in den 1920er-Jahren in vielerlei Hinsicht richtungsweisend in Bereichen wie Literatur, Kunst, Musik, Architektur und Wissenschaft. Der **Name** der ersten parlamentarischen Demokratie verweist nicht nur auf die unruhige Gründungszeit der Republik – die Nationalversammlung musste in Weimar tagen, da in Berlin immer noch revolutionäre Unruhen im Gang waren –, sondern auch auf das kulturelle Erbe Deutschlands – die Weimarer Klassik mit Goethe und Schiller – und auf einen Ort, von dem aus die Aufklärung und der deutsche Idealismus ihre Strahlkraft entfalteten.

Bis heute gilt **„Weimar"** oft als Symbol für eine Zeit mit Chancen und Fehlern. Auf die vielfältige und ambivalente Bedeutung der Weimarer Republik nahm auch Bundespräsident Frank-Walter Steinmeier Bezug, als der Deutsche Bundestag am 9. November 2018 dem 100. Jahrestag der Novemberrevolution gedachte:

ZITAT

Bundespräsident Frank-Walter Steinmeier bei der Gedenkstunde des Deutschen Bundestages am 9. November 2018[2]

Der 9. November 1918 ist auf der Landkarte der deutschen Erinnerungsorte zwar verzeichnet, aber er hat nie den Platz gefunden, der ihm eigentlich zusteht. Er ist ein Stiefkind unserer Demokratiegeschichte – eben auch, weil der 9. November tatsächlich ein ambivalenter Tag ist, weil er für Licht und für Schatten steht, weil wir jene Demokratie, die damals begann, fast nie von ihrem Anfang, sondern meist von ihrem Ende her denken.
Manchmal scheint mir, als sei jene Zeitenwende auf ewig überschattet vom Scheitern der Republik, als sei der 9. November 1918 diskreditiert und entwürdigt durch den 30. Januar 1933. Ja, das Ende der Weimarer Republik führte hinab ins furchtbarste Kapitel der deutschen Geschichte. Aber: Historisch gescheitert ist nicht die Demokratie – historisch gescheitert sind die Feinde der Demokratie. […]
Der 9. November 1918 ist ein Meilenstein der deutschen Demokratiegeschichte: Er steht für die Geburt der Republik in Deutschland. Er steht für den Durchbruch der parlamentarischen Demokratie. Und deshalb verdient er einen herausragenden Platz in der Erinnerungskultur unseres Landes.

Der **9. November** in der deutschen Geschichte:
- Hinrichtung des Abgeordneten Robert Blum während der Revolution von 1848/49 → vgl. S. 61
- 1918: wichtige Ereignisse der Novemberrevolution
- 1923: Hitler-Putsch in München → vgl. S. 173 f.
- 1938: „Reichspogromnacht" → vgl. S. 225 f.
- 1989: Fall der Berliner Mauer → vgl. S. 294 ff.

2 Die Revolution von 1918/19 als Geburtsstunde der ersten deutschen Demokratie

Mit der Revolution von 1918/19 kam das **Deutsche Kaiserreich** zu seinem Ende. Zuvor hatten die dramatischen Opferzahlen und extremen Belastungen des Ersten Weltkriegs zu einem herben Ansehensverlust von Kaiser und alten Eliten (Militär, Adel) in der Bevölkerung geführt. Die Revolution begann etwa zeitgleich mit der endgültigen militärischen Niederlage Deutschlands. In ihrem Verlauf standen sich mehrere Gruppierungen und Richtungen gegenüber, die unterschiedliche, zum Teil sogar völlig gegensätzliche Zielsetzungen verfolgten.

Karl Liebknecht (1871–1919)

Rosa Luxemburg (1871–1919)

info

Konkurrierende politische Lager 1918/19

Die linksradikalen Sozialisten, besonders der Spartakusbund unter der Führung von Rosa Luxemburg und Karl Liebknecht, strebten eine sozialistische Räterepublik nach russischem Vorbild in Deutschland an. Gemäßigte Kräfte wie die Mehrheitssozialdemokraten um Friedrich Ebert und Philipp Scheidemann verfolgten neben der Wiederherstellung von Ruhe und Ordnung das Ziel, eine parlamentarische Demokratie einzurichten. Die ehemaligen kaiserlichen Eliten (vor allem aus Adel und Militär), darunter die Generäle der Obersten Heeresleitung (OHL) Erich Ludendorff und Paul von Hindenburg, wollten wiederum an der Monarchie des Kaiserreichs festhalten.

	links	Mitte	rechts
Akteure	linksradikale Sozialisten (v. a. Spartakusbund, zudem KPD, teils USPD)	gemäßigte Sozialdemokraten (MSPD), zudem Parteien wie Zentrum und DDP	ehemalige kaiserliche Eliten (Adel, Militär, Richter, Beamte)
wichtige Personen	• Rosa Luxemburg • Karl Liebknecht	• Philipp Scheidemann • Friedrich Ebert	• Erich Ludendorff • Paul von Hindenburg
Ziele	sozialistische Räterepublik nach sowjetischem Vorbild	parlamentarische Demokratie	Monarchie

Ende Oktober 1918 nahm die Revolution ihren Anfang, als **Matrosen** in Kiel und Wilhelmshaven gegen den Befehl der Marineführung meuterten und sich weigerten, einen aussichtslosen letzten Kampf gegen die überlegene britische Flotte zu führen. Von dort breiteten sich im ganzen Deutschen Reich revolutionäre Unruhen und bürgerkriegsartige Zustände rasch aus. Dabei wurden **Arbeiter- und Soldatenräte** gebildet, die den aus Russland stammenden sozialistischen Ideen nahestanden.

Durch für den Revolutionsverlauf entscheidende Ereignisse wurde der **9. November 1918** zu einem Schicksalstag: In der deutschen Hauptstadt Berlin verkündete Prinz Max von Baden eigenmächtig die Abdankung Kaiser Wilhelms II. und gab das Amt des Reichskanzlers an Friedrich Ebert (MSPD) weiter. Um 14.00 Uhr rief der MSPD-Abgeordnete Philipp Scheidemann am Reichstag die **„Deutsche Republik“** aus, zwei Stunden später proklamierte Karl Liebknecht auf einem Balkon des Berliner Schlosses die **„Freie Sozialistische Republik“**. In Deutschland konkurrierten also an einem einzigen Tag drei Staatsformen, was auch die verschiedenen politischen Lager und deren Zielsetzungen verdeutlicht. Zu diesem Zeitpunkt war aber noch unklar, ob sich letztendlich die sozialistische Räterepublik oder die gemäßigte Variante der parlamentarischen Demokratie durchsetzen würde.

Berliner Schloss: im 15. Jahrhundert erbaute Residenz der Hohenzollern, im Zweiten Weltkrieg stark beschädigt, 1950 Sprengung auf Anordnung des DDR-Ministerrats, ab 2012/13 (umstrittener) Wiederaufbau (feierliche Eröffnung 2021)

Am 10. November 1918 wurde eine provisorische Regierung **(„Rat der Volksbeauftragten“)** aus je drei Mitgliedern von MSPD und USPD eingesetzt. Angeführt wurde sie von Ebert, der sich noch am gleichen Tag für ein Bündnis mit der Armee unter der Leitung von **Wilhelm Groener** aussprach, um vor allem linksradikale Unruhen zu unterdrücken und das Militär als Machtfaktor für die Gemäßigten zu gewinnen. Die Militärführung wollte dagegen eine sozialistische Staatsform verhindern und Einfluss auf den neuen, möglicherweise demokratischen Staat ausüben. Der **„Ebert-Groener-Pakt“** vom 10. November 1918 war für die weitere Entwicklung folgenreich: Während der Weimarer Zeit nahm das Militär eine starke Stellung ein („Staat im Staate“), war aber weitgehend monarchistisch und antirepublikanisch gesinnt. Da während der Revolution viele Soldaten den Gehorsam verweigerten, griff die Militärführung oft auf Freiwilligenverbände zurück. Diese **„Freikorps“** unterstützten einen rechtskonservativen Staat und standen somit in scharfem Gegensatz zu den linksorientieren Arbeiter- und Soldatenräten.

Wilhelm Groener (1867–1939): Militär und Politiker, 1918/19 zuständig für den Rückzug der Truppen

Als sich die MSPD um Weihnachten 1918 für die Niederschlagung von Unruhen in Berlin aussprach, verstärkten sich die Spannungen im „Rat der Volksbeauftragten“; kurz darauf verließ die USPD aus Protest die provisorische Regierung. Etwa zur gleichen Zeit trennte sich der Spartakusbund von der USPD und gründete mit weiteren linksradikalen Gruppierungen am 1. Januar 1919 die Kommunistische Partei Deutschlands **(KPD)**. Mitte Januar 1919 versuchten linksextreme Kräfte beim Januaraufstand **(„Spartakusaufstand“)**, das sozialistische Rätesystem mit Waffengewalt durchzusetzen. Regierungstreue Truppen und Freikorps schlugen diese Erhebung jedoch nieder. Rosa Luxemburg und Karl Liebknecht wurden dabei ermordet.

Revolutionäre am Brandenburger Tor in Berlin, 1918

Für Differenzen im „Rat der Volksbeauftragten“ sorgten auch die verschiedenen Ansichten zum künftigen politischen System: **parlamentarische Demokratie** (MSPD) **oder sozialistische Räterepublik** (USPD)? Die Vorentscheidung fiel Mitte Dezember 1918 auf dem Ersten Reichskongress der Arbeiter- und Soldatenräte in Berlin, der sich mehrheitlich für Wahlen zu einer **verfassunggebenden Nationalversammlung** aussprach. Diese fanden am 19. Januar 1919 nach dem allgemeinen, gleichen Wahlrecht statt; auch Frauen gehörten jetzt zur wahlberechtigten Bevölkerung. Als Sieger gingen MSPD, Zentrum und DDP hervor, die anschließend die **„Weimarer Koalition“** bildeten. Die Nationalversammlung tagte ab Februar 1919 in Weimar und arbeitete die **Weimarer Reichsverfassung** aus. Damit wurde die erste parlamentarische Demokratie in Deutschland Realität, die aber von Anfang an durch Umsturzversuche von rechts und von links bedroht war – eine Entwicklung, die im Revolutionsgeschehen 1918/19 verwurzelt war.

Postkarte vom November 1918: Links ist Kaiser Wilhelm II. (mit preußischen bzw. kaiserlichen Insignien wie Pickelhaube, Zepter, Stiefel und Schwert) in bürgerlicher Kleidung zu sehen, der nach Holland ins Exil aufbricht. Rechts winken ihm revolutionäre Matrosen freudig hinterher. Die rote Fahne steht für ihre sozialistische Gesinnung. Im Hintergrund geht die Sonne der Freiheit über Kiel auf, wo die Revolution begonnen hat.

Der Verlauf der Revolution von 1918/19

	Linksradikale Sozialisten (v. a. Spartakusbund)	Gemäßigte Sozialdemokraten (MSPD)	Kaiserliche Eliten (Adel, Militär)
9. November 1918	16.00 Uhr: Ausrufung der sozialistischen Republik durch Karl Liebknecht (Spartakusbund)	14.00 Uhr: Ausrufung der „Deutschen Republik" durch Philipp Scheidemann (MSPD)	eigenmächtige Absetzung des Kaisers durch Reichskanzler Prinz Max von Baden
10. November 1918		Einsetzung einer provisorischen Regierung → Zusammenarbeit der MSPD mit der USPD im „Rat der Volksbeauftragten" (je drei Vertreter) „Ebert-Groener-Pakt": Zusammenarbeit der provisorischen Regierung mit dem Militär	„Ebert-Groener-Pakt": Zusammenarbeit des Militärs mit der provisorischen Regierung
Dezember 1918	Austritt der USPD aus der provisorischen Regierung	Entscheidung für Wahl einer verfassunggebenden Nationalversammlung auf dem Ersten Reichskongress der Arbeiter- und Soldatenräte (MSPD in der Mehrheit)	
Januar 1919	Gründung der KPD „Spartakusaufstand": Versuch, ein sozialistisches Rätesystem mit Waffengewalt durchzusetzen		Niederschlagung des „Spartakusaufstands" durch Militär und Freikorps (dabei Ermordung von Karl Liebknecht und Rosa Luxemburg)
Ziele	**Einführung eines sozialistischen Rätesystems** ↓ **gescheitert**	**Einführung der parlamentarischen Demokratie** ↓ **ERFOLGREICH**	**Erhalt der Monarchie** ↓ **gescheitert**

3 Die Weimarer Reichsverfassung von 1919

Zwischen 1921 und 1932 wurde der **11. August** als „Verfassungstag“ gefeiert.

Hugo Preuß (1860–1925)

„Die **deutsche Republik** ist fortan die **demokratischste Demokratie der Welt**“[3], feierte Reichsinnenminister Eduard David am 31. Juli 1919 euphorisch die Verabschiedung der Weimarer Reichsverfassung. Von den übrigen Abgeordneten der Nationalversammlung schallten ihm anschließend „Bravo!“-Rufe entgegen. Wie demokratisch war nun diese Verfassung, die am **11. August 1919** von Reichspräsident Ebert unterzeichnet wurde?

Die Weimarer Reichsverfassung war die **erste demokratische Verfassung Deutschlands**, die tatsächlich in die Praxis umgesetzt wurde: Mit ihrem Inkrafttreten am 14. August 1919 wurde die parlamentarische Demokratie eingeführt. Ausgehend von einem Entwurf des Staatsrechtlers Hugo Preuß (DDP) war sie ab Frühjahr 1919 von der verfassunggebenden Nationalversammlung ausgearbeitet worden. Dabei knüpfte man an die Debatten und Ergebnisse des **Frankfurter Paulskirchenparlaments** von 1848/49 an; damals war die Einführung einer parlamentarischen Verfassung noch gescheitert. Die Weimarer Verfassung wiederum war nicht nur Vorreiter des Grundgesetzes von 1949, sondern diente dem Parlamentarischen Rat in verschiedener Hinsicht auch als eine Art Negativ-Vorbild, aus dessen Schwächen und Scheitern man Lehren ziehen wollte.

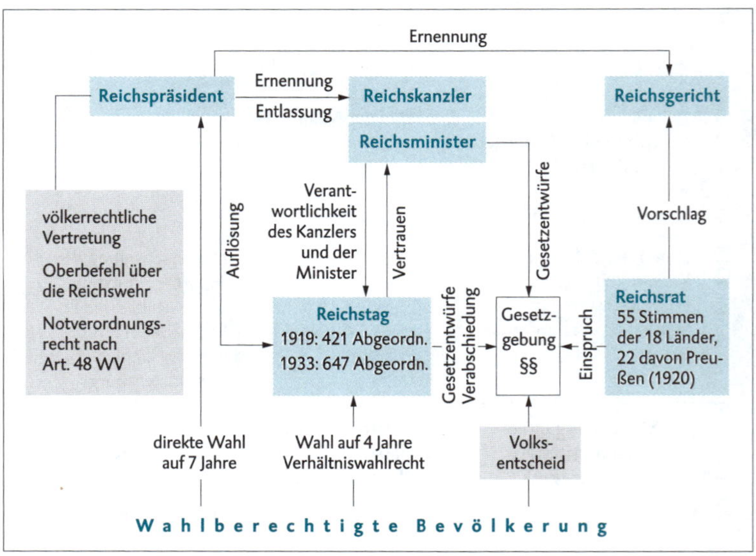

Politisches System der Weimarer Republik

Der Reichspräsident

Der **Reichspräsident** wurde für sieben Jahre direkt von der wahlberechtigten Bevölkerung (Männer und Frauen ab 20 Jahre) gewählt. Zu seinen Aufgaben und umfassenden Kompetenzen gehörten

- die Ernennung und Entlassung des Reichskanzlers und – auf dessen Vorschlag – der Reichsminister (Art. 53),
- der Oberbefehl über die Reichswehr,
- die völkerrechtliche Vertretung des Reichs nach außen,
- das Recht zur Auflösung des Reichstags (Art. 25) sowie
- das Recht, Notverordnungen zu erlassen und bestimmte Grundrechte außer Kraft zu setzen, falls die „öffentliche Sicherheit und Ordnung" gefährdet sein sollte (Art. 48) – ein Begriff, der weit ausgelegt werden konnte. Ferner durfte der Reichspräsident gegen eine Länderregierung militärisch vorgehen, sofern diese ihren Pflichten aus der Reichsverfassung nicht nachkam oder gegen Reichsgesetze verstieß (Reichsexekution).

Die mächtige Stellung des **Reichspräsidenten** ist auf das Misstrauen vieler Verfassungsväter gegenüber einem zu starken Parlament zurückzuführen. Der erste Reichspräsident, **Friedrich Ebert** (MSPD), wurde am 11. Februar 1919 von der Nationalversammlung und noch nicht von der wahlberechtigten Bevölkerung gewählt. Dies war erst nach Eberts Tod 1925 der Fall.

ZITAT

Auszug aus Artikel 48 der Weimarer Verfassung vom 11. August 1919[4]

(1) Wenn ein Land die ihm nach der Reichsverfassung oder den Reichsgesetzen obliegenden Pflichten nicht erfüllt, kann der Reichspräsident es dazu mit Hilfe der bewaffneten Macht anhalten.

(2) Der Reichspräsident kann, wenn im Deutschen Reiche die öffentliche Sicherheit und Ordnung erheblich gestört oder gefährdet wird, die zur Wiederherstellung der öffentlichen Sicherheit und Ordnung nötigen Maßnahmen treffen, erforderlichenfalls mit Hilfe der bewaffneten Macht einschreiten. Zu diesem Zwecke darf er vorübergehend die in den Artikeln 114, 115, 117, 118, 123, 124 und 153 festgesetzten Grundrechte ganz oder zum Teil außer Kraft setzen.

Gemäß Artikel 48 konnten folgende Grundrechte eingeschränkt/aufgehoben werden:

- Freiheit der Person
- Unverletzlichkeit der Wohnung
- Brief-, Post-, Telegrafen-, Fernsprechgeheimnis
- Meinungs- und Pressefreiheit
- Versammlungsfreiheit
- Vereinigungsfreiheit
- Wahlfreiheit

Der Reichspräsident war also mit sehr weitreichenden Befugnissen ausgestattet, was ihn zu einer Art **„Ersatzkaiser"** machte. Angesichts dieser Machtstellung war es von Bedeutung, wer dieses Amt personell ausfüllte: Durch die geschickte Kombination der Artikel 25, 48 und 53 konnte man die parlamentarische Demokratie in eine quasi-diktatorische, präsidiale Alleinregierung umwandeln. Die **Präsidialkabinette** 1930–1933, die schließlich in die Ernennung Adolf Hitlers zum Reichskanzler durch Reichspräsident Hindenburg mündeten, funktionierten nach diesem Prinzip. Aus diesem Grund haben die Mütter und Väter des Bonner Grundgesetzes das Amt des Bundespräsidenten vor allem mit repräsentativen Befugnissen ausgestattet.

destruktives Misstrauensvotum: Abwahl einer Regierung, ohne dass gleich eine neue gewählt werden muss (Gegenteil: konstruktives Misstrauensvotum, vgl. S. 253)

Reichskanzler und Reichsminister (Reichsregierung)

Im Gegensatz zum Reichspräsidenten war die **Reichsregierung** relativ schwach, da sie sowohl vom Vertrauen des Reichspräsidenten abhängig war als auch vom Reichstag mit einfacher Mehrheit abgewählt werden konnte (destruktives Misstrauensvotum). Der **Reichskanzler** schlug die **Reichsminister** vor und bestimmte die Richtlinien der Politik.

Reichstag und Reichsrat

Der **Reichstag** wurde für vier Jahre von der wahlberechtigten Bevölkerung gewählt. Zu seinen Aufgaben und Kompetenzen zählten

- das Gesetzgebungsrecht (Legislative),
- das Haushaltsrecht (Budgetrecht),
- die Kontrolle der Reichsregierung (Reichskanzler und Reichsminister)
- sowie die Ratifizierung von Staatsverträgen, die Entscheidung über Krieg und Frieden und die Bestätigung von Notverordnungen.

Das absolute Verhältniswahlrecht ohne Prozenthürde (z. B. heutige Bundesrepublik: Fünf-Prozent-Sperrklausel), das unter allen gewählten Parteien die Sitze strikt nach prozentualem Stimmenanteil vergab, ermöglichte auch kleinen Parteien den Einzug in den Reichstag, was zu einer starken Zersplitterung im Parlament und zu immer schwierigeren Regierungsbildungen führte. Darüber hinaus gab es keine Möglichkeit, demokratie- und verfassungsfeindliche Parteien (z. B. KPD, NSDAP) zu verbieten. Konkurrenz erhielt der Reichstag durch die starke Stellung des Reichspräsidenten und durch die Festlegung, dass wichtige politische Entscheidungen durch Volksabstimmungen getroffen werden konnten **(plebiszitäres Element der Verfassung)**. An der Gesetzgebung beteiligt war – obgleich nur mit einem Einspruchsrecht – auch der **Reichsrat** als Vertretungsorgan der 18 Länder **(föderales Prinzip)**.

Grundrechte und -pflichten der Bevölkerung

Zu den in der Verfassung festgehaltenen **Grundrechten** der Bevölkerung, die aber – im Unterschied zum späteren Grundgesetz der Bundesrepublik – leicht eingeschränkt/aufgehoben werden konnten, gehörten: Rechtsgleichheit, Freiheit der Person, Recht auf freie Meinungsäußerung, Glaubens- und Gewissensfreiheit, Recht auf freie Religionsausübung, Vereinigungs- und Versammlungsfreiheit, Unverletzlichkeit der Wohnung und die Gleichberechtigung von Mann und Frau in der Ehe.

Darüber hinaus garantierte der Staat den Bürgern **soziale Fürsorge**, wozu es in Artikel 151 heißt: „Die Ordnung des Wirtschaftslebens muß den Grundsätzen der Gerechtigkeit mit dem Ziele der Gewährleistung eines menschenwürdigen Daseins für alle entsprechen."[5] Zu den **sozialen Grundrechten**, die den **Sozialstaat** in Deutschland ausbauten und modernisierten, gehörten das gleichberechtigte Zusammenwirken von Arbeitern, Angestellten und Unternehmern sowie eine grundsätzliche Chancengleichheit im Bildungswesen (z. B. allgemeine Schulpflicht). Das bereits unter Bismarck eingeführte Sozialversicherungssystem wurde 1927 durch die Arbeitslosenversicherung ergänzt. Neben den Grundrechten gab es eine Reihe von **Grundpflichten**, wie die Verpflichtung, ehrenamtliche Tätigkeiten oder „persönliche Dienste für den Staat und die Gemeinde"[6] (Artikel 133) zu leisten.

Errungenschaften und Schwächen der Weimarer Verfassung

Errungenschaften/Fortschritte	Schwächen/Gefahren
• allgemeines, gleiches Wahlrecht für Männer und Frauen ab 20 (u. a. Wahl des Reichstags und des Reichspräsidenten als Staatsoberhaupt) • Volksbegehren und Volksentscheide als plebiszitäre Elemente • erstmals verfassungsrechtliche Verankerung der Grundrechte • stärkere Stellung des Reichstags (u. a. Gesetzgebungsrecht) • Ausbau des Sozialstaats	• Aufhebung von Grundrechten möglich • weitreichende Machtbefugnisse des Reichspräsidenten („Ersatzkaiser") ohne Kontrollmöglichkeiten für andere Verfassungsorgane • reines Verhältniswahlrecht ohne Sperrklausel für Kleinstparteien, dadurch schwierige Regierungsbildung • kein Verbot verfassungsfeindlicher Parteien möglich

Insgesamt war die Weimarer Verfassung – gerade für die damalige Zeit – sehr **fortschrittlich**, da sie Demokratie, Freiheit und Rechtsstaatlichkeit in noch nie dagewesener Weise vereinte und das Fundament für einen modernen parlamentarischen Rechtsstaat legte. Dabei setzten sich gemäßigtere gegen radikalere, sozialistische Ansichten durch und auch dank der Kombination von **parlamentarischen, plebiszitären und präsidialen Elementen** (starke Stellung des Reichspräsidenten als „Ersatzkaiser") fiel der Übergang von der Monarchie zur Demokratie weniger hart aus. Gerade im Nachhinein hat sich aber gezeigt, dass die Weimarer Verfassung mit großen **Schwächen** verbunden war und es entscheidend darauf ankam, welche Personen die Verfassungsorgane mit Leben erfüllten. Kamen antidemokratische Kräfte an die Macht, war es gerade mittels der umfangreichen Befugnisse des Reichspräsidenten recht leicht, die demokratisch-parlamentarische Rechtsstaatlichkeit auszuhebeln.

4 Der Versailler Vertrag 1919 und seine Folgen

4.1 Entstehung und Bestimmungen des Versailler Vertrags

→ **Deutsch-Französischer Krieg, Reichsgründung** vgl. S. 90 f.

David Lloyd George (1863–1945): 1916–1922 britischer Premierminister

Georges Clemenceau (1841–1929): 1917–1920 französischer Ministerpräsident

Die **Friedenskonferenz des Ersten Weltkriegs** begann symbolträchtig am 18. Januar 1919 in Paris, genau 48 Jahre, nachdem 1871 das Deutsche Kaiserreich in Versailles ausgerufen worden war. Während Frankreich (Georges Clemenceau) aus eigenen Sicherheitsinteressen das Ziel verfolgte, Deutschland dauerhaft zu schwächen und das 1871 verlorene Elsass-Lothringen zurückzugewinnen, traten die USA (Woodrow Wilson) und Großbritannien (David Lloyd George) gemäßigter auf, auch, weil sie das Deutsche Reich als Gegengewicht zum bolschewistischen Russland erhalten wollten. Deutschland und die anderen besiegten Nationen waren von den Verhandlungen ausgeschlossen.

Die politischen, wirtschaftlichen und militärischen Bestimmungen für den Friedensschluss speziell mit Deutschland wurden im **Vertrag von Versailles** festgehalten. Der Vertragsentwurf wurde der deutschen Delegation am 7. Mai 1919 übergeben und löste im Deutschen Reich heftige Debatten in Politik und Öffentlichkeit aus. Unter dem Druck eines alliierten Ultimatums, das mit der Wiederaufnahme des Kriegs drohte, entschloss sich die Weimarer Nationalversammlung zur Annahme des Vertrags, der am 28. Juni 1919 im **Spiegelsaal des Schlosses von Versailles** unterschrieben wurde. Wie der Zeitpunkt der Eröffnung der Friedenskonferenz war auch der Ort der Vertragsunterzeichnung nicht zufällig gewählt: Hier hatte 1871 die Kaiserproklamation von Wilhelm I. stattgefunden. Frankreich gelang es auf diese Weise, sich für die 1871 durch Deutschland erlittene Niederlage und Demütigung zu **revanchieren**.

ZITAT

Reichsministerpräsident Gustav Bauer (SPD) am 23. Juni 1919 vor der verfassunggebenden Deutschen Nationalversammlung[7]

Unterschreiben wir! Das ist der Vorschlag, den ich Ihnen im Namen des gesamten Kabinetts machen muß. **Bedingungslos unterzeichnen!** Ich will nichts beschönigen. Die Gründe, die uns zu diesem Vorschlag zwingen, sind dieselben wie gestern. Nur trennt uns jetzt eine Frist von knappen vier Stunden von der Wiederaufnahme der Feindseligkeiten. Einen neuen Krieg könnten wir nicht verantworten, selbst wenn wir Waffen hätten. Wir sind wehrlos. Wehrlos ist aber nicht ehrlos!

Die Bestimmungen des Versailler Vertrags 1919

Gebietsverluste (z. T. durch Volksabstimmung)
- Eupen-Malmedy an Belgien
- Elsass-Lothringen an Frankreich
- Saargebiet für 15 Jahre unter Völkerbundsverwaltung (Nutzung der Kohlegruben durch Frankreich)
- Nordschleswig an Dänemark
- Teile Posens, Westpreußens, Ostpreußens, Hinterpommerns und Oberschlesiens an Polen → Ostpreußen durch „polnischen Korridor" vom Reich getrennt
- Memelland unter Kontrolle der Alliierten
- Danzig als „Freie Stadt" unter dem Schutz des Völkerbunds
- Hultschiner Ländchen an die Tschechoslowakei
- Abtretung aller Kolonien

→ Verlust von 1/7 des Staatsgebiets und 1/10 der Bevölkerung

Entmilitarisierung
- Verbot bzw. starke Beschränkung von „schwerem" Kriegsgerät (Kriegsschiffe, Flugzeuge, U-Boote, Artillerie)
- Reduzierung der Stärke des Heers auf 100 000 Mann und der Marine auf 15 000 Mann
- Verbot der allgemeinen Wehrpflicht
- Besetzung des linken Rheinufers durch alliierte Truppen, Entmilitarisierung des Rheinlands zum Schutz von Frankreich

→ militärische Schwächung Deutschlands

Versailler Vertrag (1919)

Reparationen (Kriegsentschädigungen)
- Geldzahlungen (zunächst in unbestimmter Höhe, 1921 Festlegung auf 132 Mrd. Goldmark)
- Sachleistungen (z. B. Kohle, Maschinen, Eisenbahn)

→ wirtschaftliche Schwächung Deutschlands, Entschädigung für Kriegskosten Englands und Frankreichs

„Kriegsschuldartikel" (Art. 231)

Festlegung der alleinigen Kriegsschuld Deutschlands und seiner Verbündeten

→ empörtes Zurückweisen der Kriegsschuld von deutscher Seite → Hass auf die Siegermächte

Mitteleuropa nach dem Versailler Vertrag

4.2 „Versailles“ als Diffamierungsparole

Der Versailler Vertrag, der am 10. Januar 1920 in Kraft trat, stellte eine enorme Belastungsprobe für die soeben gegründete Weimarer Republik dar. Die Friedensbestimmungen wurden von der deutschen Öffentlichkeit überwiegend negativ bewertet und abgelehnt. **„Schandfrieden“**, **„Schmachfrieden“** und **„Diktatfrieden“** lauteten nur einige der zahlreichen Diffamierungsparolen. Die Politiker, die den Vertrag unterzeichnet hatten, wurden besonders von rechten Kräften als **„Erfüllungspolitiker“** verschmäht, da sie sich mit ihrer Unterschrift zur Erfüllung der Bedingungen der Siegermächte bereit erklärt hatten. Wer für den Vertrag war (z. B. weil es aufgrund des alliierten Ultimatums keine Alternative gab) oder die Friedensbestimmungen umsetzen musste, galt gerade unter Republikgegnern als Vaterlandsverräter.

„Erfüllungspolitik“: nicht nur Diffamierungsparole, sondern auch Bezeichnung für eine Phase deutscher Außenpolitik 1921/22, als man versuchte, die Reparationsforderungen zu erfüllen und so zu zeigen, dass diese zu hoch seien

Letztlich waren es demokratisch und republikanisch gesinnte Kreise, die die politische Verantwortung für die deutsche Niederlage und die katastrophalen Folgen des Ersten Weltkriegs übernehmen mussten. Nicht nur die Unterzeichnung des **Waffenstillstands am 11. November 1918** durch den Zentrumspolitiker Matthias Erzberger geschah zu einem Zeitpunkt, als das Kaiserreich bereits untergegangen und Wilhelm II. nicht mehr an der Macht war. Auch die Annahme (und später Umsetzung) des Versailler Vertrags musste durch Politiker der im Werden begriffenen Weimarer Republik vollbracht werden; diese versäumten es aber, der Öffentlichkeit deutlich zu vermitteln, dass die politisch-militärische Verantwortung für die Niederlage eigentlich bei den ehemaligen kaiserlichen Eliten (Kaiser, Militär, Adel) lag.

Gerade die extreme Rechte nutzte den Vertrag aus, um mit einer entsprechenden **Propaganda** gegen die Republik zu **hetzen**. Auf diese Weise wurden innenpolitische Konflikte verschärft und die Weimarer Demokratie ständig destabilisiert. Die **Instrumentalisierung des Vertrags** trug dadurch indirekt auch zum Machtaufstieg der Nationalsozialisten unter Hitler bei.

Matthias Erzberger (1875–1921): Mitglied des Zentrums, 1918 Leiter der Waffenstillstandskommission, 1921 von der rechtsradikalen „Organisation Consul“ ermordet.

Die **Revision des Versailler Vertrags** gehörte zu den zentralen außenpolitischen Zielen sowohl der Weimarer Republik als auch des NS-Regimes.

→ **Außenpolitik der Weimarer Republik** vgl. S. 175 f.

→ **NS-Außenpolitik 1933–1939** vgl. S. 213 ff.

Propagandaplakat gegen den Versailler Vertrag (1919): Das Plakat zeigt den Umfang der Reparationen und Gebietsabtretungen. Die abgemagerte Familie in der rechten Bildmitte suggeriert, dass Elend und Armut mit dem Vertrag einhergehen würden. Plakate wie diese verstärkten die mangelnde Akzeptanz des Friedensvertrags sowie den Hass auf die Siegermächte in der deutschen Bevölkerung.

5 Die Anfangsjahre der Republik 1919–1923

Zu Beginn der Weimarer Republik wurde die noch junge Demokratie stark durch wirtschaftliche Krisen sowie verschiedene Umsturzversuche sowohl von links als auch von rechts herausgefordert. Der neue Staat drohte schon bald nach seiner Gründung im Chaos zu versinken.

5.1 Die politischen Kräfte der Weimarer Republik

Die Einführung des **allgemeinen Wahlrechts** für Männer und Frauen sowie die Senkung des Wahlalters (von 25 auf 20 Jahre) sorgten für eine deutliche Erhöhung der Zahl der Wahlberechtigten und trugen zu einer bisher **beispiellosen Politisierung** der Gesellschaft bei. Ein Großteil der Bevölkerung hatte zum ersten Mal in der Geschichte Deutschlands das Recht zur **demokratischen Mitbestimmung** – ein Recht, dessen Ausübung aber noch gelernt werden musste. Aufgrund der Instabilität vieler Regierungen gab es hierzu reichlich Gelegenheit: So fanden nach den Wahlen zur Nationalversammlung im Januar 1919 bis 1932 sieben Reichstags- und zwei Reichspräsidentenwahlen mit den dazugehörigen Wahlkämpfen statt. Darüber hinaus bedeutete die Einführung der parlamentarischen Demokratie eine Umstellung für die Politiker, da sie sich der Öffentlichkeit nun als **Berufspolitiker** und professionelle Führungskräfte präsentieren und sich oft dem Wählerwillen stellen mussten. Schließlich war auch die Rolle der **politischen Parteien** im Wandel: Zwar waren sie in der Weimarer Demokratie wie zuvor im Kaiserreich nicht verfassungsmäßig verankert; durch die deutliche Aufwertung des Reichstags hatten sie aber eine ungleich größere Bedeutung. Innerhalb des Parteienspektrums lässt sich eine gewisse **Kontinuität** erkennen, da viele Parteien ihre Wurzeln im Kaiserreich hatten und die großen politischen Lager weitgehend fortbestanden. Ab 1918 gab es folgende wichtige Parteien, die die Weimarer Demokratie **unterstützten**, **ablehnten** oder sogar entschieden **bekämpften:**

Die Möglichkeit, **verfassungsfeindliche Parteien** zu verbieten, war in der Weimarer Verfassung noch nicht angelegt. Hier zog der Parlamentarische Rat 1948/49 eine zentrale **„Lehre aus Weimar“** (→ vgl. S. 188, 253).

- Die **Kommunistische Partei Deutschlands (KPD)** lehnte die parlamentarische Demokratie ab und wollte stattdessen ein sozialistisches Rätesystem nach russischem Vorbild einführen. Zudem sah sie sich als Gegner der SPD, deren Mitglieder sie als „Sozialfaschisten“ diffamierte.
- Auch die **Unabhängige Sozialdemokratische Partei Deutschlands (USPD)** bekämpfte die Republik und war für ein sozialistisches System. Der linke Parteiflügel ging 1920 in der KPD, der rechte 1922 in der SPD auf; die USPD wurde zur bedeutungslosen Splitterpartei.

Die wichtigsten Parteien der Weimarer Republik

Partei	bekannte Politiker	politische Positionen	Bestehen	Haltung gegenüber der Weimarer Republik
KPD	Ernst Thälmann, Walter Ulbricht	Sozialisierung, Diktatur des Proletariats	1919 gegründet, ab 1933 Verfolgung, danach Exil/Untergrund	**gegen Republik, für sozialistische Räterepublik**
USPD	Kurt Eisner	Sozialisierung, Friedenserhalt	1917 Abspaltung von der SPD, 1920/22 z. T. Vereinigung mit KPD bzw. SPD, 1931 Auflösung	**gegen Republik, für sozialistische (Räte-)Republik**
SPD	Friedrich Ebert, Philipp Scheidemann	Stabilisierung der politischen und wirtschaftlichen Ordnung, Ausbau des Sozialstaats, Interessen der Arbeiterschaft	Vorläufer seit 1863, 1875/90 Gründung, 1933 Verbot, danach Exil/Untergrund	**für Republik**
Zentrum	Heinrich Brüning, Franz von Papen	Politischer Katholizismus, Interessen von Mittelstand und Bauern	1870 Gründung, 1933 Selbstauflösung	**für Republik**
BVP	Gustav Ritter von Kahr	Politischer Katholizismus, Interessen von Mittelstand und Bauern, mehr Föderalismus (Stärkung Bayerns)	1918 Abspaltung vom Zentrum, Selbstauflösung 1933	**für Republik**
DDP	Hugo Preuß, Hjalmar Schacht	Vertretung der Interessen von Industrie und Handel, gemäßigter Ausbau des Sozialstaats	1918 Gründung, 1930 Fortführung als Deutsche Staatspartei (DStP), 1933 Selbstauflösung	**für Republik**
DVP	Gustav Stresemann	national- bis rechtsliberale Positionen, Konservatismus in der Außenpolitik	1918 Gründung, 1933 Selbstauflösung	**gegen Republik, für Volkskaisertum**
DNVP	Alfred Hugenberg	Antisemitismus, völkische und nationalistische Ideen, kaiserlicher Konservatismus	1918 Gründung, 1933 Selbstauflösung	**gegen Republik, für Monarchie**
NSDAP	Adolf Hitler	Antisemitismus, Rassismus, „völkischer Nationalismus"	1919/20 Gründung, 1923–1925 verboten	**gegen Republik, für diktatorischen Führerstaat**

- Die **Sozialdemokratische Partei Deutschlands (SPD)** unterstützte das demokratisch-republikanische System ausnahmslos und war dessen wichtigster Fürsprecher. In diesem Sinne war sie wiederholt in Reichsregierungen vertreten. Mit den ebenfalls republiktreuen Parteien DDP und Zentrum bildete sie 1919 die **„Weimarer Koalition"**.
- Auch die katholische Volkspartei, das **Zentrum**, befürwortete die Weimarer Demokratie und war bis 1932 in allen Reichsregierungen vertreten. Im November 1918 spaltete sich die **Bayerische Volkspartei (BVP)** ab, die betont bayerische Interessen vertrat.
- Die linksliberale **Deutsche Demokratische Partei (DDP)** stand fest hinter der Republik, hatte großen Anteil an der Ausarbeitung der Verfassung und war an den meisten Reichsregierungen beteiligt.
- Die **Deutsche Volkspartei (DVP)** vertrat die Interessen der Großindustriellen. Sie lehnte die Demokratie ab und war für eine konstitutionelle Monarchie. Während der „Ära Stresemann" trat man aber auch als „Vernunftrepublikaner" auf.
- Die **Deutschnationale Volkspartei (DNVP)** war gegen die Republik und für die Monarchie. Sie vertrat völkisches, nationalistisches und antisemitisches Gedankengut und unterstützte die Interessen von Schwerindustrie und Großagrariern.
- Die rechtsextremistische, rassistische und antisemitische **Nationalsozialistische Deutsche Arbeiterpartei (NSDAP)** bekämpfte aggressiv das politische System der Weimarer Republik.

5.2 Die Bedrohung der Republik von links und rechts

Nicht nur, aber gerade in den Anfangsjahren der Republik bekämpften extremistische Kräfte von links und rechts die Demokratie durch **Diffamierungskampagnen, politische Morde und Umsturzversuche.** Sie trugen dadurch erheblich zur Destabilisierung des jungen Staats bei.

Diffamierungs- und Rufmordkampagnen

Spott, Häme und Hetze extremistischer Gruppierungen gegen die neue Staatsform prägten das damalige politische Klima. Besonders von rechter Seite gab es zahlreiche Verleumdungs- und Rufmordkampagnen gegen republikanische Politiker. Diese machten auch vor dem Staatsoberhaupt, Reichspräsident **Ebert**, nicht Halt.

So erschien am Tag von Eberts Vereidigung als Reichspräsident auf der Titelseite der „Berliner Illustrirten Zeitung“ ein Foto, das Ebert und Reichswehrminister Gustav Noske in Badehosen zeigt. Das Bild, das anschließend immer wieder z. B. in Karikaturen aufgegriffen wurde, löste einen Skandal aus, v. a. weil es sich damals selbst für Männer nicht schickte, sich in der Öffentlichkeit in Badehosen zu zeigen – und erst recht nicht für ein Staatsoberhaupt. Besonders groß war die Häme unter Monarchisten und rechten Kräften, aber auch ein Großteil der deutschen Öffentlichkeit war schockiert. Das **Ansehen des Reichspräsidenten** und der soeben gegründeten Republik erlitt großen Schaden. Gegen diese und viele weitere Rufmordkampagnen setzte sich Ebert zur Wehr, indem er rund 200 Prozesse wegen Beleidigung und Verleumdung führte. 1925 starb er an einer Blinddarmentzündung, die er wegen eines solchen Prozesses unbehandelt ließ.

Das **„Badehosenbild“** auf der Titelseite der „Berliner Illustrirten Zeitung“ vom 21. August 1919 zeigt Reichspräsident Friedrich Ebert (rechts) und Reichswehrminister Gustav Noske (links) beim Baden in der Ostsee. Vorne, als „Neptun“ mit Dreizack, ragt der Hamburger Sozialdemokrat Josef Rieger aus dem Wasser .

Die Verbreitung von „Fake News“: Die Dolchstoßlegende

Narrativ: sinnstiftende Erzählung und Identifikationsmöglichkeit, verbunden mit gewissen Werten, Emotionen und Strahlkraft

Besonderen Hass auf die Republik hegten rechte bis rechtsextreme Kreise. Bei ihren Attacken auf republikanische Politiker, die sie u. a. für den Versailler Vertrag verantwortlich machten, griffen sie auf das Narrativ der **Dolchstoßlegende** zurück: Deutschland sei „im Felde unbesiegt“ und habe den Ersten Weltkrieg nur verloren, weil linke Kräfte in der Heimat die Soldaten an der Front durch die Novemberrevolution „von hinten erdolcht“ hätten. Die **„Novemberverbrecher“** seien deshalb für die Kriegsniederlage sowie die „Schmach von Versailles“ verantwortlich. Mit dieser erfundenen Erzählung versuchten sich die Eliten des Kaiserreichs von der Verantwortung für die von ihnen verschuldete Niederlage und deren katastrophalen Folgen freizusprechen. Diese Legende wurde gerade von hohen Militärs wie den Anführern der 3. Obersten Heeresleitung (OHL), **Paul von Hindenburg** und **Erich Ludendorff**, bewusst

Illustration der Dolchstoßlegende auf einem Wahlplakat der DNVP (1924): Ein Vertreter der linken „Novemberverbrecher“ erdolcht hinterrücks einen Soldaten, der noch immer an der Front kämpft.

Kurt Eisner (1867–1919)

Walther Rathenau (1867–1922)

befördert. Die historischen Fakten sprechen aber ein anderes Bild: Bereits am 29. September 1918, also bereits vor dem Ausbruch der Revolution, hatte die OHL eingestanden, dass der Krieg nicht mehr zu gewinnen sei, und Kaiser und Reichsregierung um Waffenstillstandsverhandlungen gebeten. Die republikanischen Politiker versäumten es aber, der Bevölkerung die wahren Hintergründe deutlich zu vermitteln.

Mit der Dolchstoßlegende eng verbunden war die **Kriegsunschuldslegende:** Hier leugnete man die Schuld Deutschlands am Ausbruch des Ersten Weltkriegs, wie sie im „Kriegsschuldartikel" 231 des Versailler Vertrags festgehalten worden war **(„Kriegsschuldlüge")**. Diese beiden „Zwillingslegenden" kann man, modern gesprochen, als Beispiele für „Fake News" zur Zeit der Weimarer Republik bezeichnen: Die fehlende Möglichkeit oder auch der mangelnde Wille zur kritischen und differenzierten Überprüfung der historischen Fakten machten sie zu einem gefährlichen Kampfmittel rechtsextremer Hetze.

Politische Morde und einseitige Justiz

Viele enttäuschte Monarchisten, Freikorpskämpfer und Rechtsradikale sahen sich durch den politischen Umbruch und den Versailler Vertrag in ihrer Ehre gekränkt. In ihrem Protest gegen die Republik griffen sie sogar zu gewaltsamen Mitteln wie der **Ermordung hochrangiger Politiker**. So wurden u. a. der bayerische Ministerpräsident Kurt Eisner (USPD, 21. Februar 1919), Reichsfinanzminister Matthias Erzberger (Zentrum, 26. August 1921) und Reichsaußenminister Walther Rathenau (DDP, 24. Juni 1922) von rechten Kräften erschossen. Oft wurden solche Morde (1919–1924 etwa 400) von der **rechtsextremen „Organisation Consul"** begangen. Manche Attentate scheiterten, z. B. das auf Philipp Scheidemann (SPD) 1922. Die **extreme Linke** bekämpfte nach dem gescheiterten „Spartakusaufstand" (Januar 1919) sowohl die parlamentarische Demokratie als auch die extreme Rechte. Dabei orientierte sich die KPD an Moskau und den radikalen Vorstellungen der „Kommunistischen Internationale". Auch sie schreckte nicht vor Gewalt zurück.

Viele der von Rechtsextremen begangenen Anschläge blieben vor deutschen Gerichten ungesühnt oder wurden nur milde bestraft. Hier offenbarte sich die **rechte Gesinnung** vieler Justizbeamter aus der Zeit des Kaiserreichs, die diese Taten sogar als vaterländische Verdienste einstuften. Ganz anders sah es bei der Verfolgung der 22 linksextrem motivierten Mordtaten aus: Meist wurden Todes- oder lange bzw. lebenslängliche Haftstrafen ausgesprochen. Der Ausspruch **„Die Justiz ist auf dem rechten Auge blind"** bringt diese Problematik treffend auf den Punkt.

„Organisation Consul": nationalistisch-rechtsradikale und paramilitärische Vereinigung, 1920 Nachfolgeorganisation der Marinebrigade Ehrhardt, zahlreiche Attentate

Kommunistische Internationale (Komintern): weltweiter Zusammenschluss kommunistischer Parteien, angeführt von den Bolschewisten unter Lenin

Die Reichswehr als „Staat im Staate"?

Das angespannte innenpolitische Klima mündete bis 1923 in verschiedenen Umsturzversuchen wie dem **Kapp-Lüttwitz-Putsch** vom März 1920. Gemäß den militärischen Bestimmungen des Versailler Vertrags musste das deutsche Heer auf 100 000 Mann reduziert werden. Hiervon waren schließlich auch die **Freikorps** betroffen, in denen sich viele ehemalige, häufig monarchistisch bis rechtsextremistisch eingestellte Offiziere und Soldaten zusammengefunden hatten. Als Anfang 1920 der Freikorpsverband **„Marinebrigade Ehrhardt"** aufgelöst werden sollte, regte sich Widerstand gegen die Reichsregierung: Unter Führung des hohen Verwaltungsbeamten Wolfgang Kapp und des Generals Walther von Lüttwitz besetzen Soldaten der Brigade das Regierungsviertel in Berlin. Kapp ließ sich zum Reichskanzler ausrufen. Die Reichsregierung und Reichspräsident Ebert konnten von Berlin nach Stuttgart fliehen.

Reichswehr: ab 1921 offizielle Bezeichnung für die deutschen Streitkräfte (1919–1921: „Vorläufige Reichswehr")

Eigentlich hätte die **Reichswehr** die Regierung und die Demokratie schützen sollen. Hans von Seeckt, der Chef des Truppenamts, weigerte sich aber, gegen die rechten Putschisten vorzugehen. Ihm wird der (historisch aber nicht gesicherte) Satz „Reichswehr schießt nicht auf Reichswehr" zugeschrieben. Hier zeigt sich die antidemokratische Gesinnung vieler Militärs; außerdem wird deutlich, dass sich die Reichswehr immer mehr zu einem **„Staat im Staate"** entwickelte und eigenmächtige Entscheidungen traf.

Teilnehmer des Kapp-Lüttwitz-Putsches in Berlin

Bei linksextremen Aktionen griff die Reichswehr dagegen hart durch, z. B. bei der Niederschlagung des „Spartakusaufstands" 1919.

Wenige Tage später brach der Putsch trotzdem zusammen, da die Gewerkschaften die Arbeiter zum **Generalstreik** aufgerufen hatten. Kapp und Lüttwitz gelang es, ungestraft ins Ausland zu fliehen; die Brigade-Soldaten richteten bei ihrem Rückzug aus Berlin ein Massaker an der Zivilbevölkerung an. Kurz darauf mündete der Generalstreik der Arbeiter im Ruhrgebiet gegen den Putsch in einen nunmehr **linksradikalen Aufstand** gegen die Reichsregierung mit dem Ziel, den kommunistischen Umsturz herbeizuführen. Dieses Mal griff die Reichswehr ein und schlug die kommunistischen Arbeiteraufstände gewaltsam nieder.

5.3 Das Krisenjahr 1923

Im Jahr 1923 erschütterten gleich mehrere Krisen die Weimarer Republik, nämlich der **Ruhrkampf** und die **Hyperinflation** sowie Umsturzversuche von rechts **(Hitler-Putsch)** und von links **(kommunistische Aufstände in Sachsen und Thüringen)**.

Ruhrkampf und Hyperinflation

In der Wirtschaftswissenschaft gibt es verschiedene **Inflationstheorien**. Eine der bekanntesten (Quantitätsgleichung) besagt, dass einer hohen Geldmenge ein zu geringes Warenangebot gegenübersteht.

Allgemein versteht man unter Inflation eine andauernde Erhöhung des Preisniveaus, was einer Geldentwertung gleichkommt. Die Ursachen der Inflation der frühen 1920er-Jahre, die sich 1923 sogar zur **Hyperinflation** steigern sollte, sind in den wirtschaftlich-finanziellen Problemen Deutschlands nach dem Ersten Weltkrieg zu suchen: So belasteten die Reparationen an die Alliierten, die Rückzahlung von Kriegskrediten, die Umstellung der Kriegswirtschaft auf die Friedensproduktion von Konsumgütern sowie die finanzielle Versorgung von entlassenen Soldaten, Kriegsopfern oder der zunehmenden Zahl an Arbeitslosen den Finanzhaushalt enorm; die Staatsverschuldung stieg immer weiter. Um den großen Geldbedarf zu decken, warf die Reichsdruckerei die Notenpresse an, sodass immer mehr Geld gedruckt wurde, wodurch es zur massiven **Geldentwertung** und folglich zu einem zunehmenden Vertrauensverlust in die Währung kam.

Geldschein aus der Zeit der Hyperinflation (5. November 1923)

Anfang 1923 verschärfte der **Ruhrkampf** die wirtschaftliche Situation noch zusätzlich: Da Deutschland mit bestimmten Reparationsleistungen (Holz, Kohle) im Rückstand war, besetzten französische und belgische Truppen im Januar 1923 das wirtschaftlich wichtige **Ruhrgebiet**. In Deutschland löste dieser Vorgang über die Parteigrenzen hinweg große Empörung aus. Die damalige Reichsregierung rief die Bevölkerung des Ruhrgebiets zum **passiven Widerstand** auf, d. h., diese sollte die Zusammenarbeit mit den Besatzungskräften und die Arbeit verweigern. Dabei wurden die Löhne der Streikenden sowie die Produktions- und Rohstoffausfälle aus der Staatskasse bezahlt. Rechtsextreme Akteure gingen noch weiter und leisteten **aktiven Widerstand** gegen die Besatzer, indem sie Sabotageakte oder Sprengstoffanschläge verübten.

Da der passive Widerstand im Ruhrkampf aus dem Staatshaushalt finanziert wurde und zum Druck von immer mehr Geldscheinen führte, trieb er die Geldentwertung in enorme Höhen und führte zur **Hyperinflation**. Die **Mark** verlor rasant an Wert, was sich konkret an den hohen Nominalwerten auf den Geldscheinen zeigte. Hatte ein Kilogramm Brot im Dezember 1919 etwa 0,80 Mark gekostet, waren es Anfang 1923 schon 250 Mark, im November 1923 auf dem Höhepunkt der Inflation sogar 201 Mrd. Mark. Die Entwicklung trieb einen Großteil der Bevölkerung in die **Verarmung**. Da Geld kaum noch etwas wert war, kamen Lebensmittel oft nicht auf den Markt, was die nach dem Krieg ohnehin angespannte Ernährungslage noch verschärfte. Viele Menschen verloren ihr angespartes Vermögen, wohingegen die Besitzer von Sachgütern weitgehend verschont blieben.

Im November 1923 gelang es Reichskanzler Gustav Stresemann (DVP), die Krise durch eine **Währungsreform** zu überwinden: Die Mark – auch Papiermark genannt – wurde durch die **Rentenmark** ersetzt. Dabei entsprach eine Rentenmark einer Billion „alter" Mark. Außerdem wurde die Geldmenge, die sich im Umlauf befand, ab sofort streng kontrolliert. 1924 führt man dann die **Reichsmark** ein, die durch Gold gedeckt war. Durch diese Stabilisierungsmaßnahmen konnte die wirtschaftliche Existenzkrise der Weimarer Republik aufgehalten werden.

Gustav Stresemann (1878–1929): 1923 Reichskanzler, 1923–1929 Außenminister

Nominalwert: Zahlwert, der auf Banknoten, Münzen oder Wertpapieren zu finden ist

Reichsmark: deutsche Währung, 1948 Ablösung durch die Deutsche Mark (in den Westzonen) bzw. die Ostmark (SBZ)

Der Hitler-Putsch

Der Freistaat Bayern entwickelte sich nach den bürgerkriegsartigen Zuständen der Revolution von 1918/19 zu einem Sammelbecken rechtsextremer Republikgegner (**„Ordnungszelle Bayern"**); in München wurde z. B. 1920 die antisemitische, republikfeindliche **NSDAP** gegründet. Das revolutionäre Potenzial ging aber zunächst von der bayerischen Landesregierung selbst aus: Aus Protest gegen den Abbruch des Ruhrkampfs durch die Reichsregierung verhängte die rechtskonservative bayerische Regierung im September 1923 den Ausnahmezustand und machte den ehemaligen Ministerpräsidenten **Gustav Ritter von Kahr** (BVP) zum Generalstaatskommissar mit quasi-diktatorischen Vollmachten. Reichspräsident Ebert rief daraufhin den Ausnahmezustand für das ganze Reich aus und wollte die Reichswehr gegen Bayern einsetzen. Doch wie beim Kapp-Lüttwitz-Putsch verweigerte sich die Reichswehrführung unter General von Seeckt. Der für Bayern zuständige Reichswehrkommissar Otto von Lossow schlug sich sogar mit dem Chef der Landespolizei Hans von Seißer auf Kahrs Seite. Als „bayerisches Triumvirat" planten sie einen **„Marsch auf Berlin"** und die Errichtung einer „nationalen Diktatur".

„Ordnungszelle Bayern": 1920 bezeichnete der bayerische Ministerpräsident von Kahr Bayern als die „Zelle", von der „Ruhe und Ordnung" auch im restlichen Deutschen Reich ausgehen solle.

Gustav Ritter von Kahr (1862–1934): 1920/21 bayerischer Ministerpräsident, 1934 von den Nationalsozialisten ermordet (→ **„Röhm-Putsch"** vgl. S. 200 f.)

Adolf Hitler (1889–1945)

→ **Aufstieg Hitlers und der NSDAP** vgl. S. 190 ff.

biografie

Adolf Hitler

Hitler wurde 1889 als Sohn eines Zollbeamten in Braunau am Inn (Österreich) geboren. Er brach die Realschule ohne Abschluss ab und bewarb sich erfolglos an der Wiener Kunstakademie. Ziellos lebte er als Postkartenmaler in Wien. Dort kam er mit antisemitischem Denken in Berührung, das zusammen mit einem übersteigerten nationalistischen Gedankengut sein späteres politisches Handeln bestimmten sollte. 1913 zog Hitler nach München und leistete im Ersten Weltkrieg Kriegsdienst in der bayerischen Armee, wobei er verwundet wurde. Die Niederlage Deutschlands war für ihn eine traumatische Erfahrung. 1919 lernte er, als Spitzel der Reichswehr bei politischen Versammlungen eingesetzt, die rechtsextreme Deutsche Arbeiterpartei (ab 1920 Nationalsozialistische Deutsche Arbeiterpartei) in München kennen und trat ihr kurz darauf bei. 1921 wurde er NSDAP-Vorsitzender, sein in Festungshaft entstandenes Werk „Mein Kampf" diente als NS-Programmschrift. Um bei den Reichspräsidentenwahlen 1932 kandidieren zu können, erhielt Hitler nach vielen vergeblichen Versuchen die deutsche Staatsbürgerschaft: Er wurde Regierungsrat der braunschweigischen Gesandtschaft in Berlin, ohne dieses Amt je auszuüben. Mit seiner Ernennung zum Reichskanzler am 30. Januar 1933 begann die zwölfjährige NS-Diktatur, die Millionen Menschen das Leben kosten sollte. Hitler selbst beging am 30. April 1945 Selbstmord.

In dieser Situation, in der Bayern auf Konfrontation mit dem Reich ging, versuchte **Hitler** die chaotischen Zustände für sich zu nutzen. Sein Ziel war es, die bayerische Regierung zu überrumpeln und „rechts zu überholen". An seiner Seite war der gefeierte Weltkriegsheld Ludendorff. Am Abend des 8. November 1923 sprach Kahr auf einer Versammlung rechtsgerichteter Landespolitiker im Münchner Bürgerbräukeller. Hitler stürmte die Veranstaltung mit SA-Verbänden, erklärte die Reichsregierung in Berlin für abgesetzt und rief die **„nationale Revolution"** aus. Tags darauf wurde der Demonstrationszug – im Sinne eines eigenen **„Marsches auf Berlin"** – mit etwa 2 000 Teilnehmern an der Feldherrenhalle gewaltsam von der bayerischen Landespolizei aufgelöst. Der Putsch war gescheitert, die **NSDAP** wurde im ganzen Reich **verboten**. Aufsehen erregte der Prozess gegen die Putschisten, der die rechte, antidemokratische Gesinnung der Justiz verdeutlicht: Am 1. April 1924 wurden die milden Urteile verkündet. Ludendorff wurde freigesprochen, Hitler zu fünf Jahren Festungshaft in Landsberg am Lech verurteilt, aber bereits nach neun Monaten entlassen. Nach der Machtübernahme 1933 sollte der **9. November** in der NS-Propaganda eine wichtige Rolle spielen: Alljährlich inszenierte Hitler die Ehrung der Gefallenen des Putschversuchs als große Gedenkveranstaltung und schuf damit ein Gegengewicht zum von den Nationalsozialisten verhassten 9. November 1918.

„Marsch auf Berlin": hier in Anlehnung an Mussolinis „Marsch auf Rom" 1922 (→ **Benito Mussolini** vgl. S. 190)

Kommunistische Aufstände in Sachsen und Thüringen

Im Oktober 1923 kam es in Sachsen und Thüringen zur Bildung von **„Arbeiterregierungen"**, also Koalitionsregierungen aus SPD und KPD, die paramilitärische Verbände („Proletarische Hundertschaften") aufstellten. Die KPD verfolgte unter dem Einfluss der Komintern in Moskau weiterhin das Ziel eines kommunistischen Umsturzes in Deutschland. Weil sich die **linken Landesregierungen** weigerten, Weisungen der Reichsregierung zu befolgen, kam es zur Anwendung der **Reichsexekution** nach Art. 48 und zur Absetzung der Landesregierung durch den Reichspräsidenten. Aus Protest gegen diese Maßnahme und dagegen, dass zeitgleich keine Reichsexekution gegen die revolutionären Bestrebungen der rechtskonservativen Regierung in Bayern verhängt wurde, verließ die SPD die Reichsregierung unter Reichskanzler Stresemann.

6 Die Stabilisierung der Republik 1924–1928/29

Die Jahre von ca. 1924 bis 1928/29 gelten als **stabile Jahre** der Weimarer Demokratie: Im Vergleich zu den Anfangsjahren wurde der Staat in diesem Zeitraum deutlich weniger durch wirtschaftliche Krisen oder Umsturzversuche bedroht. Erst mit der **Weltwirtschaftskrise**, die im Herbst 1929 von den USA ausging, setzte die äußerst krisenbehaftete Endphase der Weimarer Republik ein.

6.1 Die Außenpolitik der Weimarer Republik

Außenpolitisch stand die Weimarer Republik ganz im Zeichen der friedlichen **Revision des Versailler Vertrags**, also der Aufhebung bzw. Veränderung der darin enthaltenen Friedensbedingungen. Im Zentrum der deutschen Bestrebungen lag vor allem die **Reduktion der Reparationsforderungen**, welche für die Wirtschaftskraft des Deutschen Reichs eine enorme Belastung darstellten. Darüber hinaus war man um **internationale Anerkennung** und ein Ende der außenpolitischen Isolation durch eine Annäherung an westliche Staaten sowie an die Sowjetunion bemüht. Ziel war es, die eigene außenpolitische Handlungsfähigkeit und die frühere Stellung als Großmacht wiederzugewinnen. Dabei setzte sich Deutschland im Westen für ein freundschaftliches Verhältnis zu Frankreich und die **Beseitigung der deutsch-französischen „Erbfeindschaft"** ein. Einer der profiliertesten Politiker der Weimarer Republik war **Gustav Stresemann** (DVP), der (nach kurzer Reichskanzlerschaft)

Sowjetunion: Gründung am 30. Dezember 1922, Aufhebung am 21. Dezember 1991

→ **Deutsch-französische „Erbfeindschaft"** vgl. S. 102

Die durch Stresemanns Außenpolitik geprägte Phase der Weimarer Republik wird auch **„Ära Stresemann"** genannt.

Aristide Briand (1862–1932): französischer Staatsmann (u. a. 1925–1929 Außenminister)

1923–1929 Außenminister war. Er setzte sich für eine internationale Anerkennung Deutschlands als gleichberechtigter Partner und die Verständigung mit den Siegermächten (vor allem Frankreich) ein. Gemeinsam mit seinem französischen Amtskollegen **Aristide Briand** erhielt er 1926 den **Friedensnobelpreis**.
Insgesamt kann die Weimarer Außenpolitik als radikale **Abkehr von der aggressiven „Weltpolitik"** des Kaiserreichs gesehen werden, dessen Kurs in die Isolation Deutschlands geführt und entscheidend zum Ausbruch des Ersten Weltkriegs beigetragen hatte. Nach den Erfahrungen der Gründung des Kaiserreichs sowie des Ersten Weltkriegs sollte keine militärische Bedrohung mehr von deutscher Seite ausgehen. Nun suchte man den Kontakt nach Westen und Osten und erreichte die Aufnahme in den **Völkerbund**. In der Reparationsfrage gelang es, vor allem aufgrund der Annäherung an die USA, das Ausmaß der Forderungen schrittweise zu reduzieren.

6.2 Die „Goldenen Zwanzigerjahre"?

Die Jahre 1924–1929 werden häufig als **„Goldene Zwanzigerjahre"** bezeichnet. Darunter versteht man eine Phase **relativer innenpolitischer und wirtschaftlicher Stabilität** sowie **kultureller und geistiger Blüte**. Dennoch darf der Begriff nicht darüber hinwegtäuschen, dass es auch in diesem Zeitraum Bestrebungen von links und rechts gab, die Republik zu zerstören. Außerdem muss bedacht werden, dass es auf der einen Seite zwar zu einem Wirtschaftsaufschwung und zu sozialen Verbesserungen kam, aber nicht alle gesellschaftlichen Kreise und Milieus gleichermaßen daran Anteil haben konnten.
Die Experimentierfreudigkeit der damaligen Zeit zeigte sich in besonderem Maße im Bereich der Kultur. Eine wichtige Voraussetzung hierfür war, dass die Meinungsfreiheit 1919 als Grundrecht in der Verfassung verankert wurde. Nun war es möglich, bisher geltende, starre Regeln aufzubrechen, da sich der Staat nicht mehr, wie im Kaiserreich, zum Zensor unliebsamer Kunstwerke erheben konnte. In der Literatur revolutionierte der **Dadaismus** traditionelle Formen und Konventionen der Sprache. Allmählich wurde dieser Stil dann durch die **Neue Sachlichkeit** mit ihrem nüchternen, objektivistischen Realismus abgelöst. Der Schriftsteller **Bertolt Brecht** beschritt mit dem **epischen Theater** neue Wege: Das Theater sollte den Zuschauer erziehen und ihn zur Kritik an politischen und sozialen Missständen befähigen. Die „Dreigroschenoper" von

Etappen der Außenpolitik mit der Entwicklung der Reparationsfrage

1922	**Vertrag von Rapallo** zwischen Deutschland und Russland • Wiederaufnahme diplomatischer Beziehungen • gegenseitiger Verzicht auf Erstattung der Kriegskosten und Kriegsschäden • wirtschaftliche und militärische Zusammenarbeit
1924	**Dawes-Plan** (benannt nach dem US-Finanzpolitiker Charles G. Dawes) nach Ende des Ruhrkampfs und der Durchführung der Währungsreform 1923: Festlegung von Höhe und Zusammensetzung der jährlichen Reparationszahlungen Deutschlands (zuerst 1 Mrd. Goldmark, 1928 Steigerung auf 2,5 Mrd. Goldmark pro Jahr), aber: noch keine endgültige Gesamtsumme und Dauer
1925	**Verträge von Locarno** • Annäherung an Frankreich und Überwindung der deutsch-französischen „Erbfeindschaft" als wichtige Voraussetzung für Revision des Versailler Vertrags und Ende der außenpolitischen Isolation • Garantiepakt zwischen Deutschland, Frankreich und Belgien (Garantieübernahme durch Großbritannien und Italien); Schiedsverträge Deutschlands mit Frankreich, Belgien, Polen und der Tschechoslowakei • Inhalte: Unveränderlichkeit der Grenzen im Westen (u. a. auch Anerkennung der Entmilitarisierung des Rheinlands durch Deutschland), Revision der Grenzen im Osten nur auf friedlichem Weg • Vereinbarung über Aufnahme Deutschlands in den Völkerbund • innenpolitische Folge: Proteste aus dem rechten Politikspektrum (v. a. DNVP)
1926	**Eintritt Deutschlands in den Völkerbund** (ständiger Sitz im Völkerbundrat)
1926	**Berliner Vertrag** (deutsch-sowjetischer Freundschaftsvertrag) = Reaktion auf Befürchtungen der Sowjetunion wegen der deutschen Annäherung an den Westen (Locarno, Völkerbund); Neutralität im Falle eines Kriegs mit einer dritten Macht
1928	**Beitritt Deutschlands zum Briand-Kellogg-Pakt** (= Kriegsächtungspakt") Verpflichtung zur friedlichen Beilegung von Streitfällen vor Schiedsgericht
1929/ 1930	**Young-Plan** (benannt nach dem US-Wirtschaftsberater Owen D. Young) • Reduktion der Reparationsverpflichtungen: Festlegung einer konkreten Restsumme (112 Mrd. Reichsmark), zahlbar bis 1988 • innenpolitische Folge: Organisation eines (gescheiterten) Volksentscheids gegen den Young-Plan durch rechte Kräfte (DNVP, „Stahlhelm", NSDAP)
1931	**Hoover-Moratorium** (benannt nach US-Präsident Herbert Hoover) vor dem Hintergrund der Weltwirtschaftskrise: Aussetzung der Reparationen für ein Jahr aufgrund der Zahlungsunfähigkeit Deutschlands
1932	**Vertrag von Lausanne** Einigung auf Ende der Reparationen bei Zahlung einer Restschuld von 3 Mrd. Goldmark (von Deutschland jedoch nicht mehr geleistet)

Völkerbund: internationales Staatenbündnis mit Sitz in Genf (Vorläufer der 1945 gegründeten Vereinten Nationen), von US-Präsident Wilson in den „14 Punkten" (→ vgl. S. 142) gefordert, 1919/20 ins Leben gerufen (problematisch: keine Mitgliedschaft der USA)

Der **Briand-Kellogg-Pakt** ging zurück auf eine gemeinsame Initiative des französischen Außenministers Aristide Briand und seines US-Kollegen Frank Billings Kellogg.

Moratorium: vorübergehender Aufschub

1928 mit der von Kurt Weill komponierten Musik wurde zu einem der größten Theatererfolge der Weimarer Republik. **Alfred Döblin** probierte mit seinem Großstadt-Roman „Berlin Alexanderplatz“ (1929) avantgardistische Schreibformen aus; gesellschaftskritische Texte verfassten darüber hinaus auch **Erich Kästner** und **Kurt Tucholsky**. Einen großen Erfolg feierte der Schriftsteller **Thomas Mann:** Er erhielt 1929 den Literaturnobelpreis, allerdings nicht für seinen damals beliebten Roman „Der Zauberberg“, sondern für „Buddenbrooks“ (1901).

In der bildenden Kunst wurde der Expressionismus zunächst fortgeführt und später durch die Neue Sachlichkeit abgelöst. So prangerte der Maler **Otto Dix** mit dem Triptychon „Großstadt“ die Missstände in Politik und Gesellschaft an. Der Kommunist **George Grosz** brachte mit dem Bild „Die Stützen der Gesellschaft“ (1926) beißende Kritik an den Institutionen und Funktionsträgern der Weimarer Gesellschaft zum Ausdruck.

Triptychon: Bild/Gemälde aus drei Teilen (z. B. bei Altarbildern)

In Weimar gründete **Walter Gropius** 1919 das **Bauhaus**, eine Schule für Architekten, Künstler und Designer, die unterschiedliche Kunstbereiche miteinander vereinte und mit funktionalen, geradlinigen Formen und neuen Materialien experimentierte. Dabei kam es mit seinen Vorstellungen von Modernität und Funktionalität zu weltweitem Ruhm.

Die Tanzgruppe „Haller-Girls“ im UFA-Stummfilm „Das Girl von der Revue“ (1928)

In der Weimarer Zeit bot die **Massenkultur** gerade zahlungskräftigen Kunden vielfältige Gelegenheiten, sich zu amüsieren: Theater, Konzert- und Opernhäuser, Kinos, Kabaretts und Varietés verbuchten Rekordeinnahmen. Neue Tanz- und Musikstile (Charleston, Jazz, Swing) kamen aus den USA nach Europa. Schallplatten oder der Rundfunk wurden zu modernen Massenmedien; Schlagersängerinnen und Schlagersänger gelangten zu Bekanntheit. Zudem wurde Deutschland durch die **UFA** zu einer der weltweit führenden Nationen auf dem Gebiet der Spielfilmproduktion. Zu den größten Erfolgen zählt „Der blaue Engel“ (1930) mit Emil Jannings und Marlene Dietrich, die zu Stars aufstiegen. Besonders viele Angebote gab es in der Reichshauptstadt **Berlin**, die zum Zentrum der kulturellen Moderne und 1920 mit 3,8 Mio. Einwohnern nach London und New York die drittgrößte Stadt der Welt wurde. **Neue Verkehrsmittel** wie Autos, Motorräder, Zeppelinluftschiffe oder Flugzeuge, deren Nutzung sich allerdings nur wenige Bevölkerungsschichten leisten konnten, führten zu mehr Mobilität und Beschleunigung.

UFA = Universum Film AG: 1917 gegründet, große Filmerfolge während der Weimarer Republik, 1927 von Medienmogul Hugenberg gekauft, Propagandamittel in der NS-Zeit

Darüber hinaus war die Weimarer Republik mit einer gewissen **Emanzipation der Frauen** verbunden. So wurde ihre rechtliche Stellung durch die Einführung des Frauenwahlrechts und die in der Weimarer Verfassung verankerte staatsbürgerliche Gleichberechtigung von Mann und Frau verbessert. In der Realität waren gut bezahlte Führungskräfte in Politik und Wirtschaft aber nach wie vor männlich. Auch mussten viele Frauen Tätigkeiten aufgeben, die sie während des Weltkriegs und der Abwesenheit der Männer ausgeübt hatten. Frauen wurden aus vielen Berufsfeldern in **stereotype „Frauenberufe“** (z. B. Sekretärin, Verkäuferin) zurückgedrängt. Im Sinne der traditionellen Aufgabenverteilung waren Frauen häufig allein für Kindererziehung und Haushalt zuständig. In der Öffentlichkeit entstand jedoch auch – geprägt durch moderne Massenmedien (Zeitschriften, Rundfunk, Film) – das Bild der selbstbewussten, emanzipierten Frau mit Kurzhaarschnitt („Bubikopf“), kurzem Rock und keckem Auftreten („die neue Frau“). Stars wie Marlene Dietrich wurden als Trendsetterinnen verehrt, blieben allerdings Ausnahmen eines von den Medien vermittelten Zerrbildes.

Art. 109 I: „Alle Deutschen sind vor dem Gesetze gleich. Männer und Frauen haben grundsätzlich dieselben staatsbürgerlichen Rechte und Pflichten.“[8]

Der Begriff „Goldene Zwanzigerjahre“ sollte nicht darüber hinwegtäuschen, dass das Bild einer **scheinbaren Blütezeit** nicht vollständig der Realität entsprach. Es muss z. B. bedacht werden, dass nicht alle Bürger gleichermaßen von den vielen Angeboten der Hoch- und Massenkultur profitieren konnten. Darüber hinaus verbarg sich hinter der glitzernden Fassade ein Leben großer Bevölkerungsschichten in Armut (1926 gab es mehr als zwei Millionen Arbeitslose).

6.3 Exkurs: Zwei Reichspräsidenten im Vergleich

Während der gesamten Weimarer Republik gab es nur zwei Reichspräsidenten: **Friedrich Ebert** (SPD) wurde 1919 von der Nationalversammlung gewählt und verstarb 1925 im Amt. Sein Nachfolger wurde **Paul von Hindenburg**, der diesen Posten bis zu seinem Tod 1934 bekleidete. Die beiden Staatsmänner unterschieden sich sowohl in ihren Wesenszügen als auch in ihrem politischen Denken und Handeln deutlich voneinander. An ihnen zeigt sich, wie wichtig es war, wer das Amt des mächtigen Staatsoberhauptes innehatte.

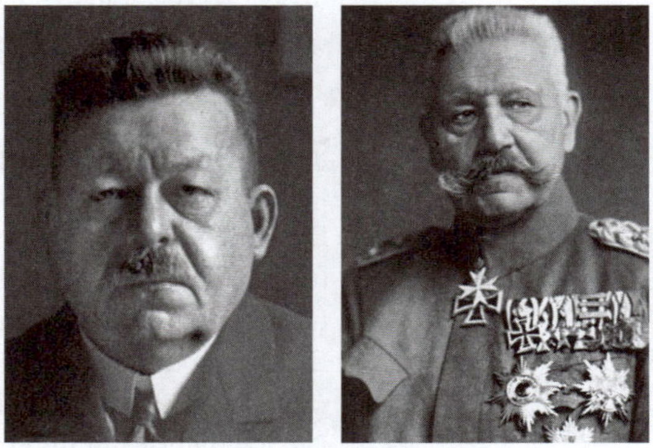

Die Reichspräsidenten unterschieden sich auch optisch: Im Gegensatz zu Ebert (links) ließ sich Generalfeldmarschall Hindenburg (rechts) auch in Militärkleidung abbilden.

Der **Sozialdemokrat Friedrich Ebert** kam aus proletarischen Verhältnissen und war **überzeugter Republikaner**. Als Reichspräsident war er auf Konsens und Dialog bedacht und handelte im Einvernehmen mit der Regierung. Trotz seiner starken Stellung wollte er kein Monarch in einer Republik sein, sondern die Rechte des Reichstags bewahren. In den schwierigen Anfangsjahren versuchte Ebert, die noch junge Republik zu stabilisieren; dabei standen das **Wohl der Demokratie** und der Weimarer Verfassung, die er selbst mitgestaltet hatte, im Vordergrund.

Ganz anders agierte **Generalfeldmarschall Paul von Hindenburg**, der aus einem preußischen Adelsgeschlecht stammte und – deutlich geprägt durch die Zeit des Kaiserreichs – **überzeugter Monarchist** und Antidemokrat war. Noch immer wurde er für seinen Sieg in der Schlacht bei Tannenberg 1914 gefeiert; seine eigene Verantwortung für die Niederlage im Ersten Weltkrieg konnte er durch die Dolchstoßlegende auf andere politische Kräfte abwälzen. Mit seiner Wahl zum Reichspräsidenten 1925 (erneut 1932) setzte tatsächlich ein Wandel ein: Hindenburg füllte sein Amt zunehmend wie ein „Ersatzkaiser" aus und lenkte die Republik immer stärker in eine antidemokratische Richtung. So war er bestrebt, mithilfe seiner Kompetenzen (v. a. Artikel 48) den Reichstag zu umgehen, die SPD politisch auszuschalten und schließlich die Weimarer Demokratie durch ein **autoritäreres System** zu ersetzen. Im Januar 1933 war er es, der Adolf Hitler zum Reichskanzler machte.

Bei der **Reichspräsidentenwahl 1925** wurde Hindenburg (→ Biografie vgl. S. 145) erst im zweiten Wahlgang von der politischen Rechten als Kandidat aufgestellt.

Das Beispiel des Reichspräsidenten, dessen verfassungsmäßig mächtige Stellung sich letztlich als Schwäche erweisen sollte, zeigt, wie sehr es darauf ankam, wer die wichtigsten Ämter personell ausfüllte: Den Politikern war es möglich, Demokratie vorzuleben, aber auch zu deren Zerstörung beizutragen. Zudem wird deutlich, dass der Untergang von Weimar nicht vorgezeichnet war, sondern mit Absicht verfolgt wurde.

7 Die Zerstörung der Demokratie 1929–1933

Lernvideo: **Das Scheitern der Weimarer Republik**

Die im Herbst 1929 von den USA ausgehende **Weltwirtschaftskrise** führte zu einer extremen innenpolitischen und wirtschaftlichen Belastungsprobe für die Weimarer Demokratie und kann als Auftakt für den Untergang der Republik bezeichnet werden. Große Teile der Bevölkerung wurden von **Arbeitslosigkeit und Armut** erfasst. Wegen der Perspektivlosigkeit und tiefgreifenden Verunsicherung vieler Menschen schlug die Stunde der extremistischen Parteien, die die Destabilisierung der Demokratie vorantrieben. Den rechtsextremen Kräften gelang letztlich die **Zerstörung des „Weimar-Experiments“:** Am 30. Januar 1933 kamen die Nationalsozialisten durch Hitlers Ernennung zum Reichskanzler an die Macht.

7.1 Die Folgen der Weltwirtschaftskrise für Deutschland

Ursachen der Krise und wirtschaftliche Folgen für Deutschland

Die Weltwirtschaftskrise liegt in der wirtschaftlichen Entwicklung der USA begründet und nahm am 24. Oktober 1929 **(„Black Thursday“)** mit dem **Börsencrash in New York** ihren Anfang. Nach dem Ersten Weltkrieg hatte in den USA ein enormer Wirtschaftsaufschwung eingesetzt, der ein regelrechtes Spekulationsfieber an der Börse auslöste. Als die Aktienkurse aber wieder fielen, verkauften viele Anleger panikartig ihre Wertpapiere, die sie oft über Kredite finanziert hatten. Daraufhin stürzten die Kurse an der New Yorker Börse in ein historisches Tief und führten zu einer regelrechten Depression. Die amerikanische Börsenkrise entwickelte sich wegen ökonomischer Vernetzungen schnell zu einer **weltweiten Wirtschaftskrise**, die v. a. Deutschland hart traf: Die beiden Volkswirtschaften waren eng miteinander verflochten; amerikanische Banken hatten deutschen Unternehmen **Kredite** für den Wiederaufbau gewährt, die sie nun zurückforderten. Da der Welthandel zurückging, schrumpften der deutsche Warenexport und die Industrieproduktion gewaltig; Banken und Unternehmen meldeten **Bankrott** an, die Realeinkommen sanken. Aufgrund von Massenentlassungen schnellten die **Arbeitslosenzahlen** in die Höhe und stiegen 1932 auf rund sechs Millionen. Die Bevölkerung wurde stark von der grassierenden **Massenarmut** erfasst.

„Black Thursday“: In Europa sprach man wegen der Zeitverschiebung vom „Schwarzen Freitag“ am 25. Oktober 1929.

Menschenmenge vor der New Yorker Börse kurz nach dem Börsencrash 1929

Depression (Wirtschaft): Tiefpunkt im Konjunkturzyklus einer Volkswirtschaft

Die innenpolitischen Folgen in Deutschland

Die Weltwirtschaftskrise führte zu einer **zunehmenden Verschärfung des innenpolitischen Klimas:** Ein Großteil der Bevölkerung verlor das Vertrauen in die Weimarer Demokratie. Profiteure dieser angespannten Stimmung waren die **extremen Parteien** KPD und NSDAP, die bei den drei Reichstagswahlen 1930 und 1932 Erfolge erzielten und durch eine zunehmende Blockadepolitik die Arbeit im Parlament sabotierten. Die

Nationalsozialisten stiegen in dieser Zeit zur **Massenpartei** und übergreifenden Sammelbewegung auf, die Wähler aus unterschiedlichsten Schichten und Milieus mobilisieren konnte. Es waren vor allem das vom Abstieg bedrohte Bürgertum, aber auch Teile der Arbeiterschaft, die nun Hitler wählten. Dieser setzte im Sinne der **„Legalitätstaktik“** nicht mehr auf eine gewaltsame Machtübernahme wie 1923, sondern auf den Gewinn von Wählerstimmen. Dabei nutzte er psychologisch geschickt die weit verbreitete Katastrophenstimmung aus und inszenierte sich als Retter der notleidenden Bevölkerung. Bei den **„Erbitterungswahlen“** 1930 wurde die NSDAP mit 18,3 Prozent der Stimmen zweitstärkste Kraft im Reichstag hinter der SPD; im Juli 1932 sogar stärkste Partei. Da auch die KPD (14,3 Prozent) Stimmengewinne verbuchte, bildeten diese beiden antidemokratischen Parteien die Reichstagsmehrheit; eine stabile parlamentarische Regierungsbildung war nicht mehr möglich.

→ **„Legalitätstaktik“** vgl. S. 192

Roter Frontkämpferbund: 1924 gegründete paramilitärische Organisation der KPD mit eigener Jugend- und Frauenabteilung sowie eigener Zeitung („Die Rote Front“)

Dass Hitlers „Legalitätsstrategie“ nicht legal war, zeigt die Tatsache, dass sich die SA, der Kampfverband der NSDAP, blutige Straßen- und Saalschlachten mit dem Roten Frontkämpferbund der KPD lieferte. Dieser Terror führte zu großer Verunsicherung in der Bevölkerung, die hierfür den demokratischen Staat verantwortlich machte. Die Republik drohte im Chaos zu versinken. Im Oktober 1931 kam es zum Schulterschluss der NSDAP mit anderen rechtsradikalen Gruppierungen wie DNVP und „Stahlhelm“ in Bad Harzburg **(„Harzburger Front“)**. Hitler scherte jedoch bald aus den gemeinsamen Absprachen aus und beanspruchte die alleinige Führungsrolle im rechten Lager.

7.2 Die Phase der Präsidialkabinette

Scheitern der Großen Koalition: Die Koalition zerbrach am Streit um die weitere Ausgestaltung der Arbeitslosenversicherung, die während der Weltwirtschaftskrise aufgrund der Massenarbeitslosigkeit an ihre Grenzen kam.

Als im Frühjahr 1930 die 1928 gebildete **Große Koalition** (SPD, DVP, DDP, Zentrum, BVP) zerbrach und ein demokratischer Konsens im Parlament nicht mehr möglich schien, verlagerte sich die politische Macht vom Reichstag hin zu Reichspräsident Hindenburg. Dieser war durch die Weimarer Verfassung mit weitgehenden Befugnissen ausgestattet, die gerade in der Endphase der Republik zum Tragen kamen und in ihrem Zusammenspiel die **Phase der Präsidialkabinette** prägten: Der Reichspräsident durfte den Reichstag auflösen sowie den Reichskanzler ein- bzw. absetzen und ihn mithilfe von Notverordnungen (Art. 48) regieren lassen. Es war möglich, Gesetzentwürfe der Reichsregierung als Notverordnungen durchzusetzen, wenn sie im Parlament abgelehnt worden waren. Verlangte der Reichstag verfassungsgemäß die Aufhebung einer Notverordnung, konnte der Reichspräsident diesen auflösen und bis zur

Neuwahl (maximal 60 Tage später) die Reichsregierung durch Notverordnungen regieren lassen. Somit war der **Reichstag** als parlamentarisches Gesetzgebungsorgan **entmachtet**. Der Reichskanzler und seine Reichsminister waren hingegen vom Vertrauen des Reichspräsidenten und dessen Notverordnungsrecht abhängig. Auf diese besondere Regierungsweise ist die Bezeichnung **„Präsidialkabinett"** zurückzuführen. Hindenburg stand zunehmend unter dem Einfluss seiner Berater **(„Kamarilla")**, die ihn zur Ausschaltung des Parlaments und zur Errichtung einer autoritären Präsidialdiktatur drängten. Allerdings ist in der Forschung umstritten, wie weit diese Abhängigkeit ging und inwieweit der Reichspräsident wegen seines hohen Alters Entscheidungen noch in vollem Bewusstsein treffen konnte.

Kamarilla: Kreis von Personen um einen Herrscher, die keinen offiziellen Regierungsposten bekleiden, aber trotzdem großen Einfluss ausüben

Das Präsidialkabinett Brüning (1930–1932)

Nach dem Bruch der Großen Koalition im März 1930 wurde **Heinrich Brüning** (Zentrum) von Hindenburg als Reichskanzler eingesetzt. Seine bürgerlich geprägte Regierung hatte keine Mehrheit im Parlament und war somit vom Reichspräsidenten abhängig. Eine entscheidende Aufgabe dieses ersten Präsidialkabinetts war die Bekämpfung der Folgen der Weltwirtschaftskrise. Hierfür betrieb Brüning eine rigorose **Deflationspolitik:** Zur Sanierung des Haushalts wurden u. a. Steuern erhöht, Löhne (z. B. im öffentlichen Dienst) gesenkt und staatliche Zuschüsse für die Arbeitslosenversicherung abgebaut. Insgesamt verschärfte die Regierung Brüning dadurch aber die Folgen der Weltwirtschaftskrise und trieb die Arbeitslosenzahlen in die Höhe. Die extremen Parteien erhielten mehr Zulauf. Vor dem Hintergrund der Weltwirtschaftskrise kam jedoch auch Bewegung in die **unliebsame Reparationsfrage:** Nach der vorübergehenden Aussetzung der Reparationen 1931 („Hoover-Moratorium") fanden sich die Alliierten auf der Konferenz von Lausanne 1932 (schon nach Brünings Entlassung) bereit, ihre Forderungen nach Zahlung einer (letztlich nie geleisteten) Restschuld endgültig einzustellen. Um die bürgerkriegsartigen Zustände auf der Straße zu beenden, erließ Brüning zudem am 13. April 1932 ein **Verbot der SA**, wodurch für kurze Zeit tatsächlich eine gewisse Beruhigung einsetzte. Aufgrund von Differenzen mit Hindenburg wurde Brüning aber am 30. Mai 1932 entlassen.

Heinrich Brüning (1885–1970)

→ **Entwicklung der Reparationsfrage** vgl. S. 177

Die Präsidialkabinette von Papen und von Schleicher (1932/33)

Als Brünings Nachfolger wurde **Franz von Papen** (erst Zentrum, dann parteilos) von Hindenburg zum Reichskanzler ernannt. Da sein Kabinett überwiegend aus deutschnational gesinnten Adeligen bestand, nannte

Franz von Papen
(1879–1969)

In **Preußen** bestand seit 1920 – ab April 1932 allerdings nur noch als geschäftsführende Minderheitsregierung – eine „Weimarer Koalition“ aus SPD, Zentrum und DDP unter dem Sozialdemokraten Otto Braun.

Kurt von Schleicher
(1882–1934): 1934 von den Nationalsozialisten ermordet (→ „Röhm-Putsch“ vgl. S. 200 f.)

man es auch das **„Kabinett der Barone“**. Kurz nach seinem Amtsantritt hob Papen Mitte Juni 1932 das SA-Verbot wieder auf. Einen Monat später setzte er mit dem Reichspräsidenten beim **„Preußenschlag“** die demokratisch gewählte, SPD-geführte Landesregierung Preußens ab und wurde selbst Reichskommissar. Als Begründung führte man an, nach Auseinandersetzungen zwischen SA und Kommunisten die öffentliche Sicherheit durch eine „Reichsexekution“ wiederherstellen zu müssen (Art. 48). Als die NSDAP bei den Reichstagswahlen am 31. Juli 1932 mit 37,3 % die meisten Stimmen erhielt, forderte Hitler das Reichskanzleramt, was ihm aber vom Reichspräsidenten verweigert wurde. Auch nach der Novemberwahl 1932 blieb Papen auf seinem Posten. Zwar stießen seine Pläne, einen autoritären Staat zu errichten, grundsätzlich auf Hindenburgs Zustimmung; da der Reichspräsident jedoch vor einem möglichen Bürgerkrieg gewarnt wurde, entließ er den Reichskanzler.
Anfang Dezember 1932 folgte ihm der parteilose Reichswehrgeneral **Kurt von Schleicher** nach, der sich aber keine zwei Monate im Amt halten konnte. Schleicher verfolgte wirtschafts- und sozialpolitische Ziele und wollte die Wirtschaft durch Arbeitsbeschaffungsprogramme wieder in Gang bringen, was auf großen Widerstand, v. a. unter Industriellen und Großagrariern, traf. Auch versuchte er erfolglos, die NSDAP zu spalten und den linken Flügel um Gregor Strasser für seine Politik zu gewinnen. Als Schleicher zur Umsetzung seiner Politik den „Staatsnotstand“ ausrufen wollte, war Ende Januar 1933 seine Amtszeit vorbei.

Die Ernennung Hitlers zum Reichskanzler (30. Januar 1933)

Noch während Schleicher im Amt war, entstand in der „Kamarilla“ um Hindenburg die Idee, es nun doch mit **Adolf Hitler** als Reichskanzler zu versuchen. Um eine Alleinregierung der Nationalsozialisten zu verhindern, griff man auf das **„Zähmungskonzept“** zurück: Hitler sollte in einer Koalitionsregierung aus NSDAP, DNVP und parteilosen Konservativen (wie Papen) unter Kontrolle gehalten, also „gezähmt“ werden. Am **30. Januar 1933** ernannte Reichspräsident Hindenburg **Hitler** zum **Reichskanzler**. Mit diesem Tag ging die Weimarer Republik und damit die erste parlamentarische Demokratie in Deutschland zu Ende.

7.3 Warum scheiterte die Weimarer Republik?

Das **Scheitern des demokratischen Experiments von Weimar** war entscheidend verbunden mit dem Aufstieg Hitlers und der Umwandlung der Republik in ein diktatorisches Regime, das schließlich einen historisch beispiellosen Zivilisationsbruch zu verantworten hatte: Die Machtübernahme der Nationalsozialisten führte in die Katastrophe des Zweiten Weltkriegs und des Holocaust. Der Untergang der Weimarer Republik war aber nicht zwangsläufig vorgezeichnet und hatte letztlich **verschiedene Ursachen**, die es zu beachten gilt.

Fehlender demokratischer Wertekonsens und Kontinuität autoritären Denkens

Die Republik war keineswegs eine „Demokratie ohne Demokraten": Sie hatte durchaus **eine Reihe von Unterstützern**, auf politischer Ebene z. B. die Parteien der „Weimarer Koalition" (SPD, Zentrum, DDP). Allerdings versäumten es die republiktreuen Kräfte, die Demokratie offensiv gegen diejenigen, die die Weimarer Republik mutwillig zerstören wollten (wie die extremen Parteien KPD und NSDAP), zu verteidigen und ihr genug Rückhalt in der deutschen Bevölkerung zu verschaffen. Dafür fehlten z. B. auch identitätsstiftende Symbole und Rituale und ein positiv besetzter Gründungsmythos; stattdessen wurden die Novemberrevolution und die Geburt der Republik von rechten Kreisen durch die „Negativerzählung" der Dolchstoßlegende diffamiert. Zu bedenken ist darüber hinaus, dass demokratisches Denken und Handeln aufgrund fehlender Erfahrungen erst noch erprobt werden mussten. Letztendlich hatte die Republik kaum Zeit und Raum, sich diesbezüglich in eine positive, stabile Richtung zu entwickeln; viele innenpolitische und wirtschaftliche Krisen verhinderten die Etablierung einer wirklichen demokratischen Kultur. Insgesamt **fehlte** es an einem echten und umfassenden **demokratischen Wertekonsens:** Zu wenige beriefen sich konsequent auf die Weimarer Verfassung als Grundlage politischen Handelns, zu selten waren gerade die Parteien zu Kompromissen bereit. Gleichzeitig lässt sich für die Weimarer Republik eine deutliche Kontinuität **obrigkeitsstaatlicher Mentalitäten** aus der Zeit des Kaiserreichs feststellen. So war das Denken vieler Menschen immer noch von monarchischen und autoritären Staatsvorstellungen geprägt; dazu kam

Szene aus dem Reichstag in Berlin, 9. Februar 1931: Aus Protest gegen die Ablehnung der von ihnen eingebrachten Misstrauensanträge haben die Abgeordneten von NSDAP und DNVP – bis auf Joseph Goebbels – den Plenarsaal verlassen.

besonders in rechten Kreisen nationalistisches, antimodernes und antisemitisches Gedankengut. Ausdruck einer weitverbreiteten konservativen bis reaktionären Einstellung waren z. B. die Siege des in der Bevölkerung beliebten kaiserlichen Generalfeldmarschalls Hindenburg bei den Reichspräsidentenwahlen 1925 und 1932. Die demokratische Staatsform hingegen wurde gerade von rechten Kreisen häufig mit der Sozialdemokratie oder sogar marxistischem Gedankengut in Verbindung gebracht. Darüber hinaus lehnten republikfeindliche Kräfte die Weimarer Verfassung als Imitation der Staatsformen der Siegermächte ab.
Vor diesem Hintergrund war es für die junge Republik problematisch, dass die **alten Eliten** des untergegangenen Kaiserreichs weitgehend in ihren Ämtern verblieben, v. a. in gesellschaftlich und politisch entscheidenden Bereichen wie Bildung, Justiz, Verwaltung und Militär.

Belastung durch Probleme aus der Kaiserzeit
Die Republik erbte Probleme, die eigentlich die kaiserlichen Eliten zu verantworten hatten, von diesen jedoch propagandistisch geschickt auf die junge Demokratie und deren Repräsentanten übertragen wurden. Zu dieser explosiven Erbmasse zählten die Kriegsniederlage und deren Folgen: Vor allem der **Vertrag von Versailles** und dessen Erfüllung wurden gerade von den alten Eliten mit Häme und Empörung bedacht; rechte bis rechtsextreme Kreise diffamierten den Friedensschluss als „Schanddiktat“ und die republikanischen Unterzeichner als „Erfüllungspolitiker“. Auch mit Narrativen wie der **Dolchstoßlegende** und der **„Kriegsschuldlüge“** versuchten sich die alten Eliten zu entlasten.

Wirtschaftliche Krisen und innenpolitische Instabilität
Während ihres gesamten Bestehens hatte die Weimarer Republik immer wieder mit **wirtschaftlichen und innenpolitischen Krisen** sowie ständigen **antidemokratischen Bestrebungen** zu kämpfen. In der Anfangsphase brachte vor allem das Krisenjahr 1923 (Ruhrkampf, Hyperinflation, Hitler-Putsch) große Herausforderungen mit sich. Ab 1929 waren es besonders die Auswirkungen der **Weltwirtschaftskrise**, die die Bevölkerung durch Massenarbeitslosigkeit, große Armut und fehlende Perspektiven erheblich verunsicherten und die durch Brünings Deflationspolitik noch verschärft wurden. Auch wenn viele Krisen Kriegsfolgen waren oder von außen kamen, projizierten gerade Republikfeinde die Verantwortung hierfür auf die Weimarer Demokratie.

Schwächen und Missbrauch der Verfassung

Besonders während der Endphase von Weimar fehlte es den handelnden Politikern zunehmend am Willen, die Demokratie entschlossen weiterzuführen und zugunsten der Republik zusammenzuarbeiten. An den Schalthebeln der Macht saßen Personen wie Hindenburg, Papen und Schleicher, die ein autoritäres Staatssystem klar bevorzugten und die Republik bewusst zerstören wollten. Dabei bot die verfassungsrechtlich verankerte **starke Stellung des Reichspräsidenten** die Option, durch den ständigen Missbrauch des Notverordnungsrechts (Art. 48) den Reichstag zu entmachten und die Demokratie in eine antiparlamentarische Richtung zu führen. Gerade in den letzten Jahren der Republik gewannen die bewusst antidemokratischen Parteien KPD und NSDAP an Stärke und konnten schließlich gemeinsam die Arbeit im Reichstag lahmlegen: Die fehlende Möglichkeit, republikfeindliche Kräfte verbieten zu können, stellte sich als eine weitere deutliche **Schwäche der Verfassung** heraus.

Hindenburg zieht einen Reichskanzler nach dem anderen aus dem Hut, so die Karikatur von Karl Arnold (1933): „Deutsche Zauber-Werke AG – Kein Grund zum Verzagen, solange noch Kanzler am laufenden Band produziert werden!"

Ausnutzen der Staatsnotlage durch Hitler

Schließlich war das Ende der Weimarer Republik entscheidend mit dem **Aufstieg der Nationalsozialisten** verbunden: Hitler nutzte die immer größer werdende Notlage von Staat, Wirtschaft und Gesellschaft für seine eigenen Ziele aus und stilisierte sich besonders in der Endphase der Republik zum charismatischen Retter, der die Menschen aus der Krise herausführen werde. Durch geschickte Propaganda baute er die NSDAP zu einer Massenpartei/-bewegung aus, die sich immer mehr Wähler quer durch alle Bevölkerungsschichten erschließen konnte. Dabei griff er erfolgreich die in der Bevölkerung vorhandenen Ängste, Hoffnungen und reaktionären Denkmuster auf. Durch die Wahlerfolge der frühen 1930er-Jahre sabotierten die Nationalsozialisten die politische Arbeit im Reichstag und machten auch dort ihren Widerwillen gegen das demokratische System deutlich.

8 Zusammenfassung und Fazit

Die Weimarer Republik gilt in vielerlei Hinsicht als Vorbild und **Meilenstein der deutschen Demokratiegeschichte**, weshalb ihr ein besonderer Rang in der öffentlichen Erinnerung gebührt. In der älteren Forschung wurde sie überwiegend von ihrem Ende her bewertet und als Übergangsphase zwischen zwei Weltkriegen gesehen, in der es aufgrund vieler Krisen zum Aufstieg Hitlers und zur NS-Machtübernahme kommen musste. In der neueren Forschung wird eine solche Zwangsläufigkeit nicht gesehen, zudem werden Leistungen und Errungenschaften der Weimarer Zeit betont, wie das Frauenwahlrecht, der Ausbau des Sozialstaats und die vielen Erfolge in Kunst und Kultur.

Nach dem Ende des Zweiten Weltkriegs und des NS-Regimes konnte man aus den negativen Erfahrungen lernen, die man mit der Weimarer Demokratie gemacht hatte. So zog man sprichwörtlich **„Lehren aus Weimar"**, also Konsequenzen aus den Schwächen der Weimarer Verfassung, als man 1948/49 das Grundgesetz der Bundesrepublik ausarbeitete: Unter anderem wurden die Machtbefugnisse des Bundespräsidenten weitgehend auf repräsentative Funktionen beschränkt, ein Notverordnungsrecht war nicht mehr vorgesehen. Die Grundrechte nehmen bis heute eine herausragende Stellung ein und sind sogar besonders geschützt. Auch ist ein Verbot verfassungsfeindlicher Parteien möglich, was in der Geschichte der Bundesrepublik bisher zweimal zum Tragen gekommen ist.

In seiner Rede vom 9. November 2018 zitierte Frank-Walter Steinmeier den Historiker Heinrich August Winkler, der die Bedeutung der Weimarer Republik mit den folgenden Worten auf den Punkt bringt: „Dass Bonn nicht Weimar wurde, verdankt es auch der Tatsache, dass es Weimar gegeben hat."[9] Gerade, aber nicht nur im Umgang mit demokratiefeindlichen Kräften und Tendenzen lohnt sich also ein genauer Blick auf die Weimarer Republik und ihre Geschichte.

Nationalsozialismus und Zweiter Weltkrieg

Zu den Reichsparteitagen in Nürnberg (hier Hitlers Ansprache vor Mitgliedern der Hitlerjugend 1938) kamen jährlich rund eine halbe Million Menschen als Teilnehmer oder Zuschauer. Auf den Parteitagen ging es nicht um die Diskussion politischer Fragen und somit um politische Mitsprache, sondern letztendlich nur um die Verherrlichung des „Führers" Adolf Hitler. Ziel war die Erzeugung eines Gemeinschaftsgefühls, durch das sich der Einzelne als Teil eines größeren Ganzen empfinden sollte. Viele waren hiervon begeistert; nur wenige, die sich einen kritischen Blick bewahrt hatten, sahen den Preis, der dafür zu entrichten war: Das Schicksal des deutschen Volkes lag nach der Ausschaltung aller demokratischen Einrichtungen in den Händen eines Mannes, der bestrebt war, seine rassistischen Gewaltvorstellungen bald in die Tat umzusetzen.

1 Entstehung und Aufstieg der NSDAP

1.1 Die Anfänge der Partei bis zum Hitler-Putsch 1923

Wahlergebnisse NSDAP:
1928: 2,6 %
1930: 18,3 %
1932: 37,3 % bzw. 33,1 %

In den 1920er-Jahren war die **NSDAP** zuerst nur eine von vielen **Splitterparteien** und Gruppierungen **am rechten Rand** des politischen Spektrums. So erreichte sie noch bei den Reichstagswahlen 1928 gerade einmal 2,6 % der Stimmen und war anschließend mit lediglich zwölf Abgeordneten im Parlament vertreten. Nur vier Jahre später jedoch war die NSDAP die mit Abstand **stärkste Partei** im Deutschen Reich.

Hervorgegangen ist die NSDAP aus der **Deutschen Arbeiterpartei** (DAP), die am 5. Januar 1919, also kurz nach Ende des Ersten Weltkriegs, in München vom Werkzeugschlosser Anton Drexler gegründet wurde. **Adolf Hitler** trat ihr im Herbst gleichen Jahres bei und übernahm schon im Sommer 1921 den **Parteivorsitz**. Durch seine Fähigkeit, Zuhörer in seinen Bann zu ziehen, sorgte er für die wachsende Bekanntheit der Partei, die im Februar 1920 in **Nationalsozialistische Deutsche Arbeiterpartei** (NSDAP) umbenannt wurde und ein eigenes Parteiprogramm („25-Punkte-Programm") erhielt. Hitler wurde schnell zu einer Lokalgröße, da er Säle und Hallen durch sein **Rednertalent** und die geschickte **Inszenierung von Massenveranstaltungen** zu füllen wusste. Anfangs begriff er sich als **„Trommler"** für eine nationale „Erlöserfigur"; mit der Zeit gewann er aber durch die wachsende Anhängerschaft in Bayern großes Selbstvertrauen, sodass er sich schließlich selbst als dieser **„Führer"** sah. Auftrieb bekam diese Idee durch den Triumph der Faschisten in Italien: Dort demonstrierte der **„Duce" Benito Mussolini** im Oktober 1922 durch den **„Marsch auf Rom"** seinen Machtanspruch und wurde vom italienischen König mit der Regierungsbildung beauftragt.

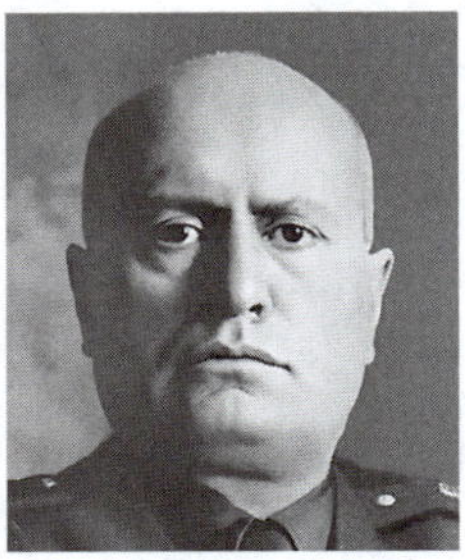

Benito Mussolini (1883–1945): Anführer der Nationalfaschistischen Partei (PNF = Partito Nazionale Fascista), 1922–1943 italienischer Ministerpräsident

→ **Hitler-Putsch** vgl. S. 173 f.

Im Krisenjahr der Weimarer Republik 1923 entschlossen sich Hitler und seine Anhänger, den **Putsch** zu wagen und die **„nationale Revolution"** auszurufen: Am 8. November 1923 stürmten sie eine Versammlung bürgerlich-nationalistischer Kreise im Münchner Bürgerbräukeller und erklärten die „Regierung der Novemberverbrecher in Berlin" für abgesetzt. Als sich das Scheitern des Putsches abzeichnete, sollte ein Zug durch München die Entwicklung noch wenden; der **„Marsch zur Feldherrenhalle"** wurde jedoch von der Polizei mit Gewalt gestoppt. Dabei kamen vier Polizisten und 16 Nationalsozialisten ums Leben. Hitler floh zur Familie eines Unterstützers an den Staffelsee, wo er verhaftet wurde. Damit hätte seine politische Karriere zu Ende sein können: Auf Hochverrat stand eine hohe Gefängnisstrafe; außerdem wäre Hitler als österreichischer Staatsbürger auszuweisen gewesen. Während der Verhandlung vor dem bayerischen Volksgerichtshof (ab Februar 1924) boten die nationalkonservativ gesinnten Richter ihm jedoch eine Bühne für die Rechtfertigung des Putschversuchs und sprachen von einem „reinen vaterländischen Geist" und von „Selbstaufopferung für die Idee, die ihn beseelte". Schließlich wurde Hitler nur zu einer geringen Haftstrafe von fünf Jahren verurteilt und bereits nach acht Monaten wegen guter Führung vorzeitig entlassen. Während der Haftzeit in Landsberg am Lech empfing er Förderer aus der besseren Münchner Gesellschaft und diktierte seinem Privatsekretär **Rudolf Heß** sein Werk **„Mein Kampf"**.

Rudolf Heß (1894–1987): 1920 Eintritt in die NSDAP, 1923 Beteiligung am Hitler-Putsch, 1933–1941 „Stellvertreter des Führers"

1.2 Neugründung 1925 und Organisation als „Führerpartei"

Nach Hitlers Entlassung wurde die vorübergehend verbotene NSDAP im Februar 1925 im Münchner Bürgerbräukeller **neu gegründet** und nun konsequent als **„Führerpartei"** organisiert. Dabei setzte sich Hitler 1926 gegen den Parteiflügel um Gregor Strasser durch, der zwischenzeitlich an Einfluss gewonnen hatte. Die NSDAP war fortan umfassend auf Hitler ausgerichtet; der systematisch betriebene **Führerkult** wurde z. B. in dem für alle Mitglieder verpflichtenden Gruß „Heil Hitler" und der Umbenennung des NS-Jugendverbands in „Hitlerjugend" deutlich. Durch eine **straffere**, deutschlandweite innerparteiliche **Organisationsstruktur** und die Gründung von nationalsozialistischen Berufsverbänden und Sonderorganisationen schuf die NSDAP zudem die Voraussetzungen, in unterschiedliche gesellschaftliche Bereiche vorzudringen und weitere Bevölkerungskreise für sich zu gewinnen.

Gregor Strasser (1892–1934): 1928 Reichsorganisationsleiter der NSDAP, sozialreformerische Wirtschaftsideen, ideologische Differenzen mit Hitler, am 30. Juni 1934 ermordet

ZITAT

Der Journalist Sebastian Haffner über Hitlers Organisationstalent[1]

Eins hätte [...] den Beobachtern und Beurteilern Hitlers auch schon vor 1933 außer seiner Redegewalt auffallen müssen [...]: nämlich sein Organisationstalent, genauer gesagt, seine Fähigkeit, sich leistungsfähige Machtapparate zu schaffen und sie zu beherrschen. Die NSDAP der späten zwanziger Jahre war ganz und gar Hitlers Schöpfung; und sie war als Organisation jeder anderen Partei bereits überlegen, ehe sie, in den frühen dreißigern, Wählermassen hinter sich zu bringen begann. [...] Sie gehorchte nur *einem* beherrschenden Willen [...] und sie war bis in die kleinsten Gliederungen hinunter voller Kampfeifer, eine dampfende und stampfende Wahlkampfmaschine [...].

Dies entsprach der neuen Taktik der Nationalsozialisten: Hitler hatte aus dem gescheiterten Putsch von 1923 die Lehre gezogen, dass es nicht Erfolg versprechend war, mit Gewalt gegen die Weimarer Republik vorzugehen, weil das Bürgertum diese Methode größtenteils ablehnte und die staatliche Ordnung grundsätzlich von Polizei und Reichswehr geschützt wurde. Fortan wollte man die Macht in Deutschland auf **legalem Wege** – durch den Gewinn von Wählerstimmen und Mehrheiten in den Parlamenten – erringen **(„Legalitätstaktik")**. Das Ziel, die Demokratie abzuschaffen und eine **Führerdiktatur** zu errichten, blieb aber unverändert bestehen.

ZITAT

Joseph Goebbels zur Taktik der Nationalsozialisten in der NS-Zeitschrift „Der Angriff" vom 30. April 1928[2]

Wir gehen in den Reichstag hinein, um uns im Waffenarsenal der Demokratie mit deren eigenen Waffen zu versorgen. Wir werden Reichstagsabgeordnete, um die Weimarer Gesinnung mit ihrer eigenen Unterstützung lahmzulegen. Wenn die Demokratie so dumm ist, uns für diesen Bärendienst Freifahrkarten und Diäten zu geben, so ist das ihre eigene Sache. […] Uns ist jedes gesetzliche Mittel recht, den Zustand von heute zu revolutionieren. […] Wir kommen nicht als Freunde, auch nicht als Neutrale. Wir kommen als Feinde! Wie der Wolf in die Schafherde einbricht, so kommen wir.

Joseph Goebbels (1897–1945): ab 1926 Leitung der NSDAP in Berlin, ab 1927 Herausgabe der NS-Propagandazeitung „Der Angriff", ab 1933 Reichspropagandaminister

1.3 Der Weg der NSDAP zur Macht 1930–1933

→ **Endphase der Weimarer Republik** vgl. S. 180 ff.

Als der Reichstag mitten in der **Weltwirtschaftskrise** im September 1930 neu gewählt wurde, konnte die NSDAP völlig überraschend einen Stimmenanteil von **18,3 %** erzielen und war somit nach der SPD zweitstärkste Kraft im Parlament. Sie wurde überdurchschnittlich von Menschen gewählt, die sich angesichts der Krise existenziell bedroht fühlten, darunter Angehörige des gewerblichen Mittelstands und des Bürgertums sowie Landwirte. Unter ihren Wählern waren auch Vertreter der Arbeiterschaft. Die große Mehrheit der Arbeiter – vor allem die gewerkschaftlich organisierten – votierte aber für SPD oder KPD.

Obstruktionspolitik: bewusste Behinderung der parlamentarischen Arbeit

→ **Young-Plan** vgl. S. 177

Anschließend betrieb die NSDAP eine extreme **Obstruktionspolitik** und scheute sich nicht, sogar mit dem ideologischen Gegner, der KPD, gegen die Regierung zu stimmen. Innerhalb des rechten Spektrums hatte die NSDAP schon 1929 mit der DNVP und dem Stahlhelm ein letztendlich erfolgloses **Volksbegehren gegen den Young-Plan** initiiert, das Hitler Zulauf im rechten Lager verschaffte. Darüber hinaus profitierte sie vom Treffen rechter Gruppierungen in Bad Harzburg im Oktober 1931

(**„Harzburger Front“**), das der DNVP-Vorsitzende und Medienmogul **Alfred Hugenberg** organisiert hatte; fortan kam die NSDAP in den Genuss der wohlwollenden Berichterstattung der Hugenberg-Medien.
Bei der **Reichspräsidentenwahl** im Frühjahr 1932 trat auch Hitler an: Zwar verlor er im zweiten Wahlgang gegen Hindenburg, erreichte aber immerhin 36,8 %. Im Juli 1932 bekam die NSDAP bei der Reichstagswahl **37,3 %** der Stimmen und war somit stärkste Kraft im Parlament. Hindenburg hatte aber starke Vorbehalte gegen den „böhmischen Gefreiten“ Hitler, der wiederum nicht Juniorpartner und Mehrheitsbeschaffer in einer von Papen geführten Regierung sein wollte. Als im November 1932 erneut Reichstagswahlen durchgeführt wurden, verlor die NSDAP über 4 % der Stimmen und schien trotz der Tatsache, dass sie noch mit Abstand die stärkste Partei war, an Bedeutung zu verlieren.
Nachdem Schleicher Anfang Dezember 1932 Reichskanzler geworden war, begann Papen gegen den neuen Regierungschef zu intrigieren, um wieder an die Macht zurückzukehren. Dabei waren er und sein reaktionär-autoritär gesinnter Kreis bereit, Hitler als Regierungschef zu akzeptieren. Schließlich ließ sich der Reichspräsident von Papen und anderen Vertrauten (**„Hindenburg-Kamarilla“**) überreden, Hitler zum Reichskanzler zu ernennen und ihm die **Macht** in Deutschland **zu übertragen**. Dabei glaubte man, die Nationalsozialisten in einer konservativen Regierung **„zähmen“** zu können. Da das neue Kabinett neben Hitler nur zwei weitere Nationalsozialisten gegenüber acht Konservativen vorsah, meinte man, Hitler auf diese Weise „eingerahmt“ zu haben. Bekannt ist hier Papens Fehleinschätzung: „In zwei Monaten haben wir Hitler in die Ecke gedrückt, dass er quietscht.“ Das **„Zähmungskonzept“** war aber von Anfang an zum Scheitern verurteilt und letztendlich eine an der Realität vorbeigegehende **Fehleinschätzung**; schließlich hatte Hitler, charismatischer Anführer einer Massenpartei, über seinen Putschversuch von 1923 hinaus immer wieder seine Entschlossenheit zum Ausdruck gebracht, die Weimarer Demokratie zu zerschlagen.
Letztlich hat eine kleine Gruppe, die der Demokratie von Weimar ablehnend gegenüberstand und ein autoritäres Staatswesen bevorzugte, in der Hoffnung auf eigenen Machterhalt einen Mann an die Spitze der Regierung gebracht, der aus seinen politischen Zielen – der Beseitigung der Weimarer Republik, der Vernichtung politischer Gegner und der Errichtung einer schrankenlosen NS-Herrschaft – nie einen Hehl gemacht hat. Der 30. Januar 1933 markiert den **Beginn einer zwölfjährigen Diktatur**, die das dunkelste Kapitel der Menschheitsgeschichte darstellt und Millionen Menschen das Leben kosten sollte.

Alfred Hugenberg (1865–1951): Mitbegründer des Alldeutschen Verbands, Besitzer des mächtigen Hugenberg-Konzerns, ab 1928 Vorsitzender der DNVP, im Kabinett Hitler 1933 Minister für Wirtschaft, Landwirtschaft und Ernährung

„böhmischer Gefreiter“: Hindenburg sah in Hitler den Anführer einer vulgären Massenpartei, der zudem im Ersten Weltkrieg nur Gefreiter gewesen war. Deshalb bezeichnete er Hitler herablassend als „böhmischen Gefreiten“, wobei er dessen Geburtsort Braunau am Inn mit der in Böhmen gelegenen Stadt Braunau verwechselte.

2 Der Prozess der „Machtergreifung" 1933/34

2.1 Die Bedeutung des 30. Januar 1933

Wilhelmstraße: Straße in Berlin, in der sich bis heute Ministerien und andere wichtige politische Einrichtungen befinden

Um Hitlers Ernennung zum Reichskanzler zu feiern, inszenierten die Nationalsozialisten am Abend des 30. Januar 1933 einen großen Fackelzug: Dabei marschierten SA-, SS- und Stahlhelm-Verbände durch das Brandenburger Tor und vorbei am Reichskanzlerpalais in der Berliner Wilhelmstraße, Hitlers neuem Dienstsitz. Dieses Ereignis führte vor Augen, dass es sich nicht um einen Regierungswechsel handelte, wie er zuvor in der Weimarer Republik so häufig vorgekommen war, sondern um den **Anbruch einer neuen Zeit**. Die Marschkolonnen sollten Ausdruck der **dynamischen Kraft** der NS-Bewegung und einer von ihr durchgeführten **„nationalen Erhebung"** sein.

ZITAT

Der französische Botschafter André François-Poncet in seinen Erinnerungen über den Fackelzug der Nationalsozialisten am Abend des 30. Januar 1933[3]

In dichten Kolonnen, mit Musikkapellen, die militärische Weisen spielen, im dumpfen Wirbel ihrer großen Trommeln, tauchen sie aus den Tiefen des Tiergartens auf, ziehen unter der Siegesgöttin des Brandenburger Tores hindurch. Die Fackeln bilden einen einzigen Feuerstrom, einen Strom, dessen Wellen ununterbrochen aufeinander folgen, einen schwellenden Strom, der mit herrischer Macht in das Herz der Hauptstadt dringt.

Das Kabinett Hitler am 30. Januar 1933: Hitler in der Mitte, links Hermann Göring, rechts Franz von Papen.

Neben Hitler als Reichskanzler gehörten mit Wilhelm Frick (als Innenminister) und Hermann Göring (als Minister ohne Geschäftsbereich) zwar nur zwei weitere Nationalsozialisten der **„Regierung der nationalen Konzentration"** an; allerdings besaß die NSDAP dadurch die Kontrolle über die Polizei im Reich und auch in Preußen, da Göring im größten deutschen Bundesstaat als kommissarischer Innenminister fungierte. Das Kabinett war jedoch nicht auf lange Dauer geplant: Hitler hatte von Reichspräsident Hindenburg die Zusicherung erhalten, dass der Reichstag aufgelöst werde und **Neuwahlen** stattfinden würden. Mit den staatlichen

Mitteln, die ihm jetzt zur Verfügung standen, wollte er die **absolute Mehrheit** im Parlament erringen und auf diese Weise von dem Kreis, der ihm zur Macht verholfen hatte, unabhängig werden.

info

Begriffe „Machtergreifung" und „Machtübertragung"

Der Begriff „Machtergreifung" wird häufig für eine vom NS-Regime bewusst propagierte Bezeichnung für die Ereignisse des 30. Januar 1933 gehalten. Allerdings haben Hitler und andere NS-Funktionäre eher von „Machtübernahme" gesprochen, um die Legalität des Regierungsantritts zu betonen, oder Formulierungen benutzt, die breite Zustimmung aus der Bevölkerung suggerieren, z. B. „Tag der nationalen Erhebung". Für Hitlers Ernennung zum Reichskanzler passt der Begriff „Machtübertragung" am besten: Er verweist darauf, dass Hitler nicht aus eigener Kraft an die Regierung gelangt ist. „Machtergreifung" ist dagegen gut geeignet, um den dynamisch ablaufenden Prozess zu charakterisieren, der bis August 1934 zur Errichtung der totalitären Diktatur geführt hat.

2.2 Ausbau und Sicherung der Macht 1933/34

Reichstagsbrand und Aufhebung der Grundrechte

Unmittelbar nach Hitlers Ernennung zum Reichskanzler begannen die Nationalsozialisten, ihre Macht sukzessive auszubauen und die **Weimarer Demokratie** Schritt für Schritt zu **beseitigen**. Die von Hindenburg auf Betreiben Hitlers am 4. Februar 1933 erlassene Notverordnung „zum Schutze des Deutschen Volkes" war ein schwerer Eingriff in die Versammlungs- und Pressefreiheit: Mit Begründungen wie „Gefahr für die öffentliche Sicherheit" konnten Versammlungen und das Erscheinen von Zeitungen und Zeitschriften verboten werden. Hitler machte von dieser Möglichkeit sogleich regen Gebrauch, um seine Gegner im Wahlkampf entscheidend einzuschränken. Zudem wurden am 22. Februar 1933 SA-, SS- und Stahlhelm-Mitglieder zu Hilfspolizisten ernannt. Auch erklärte Göring, dass er den rücksichtlosen Einsatz von Schusswaffen gegen Feinde der Regierung ausdrücklich billige. Viele Bürger, die der neuen Regierung kritisch gegenüberstanden, wurden nun verhaftet und in Lagerhallen oder Kellern **(„wilde Konzentrationslager")** körperlich misshandelt, oft mit Todesfolge.

In der Nacht vom 27. auf den 28. Februar 1933 **brannte** der **Reichstag**. Bis heute konnte nicht zweifelsfrei geklärt werden, ob der am Tatort verhaftete holländische Kommunist **Marinus van der Lubbe** hierfür verantwortlich war oder ob die Nationalsozialisten selbst den Reichstag angesteckt hatten und der junge Niederländer nur als Sündenbock diente.

SA = Sturmabteilung: paramilitärische NS-Organisation, 1920/21 gegründet als „Saalschutz" der NSDAP

SS = Schutzstaffel: 1925 als Hitlers Leibgarde gegründet

Hermann Göring (1893–1946): Jagdflieger im Ersten Weltkrieg, 1923 Teilnahme am Hitler-Putsch, 1933 Minister im Kabinett Hitler, 1935 Oberbefehl über die Luftwaffe, 1946 Todesurteil und Selbstmord

Auf jeden Fall erkannte Hitler die Möglichkeiten, die dieses Ereignis bot, und verkündete, dass ein unmittelbar drohender kommunistischer Umsturz rücksichtlos zu bekämpfen sei. Noch am 28. Februar 1933 wurde vom Reichspräsidenten die „Verordnung zum Schutz von Volk und Staat" **(„Reichstagsbrandverordnung")** erlassen, welche die **Aufhebung bestimmter Grundrechte** vorsah: So wurden die Vereinigungs-, Versammlungs- und Meinungsfreiheit außer Kraft gesetzt, zudem konnten nun Hausdurchsuchungen und Festnahmen ohne Durchsuchungs- bzw. Haftbefehl vorgenommen werden. In der Folge wurde die KPD verboten; ihre Mitglieder wurden verhaftet, misshandelt und oft ermordet. Angesichts der Aufhebung von Grundrechten und der massiven Verfolgung von politischen Gegnern kann man die **Reichstagswahlen vom 5. März 1933** nicht mehr als frei bezeichnen. Unter diesen Umständen ist es fast erstaunlich, dass die NSDAP lediglich 43,9 % der Stimmen errang und die angestrebte absolute Mehrheit verfehlte. Letztendlich verfügten die Nationalsozialisten nur mit der „Kampffront Schwarz-Weiß-Rot" (DNVP und Stahlhelm, 8 %) über die Mehrheit im Reichstag.

Marinus van der Lubbe (1909–1934): 1933/34 im Reichstagsbrandprozess zum Tode verurteilt und hingerichtet

Der „Tag von Potsdam"

Garnisonkirche Potsdam: im 18. Jahrhundert als Hof- und Garnisonkirche erbaut, Grabstätte der Hohenzollern (u. a. Friedrichs des Großen), Zerstörung im Zweiten Weltkrieg, Sprengung der Ruine durch das SED-Regime, seit 2004/05 (umstrittener) Wiederaufbau

Am 21. März 1933 fand in der Potsdamer Garnisonkirche ein Staatsakt zur Eröffnung des neu gewählten Reichstags statt. Der **„Tag von Potsdam"** war eine äußerst geschickte Inszenierung der Nationalsozialisten: Durch die Wahl der **Garnisonkirche**, in der die preußischen Könige begraben lagen, wurde der Bezug zur preußischen Tradition hergestellt und geschichtliche Kontinuität vorgetäuscht. In diesem Sinne hatte man auch einen Stuhl für den früheren Kaiser Wilhelm II. freigelassen, was Anhänger der Monarchie als Reverenz an die Hohenzollern deuten konnten. Hitler erschien nicht in Parteiuniform, sondern bürgerlich in Anzug und Zylinder, würdigte Hindenburgs Verdienste und schüttelte dem Reichspräsidenten öffentlichkeitswirksam die Hand. Das Foto von der **tiefen Verbeugung** des Reichskanzlers vor dem greisen Hindenburg, einer Symbolfigur des alten Kaiserreichs, fand große Verbreitung und sollte die **Vereinigung der „jungen Größe mit der alten Kraft"** zum Ausdruck bringen. Auf einer Erinnerungsplakette wurde Hitler in einer Reihe mit Friedrich dem Großen, Bismarck und Hindenburg abgebildet, wodurch er gleichsam in die **Ahnenreihe der großen Deutschen** gestellt wurde.

Die **Propagandaaktion** zielte besonders auf Angehörige des bürgerlichen und konservativen Milieus, die angesichts der Gewaltexzesse gegen politische Gegner irritiert waren. Tatsächlich machte der „Tag von Potsdam“ auch bei Bürgern, die den Nationalsozialismus zuvor kritisch gesehen hatten, einigen Eindruck. Bedeutsam war zudem, dass Hindenburg seine **Vorbehalte gegenüber Hitler aufgab** und in ihm nun den Mann sah, der eine an frühere Zeiten anknüpfende stabile Ordnung jenseits des ungeliebten Parlamentarismus garantieren würde.

Postkarte zum „Tag von Potsdam“: Friedrich der Große, Otto von Bismarck, Paul von Hindenburg, Adolf Hitler

Das „Ermächtigungsgesetz“ vom 23. März 1933

Da das Reichstagsgebäude abgebrannt war, trat das neu gewählte Parlament in der Berliner Kroll-Oper zusammen. Nicht vertreten waren die Abgeordneten der KPD: Sie waren interniert, auf der Flucht, teilweise sogar ermordet worden. Am 23. März 1933 brachten die NS-Machthaber einen Gesetzesvorschlag ein, der vorsah, dass **Gesetze** zukünftig nur **von der Regierung**, ohne Mitwirkung von Reichstag und Reichsrat, **beschlossen** werden konnten. Dies war mit einer Verfassungsänderung verbunden, sodass die Anwesenheit von zwei Dritteln der Abgeordneten und eine Zweidrittelmehrheit an Stimmen nötig waren.

Um dieses Ziel zu erreichen, setzten die Nationalsozialisten gegenüber den Abgeordneten auf Versprechungen und Drohungen; zudem legte Hitler in seiner Rede den Schwerpunkt auf die Möglichkeiten, die eine solche Machtkonzentration in den Händen der Regierung für die Überwindung der nationalen Krise und die Stärkung Deutschlands bieten würde. Um die erforderliche Mindestanzahl an Abgeordneten zu erreichen, setzte die NSDAP durch, dass „unentschuldigt“ fehlende Parlamentarier (gemeint waren die Mitglieder der KPD) als anwesend gezählt wurden. Letztlich gelang es Hitler, bis auf eine Ausnahme die Zustimmung der noch im Reichstag vertretenen Parteien zu erreichen: 444 Abgeordnete stimmten für das Gesetz und somit für die **Entmachtung des Reichstags**; lediglich die 94 Abgeordneten der **SPD** votierten dagegen. Ihr Vorsitzender **Otto Wels** hatte kurz zuvor in einer mutigen Rede die Ablehnung seiner Partei begründet.

ZITAT

Otto Wels (1873–1939): ab 1891 SPD-Mitglied, ab 1912 Reichstagsabgeordneter, ab 1919 SPD-Parteivorsitzender, Mitbegründer von „Reichsbanner Schwarz-Rot-Gold" und „Eiserner Front", ab 1933 Aufbau der Sopade, 1939 Tod in Paris

Aus der Rede des SPD-Vorsitzenden Otto Wels zum „Ermächtigungsgesetz" am 23. März 1933 im Reichstag[4]

Freiheit und Leben kann man uns nehmen, die Ehre nicht. [...] Nach den Verfolgungen, die die Sozialdemokratische Partei in der letzten Zeit erfahren hat, wird billigerweise niemand von ihr verlangen oder erwarten können, daß sie für das hier eingebrachte Ermächtigungsgesetz stimmt. Die Wahlen vom 5. März haben den Regierungsparteien die Mehrheit gebracht und damit die Möglichkeit gegeben, streng nach Wortlaut und Sinn der Verfassung zu regieren. Wo diese Möglichkeit besteht, besteht auch die Pflicht. [...] Kritik ist heilsam und notwendig. Noch niemals, seit es einen Deutschen Reichstag gibt, ist die Kontrolle der öffentlichen Angelegenheiten durch die gewählten Vertreter des Volkes in solchem Maße ausgeschaltet worden, wie es jetzt geschieht, [...] und wie es durch das neue Ermächtigungsgesetz noch mehr geschehen soll. [...] Wir deutschen Sozialdemokraten bekennen uns in dieser geschichtlichen Stunde feierlich zu den Grundsätzen der Menschlichkeit und der Gerechtigkeit, der Freiheit und des Sozialismus. [...] Kein Ermächtigungsgesetz gibt Ihnen die Macht, Ideen, die ewig und unzerstörbar sind, zu vernichten. [...] Das Sozialistengesetz hat die Sozialdemokratie nicht vernichtet. Auch aus neuen Verfolgungen kann die deutsche Sozialdemokratie neue Kraft schöpfen. Wir grüßen die Verfolgten und Bedrängten. Wir grüßen unsere Freunde im Reich. Ihre Standhaftigkeit und Treue verdienen Bewunderung. Ihr Bekennermut, ihre ungebrochene Zuversicht [...] verbürgen eine helle Zukunft.

Gerade die „Reichstagsbrandverordnung" und das „Ermächtigungsgesetz" hatten entscheidende Bedeutung für den Prozess der „Machtergreifung": Durch sie wurden die Grundrechte außer Kraft gesetzt und die Gewaltenteilung zwischen Legislative und Exekutive beseitigt. Innerhalb nur weniger Wochen hatten die Nationalsozialisten eine **Willkürherrschaft** in Deutschland errichtet.

Der Weg zum Einparteienstaat

„Reichsbanner Schwarz-Rot-Gold" (1924): Einsatz für die Weimarer Republik, Nähe zur „Weimarer Koalition" (SPD, DDP, Zentrum)

„Eiserne Front" (1931): Zusammenschluss antifaschistischer Gruppen (z. B. SPD, Gewerkschaften) gegen die Nationalsozialisten

Bereits in den ersten Wochen ihrer Herrschaft machten sich die Nationalsozialisten an die Umsetzung ihres Ziels, die verschiedenen Parteien in Deutschland zu beseitigen. Zuerst traf es die **KPD**, deren Mitglieder bereits kurz nach der NS-Machtübernahme intensiv verfolgt wurden und die ihre Reichstagsmandate und ihr Parteivermögen verlor. Auch gegen die **Sozialdemokraten** ging die NS-Regierung entschlossen vor. Im Frühjahr 1933 wurden die Kampfverbände „Reichsbanner Schwarz-Rot-Gold" und „Eiserne Front" verboten. Die **SPD** blieb vorerst noch bestehen; ihre Reichstagsfraktion bewies am 23. März 1933 Mut und

Rückgrat, als sie gegen das „Ermächtigungsgesetz“ stimmte. Die Verfolgung durch die Nationalsozialisten und innerparteiliche Differenzen begünstigten die frühzeitige Bildung eines **Exilvorstands der SPD** in Prag **(„Sopade“)**. Am 22. Juni 1933 wurde die Partei endgültig von der NS-Regierung **verboten**.

→ **„Sopade“** vgl. S. 231

Im Juni/Juli 1933 lösten sich die noch verbliebenen Parteien selbst auf. Die **Deutsche Staatspartei** (vormals DDP) und die **DVP** hatten ohnehin in den Jahren zuvor immer mehr Wähler verloren und waren der politischen Bedeutungslosigkeit entgegengegangen. Durch das Ende der **DNVP** wurde das völlige Scheitern des „Zähmungskonzeptes“ deutlich. Schließlich gaben auch noch das **Zentrum** und die **BVP** ihre Auflösung bekannt, kurz bevor die Unterzeichnung des Konkordats zwischen NS-Regierung und Vatikan dem politischen Katholizismus endgültig den Boden entzog.

→ **Konkordat Vatikan – NS-Regime** vgl. S. 214

Am 14. Juli 1933 wurde von der NS-Regierung per Gesetz festgelegt, dass fortan nur noch die NSDAP existieren durfte und die Bildung neuer politischer Parteien verboten war. Etwa ein halbes Jahr nach der Machtübertragung an Hitler war Deutschland nun ein **Einparteienstaat**.

Die Beseitigung der Eigenständigkeit der Länder

Ein weiteres Hindernis für den totalen Machtanspruch der Nationalsozialisten stellte die **bundesstaatliche Struktur** des Deutschen Reichs (Föderalismus) dar, die bereits vor der NS-Machtübernahme durch den **„Preußenschlag“** vom 20. Juli 1932 schwer getroffen worden war. Ab März 1933 versuchten die Nationalsozialisten, systematisch die Macht in den Bundesstaaten zu erringen – wie bereits bei der „Reichstagsbrandverordnung“ und dem „Ermächtigungsgesetz“ mit einer Mischung aus Gewalt und scheinbarer Verfassungsmäßigkeit.

→ **„Preußenschlag“** vgl. S. 184

In einer Reihe von Ländern setzten die Nationalsozialisten die dortigen Regierungen stark unter Druck; zur angeblichen „Wiederherstellung der öffentlichen Sicherheit und Ordnung“ (§ 2 der „Reichstagsbrandverordnung“) setzte Reichsinnenminister Frick **Reichskommissare** (anstelle der gewählten Landesregierungen) ein, die Zugriff auf die Polizei hatten. Zwei im März/April 1933 erlassene Gesetze zur „Gleichschaltung der Länder mit dem Reich“ bildeten die Grundlage für die Ernennung von **„Reichsstatthaltern“** (meist NS-Gauleiter), die für die Umsetzung der NS-Politik in den Ländern sorgen sollten. Zudem mussten die jeweiligen Volksvertretungen in den Ländern nach den Ergebnissen der Reichstagswahl vom 5. März 1933 zusammengesetzt werden. Durch das „Gesetz

NS-Gauleiter: Vorsteher eines Gaues (= regionale Organisationseinheit der NSDAP)

über den Neuaufbau des Reichs“ vom 30. Januar 1934 gingen schließlich die Hoheitsrechte der Bundesstaaten auf das Reich über. Somit hörte die **föderalistische Ordnung** endgültig auf zu existieren.

info

„Gleichschaltung“

Im Bereich der Gesetzgebung verwendeten die Nationalsozialisten den Begriff „Gleichschaltung“ erstmals in Verbindung mit der Beseitigung des Föderalismus („Vorläufiges Gesetz zur Gleichschaltung der Länder mit dem Reich“ vom 31. März 1933). Dadurch wurde die Zentralisierung und gewaltsame Durchsetzung des nationalsozialistischen Machtanspruchs auf Länderebene sprachlich verharmlost. Der Begriff erfuhr anschließend eine inhaltliche Ausweitung und bezeichnete allgemein die Anpassung staatlicher, wirtschaftlicher und gesellschaftlicher Einrichtungen an die NS-Ideologie und die Vorgaben der NSDAP.

Die Ausschaltung der Gewerkschaften

Darüber hinaus stellten die **Gewerkschaften** für die Nationalsozialisten einen Machtfaktor dar, der ihrem totalen Herrschaftsanspruch gefährlich werden konnte. Auch bei deren Ausschaltung wandte die NS-Regierung eine Doppelstrategie an: Zunächst wurde der **1. Mai** zum **„Feiertag der nationalen Arbeit“** erklärt; doch schon am nächsten Tag besetzten SA und SS die Einrichtungen der Gewerkschaften, beschlagnahmten deren Vermögen und verhafteten viele Funktionäre. Kurz darauf wurde die **Deutsche Arbeitsfront** (DAF) ins Leben gerufen, in der sowohl Arbeitgeber als auch Arbeitnehmer zusammengeschlossen waren. Die Verhandlung von Tariffragen gehörte nicht zu ihren Aufgaben, sondern oblag zunächst vom NS-Staat eingesetzten „Treuhändern der Arbeit“.

Die „Nacht der langen Messer“ und der Tod Hindenburgs 1934

„Nacht der langen Messer“: wohl im Volksmund gebräuchliche Bezeichnung für eine politische Abrechnung, Begriff für den angeblichen „Röhm-Putsch“, der v. a. in englisch- und französischsprachigen Publikationen benutzt wird, um den mörderischen Charakter der Ausschaltung von SA-Spitze und Regimegegnern zu kennzeichnen

Eine Herausforderung für Hitlers Herrschaft stellte auch die wachsende Unzufriedenheit der **SA unter Ernst Röhm** dar. Diese war der Überzeugung, eine entscheidende Rolle beim Aufstieg der NSDAP gespielt zu haben. Viele Mitglieder waren enttäuscht, dass mit der Machtübernahme keine tiefgreifende soziale Revolution einherging, die die bestehenden Eigentumsverhältnisse geändert und gerade die Lage der einfachen SA-Mitglieder verbessert hätte. Die SA erhoffte sich daher eine Art zweite, **„braune“ Revolution**. Zudem sah Röhm die SA als künftige Armee des NS-Staats, der sich auch die Reichswehr unterzuordnen habe. Für Hitler war dies nicht akzeptabel: Weder wollte er die bürgerlichen Schichten durch eine soziale Revolution gegen sich aufbringen noch einen Konflikt

mit der Reichswehr riskieren, die er zur Umsetzung seiner Eroberungs- und Lebensraumpläne brauchte. Auch musste er befürchten, dass Röhm als innerparteilicher Rivale zu gefährlich werden würde.
Im Frühsommer 1934 entschloss sich Hitler deshalb zum Handeln: Am **30. Juni 1934** ließ er die SA-Führung um Röhm in Bad Wiessee am Tegernsee festnehmen und am gleichen Tag ohne Gerichtsverhandlung erschießen. Außerdem liquidierte man bei dieser Gelegenheit Gegner des Regimes bzw. Personen, mit denen Hitler eine Rechnung offen hatte, u. a. den früheren Reichskanzler von Schleicher, Reichswehrgeneral von Bredow, den innerparteilichen Kritiker Gregor Strasser sowie den früheren bayerischen Generalstaatskommissar von Kahr.
Die NS-Machthaber rechtfertigten ihr Vorgehen mit einem angeblich bevorstehenden Putsch der SA, weshalb bis heute fälschlicherweise die Bezeichnung **„Röhm-Putsch“** im Umlauf ist. Nachträglich wurden die Morde durch das „Gesetz über die Maßnahmen der Staatsnotwehr“ als völlig rechtens dargestellt. Der Staatsrechtler Carl Schmitt verfasste den Aufsatz **„Der Führer spricht das Recht“**, in dem die Legitimität des Vorgehens begründet wurde. Die Folgen der Aktion waren weitreichend:

- In weiten Teilen der Bevölkerung stieg **Hitlers Ansehen** wegen seiner vermeintlichen Bereitschaft, für Ruhe zu sorgen. Vielfach machte sich sogar Erleichterung breit, da die SA als Schlägertruppe bekannt war.
- Die **Reichswehr** hatte bei der Mordaktion nicht nur Hilfe geleistet, sondern auch die Ermordung zweier Generäle (Schleicher, Bredow) hingenommen; zudem profitierte sie selbst von der Ausschaltung der SA. Ihre Bereitschaft zur Unterwerfung unter Hitler war offenkundig geworden.
- Auch aus der **Justiz** kam kein Protest gegen die Ermordung von Menschen ohne Gerichtsverhandlung. Vielmehr wurde die **Willfährigkeit der Justiz** gegenüber dem NS-Regime deutlich. Eine eigenständige Judikative existierte nicht mehr.
- Mit der Ausschaltung der SA begann der **Aufstieg der SS unter Heinrich Himmler**, die sich in den kommenden Jahren zu einem „Staat im Staate“ entwickelte.

Ernst Röhm (1887–1934): 1919/20 Eintritt in die DAP bzw. NSDAP, 1923 Teilnahme am Hitler-Putsch, Anführer der SA

Heinrich Himmler (1900–1945): 1923 Eintritt in die NSDAP und Teilnahme am Hitler-Putsch, ab 1929 Reichsführer der SS, verantwortlich für den Aufbau der Konzentrationslager, die rassenideologische Umsiedlungs- und Verfolgungspolitik und die „Endlösung der Judenfrage“

Am 2. August 1934 starb Paul von Hindenburg. Daraufhin wurde das Amt des Reichspräsidenten mit demjenigen des Reichskanzlers zusammengelegt: Hitler war jetzt **„Führer und Reichskanzler“**; zudem wurden die Soldaten der Reichswehr fortan auf ihn persönlich vereidigt. Mit diesen Maßnahmen war der Prozess der „Machtergreifung“ im Sommer 1934 abgeschlossen: Deutschland war nun eine **totalitäre Diktatur**.

Die NS-„Machtergreifung“ 1933/34

Schritte der „Machtergreifung“		Bedeutung
4. Februar 1933	„Verordnung zum Schutze des Deutschen Volkes“	Einschränkung der Presse- und Versammlungsfreiheit → Mittel zur Behinderung politischer Gegner der NSDAP im Wahlkampf
28. Februar 1933	„Verordnung zum Schutz von Volk und Staat“ („Reichstagsbrandverordnung“)	Aufhebung bestimmter Grundrechte, anschließend massives Vorgehen v. a. gegen Kommunisten
23./24. März 1933	„Ermächtigungsgesetz“	Erlass von Gesetzen durch die Regierung, Aufhebung der Gewaltenteilung zwischen Legislative und Exekutive
März/April 1933	Gesetze „zur Gleichschaltung der Länder mit dem Reich“	faktische Aufhebung der Unabhängigkeit der Bundesstaaten
2. Mai 1933	Zerschlagung der Gewerkschaften, anschließend Gründung der DAF	Ausschaltung der organisierten Arbeiterbewegung
Juni/Juli 1933	Verbot/Selbstauflösung der Parteien	kein Parteienpluralismus mehr, stattdessen Entwicklung zum Einparteienstaat → NSDAP = Staatspartei
14. Juli 1933	„Gesetz gegen die Neubildung von Parteien“	
30. Juni 1934	„Nacht der langen Messer“: Ermordung der SA-Spitze sowie politischer Gegner	Machtsicherung durch Hitler; Willfährigkeit der Justiz („Der Führer spricht das Recht“), Willkür statt Recht
2. August 1934	Tod Hindenburgs, Hitler ab jetzt „Führer und Reichkanzler“, Vereidigung der Reichswehr auf die Person Hitlers	Wegfall des letzten (zumindest noch potenziell vorhandenen) Gegengewichts gegen eine schrankenlose Herrschaft Hitlers → Abschluss der „Machtergreifung“

Merkmale einer totalitären Diktatur

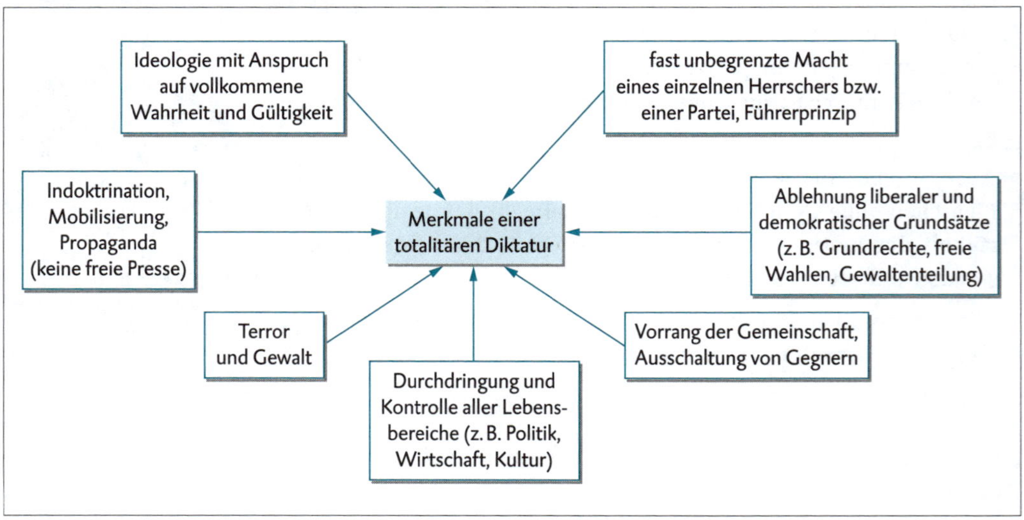

3 Die NS-Ideologie

Das **25-Punkte-Programm** der NSDAP vom 24. Februar 1920 stammt wohl zum größten Teil von Parteigründer **Drexler** und berücksichtigte vorwiegend die Interessen des unteren Mittelstands. 1926 wurden die 25 Punkte zwar als unveränderbar erklärt, doch spielten sie letztendlich keine entscheidende Rolle für die NS-Politik. Es waren vielmehr **Hitlers Überzeugungen**, die die ideologische Ausrichtung der NSDAP wesentlich bestimmten und bis zu seinem Tod 1945 ausschlaggebend waren. Seine Vorstellungen waren nicht neu; vielmehr bediente er sich aus dem „Ideenschutt"[5] (Joachim Fest) des 19. Jahrhunderts. Allerdings steigerte er verschiedene Gedanken ins Extreme und war bereit, diese radikal und systematisch durchzusetzen.

Hitler kam in seiner Wiener Zeit, als er sich als Maler von Postkarten durchschlug, mit **rassistischen, antisemitischen und antidemokratischen Ideen** in Kontakt, die in Österreich-Ungarn um 1900 Hochkonjunktur hatten und in der Folge die Grundlage seines Denkens bildeten. Als er nach seinem gescheiterten Putsch von 1923 seine Haftzeit in Landsberg absaß, verfasste er sein Werk **„Mein Kampf"**, in dem er eine idealisierte Version seines bisherigen Lebenswegs vermittelte und seine grundlegenden politisch-ideologischen Überzeugungen festhielt.

„Mein Kampf": 70 Jahre nach Hitlers Tod (2015) gab das Institut für Zeitgeschichte eine wissenschaftlich kommentierte Neuauflage des Werks heraus. In der Öffentlichkeit wurde der Zweck eines solchen Projekts kontrovers diskutiert.

3.1 Rassenlehre, Antisemitismus, völkischer Nationalismus

Nach Hitlers Auffassung waren Völker und Rassen in sich geschlossene Gruppen bzw. Arten von unterschiedlichem Wert, die nicht miteinander vermengt werden durften. Dabei stellten die **„Arier"** die **wertvollste Rasse** dar, während v. a. Juden und die slawischen Völker zu den **minderwertigen Rassen** zählten. Zwischen den Rassen gebe es einen **ständigen Existenzkampf**, den die „höheren" Rassen gewinnen würden, wenn sie sich „rein" halten und nicht mit „niederen" Rassen vermischen würden. Insgesamt spielten **sozialdarwinistische** Gedanken eine wichtige Rolle, d. h. die Übertragung von Ideen des Briten Charles Darwin – so dessen Vorstellung der natürlichen Auslese in der Natur („Survival of the fittest") – auf die menschliche Sphäre.

Charles Darwin (1809–1882), britischer Naturforscher

Entscheidend mit der NS-Rassenlehre verbunden war der **Antisemitismus**. Judenfeindschaft war in Europa schon lange zu finden. Meist speiste er sich aus dem Unbehagen der christlichen Mehrheitsgesellschaft gegenüber den religiösen, kulturellen und wirtschaftlichen Eigenarten der jüdischen Minderheit, die ein starkes Zusammengehörigkeitsgefühl besaß. Für das Mittelalter und die Frühe Neuzeit kann man von **Antijudaismus** sprechen, da sich die Ablehnung vor allem durch die andersartige Religion erklärte. Ende des 19. Jahrhunderts gewann die Anschauung viele Anhänger, dass die Juden eine eigene, minderwertige Rasse darstellten, deren gesellschaftlicher Einfluss zurückzudrängen sei. Für diese Art der Judenfeindschaft bürgerte sich der Begriff „Antisemitismus“ ein. Hitler radikalisierte diese Idee noch: Seiner Auffassung nach stellten die Juden die minderwertigste Rasse dar, waren die Ursache allen Übels und unterstützten angeblich Prinzipien, die im Gegensatz zur „Arterhaltung“ der höheren Rassen standen, z. B. Pazifismus und Sozialismus. Daher war die Vernichtung der Juden für ihn ein notwendiges Ziel. Auch Hitlers Vorstellung von Nation war untrennbar mit Volk und Rasse verbunden: Eine Nation bestimmte sich in seinen Augen nicht durch die Anerkennung des in einem bestimmten Raum geltenden Rechts und die Gleichheit der Staatsbürger, sondern durch eine angebliche, nicht genau definierte blutsmäßige Verbundenheit **(„völkischer Nationalismus“)**.

ZITAT

Adolf Hitler zur Aufgabe der Politik (1928)[6]

Politik ist die Kunst der Durchführung des Lebenskampfes eines Volkes um sein irdisches Dasein. Außenpolitik ist die Kunst, einem Volke den jeweils notwendigen Lebensraum in Größe und Güte zu sichern. Innenpolitik ist die Kunst, einem Volke den dafür notwendigen Machteinsatz in Form seines Rassenwertes und seiner Zahl zu erhalten.

3.2 „Lebensraum“-Vorstellung

Die NS-Rassenlehre war eng mit der **„Lebensraum“-Idee** verbunden: Der Selbsterhaltungstrieb der Rassen würde den Gewinn von Boden in Auseinandersetzung mit anderen Rassen erfordern. Für Hitler stellte das **deutsche „Herrenvolk“** das Zentrum der „arischen“ Rasse dar. Weil Deutschland aber seiner Ansicht nach überbevölkert sei und die eigene Bevölkerung nicht mehr ernähren könne, müsse dieses Problem durch die **Erweiterung des „Lebensraums“** gelöst werden. Dies sollte nicht durch den Erwerb überseeischer Kolonien, sondern durch die Eroberung von Gebieten in Osteuropa geschehen und auf Kosten der dort lebenden, als minderwertig betrachteten slawischen Völker und „jüdisch-bolschewistischen Untermenschen“ gehen.

3.3 Antikommunismus und Antikapitalismus

Ein aggressiver **Antikommunismus/Antibolschewismus**, der sich in der Verfolgung von Kommunisten im Inland und schließlich auch beim Überfall auf die Sowjetunion zeigte, war ebenso Teil der NS-Weltanschauung wie ein gewisser **Antikapitalismus**. Wegen des Verlaufs der Russischen Revolutionen und der Rolle der extremen Linken nach dem Zusammenbruch des Deutschen Kaiserreichs stieß der militante Antikommunismus der Nationalsozialisten im Bürgertum auf große Zustimmung. Angesichts der wirtschaftlichen Probleme der 1920er-Jahre und der wachsenden Macht großer Konzerne präsentierte sich die NSDAP mit einer kapitalismuskritischen Ausrichtung aber auch als scheinbare Anwältin der „kleinen" Leute. Allerdings wurde die antikapitalistische Programmatik von Hitler immer weniger thematisiert, da er die Unterstützung wirtschaftlich einflussreicher Schichten anstrebte.

3.4 Führerprinzip und „Volksgemeinschaft"

Plakat zur Volksabstimmung 1934 über die Zusammenlegung von Reichskanzler- und Reichspräsidentenamt

Hitler lehnte demokratische Ordnungsvorstellungen völlig ab und bekämpfte die Weimarer Republik mit allen Mitteln. Seine Ansichten standen in krassem Gegensatz zu liberalen Werten sowie den Idealen der Französischen Revolution: „Freiheit, Gleichheit, Brüderlichkeit". In Staat und Gesellschaft sollte vielmehr ein kleiner Kreis, der nach NS-Anschauung zur Regierung befähigt war, über die große Masse herrschen. An der Spitze dieses Systems stand Hitler selbst als der dem deutschen Volk angeblich von der „Vorsehung" gegebene **„Führer"**, dem die „Volksgemeinschaft" Gefolgschaft und absoluten **Gehorsam** zu leisten hatte. Das **Führerprinzip** sollte auf allen Organisationsebenen umgesetzt werden: Wer eine Führungsposition innehatte, war wieder einer höherrangigen Person verantwortlich, bis hin zu Hitler, dem sich alle unterzuordnen hatten. Untrennbar mit dem Führerprinzip (und dessen Inszenierung im Führermythos) verbunden war die von den Nationalsozialisten propagierte Idee der **„Volksgemeinschaft"**. Es handelte sich um ein wirkmächtiges Konzept, das verhieß, dass alle gesellschaftlichen Unterschiede (z. B. soziale Herkunft, Beruf) aufgehoben seien und die gemeinsame Rassenzugehörigkeit eine Gemeinschaft der Gleichen bedeute **(„Inklusion")**. Dabei wurde das „Volk" zur „Bluts-, Schicksals- und Willensgemeinschaft"[7] (Volker Dahm). Gerade der Begriff „Volk" bot die Möglichkeit einer biologisch-sozialdarwinistischen

Interpretation, nachdem er im 19. Jahrhundert zunehmend ethnisch aufgeladen worden war, v. a. in Gemeinschaften, die (noch) nicht über einen Staat verfügten, wie die bis 1871 geteilte Kulturnation Deutschland.

Diese Frauen wurden aus der „Volksgemeinschaft“ ausgestoßen und an den Pranger gestellt.

Zur „Volksgemeinschaft“ durften jedoch nicht alle Deutschen gehören: Wen die Nationalsozialisten als „nichtarisch“ einstuften, darunter v. a. Juden, Slawen, Sinti und Roma, stand **außerhalb der Gemeinschaft**. Dies galt auch für Menschen mit körperlicher oder geistiger Behinderung, Homosexuelle und politische Gegner. Die bewusste Ausgrenzung **(„Exklusion“)** gewisser Gruppen war von Anfang an nicht von der NS-Konzeption der „Volksgemeinschaft“ zu trennen. Durch den Aufbau von Feindbildern sollten der Zusammenhalt der Gemeinschaft gestärkt und deren Mitglieder aufgewertet werden. Zudem profitierten viele „arische“ Deutsche materiell von der Entrechtung und Verfolgung v. a. ihrer jüdischen Mitbürger.

4 Die Inszenierung von „Führer“ und „Volksgemeinschaft“

4.1 Führerkult und Führermythos

Der **Führerkult** war eine Inszenierung, die seit Mitte der 1920er-Jahre geschickt betrieben wurde, als Hitler sich selbst als **„Führer“** und nationaler Retter zu sehen begann. Besonders nach dem Durchbruch der NSDAP zur Massenpartei ab 1930 wurde Hitler von der NS-Propaganda als messianischer Erlöser präsentiert. Dabei nahm die Professionalität der Inszenierung ständig zu. Nach 1933 unterlag die Veröffentlichung von Fotos einer noch stärkeren Kontrolle, um das Bild des über den Niederungen des Alltags stehenden „Führers“ zu verankern. Die Überhöhung Hitlers konnte an Vorbilder in der Vergangenheit anknüpfen, z. B. an den Kult um Otto von Bismarck als „Schmied der deutschen Einheit“ oder die öffentliche Darstellung Kaiser Wilhelms II.

Nach der NS-Ideologie bildeten „Führer“ und „Volksgemeinschaft“ eine Einheit. **„Ein Volk, ein Reich, ein Führer“** lautete die einprägsame Formel, die nach den vielen politischen Konflikten während der Weimarer Republik große Wirkung entfaltete. Hitler selbst bezeichnete sich als Mann ohne Klassen- oder Standeszugehörigkeit, der dem Volk selbstlos diene, um sich so gleichsam als Geschenk der „Vorsehung“ an die Deutschen zu präsentieren.

ZITAT

Gebet für den „Führer“[8]

Führer, mein Führer, von Gott mir gegeben,
beschütz und erhalte noch lange mein Leben!
Hast Deutschland gerettet aus tiefster Not,
Dir danke ich heute mein tägliches Brot.
Bleib lange noch bei mir, verlaß mich nicht,
Führer, mein Führer, mein Glaube, mein Licht!
Heil, mein Führer!

Verschiedene **Medien** spielten für die Verbreitung des Führerkults – wie auch für die Inszenierung der „Volksgemeinschaft“ – eine große Rolle. Bereits seit den 1920er-Jahren vermittelten die Bilder von Hitlers Hoffotografen Heinrich Hoffmann die Botschaft, dass Hitler auserwählt und im Besitz der wahren Erkenntnis sei. Nach der Machtübernahme 1933 nutzten die Nationalsozialisten effektiv das neue Medium **Rundfunk:** Durch den **„Volksempfänger“** wurden Hitler-Reden oder Reportagen von NS-Veranstaltungen bis in die entlegensten Winkel Deutschlands übertragen. Die von Leni Riefenstahl mit modernsten Mitteln gedrehten **Filme** über die Reichsparteitage („Sieg des Glaubens“ 1933, „Triumph des Willens“ 1934) und die Olympischen Spiele 1936 („Fest der Schönheit“, „Fest der Völker“) wurden von vielen Deutschen im Kino gesehen und trugen stark zum Führerkult bei. Zudem boten jedes Jahr verschiedene Großveranstaltungen sowie NS-Feiertage die Möglichkeit, Hitler in Szene zu setzen: Neben den Reichsparteitagen in Nürnberg war z. B. der 9. November als Gedenktag „für die Gefallenen der Bewegung“, die beim Hitler-Putsch 1923 ums Leben gekommenen Nationalsozialisten, von Bedeutung. Neben fortschrittlichen Techniken wurden auch traditionelle Mittel wie die suggestive Untermalung des Geschehens mit Musik und geschickte Bildmontagen wirkungsvoll eingesetzt. Insgesamt rückte die „Mobilisierung gemeinschaftlicher Erlebnisse

Leni Riefenstahl bei den Dreharbeiten zu „Triumph des Willens“ 1934

und Gefühle“[9] (Hans Günter Hockerts) in den Mittelpunkt, welche die Identität des Willens von „Führer“ und Volk vorspiegelte.

Der aus dem Führerkult erwachsende **Führermythos** war zwar nicht der einzig ausschlaggebende Faktor für die langjährige Stabilität der NS-Herrschaft, aber ein sehr bedeutsamer. Die **Loyalität** weiter Bevölkerungskreise Hitler gegenüber ging sogar so weit, dass man angesichts offenkundiger Schattenseiten des Regimes glaubte, zwischen Hitler und anderen NS-Repräsentanten trennen zu können („Wenn das der Führer wüsste!“). Auch als Deutschland bereits in Trümmern lag und die Kriegsniederlage absehbar war, war die Zustimmung zu Hitler immer noch relativ hoch und überdauerte bei manchen sogar noch das Kriegsende.

info

Propaganda im „Dritten Reich“

Für die Kontrolle der öffentlichen Meinung spielte das im März 1933 gegründete „Reichsministerium für Volksaufklärung und Propaganda“ unter Joseph Goebbels eine entscheidende Rolle. Hier wurde festgelegt, was die Deutschen in den Zeitungen zu lesen bekamen, was im Radio gesendet wurde, welche Stücke auf den Bühnen zu sehen waren und welche Filme gedreht wurden. Auf diese Weise wurden das Denken und Fühlen der Mehrheit der Menschen in hohem Maße beeinflusst. Die NS-Propaganda ermöglichte den Machthabern einen umfassenden Zugriff auf die Bevölkerung und stellte dabei das Gegenstück zu Gewalt, Terror und Einschüchterung dar.

4.2 Die Inszenierung der „Volksgemeinschaft“

Eng verbunden mit dem Führerkult war die **Inszenierung der „Volksgemeinschaft“**, welche großen Anklang in der deutschen Bevölkerung fand. Wegen der vielen zur politischen Lähmung führenden Konflikte während der Weimarer Republik hegten viele Bürger den Wunsch nach Ordnung, Übersichtlichkeit und Sicherheit. Die NS-Bewegung, die sich von Anfang an als geschlossene, dynamische Bewegung präsentierte, schien diese Sehnsucht vielfach zu befriedigen. Um diesen Eindruck zu bestärken, überließen die Nationalsozialisten nichts dem Zufall: Unter Berücksichtigung neuester Erkenntnisse der **Massenpsychologie** wurden Veranstaltungen (z. B. die Reichsparteitage in Nürnberg) sorgfältig vorbereitet und wirkungsvoll inszeniert. Fahnen, Musik, die Reihen uniformierter SA- und SS-Einheiten sowie die Ausrichtung des Programms auf Hitlers Einmarsch schufen eine Atmosphäre, die viele in ihren Bann zog. Die Gleichförmigkeit der Massen schien auf die Aufhebung aller sozialen, wirtschaftlichen und politischen Gegensätze zu verweisen.

Masseninszenierung bei den Reichsparteitagen in Nürnberg

Das von den Nationalsozialisten angestrebte Aufgehen des Einzelnen in der „Volksgemeinschaft“ wurde bei der Mehrheit des Volks nicht als bedenkliche Aufgabe der eigenen Individualität und Denkfähigkeit, sondern als Ausdruck von Einigkeit und Hingabe gesehen. Da in Wirklichkeit die in der Gesellschaft existierenden Gegensätze bestehen blieben, versuchten die Machthaber, für sie gefährliche kritische Haltungen zu verhindern, u. a. durch das dichte Netz von Feiern und Massenfesten (z.B. „Tag der nationalen Erhebung“ am 30. Januar, Hitlers Geburtstag am 20. April), die intensive Gemeinschaftserlebnisse schaffen sollten.

4.3 Erfassung und Kontrolle durch Massenorganisationen

Der totalen Erfassung und Kontrolle der Bevölkerung in allen Lebensbereichen diente – neben dem Einsatz von Propaganda und Terror – auch eine Reihe von **NS-Massenorganisationen**. Diese sollten die verschiedenen Teile der Gesellschaft und Berufsgruppen an das NS-Regime binden. Dazu gehörten z. B. die Hitlerjugend, die Deutsche Arbeitsfront und der Nationalsozialistische Deutsche Studentenbund.

Deutsche Arbeitsfront (DAF) und „Kraft durch Freude“

Nach ihrer Zerschlagung im Mai 1933 wurden die Gewerkschaften zwangsweise in die **Deutsche Arbeitsfront** integriert, in der Arbeitgeber und Arbeitnehmer fortan gemeinsam organisiert waren. In Unternehmen gab es nun keine Betriebsräte mehr, die die Interessen der Arbeiter vertreten konnten; zudem wurden die Löhne zunächst von „Treuhändern der Arbeit“, ab 1934 von „Betriebsführern“, den Arbeitgebern, festgelegt. Den Verlust von Arbeitnehmerrechten versuchte das NS-Regime zu kaschieren, indem es z. B. den Begriff „Arbeiter“ rhetorisch aufwertete und verschiedene Berufsgruppen als **„Arbeiter der Faust“** bzw. **„Arbeiter der Stirn“** einordnete. Zudem organisierte das **Winterhilfswerk** Sammelaktionen für „bedürftige Volksgenossen“ und öffentlichkeitswirksame „Eintopfsonntage“, wodurch der Anschein einer deutschen Solidargemeinschaft erweckt wurde. Auch die Angebote der äußerst populären DAF-Teilorganisation **„Kraft durch Freude“** (KdF) wie preisgünstige Reisen und vielfältige Freizeitmöglichkeiten verstärkten dieses Empfinden.

Propagandaplakat der DAF (1933)

Die Hitlerjugend und der Reichsarbeitsdienst

Eine besonders wichtige Rolle spielte der Zugriff des Regimes auf die Heranwachsenden. Die **Hitlerjugend** (HJ) wurde 1926 als Jugendorganisation der NSDAP gegründet. 1933 wurde sie in Deutsches Jungvolk (für 10- bis 14-jährige Jungen) und HJ (für 14- bis 18-jährige Jungen) bzw. Jungmädelbund (für 10- bis 14-jährige Mädchen) sowie Bund Deutscher Mädel (für 14- bis 18-jährige Mädchen) aufgeteilt.

Zu ihrem Angebot gehörten regelmäßige Zusammenkünfte, Sportfeste, Tagesfahrten und Zeltlager. Darüber hinaus war die Mitgliedschaft in der HJ für viele junge Menschen wegen des Prinzips **„Jugend muss von Jugend geführt werden“** attraktiv: Die gemeinsamen Unternehmungen verhießen einen scheinbaren Ausbruch aus der oft als reglementierend empfundenen Erwachsenenwelt. In Wahrheit wurden die Jugendlichen jedoch immer stärker gedrillt, indoktriniert und manipuliert. Es gab aber stets auch Jugendliche, die sich dieser angestrebten Unterwerfung verweigerten. Nach der Machtübernahme wurde die HJ zur **Staatsjugend**. Das „Gesetz über die Hitlerjugend“ vom 1. Dezember 1936 übertrug der Organisation die alleinige Zuständigkeit für die „körperlich[e], geistig[e] und sittlich[e]“ Erziehung der Jugend abseits von Schule und Elternhaus. Ab 1939 war eine Mitgliedschaft verpflichtend.

Werbeplakat für die HJ

ZITAT

Hitler über die Erziehung der deutschen Jugend (2. Dezember 1938)[10]

Diese Jugend, die lernt ja nichts anderes als deutsch denken, deutsch handeln, und wenn nun diese Knaben mit zehn Jahren in unsere Organisation hineinkommen und dort oft zum erstenmal überhaupt eine frische Luft bekommen und fühlen, dann kommen sie vier Jahre später vom Jungvolk in die Hitler-Jugend, und dort behalten wir sie wieder vier Jahre. Und dann geben wir sie erst recht nicht zurück in die Hände unserer alten Klassen- und Standes-Erzeuger [...], sondern dann nehmen wir sie sofort in die Partei, in die Arbeitsfront, in die SA oder in die SS [...]. Und wenn sie dort zwei Jahre oder anderthalb Jahre sind und noch nicht ganze Nationalsozialisten geworden sein sollten [...], dann kommen sie in den Arbeitsdienst [...]. Und was dann nach sechs oder sieben Monaten noch an Klassenbewußtsein oder Standesdünkel da oder da noch vorhanden sein sollte, das übernimmt dann die Wehrmacht zur weiteren Behandlung auf zwei Jahre [...], und wenn sie nach zwei, drei oder vier Jahren zurückkehren, dann nehmen wir sie, damit sie auf keinen Fall rückfällig werden, sofort wieder in die SA, SS und so weiter, und sie werden nicht mehr frei ihr ganzes Leben. [...]

Für das Regime spielte die fast vollständige Erfassung der Jugend eine wichtige Rolle: Man konnte die Heranwachsenden konstant **indoktrinieren** sowie das Führerprinzip und die Bereitschaft zur Unterordnung einüben; zudem wurden die Jungen durch wehrsportliche Aktivitäten auf den Militärdienst vorbereitet. Insgesamt wurden die Bedeutung von Familie und Schule im Bereich der Erziehung gemindert und der **Einfluss der Partei intensiviert**.

info

Reichsarbeitsdienst (RAD)

1935 wurde die allgemeine Arbeitsdienstpflicht (z. B. Einsatz als Erntehelfer, im Straßen-/Autobahnbau) für junge Männer zwischen 18 und 25 Jahren, nach Kriegsbeginn 1939 auch für junge Frauen eingeführt. Diente der RAD anfangs primär der Verringerung der Jugendarbeitslosigkeit, rückten im Laufe der Zeit die körperliche Ertüchtigung und politische Indoktrination in den Vordergrund. Durch die Dienstpflicht unabhängig von der sozialen Herkunft und das Motto „Arbeit für dein Volk adelt dich selbst“ wurden die Einheit des Volks und eine klassenlose Gesellschaft propagiert. Gleichzeitig gab es aber eine straffe Hierarchie nach dem Prinzip von Befehl und Unterordnung. Nach Ableistung des RAD wurden die jungen Männer meist in die Wehrmacht aufgenommen.

5 NS-Wirtschaftspolitik

NS-Wahlplakat 1932: „Unsere letzte Hoffnung – Hitler“

Die 1929 einsetzende Weltwirtschaftskrise und die damit verbundene Massenarbeitslosigkeit in Deutschland waren wichtige Gründe für das Erstarken der NSDAP gewesen. Für viele Menschen schien Hitler angesichts der **desaströsen wirtschaftlichen Lage** die „letzte Hoffnung“ zu sein, wie auf einem NS-Wahlplakat von 1932 wirkungsvoll verkündet wurde. Aus diesem Grund waren wirtschaftliche Verbesserungen für die Nationalsozialisten nach ihrer Machtübernahme von großer Bedeutung. Dabei konnte das NS-Regime auf Pläne der Reichsregierungen von 1932, darunter auf ein Sofortprogramm der Regierung Schleicher zur Förderung der Arbeitsbeschaffung, zurückgreifen. Außerdem wurden durch die beiden **„Reinhardt-Programme“** 1933 etwa 1,5 Milliarden Reichsmark für arbeitsintensive Projekte zur Verfügung gestellt. Im September 1933 gab das NS-Regime mit großem propagandistischen Getöse den Startschuss für den Bau eines Autobahnnetzes, dessen Planung aber auf die Zeit vor der NS-Machtübernahme zurückging.

Hjalmar Schacht (1877–1970): 1933–1939 Reichsbankpräsident, 1946 beim Nürnberger Hauptkriegsverbrecherprozess freigesprochen

Wechsel: Wertpapier, das sowohl als Zahlungs- als auch Kreditmittel fungiert

Von wesentlich größerer Bedeutung für den massiven Rückgang der Arbeitslosigkeit war das 1933 beschlossene **Aufrüstungsprogramm**, für das innerhalb von acht Jahren 35 Milliarden Reichsmark ausgegeben werden sollten. Da die Finanzierung über Steuern die Bürger schwer belastet und die Aufnahme herkömmlicher Kredite die Pläne der Nationalsozialisten ans Tageslicht gebracht hätte, folgte das NS-Regime einer Idee von Reichsbankpräsident **Hjalmar Schacht** und finanzierte die intensive Aufrüstung zu einem großen Teil über **„Mefo-Wechsel“**: Firmen, die Rüstungsgüter für den NS-Staat herstellten, wurden über eine Schattenfirma namens „Metallurgische Forschungsgesellschaft“ mit Wechseln bezahlt, die nach einer bestimmten Laufzeit bei der Reichsbank eingelöst werden konnten. Die auf diese Weise finanzierten Rüstungsausgaben erschienen nicht im normalen Haushalt. Allerdings mussten die enormen Summen irgendwann vom Staat zurückgezahlt werden. Vor diesem Hintergrund wurde vom NS-Regime von Anfang an damit kalkuliert, dass man bald Krieg führen und die besiegten Gegner für die Schulden aufkommen lassen würde. Krieg war also nötig, um einem in relativ kurzer Zeit drohenden Staatsbankrott zuvorzukommen.

Die **Überwindung der Massenarbeitslosigkeit** und der scheinbare wirtschaftliche Aufschwung spielten vor allem in der Anfangsphase eine große Rolle für die **wachsende Loyalität** vieler Menschen, selbst wenn sie dem Regime vorher ablehnend oder distanziert gegenübergestanden hatten. In ihren Augen war die NS-Wirtschaftspolitik erfolgreich, weil die Arbeitslosenzahl, die 1932 noch bei über 5 Millionen gelegen hatte, sich bis ins Jahr 1935 halbierte und kurz darauf nahezu Vollbeschäftigung erreicht wurde. Hier ist aber anzumerken, dass für diese Entwicklung u. a. auch die allgemeine Erholung der Weltwirtschaft ab 1932 eine Rolle spielte. Außerdem war nur wenigen Deutschen klar, dass der Aufschwung vorwiegend durch Verschuldung finanziert war und Hitler zielstrebig auf einen Krieg zusteuerte.

Staatliche Investitionen 1928–1938

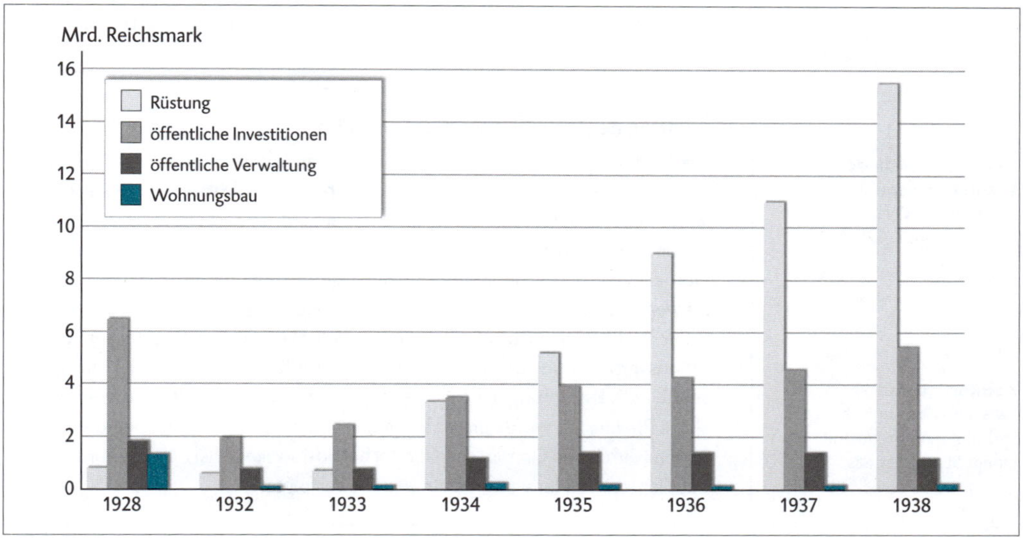

6 NS-Außenpolitik 1933–1939

6.1 Janusköpfige Ausrichtung der NS-Außenpolitik

Vielen Beobachtern fiel es zu Beginn des NS-Regimes schwer, dessen Außenpolitik klar zu beurteilen, da diese sehr widersprüchlich erschien. Während Hitler der Reichswehrführung am 3. Februar 1933 seine wahren Absichten – u. a. Aufbau der Wehrmacht, Gewinnung von **„Lebensraum im Osten"** und dessen **„rücksichtlose Germanisierung"** – offenbarte, zeichnete er am 17. Mai 1933 vor dem Reichstag ein anderes Bild: Seine Regierung strebe **„Frieden und Freundschaft"** an und wolle auf Angriffswaffen verzichten, wenn auch die restliche Welt dies tue. Tatsächlich diente die **Janusköpfigkeit** der frühen NS-Außenpolitik taktischen Zwecken: Die wiederholten Friedensbeteuerungen sollten die NS-Herrschaft im Inneren sichern, da die große Mehrheit der Deutschen

Janusköpfigkeit (Doppelköpfigkeit): Zwiespältigkeit, abgeleitet vom griechischen Gott Janus, der mit zwei Köpfen bzw. einem Doppelgesicht dargestellt wird gegen einen erneuten Krieg war. Hätte Hitler seine eigentlichen Ziele deutlich kommuniziert, hätte dies außerdem die **Entente-Mächte** auf den Plan gerufen und möglicherweise Gegenreaktionen ausgelöst. Darüber hinaus konnte Hitler seine wahren außenpolitischen Ziele zunächst noch hinter der Forderung nach der **Revision des Versailler Vertrags** verbergen und in diesem Zusammenhang die Ausgangsposition für eine aggressive, expansive Politik verbessern. Dies war auch insofern taktisch klug, da die Mehrheit der Deutschen hinter dieser Forderung stand und selbst die westlichen Mächte hierin eine gewisse Berechtigung sahen.

→ **Außenpolitik der Weimarer Republik** (mit Revision des Versailler Vertrags) vgl. S. 175 ff.

info

Revision des Versailler Vertrags von 1919

Die Forderung nach Revision (lat. „revidere“: erneut ansehen, überprüfen) des Versailler Friedensvertrags, die bereits während der Weimarer Republik immer wieder vertreten worden waren, zielte darauf ab, die dort festgeschriebenen Bestimmungen zumindest teilweise rückgängig zu machen. Das Vertragswerk wurde vom Großteil der deutschen Bevölkerung über parteipolitische Lager hinweg als äußerst ungerecht empfunden, besonders der „Kriegsschuldartikel“ 231, die Gebietsabtretungen (v. a. an Polen) und die umfangreichen Reparationsverpflichtungen. Als sich Hitler wiederholt über den Vertrag hinwegsetzte (z. B. Einführung der allgemeinen Wehrpflicht, Einmarsch ins entmilitarisierte Rheinland), wurde dieses Vorgehen von vielen Deutschen begrüßt. Spätestens durch den Einmarsch in die Tschechoslowakei (März 1939) wurde aber deutlich, dass Hitler weitergehende Ziele verfolgte.

Konkordat: Vertrag zwischen der römisch-katholischen Kirche und einem Staat über das gegenseitige Verhältnis

6.2 Stationen der frühen NS-Außenpolitik

Unterzeichnung des Konkordats durch Vizekanzler Franz von Papen und Kardinalstaatssekretär Eugenio Pacelli

Nach Hitlers „Friedensrede“ (Mai 1933) schien außerdem das **Konkordat mit dem Vatikan** vom 20. Juli 1933 auf eine verständigungsbereite Außenpolitik hinzudeuten: In diesem Abkommen versprach die NS-Regierung u. a. die freie Religionsausübung und den Schutz katholischer Einrichtungen und Bekenntnisschulen. Im Gegenzug willigte die katholische Kirche ein, dass sich katholische Geistliche nicht mehr politisch engagieren sollten, was eine starke **Schwächung des politischen Katholizismus** bedeutete.

Im Oktober 1933 verkündete die NS-Regierung, dass Deutschland den **Völkerbund** und die Genfer Abrüstungskonferenz verlassen werde: Man begründete diesen Schritt damit, dass dem Deutschen Reich keine militärische Gleichberechtigung zugestanden werde. In Wahrheit widersprachen Rüstungsbeschränkungen und kollektive Sicherheit Hitlers wahren Zielen. Für viele überraschend kam der Abschluss eines **Nichtangriffspakts mit Polen** im Januar 1934, da man geglaubt hatte, dass Hitler gerade gegen Polen, das durch den Versailler Vertrag ehemals deutsche Gebiete zugesprochen bekommen hatte, aggressiv vorgehen würde. Für Hitler war der Abschluss des Vertrags allerdings nur taktisch begründet; es gab für ihn erst einmal andere außenpolitische Ziele.

→ **Völkerbund** vgl. S. 177

Einen klaren Bruch des Versailler Vertrags stellte die **Einführung der allgemeinen Wehrpflicht** im März 1935 dar. Bei dieser Gelegenheit wurde die Reichswehr auch in **„Wehrmacht"** umbenannt. Großbritannien, Frankreich und Italien bildeten anschließend die **„Stresa-Front"**, um fortan gemeinsam auf weitere Vertragsbrüche Deutschlands zu reagieren. Bald darauf (Juni 1935) unterzeichnete England jedoch ein **Flottenabkommen** mit dem Deutschen Reich: Durch die Festlegung von Stärkeverhältnissen bei Flotte (35:100) und U-Booten (45:100) wurden die militärischen Bestimmungen des Versailler Vertrags missachtet. Hitler fühlte sich so sicher, dass er im März 1936 den **Einmarsch der Wehrmacht ins entmilitarisierte Rheinland** befahl und somit neben dem Versailler Vertrag auch gegen die Verträge von Locarno (1925) verstieß. Während Hitlers Ansehen im Inneren enorm stieg, unternahmen England und Frankreich nichts gegen diesen erneuten Vertragsbruch.

→ **Verträge von Locarno** vgl. S. 177

Die **Olympischen Spiele 1936** in Berlin boten dem Regime wiederum die Möglichkeit, sich der Weltöffentlichkeit als sportbegeistertes, gastfreundliches Land zu präsentieren. Die Verfolgung jüdischer Bürger und politischer Gegner wurde stark eingeschränkt, sodass sich die ausländischen Besucher in der Illusion wiegen konnten, dass Deutschland noch ein zivilisiertes Land sei.

offizielles Plakat der **Olympischen Spiele 1936**

6.3 Übergang zur offenen Aggression und Expansion

Bei einem Treffen mit den Oberkommandierenden von Heer, Luftwaffe und Marine sowie Reichskriegsminister Werner von Blomberg und Außenminister Konstantin von Neurath am 5. November 1937 legte Hitler seine grundlegenden Ansichten zur Außenpolitik dar. Wie der von Oberst Friedrich Hoßbach angefertigten **„Hoßbach-Niederschrift"** zu entnehmen ist, plante er für die nahe Zukunft den Angriffskrieg im

„Hoßbach-Niederschrift": 1945/46 wichtiges Beweisstück bei den Nürnberger Prozessen (v. a. gegen die Hauptkriegsverbrecher) → vgl. S. 242

Osten und stellte Überlegungen zur möglichen Reaktion anderer Staaten, besonders der Großmächte Großbritannien und Frankreich, an. Zudem sei die Niederwerfung Österreichs und der Tschechoslowakei aus militärpolitischen Gründen wichtig.

Der „Anschluss" Österreichs

Für Hitler war der **„Anschluss" Österreichs** an das Deutsche Reich ein wichtiger Schritt hin zur Schaffung eines Europa dominierenden „großgermanischen" Reichs. Durch ein Abkommen im Juli 1936 hatte die NS-Regierung zwar die österreichische Souveränität anerkannt und zugesagt, sich nicht in dessen Innenpolitik einzumischen; allerdings wurden die **österreichischen Nationalsozialisten** von Berlin aus dazu angeregt, die Lage in Österreich zu destabilisieren.
Als der österreichische Bundeskanzler **Kurt von Schuschnigg** Hitler im Februar 1938 auf dem „Berghof" in Berchtesgaden aufsuchte, musste er ein Abkommen akzeptieren, das den österreichischen Nationalsozialisten freie Betätigungsmöglichkeiten und den Eintritt in die Regierung einbrachte. Auf dieser Grundlage wurde der Nationalsozialist **Arthur Seyß-Inquart** österreichischer Innenminister. Schuschnigg setzte zwar noch eine Volksabstimmung über die Unabhängigkeit Österreichs an, sagte diese aber nach deutschen Drohungen ab und trat am 11. März 1938 zurück; sein Nachfolger wurde Seyß-Inquart. Am folgenden Tag überschritten deutsche Truppen die Grenze und wurden mit großem Jubel begrüßt. Angesichts der euphorischen Begeisterung beschloss Hitler, gleich den völligen „Anschluss" Österreichs zu vollziehen, was er bei seinem Auftritt auf dem Wiener Heldenplatz am 15. März 1938 verkündete. In einer Volksabstimmung befürworteten nach offiziellen Angaben über 99 % der Österreicher die Vereinigung mit Deutschland.

„Anschluss" Österreichs: Hitlers Einzug in Wien

Die Zerschlagung der Tschechoslowakei

Hitlers nächstes Ziel war die **Tschechoslowakei**, die nach dem Ersten Weltkrieg und dem Zusammenbruch Österreich-Ungarns als eigenständiger Staat entstanden war. Dort lebten neben Tschechen, Slowaken, Polen, Ungarn und Ukrainern auch rund 3 Millionen **„Sudetendeutsche"**, deren Interessen die Sudetendeutsche Heimatfront (später: Sudentendeutsche Partei, **SdP**) zu vertreten beanspruchte. Unter ihrem Vorsitzenden **Konrad Henlein** näherte sich die SdP immer stärker der NSDAP an. Bei einem Treffen im Frühjahr 1938 kamen Hitler und Henlein überein, unerfüllbare Forderungen an die Regierung in Prag zu stellen; diesem Vorhaben entsprach auch das „Karlsbader Programm" der SdP mit weitgehenden Autonomieforderungen. Von deutscher Seite aus wurden die Spannungen in der sudetendeutschen Frage bewusst geschürt und in den Medien hervorgehoben, um ein deutsches Eingreifen zu begründen.

Um der drohenden Kriegsgefahr entgegenzuwirken, traf sich der britische Premierminister **Neville Chamberlain** im September 1938 auf dem Obersalzberg und in Bad Godesberg mit Hitler und kam diesem weit entgegen: Die Gebiete, die mehrheitlich von Sudetendeutschen bewohnt waren, sollten an das Deutsche Reich abgetreten werden. Außerdem sollten die Grenzen der sodann verkleinerten Tschechoslowakei international garantiert werden. Hitler lehnte ab; doch kurz bevor der bewaffnete Konflikt ausbrach, gab er seine Zustimmung zu einer von Mussolini ins Spiel gebrachten **Konferenz in München:** Dort vereinbarten Großbritannien, Frankreich, Deutschland und Italien die **Abtretung des Sudetenlands** („Münchner Abkommen" vom 30. September 1938); die hiervon betroffene Tschechoslowakei war zu den Verhandlungen gar nicht eingeladen worden. Die westlichen Politiker konnten sich in dem Glauben wiegen, dass der Frieden gerettet sei, zumal Hitler im Vorfeld geäußert hatte, dass es sich bei dem Sudetenland um **seine „letzte territoriale Forderung"** handle. Dies sollte sich wenig später als Irrtum erweisen: Hitler gab noch im Oktober 1938 bei der Wehrmacht Planungen zur Besetzung der restlichen Tschechoslowakei und des Memellands, welches das Deutsche Reich durch den Versailler Vertrag verloren hatte, in Auftrag.

Neville Chamberlain (1869–1940): 1937–1940 britischer Premierminister (Conservative Party)

Nachdem Hitler führende slowakische Politiker dazu gebracht hatte, am 14. März 1939 die **Unabhängigkeit der Slowakei** auszurufen, zwang er den tschechoslowakischen Präsidenten **Emil Hácha** bei einem Treffen in Berlin, ein „Abkommen über den Schutz des tschechischen Volkes durch das Deutsche Reich" zu unterzeichnen. Am15. März 1939 marschierten deutsche Truppen in Prag ein; die von den Nationalsozialisten sogenannte „Resttschechei" wurde fortan als **„Reichsprotektorat Böhmen und Mähren"** von Deutschland kontrolliert. Großbritannien und Frankreich hatten die Tschechoslowakei erneut im Stich gelassen; angesichts des offenkundigen **Scheiterns der Appeasement-Politik** gaben sie nun aber eine **Garantie für den Bestand Polens** ab.

info

Appeasement-Politik

Mit „Appeasement“ (engl. „to appease“: beschwichtigen, besänftigen) wird die Politik der britischen und französischen Regierung in den ersten Jahren der NS-Herrschaft bezeichnet, Hitler durch Zugeständnisse und Kompromissbereitschaft entgegenzukommen und so einen Krieg zu vermeiden. Höhepunkt dieser Politik war das „Münchner Abkommen“ vom 30. September 1938. Das „Appeasement“, für das vor allem der britische Premierminister Chamberlain stand, wird oft als realitätsblinde Konzeption bewertet, allerdings gab es verschiedene Gründe für dieses Vorgehen: Großbritannien war damals (wie Frankreich) in einer wirtschaftlich schwierigen Lage und hatte mit ersten Auflösungserscheinungen im Empire zu kämpfen. Darüber hinaus war der Versailler Vertrag nach britischer Einschätzung zu hart ausgefallen, sodass ein gewisses Entgegenkommen gegenüber Deutschland gerechtfertigt schien. Zudem wollte man eine Wiederholung der Schrecken des Ersten Weltkriegs vermeiden. Auch wenn sich Chamberlain keine Illusionen über die moralische Einstellung des Diktators machte, lag dem Appeasement ein Denkfehler zugrunde: Hitler wurde als Politiker gesehen, der für Deutschland eine Großmachtstellung erreichen wollte, dabei aber trotz aller extremen Forderungen letztlich für rationale Erwägungen zugänglich war. Hitler war aber ein ideologischer Fanatiker, der für seine rassistischen Ziele schließlich sogar den Untergang des deutschen Volks in Kauf nahm. Doch auch Hitler schätzte die Gegenseite falsch ein: Aus den Zugeständnissen leitete er ab, dass der Westen stets zu Konzessionen bereit sei, wenn man ihn mit militärischer Stärke konfrontiere. Für Großbritannien war jedoch eine Grenze erreicht, sollte sich Deutschland zum Herren Europas aufschwingen und dadurch die Sicherheit des britischen Empire gefährden.

6.4 Der „Hitler-Stalin-Pakt“ 1939

Nun zeichnete sich ab, dass **Polen** das nächste Ziel von Hitlers aggressiver Expansionspolitik werden würde. Am 28. April 1939 kündigte das Deutsche Reich einseitig den deutsch-polnischen Nichtangriffspakt und das Flottenabkommen mit Großbritannien auf. Gespräche über ein Bündnis der Westmächte und Polens mit der **Sowjetunion** blieben ergebnislos; es herrschte ein **tiefes gegenseitiges Misstrauen:** So gab es in Großbritannien und Frankreich große Vorbehalte gegen die bolschewistische Sowjetunion, während Stalin nicht vergessen hatte, dass er bei der Münchner Konferenz übergangen worden war, und eine Einigung der Westmächte mit Deutschland auf Kosten der UdSSR fürchtete. Trotz aller ideologischen Unterschiede bot ein Bündnis zwischen dem Deutschen Reich und der Sowjetunion den beiden Diktatoren Vorteile:

Hitler wusste, dass ein Krieg gegen Polen, die Westmächte und die Sowjetunion nicht zu gewinnen war. Für Stalin versprach ein solcher Vertrag neben dem Erwerb von Gebieten einen Zeitgewinn mit Blick auf einen potenziellen deutschen Angriff. Am 23. August 1939 unterzeichneten der deutsche Außenminister Joachim von Ribbentrop und sein sowjetischer Kollege Wjatscheslaw Molotow in Moskau einen für die Weltöffentlichkeit überraschenden **Nichtangriffspakt**. Die Befürchtung, dass dabei der Krieg gegen Polen vorbereitet wurde, bestand zu Recht: In einem **„Geheimen Zusatzprotokoll"** nahmen die zwei Diktatoren Hitler und Stalin eine **Aufteilung der Interessensphären** im Falle eines Kriegs vor: Ostpolen, Estland, Lettland und Finnland sollten zum sowjetischen, der westliche Teil Polens und Litauen dagegen zum deutschen Machtbereich gehören. Damit war der Weg frei für den Krieg, den Hitler schon lange zur Umsetzung seiner ideologischen Ziele führen wollte.

Karikatur zum „Hitler-Stalin-Pakt" (anonym) mit der Frage, wie lange die Flitterwochen zwischen den beiden so gegensätzlichen Diktatoren andauern würden. Die Existenz des **„Geheimen Zusatzprotokolls"** wurde auf sowjetischer Seite bis zum Ende des Kalten Kriegs geleugnet.

7 Der Zweite Weltkrieg

7.1 Die „Blitzkriege" 1939–1941

Polen 1939

Am 1. September 1939 verkündete Hitler im Reichstag, dass sich das Deutsche Reich **mit Polen im Krieg** befinde und seit 5.45 Uhr „zurückgeschossen" werde. Dies war eine klare Lüge: Um Polen die Verantwortung für den Krieg zuschieben zu können, hatte der Diktator am Vortag den Radiosender Gleiwitz an der deutsch-polnischen Grenze von SS-Männern, die als polnische Freischärler verkleidet waren, besetzen lassen; zudem hatte er den Befehl gegeben, am nächsten Tag um 4.45 Uhr den **Überfall auf Polen** zu beginnen. Die Garantiemächte Polens, Großbritannien und Frankreich, erklärten Deutschland zwar am 3. September 1939 den Krieg, griffen allerdings noch nicht aktiv in das Geschehen ein, weil sie sich hierfür noch nicht ausreichend gerüstet sahen. Daher konnte Hitler die militärischen Kräfte auf den Krieg gegen Polen konzentrieren, den Deutschland durch den raschen Vorstoß von Panzerverbänden und die eigene Luftüberlegenheit innerhalb weniger Wochen gewann. Die polnische Regierung verließ am 17. September 1939 das Land und agierte fortan im Exil. Weil der Krieg so schnell entschieden wurde, bürgerte sich der Begriff **„Blitzkrieg“** ein.

info

„Blitzkrieg“

Mit dem Begriff „Blitzkrieg“ wird die deutsche Kriegsführung in der Anfangsphase des Zweiten Weltkriegs mit den schnellen Erfolgen gegen Polen 1939, Dänemark, Norwegen, die Niederlande, Belgien und Frankreich 1940 und auf dem Balkan 1941 bezeichnet. Ziel war es, den Gegner rasch niederzuwerfen und Stellungskriege mit hohem Materialverschleiß zu vermeiden. Durch zügig vorrückende Panzerverbände, Kampfflugzeuge und motorisierte Infanterieeinheiten gelangen der deutschen Armee dabei entscheidende Schläge. Nach dem Angriff auf die Sowjetunion kam die Blitzkriegsstrategie mit dem Steckenbleiben der deutschen Offensive vor Moskau im Winter 1941 aber an ihr Ende.

Am 18. September 1939 ließ Stalin gemäß dem „Geheimen Zusatzprotokoll“ seine **Rote Armee** in Ostpolen einmarschieren. Am 29. September 1939 vereinbarten Deutschland und die Sowjetunion, dass Litauen nun an die UdSSR, Warschau und Lublin dagegen an das Deutsche Reich fallen sollten. Das von deutschen Truppen eroberte Polen wurde geteilt: Der Westen wurde direkt an das Deutsche Reich angegliedert (Reichsgaue „Danzig-Westpreußen“ und „Wartheland“), das restliche Gebiet wurde zum **„Generalgouvernement“**. Die Massentötung von Mitgliedern der polnischen Führungsschicht sowie polnischer Juden durch **„Sondereinsatzgruppen“** hinter der Front macht deutlich, dass es sich nicht um einen herkömmlichen, sondern um einen ersten **Rassen- und Vernichtungskrieg** handelte.

Das Vorgehen des Deutschen Reichs und der Sowjetunion 1939 wird oft als **„vierte Teilung Polens“** bezeichnet. Zuvor war Polen 1772, 1793 und 1795 zwischen den Großmächten Österreich, Russland und Preußen aufgeteilt worden.

Die Feldzüge im Norden und Westen 1940

Im April 1940 ließ Hitler **Dänemark und Norwegen** besetzen; Letzteres war für den Transport schwedischer Erzlieferungen und somit für die deutsche Wirtschaft wichtig. Im Mai 1940 befahl Hitler die **Westoffensive:** Die Wehrmacht überrollte innerhalb kurzer Zeit die **Niederlande und Belgien** und rückte bis zur französischen Kanalküste vor. Bereits am 22. Juni 1940 unterschrieb die französische Regierung im Wald von Compiègne die Waffenruhe; hierfür ließ Hitler den Eisenbahnwaggon, in dem man am 11. November 1918 den Waffenstillstand des Ersten Weltkriegs unterzeichnet hatte, aus dem Museum holen. Der Norden

Frankreichs kam unter deutsche Militärverwaltung, der südliche Teil blieb unter der Regierung von **Marschall Pétain**, der mit NS-Deutschland zusammenarbeitete, formal unabhängig **(„Vichy-Frankreich")**.
In Großbritannien, das mit Frankreich seinen Hauptverbündeten verlor, schwor der neue Premierminister **Winston Churchill** in seiner „Blut-, Schweiß- und Tränenrede" das britische Volk zum Kampf bis zur endgültigen Niederwerfung Hitlers ein. In der **„Luftschlacht um England"** (ab August 1940) gelang es der deutschen Luftwaffe nicht, die Lufthoheit gegenüber der britischen Royal Air Force zu gewinnen und so die Voraussetzung für eine Invasion deutscher Truppen zu schaffen.

Philippe Pétain (1856–1951): Militär und Politiker, 1940 als französischer Ministerpräsident Abschluss des Waffenstillstands mit Deutschland, anschließend Regierungschef in „Vichy-Frankreich"

„Vichy-Frankreich": Bezeichnung für den Süden Frankreichs, der weiterhin unter französischer Kontrolle war, aber mit dem Deutschen Reich kooperierte; benannt nach dem Kurort Vichy, dem Sitz der französischen Regierung

Der Balkanfeldzug 1941

Im Juni 1940 trat **Italien** an der Seite seines „Stahlpakt"-Verbündeten in den Krieg ein und griff im Oktober 1940 Griechenland an, im Sinne von Mussolinis Ziel, ein italienisches Mittelmeerimperium **(„mare nostro")** zu schaffen. Der Feldzug verlief so desaströs, dass Italien auf deutsche Hilfe angewiesen war. Darüber hinaus wurde im Frühjahr 1941 in Jugoslawien die deutschlandfreundliche Regierung durch einen Putsch entmachtet. Da die Kontrolle des Balkanraums außerdem mit Blick auf die rumänischen Erdöllieferungen wichtig war, ließ Hitler im April 1941 **Griechenland und Jugoslawien** in einem letzten „Blitzkrieg" erobern.

7.2 Der Krieg gegen die Sowjetunion

Bündnis Deutsches Reich – Italien: 1936–1939 gemeinsame Unterstützung General Francos im Spanischen Bürgerkrieg, 1936 „Achse Berlin-Rom", 1939 „Stahlpakt"

Während die „Luftschlacht um England" andauerte, ließ Hitler bereits unter dem Decknamen **„Unternehmen Barbarossa"** den **Angriff auf die Sowjetunion** planen. Unter Bruch des „Hitler-Stalin-Pakts" überschritt die Wehrmacht am 22. Juni 1941 die Grenze zur Sowjetunion. Der Krieg gegen die bolschewistische UdSSR entsprach Hitlers **antikommunistischer, rassistischer Weltanschauung** und „Lebensraum"-Zielen. Dementsprechend entwickelte sich der Feldzug zu einem weiteren Rassen- und Vernichtungskrieg, in dem brutal gegen Zivilisten, vor allem kommunistische Funktionäre und Juden, vorgegangen wurde.
Von deutscher Seite aus wurde die Kampfkraft der Roten Armee nach den Säuberungswellen im dortigen Generalstab und den Problemen im „Winterkrieg" der UdSSR 1939/40 gegen Finnland nicht hoch eingeschätzt. Tatsächlich konnte die Wehrmacht zunächst weit vorstoßen. Im Oktober 1941 blieb der deutsche Angriff aber im einbrechenden Winter vor Moskau stecken.

7.3 Vom Kriegseintritt der USA bis zur totalen Niederlage

Franklin Delano Roosevelt (1882–1945): Der 32. US-Präsident starb kurz nach Beginn seiner vierten Amtszeit. 1951 wurde die maximale Regierungsdauer des Präsidenten auf zwei Amtszeiten beschränkt.

Bündnis Deutsches Reich – Japan: 1936 „Antikominternpakt", 1940 Dreimächtepakt („Achse Berlin-Rom-Tokio")

„D-Day" („Decision Day" = „Tag der Entscheidung"): im englischen Militärjargon erster Tag einer militärischen Operation, besonders bekannt als Bezeichnung für die „Operation Overlord" (Invasion in der Normandie)

Winston Churchill (1874–1965): nach mehreren Ministerposten 1940–1945 britischer Premierminister (erneut 1951–1955), Gegner von Chamberlains Appeasement-Politik

Bereits vor Kriegsbeginn hatte US-Präsident Franklin D. **Roosevelt** in Hitler eine **Bedrohung des Weltfriedens** gesehen. 1939 blieben die USA aber noch neutral, da die Mehrheit der Bevölkerung ein militärisches Engagement in Europa ablehnte. Das „Cash-and-Carry-Gesetz" (1939) und das „Leih- und Pachtgesetz" (1940) ermöglichten es der US-Regierung jedoch, Deutschlands Gegner massiv mit Waffen zu unterstützen. Im Pazifik gerieten die USA zunehmend in Konflikt mit dem deutschen Verbündeten Japan und dessen aggressiver Expansionspolitik. Ein Wirtschaftsembargo der amerikanischen Regierung gegen das rohstoffarme Japan beantwortete Letzteres mit einem Angriff auf den US-Flottenstützpunkt **Pearl Harbor** (Hawaii). Kurz nach der Kriegserklärung der USA an Japan erklärte Deutschland den Vereinigten Staaten den Krieg. Roosevelt und der britische Premierminister Churchill einigten sich darauf, sich zuerst besonders auf NS-Deutschland zu konzentrieren, das als der gefährlichere Gegner betrachtet wurde **(„Germany First")**. Durch die zügige Umstellung der US-Wirtschaft auf die Kriegsanforderungen wurde die Übermacht der Alliierten immer deutlicher.

An der Ostfront startete die Rote Armee im November 1942 eine große Gegenoffensive und kesselte die deutsche 6. Armee in **Stalingrad** ein. Auf dem **nordafrikanischen Kriegsschauplatz** verschoben sich die Kräfteverhältnisse durch die amerikanischen Streitkräfte zugunsten der Alliierten, sodass die deutschen und italienischen Verbände im Mai 1943 kapitulieren mussten. Im Juli 1943 landeten alliierte Verbände auf **Sizilien**. Rund ein Jahr später, am **6. Juni 1944**, kam es schließlich zur Landung massiver alliierter Verbände an der Atlantikküste in der französischen Normandie **(„D-Day")**. Die von Stalin geforderte zweite Front war damit gebildet, die deutschen Truppen wurden nun stetig zurückgedrängt.

Bereits 1941 zeichnete sich ab, dass der Krieg für Deutschland nicht zu gewinnen war. Ab Frühjahr 1942 bombardierten die Alliierten deutsche Städte, was die Zivilbevölkerung direkt mit dem von Hitler begonnenen Krieg konfrontierte. Mit der Kapitulation der 6. Armee vor Stalingrad Anfang 1943 verbreitete sich die **Gewissheit des nahenden Zusammenbruchs** endgültig in weiten Teilen der Bevölkerung. Durch den Wegfall von Rohstoffquellen (wie des rumänischen Erdöls) und die Zerstörung von Industrieanlagen (vor allem im Ruhrgebiet) und Infrastruktur durch die Luftangriffe wurde die deutsche Rüstung entscheidend geschwächt. Dass sie überhaupt noch effektiv war, lag neben den Organisationsfähigkeiten Albert Speers (ab 1942 Reichsminister für Rüstung und Kriegsproduktion) auch an der gnadenlosen Ausbeutung von KZ-Häftlingen und ausländischen Zwangsarbeitern.

Im Oktober 1944 eroberten die westlichen Alliierten mit Aachen die erste Stadt auf Reichsboden. Zwar fügte ihnen die **Ardennenoffensive** des Deutschen Reichs ab Dezember 1944 schwere Verluste zu, allerdings waren die deutschen Kräfte durch diese letztlich erfolglose Operation verbraucht und amerikanisch-britische Truppen konnten bald den Rhein überqueren. Im Januar 1945 startete die Rote Armee zudem an der gesamten **Ostfront** eine Offensive und rückte bis zur Oder vor.

Für Hitler war eine Einstellung des Kampfes, um der Bevölkerung weiteres Leiden zu ersparen, keine Option. In seiner Weltanschauung hatte ein Volk, das im Überlebenskampf mit anderen Völkern unterlegen war, seine Existenzberechtigung verloren. In diesem Sinne ordnete er auch in seinem **„Nero-Befehl"** vom 19. März 1945 die vollständige Zerstörung der wirtschaftlichen Grundlagen Deutschlands an. Er selbst nahm sich am 30. April 1945 im Bunker der Reichskanzlei in Berlin das Leben. Am 7. bzw. 9. Mai 1945 unterschrieben Vertreter der Wehrmacht im Hauptquartier der Westalliierten in Reims bzw. der Sowjetunion in Berlin-Karlshorst die **bedingungslose Kapitulation** – die **NS-Herrschaft**, die Millionen von Menschen das Leben gekostet hatte, war **vorüber**.

Auf dem Weg zur totalen Niederlage

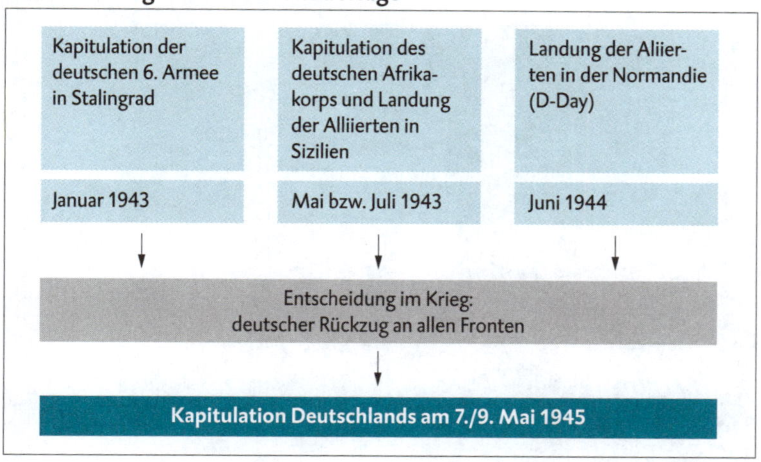

8 Verfolgung und Vernichtung der Juden

8.1 Frühe Diskriminierung und Ausgrenzung

Bereits in den ersten Wochen der NS-Herrschaft wurde deutlich, dass der **aggressive Antisemitismus** der Nationalsozialisten nicht nur auf dem Papier stand, sondern von ihnen auch entschlossen umgesetzt wurde. Gewalttätige Übergriffe waren nun an der Tagesordnung und wurden von den staatlichen Behörden in der Regel nicht verfolgt.
Darüber hinaus kam es zu verschiedenen, von den Nationalsozialisten angeordneten Maßnahmen, durch die die deutschen Juden **diskriminiert** und aus der Gesellschaft **ausgegrenzt** werden sollten. So rief die NSDAP für den 1. April 1933 zum **Boykott jüdischer Läden, Praxen und Anwaltskanzleien** auf. Dabei standen SA-, SS- oder Stahlhelmmitglieder vor jüdischen Geschäften, um Kunden vom Besuch abzuschrecken. Couragierte Bürger gingen trotzdem in die Läden und zeigten so Solidarität mit den jüdischen Mitbürgern; viele hatten aber Angst, sich bei den neuen Machthabern unbeliebt zu machen. Am 7. April 1933 wurde das **„Gesetz zur Wiederherstellung des Berufsbeamtentums"** erlassen, demzufolge jüdische sowie andere missliebige Beamte entlassen werden konnten. Diese Ausgrenzungspolitik blieb in der Folge aber nicht auf den Staatsdienst beschränkt.

Boykott jüdischer Geschäfte am 1. April 1933, vermutlich in Berlin oder Oldenburg

8.2 Die „Nürnberger Gesetze“ 1935: Übergang zu systematischer Entrechtung

Während des „Reichsparteitags der Freiheit“ wurden am 15. September 1935 die **„Nürnberger Gesetze“** beschlossen, welche den Übergang zur **systematischen Entrechtung** auf Reichsebene mit sich brachten. Im „Reichsbürgergesetz“ wurde zwischen „Ariern“ als „Reichsbürgern“, die allein die vollen politischen Rechte besaßen, und „nichtarischen“ Staatsangehörigen unterschieden: Juden waren nun **Bürger zweiter Klasse**. Das „Gesetz zum Schutze des deutschen Blutes und der deutschen Ehre“ verbot Eheschließungen und sexuelle Beziehungen zwischen jüdischen und „arischen“ Deutschen. Für die Anwendung der Gesetze bedurfte man der genauen Bestimmung, wer als Jude einzustufen war. Dazu wurde im November 1935 festgelegt: „Jude ist, wer von mindestens drei der Rassen nach volljüdischen Großeltern abstammt.“[11] In der Folge wurden die **wirtschaftlichen Existenzmöglichkeiten** der jüdischen Bevölkerung durch zahlreiche Verordnungen immer weiter eingeschränkt. Im August 1938 wurde außerdem verfügt, dass jüdische Bürger zwangsweise die Vornamen **„Israel“ bzw. „Sara“** zu führen hatten. Ab 1938 gab es für sie besondere Pässe, in die ein **rotes „J“** gestempelt wurde. Insgesamt schloss man die jüdischen Bürger zunehmend aus der Gesellschaft aus und sprach ihnen die menschliche Individualität ab.

„Der ewige Jude“ – antisemitisches Buchcover von 1937

ZITAT

Hitler über die Zukunft der Juden (1935)[12]

Heraus aus allen Berufen, Ghetto, eingesperrt in ein Territorium, wo sie sich ergehen können, wie es ihrer Art entspricht, während das deutsche Volk zusieht, wie man wilde Tiere sich ansieht.

8.3 „Reichspogromnacht“ 1938 und offener Terror

Anfang November 1938 erschoss der 17-jährige Jude **Herschel Grynspan** in Paris den deutschen Diplomaten **Ernst vom Rath**. Mit dem Attentat wollte er auf die verzweifelte Lage von Juden aufmerksam machen, die aus dem Deutschen Reich nach Polen, von wo sie ursprünglich eingewandert waren, abgeschoben werden sollten. Die Nationalsozialisten stellten die Ermordung des Diplomaten als Tat des „internationalen Judentums“ dar und nutzten dieses Ereignis, um gewaltsam gegen die jüdische Bevölkerung in Deutschland vorzugehen. In der **Nacht vom 9. auf den 10. November 1938** wurden im ganzen Reich Synagogen angezündet, Geschäfte zerstört und jüdische Bürger überfallen und misshandelt. Eine große Zahl von Menschen kam durch die brutalen Exzesse um, manche setzten aus Verzweiflung ihrem Leben selbst ein Ende. Zwar lehnte die Mehrheit der nichtjüdischen Bevölkerung die Gewaltorgie ab, doch gab es nur wenig offenen Protest. Den jüdischen Bürgern wurde eine „Sühneleistung“ von 1 Milliarde Reichsmark auferlegt. Nach der **„Reichspogromnacht“/„Reichskristallnacht“** wurden die Grundlagen der wirtschaftlichen Existenz der jüdischen Bürger weiter eingeschränkt: So durften Juden kurze Zeit später keine Einzelhandelsgeschäfte oder Handwerksbetriebe mehr führen.

„Reichskristallnacht“: verharmlosende Bezeichnung für die Pogrome vom 9./10. November 1938, deren genaue Herkunft ungeklärt ist, die sich aber auf die vielen Glasscherben der zerstörten Gebäude bezieht

info

Pogrom

Das Wort „Pogrom“ stammt aus dem Russischen und bedeutet so viel wie „Zerstörung“/„Verwüstung“. Mit der Bezeichnung wird das gewalttätige Vorgehen gegen eine Minderheit der Gesellschaft bezeichnet, die aus religiösen, politischen oder ethnischen Gründen ausgegrenzt ist. In den 1880er-Jahren gab es z. B. brutale Übergriffe gegen die jüdische Bevölkerung in Russland; dort dienten die Juden als Sündenböcke für die krisenhafte innere Entwicklung. In Deutschland bedeutete das Pogrom vom 9./10. November 1938 den Übergang zur staatlich angeordneten offenen Gewalt gegen die jüdischen Bürger.

8.4 Massenerschießungen und Gettoisierung

Bereits im Januar 1939 hatte Hitler in einer Reichstagsrede angekündigt, dass ein zukünftiger Krieg mit der **„Vernichtung der jüdischen Rasse in Europa“** enden werde. Nachdem der Zweite Weltkrieg im September 1939 begonnen hatte, wurde immer deutlicher, wie sehr der Diktator entschlossen war, die jüdische Bevölkerung in Deutschland und in den vom Deutschen Reich besetzten Gebieten zu vernichten.

Mit Beginn des **Polenfeldzugs** kam es hinter der Front zu **Massenerschießungen** der polnischen Elite, zu der auch viele Juden zählten. Nach der schnellen Niederwerfung Polens wurden die westlichen Teile des Lands an das Deutsche Reich angeschlossen und der Rest als **„Generalgouvernement“** unter deutsche Herrschaft gestellt. Anschließend wurden zahlreiche Juden aus den annektierten polnischen Gebieten, dem „Reichsprotektorat Böhmen und Mähren“ und zunehmend aus dem „Altreich“ in das „Generalgouvernement“ deportiert und in **Gettos** auf engstem Raum zusammengepfercht. Ab November 1939 mussten die Juden im besetzten Polen, ab September 1941 auch im Reich den

Getto: Bezeichnung für einen abgetrennten jüdischen Wohnbezirk, die auf das 1516 in Venedig errichtete jüdische Viertel („Il Ghetto“) zurückgeht

„Judenstern“ tragen, der zum sichtbaren Ausdruck ihrer völligen Ausgrenzung wurde und ihre Verfolgung noch erleichterte. Während des **Kriegs gegen die Sowjetunion** wurden durch **Sondereinsatzkommandos** neben kommunistischen Funktionsträgern zahlreiche jüdische Männer, Frauen und Kinder liquidiert. Die Zustände in den überfüllten Gettos wurden aufgrund der völlig unzureichenden Versorgung und Hygiene immer schlimmer; viele Menschen starben an Entkräftung und Krankheiten. Letztlich waren die Gettos nur „Wartesäle der Vernichtung, Vorhöfe der Hölle“[13] (Wolfgang Benz): Ab 1942 wurden ihre Bewohner in **Vernichtungslager** transportiert, in denen neben Juden auch andere „rassisch Minderwertige“ massenweise umgebracht wurden.

„Judenstern“

8.5 Die „Endlösung der Judenfrage“

Im Laufe des Jahres 1941 wurde der Beschluss zur **systematischen Ermordung der Juden** im deutschen Machtbereich getroffen. Ein genaues Datum lässt sich nicht festmachen; vermutlich fiel die Entscheidung im Zusammenhang mit dem Feldzug gegen die Sowjetunion, der auf viel größeren Widerstand als erwartet stieß. Am 20. Januar 1942 fand auf Einladung von **Reinhard Heydrich**, dem Chef des Sicherheitsdienstes des Reichsführers SS, in einer Villa am Wannsee eine Besprechung zur **„Endlösung der Judenfrage“** statt; anwesend waren Vertreter von SD und SS, höhere Staatsbeamte und Parteirepräsentanten. Die Teilnehmer der **Wannsee-Konferenz** trafen nicht die Entscheidung zum **Holocaust**, sondern diskutierten bereits über die möglichst effektive Durchführung des gigantischen Massenmords an den europäischen Juden.

Reinhard Heydrich (1904–1942): 1931 Eintritt in NSDAP und SS, ab 1932/36 Leitung von Sicherheitsdienst (SD) und Sicherheitspolizei, ab 1939 Chef des Reichssicherheitshauptsamts, 1942 durch ein Attentat getötet

Zwar war die physische Vernichtung von Juden längst im Gange, doch wurde diese nun systematisch geplant und im industriellen Stil durchgeführt. Aus dem gesamten deutschen Machtbereich wurde die jüdische Bevölkerung in die auf polnischem Boden errichteten **Vernichtungslager** (Auschwitz-Birkenau, Sobibor, Belzec, Chelmno, Majdanek, Treblinka) transportiert. Besonders **Auschwitz-Birkenau**, das sich „zum größten Ausbeutungs- und Vernichtungskomplex des nationalsozialistischen Imperiums“[14] (Wolfgang Benz) entwickelte, wurde zum Synonym für das barbarische Vorgehen der Nationalsozialisten: Dort wurde mehr als eine Million Menschen umgebracht, die meisten durch den Einsatz des Giftgases Zyklon B. Insgesamt beläuft sich die Zahl der während der NS-Herrschaft ermordeten Juden auf etwa **6 Millionen**.

Konzentrations- und Vernichtungslager des „Dritten Reichs“

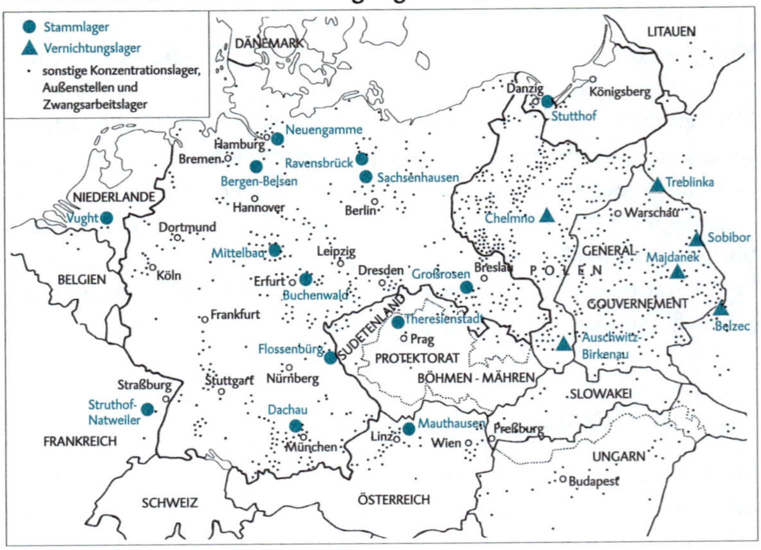

Für die Vernichtung der Juden durch die Nationalsozialisten wird heute in der Wissenschaft besonders auf die Bezeichnung **„Holocaust“** (von griech.: „Brandopfer“) zurückgegriffen. In der jüdischen Tradition wird jedoch der aus dem Hebräischen stammende Begriff **„Shoa“** („Unheil“, „große Katastrophe“) verwendet.

Der Weg zum Holocaust
1939: Massenerschießungen von Angehörigen der polnischen Führungsschicht, darunter viele Juden, durch Einsatzgruppen während und nach dem Feldzug gegen Polen
ab 1939: Deportation der jüdischen Bevölkerung in Polen in Gettos (= Zwischenstation für die Vernichtungslager)
ab 1941: Massenerschießungen der jüdischen Bevölkerung in den eroberten Gebieten der Sowjetunion durch „Einsatzgruppen“
1941: Entscheidung zur systematischen Ermordung der sich im deutschen Machtbereich befindlichen Juden Europas durch Hitler und den NS-Führungszirkel
20. Januar 1942: Wannsee-Konferenz mit Besprechung der Organisation und systematischen Durchführung der „Endlösung der Judenfrage“
ab 1942: massenweise Deportation der Juden im deutschen Herrschaftsbereich in Vernichtungslager im Osten (Auschwitz-Birkenau, Belzec, Majdanek, Treblinka, Sobibor, Chelmno), dort Massenvernichtung (v. a. Ermordung durch Gas)

9 Widerstand gegen das NS-Regime

9.1 Begriff und Rahmenbedingungen im „Dritten Reich"

Es ist nicht einfach, **Widerstand gegen das NS-Regime** begrifflich genau zu bestimmen. Man denkt in diesem Zusammenhang vermutlich an die Flugblätter der „Weißen Rose" oder das Attentat auf Hitler vom 20. Juli 1944. War es aber auch Widerstand, wenn Bürger den Hitler-Gruß verweigerten oder Eltern ihre Kinder nicht in die HJ schickten?
Als zweckmäßig hat sich hier die vom Historiker **Detlev Peukert** aufgestellte **Skala abweichenden Verhaltens** erwiesen. Unter **„Nonkonformität"** und **„Verweigerung"** versteht er die Verletzung einzelner Regeln oder Normen, was aber nicht den NS-Staat an sich infrage stellte (z. B. der Gebrauch traditioneller Grußformeln anstelle des Hitler-Grußes). Deutlich weiter geht **„Protest"**, ein Verhalten, das mit der grundsätzlichen Ablehnung des Regimes verbunden ist, sich aber in der Regel noch auf Einzelmaßnahmen bezieht (wie der Protest von Christen gegen die „Euthanasie"). Unter **„Widerstand"** fasst Peukert schließlich Handlungen zusammen, die bewusst auf den Sturz des NS-Regimes zielten, wobei die Motive unterschiedlich sein konnten (z. B. politische, religiöse, ethische oder soziale Motive). In der Realität ist es nicht immer möglich, konkrete Verhaltensweisen klar einer Kategorie zuzuweisen, doch stellt die Skala ein geeignetes Mittel dar, um Handlungen von Menschen, die mit dem Regime nicht (vollständig) einverstanden waren, **genauer zu differenzieren**.[15]

„Euthanasie" (altgriech.: „schöner Tod") = euphemistische, verharmlosende Bezeichnung für die Ermordung behinderter und kranker Menschen durch das NS-Regime

Stufen abweichenden Verhaltens im „Dritten Reich"

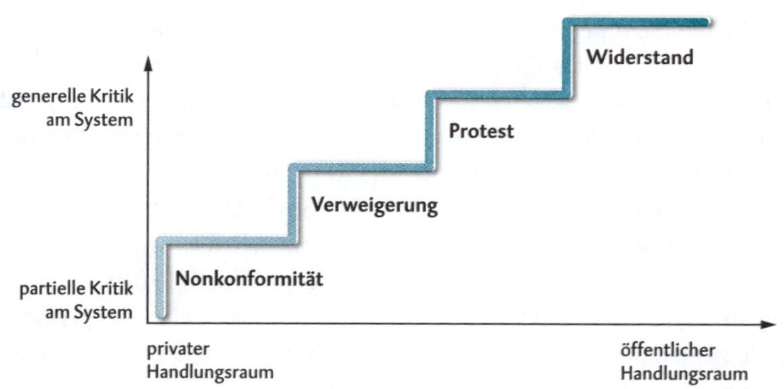

Nach der raschen Eroberung der Macht durch die Nationalsozialisten waren die **Voraussetzungen für erfolgreichen Widerstand äußerst ungünstig**. Durch die „Reichstagsbrandverordnung" vom Februar 1933

waren die Grundrechte aufgehoben; außerdem gab es nach dem Verbot bzw. der Selbstauflösung von Parteien und Gewerkschaften keinen institutionellen Rahmen für unabhängiges politisches Wirken mehr. Darüber hinaus schüchterte das teils ganz offen praktizierte brutale Vorgehen der Nationalsozialisten gegen ihre Gegner viele Menschen ein. Erlasse wie das **„Heimtückegesetz“** (1934) und die **„Verordnung gegen Volksschädlinge“** (1939) machten es möglich, Bürger, die auch nur in milder Form Kritik äußerten, unbarmherzig zu verfolgen. Denunzianten meldeten Aussagen oder Handlungen ihrer Mitmenschen, Spitzel unterwanderten die Netzwerke Gleichgesinnter.

Hinderlich war zudem, dass die **pseudolegale Vorgehensweise** bei der Errichtung der Diktatur, die **scheinbaren Erfolge** des Regimes und die vermeintlich **hohe Zustimmung** bei Plebisziten Zweifel weckten, ob eigene Vorbehalte und Kritik gerechtfertigt waren. Auch erwies sich während des ganzen „Dritten Reichs“ der **Führermythos** als äußerst wirksam, sodass viele nicht Hitler, sondern andere NS-Funktionäre für die von ihnen abgelehnten Entwicklungen verantwortlich machten.

Die folgenden und weitere Beispiele (z. B. der **Goerdelerkreis** oder der **Kreisauer Kreis**) zeigen, dass es dennoch Deutsche gegeben hat, die sich nicht von Hitler und seinem Regime verführen ließen, sondern unter **enormen Risiken** und **großen Opfern** gegen Unmenschlichkeit und Barbarei ankämpften.

9.2 Widerstand der Arbeiterbewegung

Schon in der Zeit der Weimarer Republik war es die **Arbeiterbewegung**, die Widerstand gegen die aufstrebende NS-Bewegung leistete. Sowohl Sozialdemokraten als auch Kommunisten warnten vor den Folgen einer nationalsozialistischen Herrschaft (z. B. auf Plakaten mit dem Ausspruch „Hitler bedeutet Krieg“). Allerdings kam es zu **keiner gemeinsamen Front** gegen die NSDAP: So stufte die KPD die Sozialdemokraten nach der von Moskau vorgegebenen Linie als **„Sozialfaschisten“** ein. Nach der Machtübername nutzten die Nationalsozialisten den Reichstagsbrand am 27. Februar 1933, um vor allem gegen die KPD massiv vorzugehen: Zahlreiche Funktionäre wurden ins KZ oder Gefängnis gebracht, viele kamen durch Misshandlungen um. Zwar versuchten die Kommunisten, den Widerstand im Untergrund bzw. vom Ausland aus auf unterschiedliche Weise aufrechtzuerhalten, allerdings bezahlten viele ihren Einsatz mit ihrer Freiheit oder ihrem Leben. Der **„Hitler-Stalin-Pakt“** vom August 1939 war dann ein schwerer Schlag für die Glaubwürdigkeit kommunistischer Aktivitäten gegen das NS-Regime und schwächte zudem den Widerstandswillen innerhalb der kommunistischen Bewegung in Deutschland.

Auch Funktionäre der **Sozialdemokratie** wurden unmittelbar nach der NS-Machtübernahme verhaftet. Am 23. März 1933 leistete die SPD im Reichstag Widerstand, indem sie als einzige Partei gegen das „Ermächtigungsgesetz" stimmte. Noch vor dem Verbot der SPD im Juni 1933 begann man mit dem Aufbau einer **Exilpartei** in Prag (später in Paris und London). Durch Vertrauensleute versuchte die **„Sopade"** (Sozialdemokratische Partei Deutschlands im Exil), sich ein realistisches Bild von den Verhältnissen und der Stimmung im Reich zu machen, und veröffentlichte die Ergebnisse in den 1934–1940 erschienenen **„Deutschlandberichten"**. Während der Diktatur wurden von den meisten Sozialdemokraten die Kontakte untereinander aufrechterhalten, doch kam es zu keinen nennenswerten aktiven Handlungen gegen das Regime.

9.3 Widerstand eines Einzelnen: Georg Elser

Der aus einfachen Verhältnissen stammende **Georg Elser** zog 1939 nach München, um ein Attentat auf Hitler vorzubereiten. Elser war schon früh ein **Gegner des NS-Staats:** So vermied er den Hitler-Gruß und verließ bei Übertragungen von Hitler-Reden im Radio den Raum. Seine Einstellung war aber nicht ideologisch begründet, sondern durch seine Ansicht, dass sich die Situation der einfachen Bürger unter den Nationalsozialisten verschlechtert habe. Ab 1938 ging er davon aus, dass Deutschland auf einen Krieg zusteuere. Die einzige Möglichkeit, diese Entwicklung zu stoppen, sah Elser darin, Hitler umzubringen. Als Ort des Anschlags wählte er den **Bürgerbräukeller in München**, wo alljährlich eine Versammlung zur Erinnerung an den Putsch von 1923 abgehalten wurde. Der gelernte Schreiner ließ sich dort mehrmals über Nacht einsperren, höhlte eine Säule aus und deponierte darin einen Sprengsatz. Am **8. November 1939** beendete Hitler seine Rede jedoch früher als geplant; als die Bombe explodierte, hatte er den Saal bereits verlassen. Elser wurde auf der Flucht in die Schweiz festgenommen und anschließend in den KZs Sachsenhausen und Dachau interniert. Nach dem Krieg sollte er in einem Schauprozess als angebliche Marionette des britischen Geheimdienstes präsentiert werden. Kurz vor Kriegsende wurde Elser aber am 9. April 1945 auf Befehl Hitlers getötet.

Georg Elser (1903–1945): In München erinnert heute u. a. das Georg-Elser-Denkmal, eine Lichtinstallation, an Elsers Widerstandstat.

9.4 Christlicher Widerstand

Die evangelische Kirche

Martin Niemöller (1892–1984)

Dietrich Bonhoeffer (1906–1945)

Wilhelm Canaris und **Hans Oster** gehörten beide der Abwehrabteilung der Wehrmacht an und leisteten auf unterschiedliche Weise Widerstand.

In der **evangelischen Kirche** gab es vor 1933 gerade bei jüngeren Pfarrern **Sympathien** für bestimmte Vorstellungen der NS-Bewegung wie den Antisemitismus oder völkischen Nationalismus. 1932 bildeten sich die **„Deutschen Christen"**, die sich weitgehend mit dem NS-Gedankengut identifizierten und als „SA Jesu Christi" bezeichneten. Bei den Kirchenwahlen im Juli 1933 gewannen sie die Mehrheit der Stimmen, ihr Kandidat Ludwig Müller wurde wenig später Reichsbischof.

Zu dieser Zeit formierte sich bereits **Widerstand: Martin Niemöller**, Pfarrer in Berlin-Dahlem, wandte sich in einem Schreiben an seine Amtsbrüder gegen die Kirchenpolitik der „Deutschen Christen", besonders die Einführung des „Arierparagraphen". Aus seinem **„Pfarrernotbund"**, zu dem sich fast die Hälfte der evangelischen Pfarrer bekannte, entstand die **„Bekennende Kirche"**. Deren theologisches Fundament war die **„Barmer Theologische Erklärung"** vom Mai 1934 mit der entscheidenden Aussage, dass Jesus Christus „das eine Wort Gottes" sei und die Christen daher nur ihm zu gehorchen hätten – eine Ansicht, die sich direkt gegen die NS-Weltanschauung richtete. Die „Barmer Erklärung" wurde verboten, unliebsame Pfarrer wurden überwacht und oft in „Schutzhaft" genommen oder ins KZ eingeliefert, so auch Niemöller.

Nicht zuletzt bedingt durch eine traditionell enge Verbindung zu den jeweiligen Obrigkeiten entwickelte sich in der evangelischen Kirche aber **kein entschlossener, breiter Widerstand**. Nur einzelne Theologen suchten den Kontakt zu Widerständlern; so wurde **Dietrich Bonhoeffer**, Leiter des Predigerseminars der „Bekennenden Kirche", zur Symbolfigur: Er knüpfte u. a. Verbindungen zum Kreis um Canaris und Oster, wurde 1943 verhaftet und im April 1945 im KZ Flossenbürg ermordet.

Die katholische Kirche

Die **katholische Kirche** sah früh die mit dem Nationalsozialismus verbundenen Gefahren: So wurde auf Bischofskonferenzen 1930–1932 wiederholt die **Unvereinbarkeit der katholischen Lehre mit der NS-Weltanschauung** erklärt. Ab Juli 1933 hemmte aber der Abschluss des **Konkordats** mit dem NS-Staat den etwaigen Widerstandswillen von katholischer Geistlichkeit und Bevölkerung. Die Kirchenführung war vor allem bestrebt, einen Modus Vivendi mit der NS-Führung zu finden. 1937 ließ Papst Pius XI. aber die **Enzyklika „Mit brennender Sorge"** in allen katholischen Kirchen des Deutschen Reichs verlesen, in der die

christlichen Grundsätzen und dem Konkordat entgegenstehende Entwicklung in Deutschland angeprangert wurde.
Wie in der evangelischen Kirche kam es jedoch zu **keiner klaren Gegnerschaft zum Regime**; auch in der katholischen Kirche wandten sich nur einzelne Personen deutlich gegen die NS-Diktatur: Der Münsteraner Bischof **Clemens August von Galen** griff in Predigten die NS-Gewaltherrschaft und „Euthanasie"-Praxis an. **Bernhard Lichtenberg**, Pfarrer der Berliner St. Hedwigs-Kathedrale, betete u. a. öffentlich für die verfolgten Juden, wurde festgenommen und kam 1943 in der Haft um. Auch der Jesuitenpater **Rupert Mayer** wandte sich in Predigten entschlossen gegen das NS-System, was zur KZ-Internierung führte. Im November 1945 starb er an den Spätfolgen der Haft.

Clemens August Graf von Galen (1878–1946)

Rupert Mayer (1876–1945)

Verhältnis christliche Lehre (Kirchen) – NS-Ideologie (NS-Staat)

christliche Werte	NS-Ideologie
Nächstenliebe, Barmherzigkeit	Kampfprinzip, Recht des Stärkeren
Gleichheit der Menschen vor Gott	hierarchische Einteilung von Rassen: Arier als „Herrenvolk", „minderwertige" Rassen (Juden, Sinti und Roma, Slawen) Konzept der „Volksgemeinschaft" („Inklusion" und „Exklusion")
oberste Instanz: Gott	oberste Instanz: Adolf Hitler als „Führer"

Die Zeugen Jehovas

Die **Zeugen Jehovas** stellten sich von Anfang an **kompromisslos gegen den NS-Staat**. Sie verweigerten den Hitler-Gruß, den Eintritt in NS-Organisationen oder den Wehrdienst, zudem verteilten sie Flugblätter, um auf die Unterdrückung ihrer Mitglieder und anderer Bürger aufmerksam zu machen. Insgesamt wurden rund 11 000 Mitglieder während der NS-Diktatur verhaftet und zum Teil in Konzentrationslagern als **„Bibelforscher"** gefangen gehalten; etwa 1 500 wurden ermordet.

9.5 Widerstand der jungen Generation

Die „Weiße Rose"

In **München** fand sich eine **Gruppe von Studenten** zusammen, die unter dem Namen **„Weiße Rose"** Widerstand gegen das NS-Regime leistete. Ihre wichtigsten Mitglieder waren die Geschwister Hans und Sophie Scholl, Christoph Probst, Alexander Schmorell und Willi Graf, außerdem der Philosoph und Musikwissenschaftler Kurt Huber.

In München erinnern heute verschiedene Denkmäler an die **„Weiße Rose“**, u. a. in der Ludwig-Maximilians-Universität. Seit 2003 ist **Sophie Scholl** mit einer Büste in der Walhalla bei Regensburg vertreten.

Die jungen Leute stammten aus bildungsbürgerlichen Elternhäusern und hatten sich in der bündischen oder christlichen Jugendbewegung engagiert. Die **Gegnerschaft zum NS-System** entwickelte sich erst allmählich, wobei die umfassende Indoktrination, die zunehmende Einschränkung der Freiheit und die von Deutschen verübten Kriegsverbrechen eine entscheidende Rolle spielten. 1942/43 verfasste und verteilte die Gruppe sechs Flugblätter, mit denen sie die Bevölkerung aufklären wollte und aus christlich-humanistischem Geist zum **Widerstand gegen das NS-Regime** aufrief. Als Hans und Sophie Scholl am 18. Februar 1943 beim Ausstreuen von Flugblättern an der Münchner Universität verhaftet wurden, ermittelte die Gestapo schnell die anderen Gruppenmitglieder. Am 22. Februar 1943 wurden die Geschwister Scholl und Probst vom **Volksgerichtshof** unter Roland Freisler zum Tod durch das Fallbeil verurteilt und noch am selben Tag im Gefängnis Stadelheim **hingerichtet**. Der letzte Satz von Hans Scholl soll „Es lebe die Freiheit!“ gewesen sein. Auch Graf, Schmorell und Huber wurden im Laufe des Jahres 1943 zum Tod verurteilt und hingerichtet.

Hans und Sophie Scholl sowie Christoph Probst 1942

Die „Edelweißpiraten“

Besonders im rheinisch-westfälischen Industriegebiet formierten sich Gruppen von Jugendlichen, die sich eigene Freiräume erhalten wollten und sich immer wieder Kämpfe mit der HJ lieferten. Ihr Name **„Edelweißpiraten“** leitet sich von einem oft als Erkennungszeichen getragenen Edelweiß ab. Ähnlich wie die Mitglieder der **„Swing-Jugend“** hoben sie sich z. B. durch das Tragen bestimmter Kleidung von den systemkonformen Altersgenossen in der HJ ab. Die NS-Behörden nahmen die „Edelweißpiraten“ ernst und gingen vor allem nach Kriegsausbruch hart gegen sie vor, da sie eine – im NS-Sinne – negative Beeinflussung der Jugend befürchteten. „Edelweißpiraten“ wurden ins Gefängnis oder in Strafkompanien gebracht. Indem sie geflüchtete Kriegsgefangene oder Juden versteckten, vollzogen manche Mitglieder den Schritt zum **aktiven Widerstand**.

„Swing-Jugend“: Jugendliche, die gerne Jazz und Swing hörten (vom NS-Regime als „entartet“ abgelehnt), oft längere Haare trugen und insgesamt einen individuellen Lebensstil pflegen wollten

9.6 Militärischer Widerstand

Nach der NS-Machtübernahme war die **militärische Führung** vor allem wegen der von den Nationalsozialisten betriebenen Aufrüstung mit dem eingeschlagenen Kurs sehr zufrieden. Als Hitler jedoch nach dem „Anschluss" Österreichs entschlossen war, die Tschechoslowakei zu überfallen, wandte sich Generalstabschef **Ludwig Beck** gegen dieses Vorhaben: Er befürchtete einen europäischen Krieg mit desaströsen Folgen für das Deutsche Reich. Beck trat zurück und entwarf Pläne für den Fall, dass Hitler sein Ziel in die Realität umsetzen würde. Zu seinen Mitstreitern gehörten einige hochrangige Militärs; auch sein Nachfolger **Franz Halder** war eingeweiht. Die Münchner Konferenz und die kampflose Übergabe des Sudetenlands an Deutschland entzogen dem Staatsstreich aber die Grundlage, zumal Hitler vielen als genialer Staatsmann erschien, der außenpolitische Ziele ohne militärische Gewalt erreichte. Die **„Blitzkriege"** 1939–1941 festigten seine Stellung weiter: Hitler ließ sich als **„größter Feldherr aller Zeiten"** feiern.

Ludwig Beck
(1880–1944)

Schließlich brachten die schlechte militärische Lage nach dem Steckenbleiben des Vormarsches gegen die Sowjetunion und die hinter der Front verübten Verbrechen einige Offiziere zum Entschluss, Hitler zu beseitigen. Kopf der Verschwörung wurde Oberst **Claus Schenk Graf von Stauffenberg**, Chef des Stabes des Allgemeinen Heeresamts im Oberkommando der Wehrmacht (OKW), der Zugang zu den Lagebesprechungen im **Führerhauptquartier** „Wolfsschanze" hatte und bereit war, das Attentat auszuführen. Am 20. Juli 1944 stellte er dort eine Tasche mit einem Sprengsatz unter den Konferenztisch, bevor er unter einem Vorwand die Besprechung verließ, um nach Berlin zurückzufliegen. Die Bombe explodierte, doch wurde Hitler nur leicht verletzt. In Berlin hätte die **„Operation Walküre"**, wie die Aktion von den Verschwörern genannt wurde, noch gelingen können, wenn entschlossener gehandelt worden wäre. Da die Walküre-Befehle relativ spät ausgegeben wurden und das Funkhaus nicht völlig unter Kontrolle gebracht worden war, konnte Hitler das Wachbataillon „Großdeutschland" unter Major Remer informieren, das den Putsch niederschlug. Stauffenberg und einige seiner Mitstreiter wurden noch am gleichen Abend im Bendlerblock standrechtlich erschossen. Anschließend wurden zahlreiche Verschwörer und Mitwisser verhaftet, interniert und oftmals hingerichtet.

Claus Schenk Graf von Stauffenberg
(1907–1944)

„Bendlerblock" in der Bendlerstraße (heute: Stauffenbergstraße) in Berlin: damals Sitz des Allgemeinen Heeresamts und des Ersatzheeres, seit 1993 Dienstsitz des Bundesverteidigungsministeriums mit der „Gedenkstätte Deutscher Widerstand"

10 Fazit

Das „Dritte Reich" liegt nun schon so weit zurück, dass nur noch **wenige Zeitzeuginnen und Zeitzeugen** über ihre Erfahrungen berichten können. Trotzdem ist diese Phase deutscher Geschichte im öffentlichen Bewusstsein weiterhin **präsent**, z. B. durch zahlreiche Fernsehdokumentationen und Zeitungsartikel, die Einrichtung von Gedenkstätten und Mahnmalen oder die Thematisierung dieser Zeit im politischen Diskurs. Zu den Gründen für die noch immer intensive Beschäftigung mit der NS-Vergangenheit zählt die vielleicht nie vollständig zu beantwortende Frage, wie eine Demokratie in kürzester Zeit in eine totalitäre Diktatur verwandelt werden konnte, die schließlich für Verbrechen in bislang unvorstellbarem Ausmaß verantwortlich sein sollte. Lag der Fokus zuerst auf der Beschäftigung mit Hitler, der NS-Führungsriege und den Mechanismen der Machtausübung, interessierte man sich später vermehrt für die Rolle der restlichen Bevölkerung und die Gründe, weshalb deutsche Bürgerinnen und Bürger das NS-Regime (in-)direkt unterstützt hatten (z. B. Begeisterung, materielle Vorteile oder Furcht vor Repressionen). Eng damit verknüpft ist die Frage, wie es zum millionenfachen Mord an Juden, Sinti und Roma, Homosexuellen und weiteren als „rassisch minderwertig" verfolgten Gruppen kommen konnte, der ohne die Mitwirkung vieler nicht möglich gewesen wäre. Gerade hier stellt ein **verantwortungsbewusster Umgang mit der NS-Vergangenheit** bis heute eine große Herausforderung dar.

Letztlich kann der Blick zurück in die deutsche Geschichte dabei helfen, mehr Klarheit über die Entstehung, Etablierung und zerstörerische Kraft einer schrankenlosen Diktatur (z. B. Wirken einer charismatischen Führungsfigur und einer inhumanen Ideologie, Terror und Ausgrenzung bzw. Verfolgung politisch-ideologischer Gegner, Einsatz von Propaganda und modernen Massenmedien) zu gewinnen. Trotz der jahrzehntelangen Erfolgsgeschichte der Demokratie in der Bundesrepublik ist es wichtig, sich stets vor Augen zu halten, dass eine Demokratie mit ihren grundlegenden Werten auf dem Engagement ihrer Bürgerinnen und Bürger basiert sowie auf deren Bereitschaft, sie gegen ihre Feinde zu verteidigen. Gerade angesichts des wachsenden zeitlichen Abstands zur NS-Diktatur sollte das Wissen um die katastrophalen Folgen der NS-Machtübernahme gegenwärtig bleiben, um in unserer Zeit das Bewusstsein dafür zu schärfen, dass man **antidemokratischen, rassistischen und antisemitischen Tendenzen entschlossen entgegentreten** muss.

Deutschland in der Besatzungszeit 1945–1949

Wittenbergplatz, Westberlin 1948: Eine lange Schlange wartet darauf, die wertlos gewordene Reichsmark gegen die neue Deutsche Mark einzutauschen. Viele der Männer und Frauen machen einen fröhlichen, hoffnungsvollen Eindruck. Tatsächlich sorgte die Währungsreform von 1948 schlagartig dafür, dass sich die Geschäfte nach den Entbehrungen der unmittelbaren Nachkriegsjahre wieder füllten. Letztendlich stellte die Einführung einer neuen, stabilen Währung eine der wesentlichen Voraussetzungen des „Wirtschaftswunders" der frühen Bundesrepublik dar.

1 1945 als „Stunde Null"?

bedingungslose Kapitulation Deutschlands: von den Alliierten ab der Konferenz von Casablanca 1943 vertretenes Kriegsziel

Da die deutsche Kapitulation gegenüber den Westmächten und der Sowjetunion getrennt erfolgte, wird heute an unterschiedlichen Tagen an das Kriegsende erinnert: in Großbritannien, Frankreich und den USA am **8. Mai**, in Russland am **9. Mai**.

Die **bedingungslose Kapitulation** des Deutschen Reichs vom 7. bis 9. Mai 1945 stellte eine wesentliche Zäsur in der deutschen Geschichte dar. Deutschland war militärisch, wirtschaftlich, politisch und moralisch am Boden. Viele Menschen hatten ihr Leben verloren. Die Städte und die Infrastruktur waren zu einem hohen Prozentsatz zerstört, die Versorgungslage war prekär, der Glaube an eine bessere Zukunft schwach. Man sprach oft von einer **„Stunde Null"**, zumal der deutsche Staat (anders als nach der Niederlage im Ersten Weltkrieg) nach der Verhaftung der Regierung von Karl Dönitz und der Übernahme der Regierungsgewalt durch die Alliierten (Berliner Erklärung vom 5. Juni 1945) aufgehört hatte zu existieren. Deutschland war von einem politisch-rechtlichen zu einem rein geografischen Begriff geworden, dessen Grenzen und innere Ausgestaltung fortan allein von den Siegermächten abhingen.

Demobilisierung: Auflösung eines Heeres

„Displaced Persons": Personen, die sich während und nach Ende des Zweiten Weltkriegs nicht in ihrer Heimat befanden (z. B. Zwangsarbeiter, Kriegsgefangene, Häftlinge in Konzentrations- und Vernichtungslagern)

Darüber hinaus befanden sich zahlreiche Angehörige unterschiedlicher Nationalitäten auf der **Flucht** oder auf dem Rückweg in die Heimat. Durch die (von den Westmächten hingenommenen) **Massenvertreibungen** aus den ehemaligen deutschen Ostgebieten, die nun im sowjetischen Einflussbereich lagen, die Demobilisierung der Wehrmacht sowie die Befreiung Hunderttausender Lagerinsassen (z. B. KZ-Häftlinge und weitere **„Displaced Persons"**) waren Millionen von Menschen in Bewegung. Allein auf deutscher Seite belief sich die Zahl der Vertriebenen und Flüchtlinge auf ca. 12 Millionen, was großen sozialen Zündstoff barg. Für viele gab es weder Wohnraum noch angemessene Versorgung; der durchschnittliche Kalorienbedarf von 3 000 kcal/Tag konnte oft nur unzureichend gedeckt werden.

Das sächsische Dresden hatte im Februar 1945 die heftigsten alliierten Luftangriffe erlebt, die während des Zweiten Weltkriegs auf eine deutsche Stadt geflogen worden waren.

Trotzdem ist der Begriff „Stunde Null" irreführend, da trotz aller Verluste und Zerstörungen z. B. noch qualifizierte Arbeitskräfte und Kapital vorhanden waren, die man wieder aktivieren konnte. So war Deutschland „zwar arm, aber keineswegs unterentwickelt"[1] (Werner Abelshauser).

Insgesamt waren die Jahre 1945–1949 aus deutscher Sicht eine Phase weitgehender Fremdbestimmung, die man als **„Transformationsphase"** zwischen Zweitem Weltkrieg und Kaltem Krieg bezeichnen kann, ohne dass sie eindeutig einem der beiden Zeiträume zuzurechnen wäre.

2 Die Siegermächte und Deutschland

2.1 Vorstellungen über die Gestaltung Deutschlands

Nach dem Sieg über NS-Deutschland war die Frage nach dem Fortbestand der **„unnatürlichen Allianz"** zwischen den drei kapitalistischen Westmächten und der sozialistischen Sowjetunion die entscheidende Determinante der deutschen Verhältnisse. Der Interessenkonflikt zwischen diesen entgegengesetzten Lagern, der ab 1947 den jahrzehntelangen **Kalten Krieg** prägen sollte, hatte sich bereits 1941 angebahnt.

info

Kalter Krieg

Ab etwa 1947 bis 1990/91 standen sich die ehemaligen Verbündeten der Anti-Hitler-Koalition in einem machtpolitisch-ideologischen Konflikt gegenüber, der von einer enormen (atomaren) Aufrüstung geprägt war, letztlich aber nie offen und direkt zwischen beiden Parteien eskalierte. Der westlich-kapitalistische Block wurde von den USA und der NATO geführt, der östlich-sozialistische Block von der Sowjetunion und dem Warschauer Pakt.

NATO: westliches Militärbündnis, 1949 gegründet, bis heute existent

Warschauer Pakt: östliches Militärbündnis, 1955 gegründet, 1991 aufgelöst

Lange Zeit hatte die Sowjetunion die Hauptlast des Kriegs zu tragen, während die USA und Großbritannien ihr Einschreiten in Europa immer wieder hinauszögerten und sich auf finanziell-materielle Unterstützung bzw. Einsätze auf den asiatischen, arabischen und afrikanischen Schauplätzen beschränkten. Durch ihr zögerliches Eingreifen überließen sie die **Befreiung Osteuropas** weitgehend der Sowjetunion, die durch das Vordringen der Roten Armee Fakten schuf, die kaum mehr zu revidieren waren: So konnte die Sowjetunion letztlich ihr Interesse am östlichen Teil Polens jenseits der Curzon-Linie, an Ostpreußen und an Königsberg durchsetzen, wofür Polen im Rahmen einer **Westverschiebung** durch deutsche Gebiete bis zur **Oder-Neiße-Linie** entschädigt wurde.

Bereits während des Zweiten Weltkriegs traten verschiedene Vorstellungen zutage, wie man im Falle eines Sieges mit dem Deutschen Reich umgehen sollte, darunter die Schaffung eines Agrarstaats **(„Morgenthau-Plan")**, die Zersplitterung („Balkanisierung") Deutschlands oder die Einbindung des Kriegsverlierers in eine neue, durch die **„Atlantik-Charta"** (1941) proklamierte Weltordnung. Kleinster gemeinsamer Nenner waren die Zerschlagung Preußens, die Aufteilung Deutschlands in zunächst drei Besatzungszonen und die vorläufige Einigung auf den „geografischen Begriff" „Deutschland in den Grenzen von 1937", also vor dem Anschluss Österreichs und des Sudetenlands.

Curzon-Linie: 1919 vom britischen Außenminister George Curzon vorgeschlagene Grenzlinie zwischen Russland und Polen

„Morgenthau-Plan": von US-Finanzminister Henry Morgenthau 1944 ausgearbeiteter Vorschlag; nicht umgesetzt, da man glaubte, ein zu schwaches Deutschland könnte dem Kommunismus zum Opfer fallen

Atlantik-Charta: von Roosevelt und Churchill 1941 aufgestellte Grundsätze für eine neue freiheitliche und friedliche Weltordnung

Die **„Großen Drei“** auf der Konferenz von Potsdam: Der britische Premierminister Winston Churchill (links) wurde kurz darauf durch Clement Attlee abgelöst. US-Präsident Harry Truman (Mitte) war im April 1945 auf den verstorbenen Franklin D. Roosevelt gefolgt. Die Sowjetunion wurde auf sämtlichen großen Kriegskonferenzen durch Diktator Josef Stalin vertreten.

Lernvideo: **Die Kriegskonferenzen 1941–1945**

Für die Nachkriegszeit maßgeblich waren die Ergebnisse der **Konferenzen von Teheran** (November/Dezember 1943), **Jalta** (Februar 1945) **und Potsdam** (Juli/August 1945), auf denen die „Großen Drei“ die Grundzüge des Umgangs mit Deutschland festlegten. Im Abschlussprotokoll von Potsdam **(„Potsdamer Abkommen“)** wurden am 2. August 1945 folgende Punkte festgehalten:

- Deutschland als (wirtschaftliches) Ganzes sollte von einem **Alliierten Kontrollrat** (bestehend aus den Oberbefehlshabern der alliierten Streitkräfte) regiert werden, dem als vierte Siegermacht letztlich auch noch Frankreich angehörte.
- Deutschland und seine ehemalige Hauptstadt Berlin wurden in **vier Besatzungszonen bzw. Sektoren** aufgeteilt. Dabei bildete die Grenze zwischen den westlichen Besatzungszonen und der sowjetischen Zone (SBZ) die spätere Grenze zwischen Bundesrepublik und DDR. Für Berlin als Ganzes war die **Alliierte Kommandantur** zuständig.
- Die Abtretung aller deutschen Gebiete östlich der **Oder-Neiße-Linie** an Polen und die Sowjetunion sowie die damit verbundene **Westverschiebung Polens** wurden akzeptiert. Die bereits durchgeführte bzw. noch folgende **Vertreibung** der in Polen, der Tschechoslowakei und Ungarn lebenden Deutschen wurden als „Überführung der deutschen Bevölkerung“[2] legalisiert, die eigentlich „in ordnungsgemäßer und humaner Weise“[3] hätte umgesetzt werden sollen.
- Deutschland sollte gemäß der **„5 Ds“** behandelt werden: Denazifizierung, Demokratisierung, Demilitarisierung, Dezentralisierung und Demontage von Industrieanlagen. Über die genaue Höhe der deutschen Reparationsverpflichtungen bestand keine Einigung.

Schon unmittelbar nach Unterzeichnung des Protokolls war strittig, ob dieses einen völkerrechtlichen Vertrag (Stalin) oder bloß eine Absichtserklärung (Truman) darstellte. Darüber hinaus war früh absehbar, dass beide Seiten die Inhalte des Abkommens und Schlüsselbegriffe wie „Demokratie“ unterschiedlich auslegen und umsetzen würden. Letztlich bestätigten die folgenden Jahre eine Aussage Stalins, dass jede Siegermacht versuchen würde, ihrer Besatzungszone ihr System aufzuerlegen, wodurch die Idee vom Erhalt der Einheit immer fragwürdiger wurde.

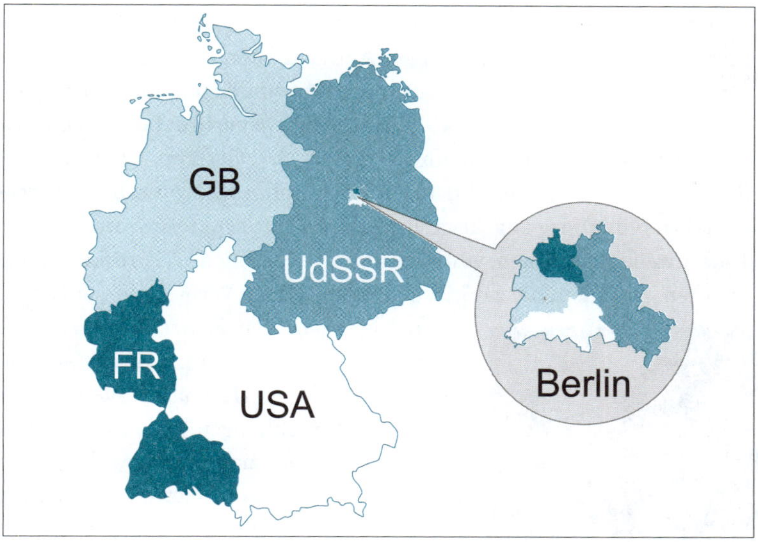

Die vier Besatzungszonen und die Berliner Sektoren

Da der Entschluss zur Einrichtung einer eigenen französischen Besatzungszone erst relativ spät gefallen war, wurde diese durch Abtretungen aus der US-amerikanischen und der britischen Zone gebildet.

2.2 Entnazifizierung und „demokratische" Umerziehung

Angesichts der immer weiter zunehmenden Spannungen zwischen den Besatzungsmächten erwies sich der **Alliierte Kontrollrat** bald als ungeeignetes Instrument, um die bestehenden Interessengegensätze auszugleichen, zumal er nur einstimmig Beschlüsse fassen konnte. So kam es auch zu sehr unterschiedlichen Umsetzungen der Potsdamer Beschlüsse. Das Beispiel der **„Denazifizierung"** zeigt die Größe der Aufgaben, die sich die Alliierten in Deutschland vorgenommen hatten, sowie deren uneinheitliche Umsetzung und Bewältigung.

Um den **Nationalsozialismus zu zerstören** und in Deutschland den Weg zu einer – in Ost und West unterschiedlich angestrebten – **demokratischen Ordnung** zu ebnen, wurden im Zuge der Entnazifizierung in allen Besatzungszonen die NSDAP und ihre Organisationen verboten und Gesetze aus der NS-Zeit aufgehoben. Bevor man die Verwaltung allerdings auch nur ansatzweise wieder in deutsche Hände legen konnte, wollte man sicher sein, dass man sie nicht an ehemalige Nationalsozialisten (zurück)gab. Dabei stellte sich jedoch die Frage, wie man mit den allein 8,5 Millionen **NSDAP-Mitgliedern** und den Millionen von Angehörigen der ihr unterstellten **Massenorganisationen** (z. B. DAF, Hitlerjugend, Reichsarbeitsdienst) umgehen sollte.

→ **DAF, Hitlerjugend, Reichsarbeitsdienst** vgl. S. 210 f.

Bei der Besetzung von Posten griffen die Alliierten zunächst auf **„weiße Listen“** mit ihnen unverdächtigen Antifaschisten sowie Politikern aus der Weimarer Zeit zurück. Darüber hinaus wurden ab November 1945 die Elite des „Dritten Reiches“ als **Hauptkriegsverbrecher** und die besonders belasteten Organisationen (u. a. SS, SA, Gestapo, Wehrmachtsführung) vor einem eigens dafür eingerichteten **Kriegsverbrechertribunal in Nürnberg** angeklagt. Bis zum 1. Oktober 1946 wurden zwölf Todesurteile gesprochen, von denen zehn tatsächlich vollstreckt werden konnten. Nachdem die zahlreichen beispiellosen Verbrechen der Nationalsozialisten in den Konzentrations- und Vernichtungslagern bekannt geworden waren, erschien der Anklagepunkt „Verbrechen gegen die Menschlichkeit“ den meisten Beobachtern nachvollziehbar, obwohl er nicht unmittelbar aus dem Völkerrecht oder dem deutschen Recht abzuleiten war. Schwieriger war der Vorwurf, einen Angriffskrieg vorbereitet zu haben, da dies bis dahin im Völkerrecht nicht unter Strafe gestellt war. In einer Reihe von Nachfolgeprozessen wurden noch einzelne Berufs- und Gesellschaftsgruppen (z. B. Ärzte, Juristen, Unternehmer, Diplomaten, Wachmannschaften) angeklagt; auch hierbei nutzte man die Chance, über die NS-Vergangenheit aufzuklären. Insgesamt blieb an der juristischen Aufarbeitung der NS-Zeit jedoch der Makel der **„Siegerjustiz“** haften, zumal deutsche Gerichte zunächst von den Ermittlungen ausgeschlossen waren, was die Akzeptanz innerhalb der deutschen Bevölkerung schwinden ließ.

Die noch lebende NS-Führung während des **Nürnberger Hauptkriegsverbrecherprozesses** 1945/46: Angeklagt war sie wegen Verschwörung und Verbrechen gegen den Frieden, Kriegsverbrechen und Verbrechen gegen die Menschlichkeit. Der Internationale Militärgerichtshof sprach zwölf Todesurteile aus, u. a. gegen Hermann Göring, Wilhelm Frick und Joachim von Ribbentrop.

Spruchkammern: Laiengerichte mit deutschem Personal (meist von den Parteien ausgewählt)

Die Entnazifizierung der Bevölkerungsmehrheit erfolgte durch Verfahren vor **Spruchkammern** und anhand von **Fragebögen**, durch die die Betreffenden in eine von fünf Kategorien („Hauptschuldige“, „Belastete“, „Minderbelastete“, „Mitläufer“ oder „Entlastete“) eingeteilt wurden. In der US-Zone startete man sehr ambitioniert mit einem 131-Punkte-Fragebogen. Doch bereits im Frühjahr 1946 stellte man fest, dass eine konsequente Durchführung der Aktion dazu führen würde, dass Hunderttausende Stellen in der Verwaltung unbesetzt bleiben und zahlreiche Menschen eingesperrt werden müssten, was vor dem Hintergrund des Wiederaufbaus Deutschlands als nicht praktikabel galt.

In der SBZ wurden Verwaltung und Justiz konsequent „gesäubert“, aber auch hier zeigte sich, dass man auf belastete Experten nicht völlig verzichten konnte. In der Justiz versuchte man sich mit ideologisch geschulten „Volksrichtern“ zu behelfen. Eine Besonderheit waren **Speziallager**, die man bis 1950 dazu nutzte, um neben ehemaligen Nationalsozialisten politische Gegner der eingeleiteten gesellschaftlichen Umwälzungen (z. B. Liberale, Sozialdemokraten, Konservative) mundtot zu machen.

Als **Speziallager** nutzte man u. a. die ehemaligen Konzentrationslager Buchenwald (bei Weimar) und Sachsenhausen (Oranienburg bei Berlin).

Spätestens 1948 wich bei allen Alliierten das Interesse an einer nachhaltigen Entnazifizierung einer pragmatischeren Sichtweise; an die Stelle der Bestrafung ehemaliger Nationalsozialisten trat deren Resozialisierung, also ihre Wiedereingliederung in die Gesellschaft. Letztlich kam es auch hier nicht zur erwünschten Wirkung: Statt einer tiefgreifenden **„Reeducation“** („Umerziehung“), die die Bevölkerung von Obrigkeitsstaat und Militarismus hin zu demokratischem bzw. antifaschistischem Denken führen sollte (z. B. durch Maßnahmen in Presse und Bildung), machte sich eher ein Gefühl der Ungerechtigkeit breit. Dies lag u. a. auch daran, dass sich viele Beschuldigte entlastende Aussagen **(„Persilscheine“)** kauften, um sich von ihrer Vergangenheit „reinzuwaschen“.

„Persilscheine“: Aussagen von unbelasteten Personen sowie Gegnern und Opfern des NS-Regimes zugunsten von Nationalsozialisten (benannt nach dem Waschmittel „Persil“)

2.3 Neubeginn in Politik und Medien

Obwohl die Wiederbelebung der politischen Sphäre eigentlich erst nach einer (aus Sicht der jeweiligen Besatzungsmacht) erfolgreichen „Umerziehung“ der Bevölkerung erfolgen sollte, erteilten die Alliierten schon 1945 Lizenzen für die Neuformierung **politischer Parteien**. Zu besonderen Entwicklungen kam es in der SBZ: Dort wurden die zugelassenen Parteien (KPD, SPD, CDU, LDPD) in der **„Einheitsfront der antifaschistisch-demokratischen Parteien“** zusammengefasst. Außerdem erzwang die sowjetische Militäradministration (SMAD) 1946 die Vereinigung der beiden Arbeiterparteien SPD und KPD zur **Sozialistischen Einheitspartei Deutschlands** (SED), der sich die West-SPD unter Kurt Schumacher aber konsequent verweigerte.

Kurt Schumacher (1895–1952): sozialdemokratischer Politiker, Gegner der Nationalsozialisten (langjährige KZ-Haft), einer der Gründungsväter der Bundesrepublik

Der parteipolitische Neubeginn gelang den im Hinblick auf die NS-Zeit weitgehend unbelasteten **Sozialdemokraten** (SPD) und **Kommunisten** (KPD) am schnellsten. Die NSDAP und weitere nationalistische Parteien der Weimarer Zeit waren hingegen verboten. Die **Liberalen**, die seit ihren Anfängen im 19. Jahrhundert gespalten gewesen waren, einigten sich im Westen nach diversen Neugründungen 1948 auf den Namen **FDP** (Freie Demokratische Partei). Eine „Neuerfindung“ im Parteienspektrum waren die **Schwesterparteien CDU und CSU** (Christlich

Demokratische Union Deutschlands bzw. Christlich-Soziale Union in Bayern), die zwar die Tradition des katholischen Zentrums und der BVP weiterführten, sich nun aber als überkonfessionelle Volksparteien auch für Protestanten anboten.

Ebenfalls unverzichtbar für den demokratischen Neuanfang waren die **Medien**, in erster Linie Rundfunk und Presse. Auch hier brauchte man spezifische Lizenzen der Besatzungsmächte, wobei diese den **Rundfunk** zunächst selbst übernahmen und erst gegen Ende der Besatzungszeit in deutsche Verantwortung übergaben. Im Westen orientierte man sich bei der Gründung von „Anstalten des öffentlichen Rechts" an der britischen BBC. Die SBZ richtete bereits 1945 eigene Rundfunkanstalten ein, die unter strikter Kontrolle der SMAD standen.

BBC (British Broadcasting Cooperation): öffentlich-rechtliche sowie älteste nationale Rundfunkanstalt (Radio, Fernsehen, heute auch Internetangebote)

In der **Presse** wurden Publikationen der Militäradministrationen früh durch lizenzierte, aber von Presseoffizieren überwachte Zeitungen abgelöst. Im Westen erteilten die Franzosen 33 Lizenzen, die Amerikaner und Briten jeweils 61. War es zuerst nützlich, wenn sich Kommunisten unter den Bewerbern befanden, sorgten die Amerikaner ab 1947 dafür, dass diese aus Herausgebergremien verschwanden. Insgesamt litten die Zeitungen unter gravierendem Papiermangel, sodass sie oft sehr dünn waren und selten erschienen. Im Osten zeigte sich die Bevorzugung der kommunistischen Presse durch eine entsprechende Papierzuteilung.

2.4 Die wirtschaftliche Entwicklung

Auch in wirtschaftlicher Hinsicht entwickelten sich die Besatzungszonen rasch auseinander. In der SBZ nahm man 1945/46 eine **Bodenreform** mit Enteignungen und Umverteilungen des Großgrundbesitzes vor. In der Industrie führte man **Verstaatlichungen** durch und gründete erste Volkseigene Betriebe (VEB). In den „Junkern" und „Schlotbaronen" sah man gesellschaftsfeindliche Kräfte, die den Nationalsozialismus maßgeblich gefördert hätten. Zudem wurden die in Potsdam vereinbarten **Demontagen** stärker als im Westen umgesetzt.

Am 6. September 1946 hielt **Byrnes** in Stuttgart seine „Rede der Hoffnung", in der es u. a. heißt: „Das amerikanische Volk hofft, ein friedliches und demokratisches Deutschland zu sehen, das seine Freiheit und Unabhängigkeit erlangt und behält."[4]

1946 deutete sich eine Wende in der Besatzungspolitik der USA an: Man wolle, so US-Außenminister James F. Byrnes, die zonalen Beschränkungen des deutschen Wirtschaftsraums abbauen und dem deutschen Volk die Regierungsverantwortung zurückgeben. Da sich Frankreich und die Sowjetunion derartigen Plänen verweigerten, wurde am 2. Dezember 1946 zuerst die amerikanisch-britische **Bizone** vereinbart. Deren Wirtschaftsrat stellte eine Art Parlament aus Vertretern der Länder und eine Art Regierung aus Verwaltungsdirektoren dar. Hauptzuständiger für

Wirtschaftsfragen wurde 1948 der parteilose Marktwirtschaftler **Ludwig Erhard**, der in der Folgezeit wichtige Entscheidungen in Richtung **Soziale Marktwirtschaft** fällte. Im April 1949 wurde die Bizone noch um die französische Zone zur **Trizone** erweitert.

info

Soziale Marktwirtschaft

Unter dem Begriff versteht man eine Wirtschaftsform, die auf Privateigentum, persönlicher Freiheit und freien Märkten basiert, aber die sozialen Nachteile einer rein kapitalistischen Wirtschaft (z. B. USA) vermeiden soll. Die Grundidee besteht darin, die Dynamik und Produktivität der Marktwirtschaft zu nutzen, ihre negativen Tendenzen – z. B. die Ausschaltung von Konkurrenz (durch Monopole, Kartelle und Preisbindungen), das ungleichmäßige Wachstum des Sozialprodukts sowie die Risiken von Armut, Alter, Krankheit oder Arbeitslosigkeit – hingegen durch Ordnungs-, Konjunktur- und Sozialpolitik zu verhindern bzw. abzumildern. Ausgehend von verschiedenen theoretischen Vorarbeiten wurde die Soziale Marktwirtschaft in den 1950er-/1960er-Jahren von Alfred Müller-Armack und Ludwig Erhard (als eine Art „dritter Weg" zwischen Kapitalismus und Sozialismus) politisch ausgestaltet. Der Begriff wurde auch oft propagandistisch verwendet, um das „Wirtschaftswunder" zu begründen.

Ludwig Erhard (1897–1977): 1948/49 Direktor für Wirtschaft der Bizone bzw. Trizone, 1949–1963 Bundesminister für Wirtschaft, 1963–1966 zweiter Bundeskanzler für die CDU

Die endgültige **Spaltung des deutschen Wirtschaftsraums** erfolgte vor dem Hintergrund der Differenzen zwischen der Sowjetunion und den USA, die sich ab 1947 im **Kalten Krieg** feindlich gegenüberstanden. Aus westlicher und besonders aus amerikanischer Sicht galt es den Vormarsch des Sowjetkommunismus zu stoppen, der sich schon hinter dem **„Eisernen Vorhang"** (Winston Churchill) vollzogen hatte.

ZITAT

Aus der Rede des britischen Staatsmannes Winston Churchill vom 5. März 1946 (Fulton, USA)[5]

Großbritannien – und sicher auch Amerika – empfindet für die Völker Rußlands Sympathie und Wohlwollen, und es ist entschlossen, trotz allen Differenzen und Rückschlägen unentwegt an der Errichtung einer dauernden Freundschaft mit Rußland zu arbeiten. Wir verstehen, daß Rußland seine Grenzen im Westen gegen einen eventuellen neuen deutschen Angriff sichern muß. Von Stettin an der Ostsee bis hinunter nach Triest an der Adria ist ein „Eiserner Vorhang" über den Kontinent gezogen. Hinter jener Linie liegen [...] Warschau, Berlin, Prag, Wien, Budapest, Belgrad, Bukarest und Sofia. Alle jene berühmten Städte liegen in der Sowjetsphäre und alle sind sie in dieser oder jener Form nicht nur dem sowjetrussischen Einfluß ausgesetzt, sondern auch in ständig zunehmendem Maße der Moskauer Kontrolle unterworfen.

Harry S. Truman (1884–1972): 33. US-Präsident, bekannt für die „Truman-Doktrin“ vom 12. März 1947, in der die USA der „freien“ Welt Unterstützung gegen den Kommunismus versprachen

Als die Sowjetunion versuchte, die Entwicklungen auf dem Balkan und im griechischen Bürgerkrieg in ihrem Sinne zu beeinflussen, trieb US-Präsident Truman die amerikanische **„Containment-Policy“**, also die Eindämmung des Kommunismus voran, vorrangig mit den wirtschaftlich-finanziellen Mitteln des **Marshallplans:** Das **European Recovery Program** (ERP) stellte v. a. Kredite zum Wiederaufbau und zur Wiederbelebung des europäischen und transatlantischen Wirtschaftsraums zur Verfügung. Dieses Angebot richtete sich an alle europäischen Länder, obwohl schnell klar war, dass die Sowjetunion eine Beteiligung der Staaten in ihrem Herrschaftsbereich verhindern würde.

Zwar erhielt der westliche Teil Deutschlands nur zehn Prozent der Mittel in Höhe von insgesamt rund 14 Milliarden Dollar; dennoch war das Programm eine wertvolle Initialzündung und ein wichtiger, wenn auch nicht der einzige Grund für das spätere „Wirtschaftswunder“. Es stellte die westdeutsche Wirtschaft in den europäischen Kontext, ermöglichte den Handel mit den USA und machte klar, dass zumindest Westdeutschland wieder als Teil der Weltgemeinschaft gesehen wurde, was psychologisch äußerst bedeutsam war.

Entscheidende politisch-wirtschaftliche Auswirkungen sollten auch die von den USA vorbereitete **Währungsreform** vom 20. Juni 1948 und die Einführung einer stabilen neuen Währung, der **Deutschen Mark** (DM), in den Westzonen haben. Dies schuf weitere Fakten im Hinblick auf den wirtschaftlichen Aufschwung im Westen und die deutsche Teilung. Die bestehende Inflation wurde erfolgreich bekämpft, indem die Geldmenge der Warenmenge angepasst und Sparguthaben entwertet wurden. Insgesamt durfte jeder Deutsche 40 DM, später nochmals 20 DM umtauschen. Die Maßnahmen der Währungsreform führten dazu, dass die Schulden des Deutschen Reiches beseitigt und private Ersparnisse weitgehend verloren waren, wohingegen Besitzer von Sachwerten im Vorteil waren. Letztere sollten aber später noch zu einem „Lastenausgleich“ herangezogen werden.

US-Werbeplakat (1950): Das Windrad zeigt die Länder, die am ERP teilnahmen, darunter die 1949 gegründete Bundesrepublik Deutschland. Benannt wurde das Programm nach US-Außenminister George C. Marshall.

Schnell wurde die Währungsreform im **Alltag der Menschen** sichtbar: Plötzlich waren bisher gehortete Warenbestände in den Geschäften verfügbar; der Handel auf dem Schwarzmarkt, auf dem man Zigaretten als Ersatzwährung benutzt hatte, verschwand. Ab diesem Zeitpunkt wurden immer weniger Güter über Bezugsscheine bzw. Lebensmittelmarken ausgegeben, zudem fand die Preisbindung ein Ende. Hier zeigte sich aber, dass die Löhne oft nicht für den Lebensunterhalt ausreichten, was zu Protesten der Gewerkschaften führte.

Aus sowjetischer Sicht war die Nachkriegswelt in ein „imperialistisches" und ein „sozialistisches Lager" gespalten, wobei die UdSSR die Führung der antiimperialistischen Kräfte beanspruchte **(Schdanows „Zwei-Lager-Theorie")**. Die zunehmenden Spannungen zwischen beiden Seiten machten sich 1948 deutlich bemerkbar: Die Sowjetunion nutzte die Währungsreform, um in Berlin ein Exempel zu statuieren und die Westalliierten so stark unter Druck zu setzen, dass sie den Westteil Berlins aufgeben sollten. Anstelle der DM führte man im Berliner Ostsektor die **Ostmark** ein. Gleichzeitig sperrte man ab 24. Juni 1948 die Transitwege zwischen den Westzonen und Westberlin; zudem wurde die Versorgung der Stadt mit Strom, Wasser und wichtigen Produkten behindert. Etwa zwei Millionen Westberliner befanden sich in einer Art Geiselhaft.

Schdanows „Zwei-Lager-Theorie": Nur wenige Monate nach der „Truman-Doktrin" sprach auch Stalins enger Mitarbeiter Andrei Schdanow am 25. September 1947 von einer Zweiteilung der Welt.

Letztendlich lief die **Berlin-Blockade** (Juni 1948–Mai 1949) aber ins Leere, da die Westalliierten in einer beispiellosen Aktion Westberlin über eine **„Luftbrücke"** versorgten. Nach einem Jahr wurden die Transportwege zu Lande wieder geöffnet. Die Präsenz der Westmächte in Berlin sowie die Bindung der Westsektoren an die westlichen Zonen (nun auch über die DM als gemeinsame Währung) wurden bestätigt. Noch wichtiger war aber die **psychologische Wirkung** im Westen Deutschlands: Während die UdSSR erneut als Feindin dastand, wurden die westlichen Alliierten zunehmend nicht mehr nur als Besatzer, sondern als Verbündete oder sogar Freunde wahrgenommen. Westdeutschland war im Kalten Krieg angekommen.

Ein „Rosinenbomber" im Anflug auf Westberlin: Amerikanische und britische Transportflugzeuge brachten täglich Tonnen von Lebensmitteln und weiteren wichtigen Hilfsgütern in die von der Außenwelt abgeschnittenen Westsektoren. Zur Freude der Kinder warfen die Piloten auch Päckchen mit Süßigkeiten ab.

2.5 Die doppelte Staatsgründung

Die Gründung der Bundesrepublik Deutschland

Noch während der Berlin-Blockade stellten die westlichen Militärgouverneure die entscheidenden Weichen zur **Gründung der Bundesrepublik Deutschland**. Am 1. Juli 1948 wurden die Ministerpräsidenten der elf westdeutschen Länder mit der Bildung einer verfassunggebenden Versammlung beauftragt **(„Frankfurter Dokumente")**. Auf Wunsch der deutschen Politiker einigte man sich darauf, diese Versammlung „Parlamentarischer Rat" und die geplante Verfassung „Grundgesetz" zu

Weiterer Ausdruck des provisorischen Charakters der Bundesrepublik war die Tatsache, dass man **Bonn** anstelle des geteilten Berlin vorübergehend als **Hauptstadt** wählte. Seit der Vollendung der deutschen Einheit am 3. Oktober 1990 ist Berlin wieder Hauptstadt.

nennen, um deren **provisorischen Charakter** zu betonen: Auf das Ziel einer deutschen Einheit wollte man nicht verzichten. Dementsprechend hielt man 1949 in der Präambel des Grundgesetzes fest, das deutsche Volk habe „auch für jene Deutschen gehandelt, denen mitzuwirken versagt war“[6], und bleibe „aufgefordert, in freier Selbstbestimmung die Einheit und Freiheit Deutschlands zu vollenden“[7].

Im August 1948 arbeitete ein Konvent in Herrenchiemsee den Entwurf einer Verfassung aus, über den dann in Bonn im Parlamentarischen Rat (Vertreter der Länderparlamente) unter **Konrad Adenauer** beraten wurde. Am 8. Mai 1949 (vier Jahre nach Kriegsende) wurde das **Grundgesetz** verabschiedet und trat am 23. Mai 1949, dem Gründungsdatum der Bundesrepublik Deutschland, in Kraft. Ein Verfassungsreferendum, bei dem die Bevölkerung gefragt worden wäre, fand nicht statt.

Konrad Adenauer (1876–1967)

→ **Adenauers Außenpolitik** vgl. S. 253 ff.

biografie

Konrad Adenauer

Als Adenauer 1949 im Alter von 73 Jahren Bundeskanzler wurde, hatte er schon eine bewegte Vergangenheit hinter sich. So war er 1933 als Kölner Oberbürgermeister von den Nationalsozialisten entlassen worden; dasselbe passierte ihm 1945 in der britischen Besatzungszone. Katholisch-rheinländisch-antipreußisch geprägt, war der studierte Jurist maßgeblich an der Gründung der CDU, der Ausarbeitung des Grundgesetzes im Parlamentarischen Rat 1948/49 und an der Ausgestaltung der parlamentarischen Demokratie in Westdeutschland beteiligt. Seine Regierungszeit hat die junge Bundesrepublik stark geprägt, sodass man zu Recht von einer „Ära Adenauer“ sprechen kann. Zu seiner politischen Grundhaltung gehörten die Westorientierung der Bundesrepublik, die scharfe Abgrenzung gegenüber der Sowjetunion und das Bekenntnis zu Marktwirtschaft und Wiederbewaffnung. Nur durch eine Politik der Stärke im Bündnis mit Westeuropa und den USA glaubte er, zu einem späteren Zeitpunkt möglicherweise die Wiedervereinigung erreichen zu können. Seine Kritiker warfen ihm vor, dieses Ziel nicht ernsthaft verfolgt, sowjetische Angebote wie die Stalin-Note 1952 abgelehnt und mit der Hallstein-Doktrin unüberwindbare Hürden für eine konstruktive Ostpolitik geschaffen zu haben. Seine außenpolitischen Erfolge lagen v. a. in der Westpolitik: So erreichte er 1955 die weitgehende Souveränität der Bundesrepublik und trieb die europäische Integration und den Ausgleich mit Frankreich voran. In der Bevölkerung wurden v. a. seine Moskau-Reise 1955 und die Rückführung der letzten deutschen Kriegsgefangenen aus der Sowjetunion honoriert. Sein dominanter Führungsstil prägte die Republik („Kanzlerdemokratie“) ebenso wie sein großzügiger Umgang mit der NS-Vergangenheit engster Mitarbeiter und vieler Funktionsträger.

Damit war der **Gründungsakt der Bundesrepublik** vollzogen. Allerdings entschieden die westdeutschen Politiker nicht autonom, sondern in Absprache mit den drei westlichen Besatzungsmächten. Zudem war der junge westdeutsche Staat nicht völlig souverän: Die Alliierten behielten verschiedene Rechte (z. B. in der Innen- und Außenpolitik sowie in Bezug auf Westberlin), was im **Besatzungsstatut** vom 21. September 1949 festgehalten wurde. Mit dem Grundgesetz bekam Westdeutschland eine demokratische Ordnung in Form einer **parlamentarischen Republik**. Aufgrund von Differenzen auf deutscher Seite, aber auch mit den Alliierten legte man sich in der Verfassung selbst auf **keine konkrete Wirtschaftsordnung** fest; erst spätere Entscheidungen führten zur Sozialen Marktwirtschaft. Im Sommer 1949 bekannte sich die CDU, in der es zuvor sozialistische Tendenzen (Christlicher Sozialismus des „Ahlener Programms" von 1947) gegeben hatte, in ihren „Düsseldorfer Leitsätzen" zu dieser Wirtschaftsform. Durch den Sieg bei der **ersten Bundestagswahl** am 14. August 1949 bekam sie die Gelegenheit, ihre Vorstellungen in die Wirklichkeit umzusetzen. Erster Bundeskanzler wurde Adenauer, der einer Regierungskoalition aus CDU, CSU, FDP und DP (Deutsche Partei) vorstand.

Die Gründung der Deutschen Demokratischen Republik

Parallel hierzu entwickelte sich die **ostdeutsche Staatsbildung** in der SBZ, wo man länger am Grundsatz der Einheit festhielt, auch um dem Westen die Schuld an der Teilung geben zu können. Dementsprechend wurden im Dezember 1947 Vertreter aus ganz Deutschland zum ersten „**Deutschen Volkskongress** für Einheit und gerechten Frieden" eingeladen. Ein zweiter Volkskongress bestimmte im Frühjahr 1948 den Ersten **Deutschen Volksrat**, der sich um die Ausarbeitung einer **Verfassung** kümmerte. Im Mai 1949 wurde schließlich ein weiterer Volkskongress gewählt; dabei kamen **Einheitslisten** zum Einsatz, die die Führungsposition der SED, die sonst nicht mehrheitsfähig gewesen wäre, absichern sollten. Dieser Dritte Volkskongress bestätigte nicht nur den Verfassungsentwurf, sondern wählte darüber hinaus den Zweiten Deutschen Volksrat, der am 7. Oktober 1949 die sozialistische **Deutsche Demokratische Republik** verkündete und sich zur Provisorischen Volkskammer erklärte. Kurz zuvor hatte die UdSSR ihre finale Zustimmung zur Staatsgründung erteilt. **Otto Grotewohl** wurde erster Ministerpräsident und **Wilhelm Pieck** erster Präsident der DDR.

Einheitsliste: Wahlvorschlag, bei dem die Sitze schon auf Parteien und Massenorganisationen verteilt waren und der nur im Ganzen angenommen bzw. abgelehnt werden konnte

Die Männer an der Spitze der 1949 gegründeten DDR: **Wilhelm Pieck** (1876–1960, vorher KPD) und **Otto Grotewohl** (1894–1964, vorher SPD).

3 Fazit

Nach der Kriegsniederlage und der bedingungslosen Kapitulation 1945 war Deutschlands Zukunft von den Siegermächten abhängig. Am Ende der nun folgenden **Besatzungszeit** stand 1949 die **deutsche Teilung**, die letztlich eine Folge des grundlegenden, seit dem Ende des Ersten Weltkriegs bestehenden Systemkonflikts zwischen Ost und West war.
Als ein zentrales Ziel hatten die Alliierten die **„Demokratisierung"** der Deutschen vereinbart, jedoch blieben alle Versuche einer umfassenden „Vergangenheitsbewältigung" und „Umerziehung" von außen rudimentär und wurden schnell vom Kalten Krieg überlagert. Die **parlamentarisch-liberale Demokratie**, wie sie die heutige Bundesrepublik prägt, geht zwar entscheidend auf diese Zeit zurück, musste aber auch von den (West-)Deutschen selbst erarbeitet werden: Erst auf Basis des ökonomischen Wiederaufbaus und in vielen gesellschaftlichen Auseinandersetzungen wurde und wird sie mit Leben erfüllt, seit der Wiedervereinigung 1990 auch unter Mitwirkung der ostdeutschen Bevölkerung.
Nach der **doppelten Staatsgründung 1949** waren die beiden deutschen Staaten keineswegs souverän, sondern weiter von den jeweiligen Siegermächten abhängig. Vor dem Hintergrund des Kalten Kriegs sorgten die deutsche Teilung und die **Frage der deutschen Einheit** wiederholt für Konfliktpotenzial, so bereits drei Jahre später, als die Sowjetunion mit der „Stalin-Note" ein umstrittenes, vom Westen abgelehntes Angebot für eine Wiedervereinigung machte. Erst rückblickend zeigte sich, dass die Gründung der Bundesrepublik die entscheidende Grundlage deutscher Staatlichkeit nach dem Zweiten Weltkrieg darstellt(e).
Letztendlich ist es nicht selbstverständlich, die Entwicklung der beiden deutschen Teilstaaten getrennt zu beschreiben, wie dies in den folgenden Kapiteln aus Gründen der Übersichtlichkeit geschehen wird. Tatsächlich befanden sich die Bundesrepublik und die DDR durchgängig in einem, wenn auch **asymmetrischen Verhältnis von „Verflechtung und Abgrenzung"**[8] (Christoph Kleßmann): Während die kleinere DDR stets auf den größeren und wohlhabenderen Nachbarn bezogen war und ständig um ihre Daseinsberechtigung kämpfte, die sie mit dem Ende des Sozialismus 1989/90 auch folgerichtig verlor, galt dies umgekehrt weit weniger. Die Bundesrepublik entfernte sich im Lauf der Jahrzehnte vom Einheitsgebot des Grundgesetzes, das ab den 1970er-Jahren für die meisten Westdeutschen nur noch leeres Bekenntnis oder frommer Wunsch war. Als die **Einheit 1989/90** jedoch für alle Beteiligten überraschend auf die historische Tagesordnung kam, nutzten die Entscheidungsträger die historische Chance, an die sie selbst nicht mehr geglaubt hatten.

Die Bundesrepublik Deutschland 1949–1989/90

Berlin 2005: In der Gaststätte „KanzlerEck" wird Angela Merkel als erste Bundeskanzlerin in die Porträtgalerie ihrer Amtsvorgänger aufgenommen. Während der deutschen Teilung 1949–1989/90 wurde die Bundesrepublik von sechs Bundeskanzlern, ihrem jeweiligen Regierungsstil und ihrer politischen Agenda geprägt: Konrad Adenauer, Ludwig Erhard, Kurt Georg Kiesinger, Willy Brandt, Helmut Schmidt und Helmut Kohl. Das Spektrum der innen- und außenpolitischen Herausforderungen, denen sie sich zu stellen hatten, war groß: der politische, wirtschaftliche und moralische Wiederaufbau eines zerstörten Landes, gesellschaftliche Umbrüche, ökonomische Krisen und die besonderen Erfordernisse des Kalten Kriegs und der Teilung Deutschlands in Ost und West.

1 Westintegration und „Wirtschaftswunder“ 1949–1969

1.1 (Verfassungs-)Rechtliche Voraussetzungen

Mit der **Gründung der Bundesrepublik Deutschland** setzte 1949 eine Übergangsphase „‚fremdbestimmte[r]‘ Nationalstaatlichkeit“[1] ein, in der Westdeutschland bis 1955 die (fast) vollständige Souveränität erhielt. Zuerst stand man noch unter dem **Besatzungsstatut** vom 21. September 1949, das alliierte Hoheitsrechte (v. a. im Bereich der Außenpolitik) und den Zustimmungsvorbehalt der Alliierten Hohen Kommissare enthielt, u. a. für alle Gesetze, die von Bundestag und Bundesrat beschlossen wurden. Auch war anfangs über ein Drittel des Haushalts für Besatzungskosten auszugeben. Verfassungsrechtliche Grundlage der Bundesrepublik ist bis heute das **Grundgesetz**, das wegen der Teilung Deutschlands als **Provisorium** gedacht war. Es baut auf vier Strukturprinzipien auf, die in Artikel 20 formuliert sind: Die Bundesrepublik ist eine repräsentative, parlamentarische **Demokratie** sowie ein **Sozial-**, **Bundes-** und **Rechtsstaat**. Der Föderalismus setzt eine sehr lange Tradition in der deutschen Verfassungsgeschichte fort, während die Betonung und der besondere Schutz von Demokratie und Rechtsstaatlichkeit eine **Lehre aus dem Scheitern der Weimarer Republik** waren, die sich als wehrlos gegenüber ihren Feinden von rechts und links erwiesen hatte. Der Sozialstaat war eine Forderung, die noch mit Inhalt gefüllt werden musste, aber bereits in der deutschen Geschichte angelegt war: Sie geht auf Bismarcks Sozialversicherungen der 1880er-Jahre und die Arbeitslosenversicherung von 1927 zurück.

Die **Alliierte Hohe Kommission** vertrat die Kontrollrechte der westlichen Siegermächte, die zunächst noch über die oberste Staatsgewalt verfügten. Wichtigster Kommissar war der Repräsentant der USA, von 1949–1952 John McCloy (links), der mit Bundeskanzler Adenauer (2. von rechts) zum Architekten der Westintegration der Bundesrepublik wurde.

→ **Sozialversicherungen** (Bismarck, Weimar) vgl. S. 101, 161

ZITAT

Artikel 20 des Grundgesetzes, erlassen am 23. Mai 1949[2]

(1) Die Bundesrepublik Deutschland ist ein **demokratischer** und **sozialer Bundesstaat**.

(2) Alle **Staatsgewalt** geht vom **Volke** aus. Sie wird vom Volke in Wahlen und Abstimmungen und durch besondere Organe der Gesetzgebung, der vollziehenden Gewalt und der Rechtsprechung ausgeübt.

(3) Die Gesetzgebung ist an die **verfassungsmäßige Ordnung**, die vollziehende Gewalt und die Rechtsprechung sind an **Gesetz und Recht** gebunden.

Zudem wollte man bewusst eine **„wehrhafte Demokratie“** schaffen, so durch die Unabhängigkeit der Justiz, das Normenkontrollrecht des Bundesverfassungsgerichts und die **„Ewigkeitsklausel“** in Art. 79 (3) zum besonderen Schutz der Demokratie: Der **Verfassungskern** aus Menschenwürde (Art. 1) und staatlichen Strukturprinzipien (Art. 20) darf in seinem Wesen nicht angetastet werden; implizit ist der grundsätzliche Schutz der Grundrechte in Art. 2–19 enthalten. Mit dem weitgehenden Verzicht auf plebiszitäre Elemente auf Bundesebene, der Einführung des konstruktiven Misstrauensvotums und hohen demokratischen Anforderungen an die Parteien (u. a. Möglichkeit, verfassungsfeindliche Parteien zu verbieten) trug man dem Misstrauen gegenüber einem Volk Rechnung, das nach der verheerenden NS-Diktatur seine Demokratietauglichkeit erst unter Beweis stellen musste. Auch lernte man aus dem Ende von Weimar, indem man das Parlament stärkte und die Position des Bundespräsidenten weniger mächtig ausgestaltete, als dies beim Weimarer Reichspräsidenten der Fall gewesen war. 1953 wurde die Fünf-Prozent-Hürde als Sperrklausel eingeführt, um im Bundestag eine Parteienzersplitterung wie im Weimarer Reichstag zu verhindern.

konstruktives Misstrauensvotum: Abwahl einer Regierung nur möglich, wenn gleichzeitig eine neue gewählt wird (Gegenteil: destruktives Misstrauensvotum, vgl. S. 160)

Verbot verfassungsfeindlicher Parteien:
- 1952: Sozialistische Reichspartei (SRP, vgl. S. 259)
- 1956: Kommunistische Partei Deutschlands (KPD)

Die Bundesrepublik verstand sich als **Rechtsnachfolgerin des Deutschen Reichs** in den Grenzen von 1937, also vor den Erweiterungen und Eroberungen der Nationalsozialisten. Allerdings umfasste sie nicht das gesamte damalige Territorium, da mit der DDR sowie den unter polnischer bzw. sowjetischer Herrschaft stehenden Gebieten jenseits der Oder-Neiße-Linie große Teile fehlten; die Bundesrepublik war in dieser Hinsicht also nur „teilidentisch“ mit dem Deutschen Reich. Als Rechtsnachfolgerin des Reichs übernahm die Bundesrepublik die Verantwortung für die deutschen **Staatsschulden**, die im Londoner Schuldenabkommen 1953 auf rund 15 Milliarden DM festgesetzt wurden. Auch leistete Westdeutschland – bzw. ab 1990 die wiedervereinte Bundesrepublik – nach und nach **„Wiedergutmachungen“ für Opfer des NS-Regimes**, was zwar die grausamen Verbrechen der Nationalsozialisten nicht ungeschehen machen konnte, aber viele Betroffene zumindest materiell entschädigte und/oder rechtlich rehabilitierte.

Wiedergutmachungsleistungen der Bundesrepublik (Beispiele):
- 1952: Luxemburger Abkommen mit Israel und der Jewish Claims Conference
- 1956/65: Bundesentschädigungsgesetz
- 1959–1964: Abkommen mit westeuropäischen Staaten
- ab 1990: Entschädigungen für Zwangsarbeiter, Abkommen mit osteuropäischen Staaten

1.2 Adenauers Kurs der Westintegration

Bestimmende Figur der Anfangsphase der Bundesrepublik war **Konrad Adenauer** (CDU), der Gewinner der ersten Bundestagswahl und erste Bundeskanzler, der sich in seiner Partei mit seiner Position durchgesetzt hatte. In der Außenpolitik verfolgte er eine **strikte Westorientierung**

→ **Konrad Adenauer** (Biografie) vgl. S. 248

der jungen Republik, die **Vorrang vor einer deutschen Wiedervereinigung** haben sollte. Vor dem Hintergrund des **Kalten Kriegs** sollten die Integration der Bundesrepublik in das westliche Bündnis, die enge Kooperation mit der westlichen Vormacht **USA** und eine **Aussöhnung mit Frankreich** den politischen und ökonomischen Aufstieg Westdeutschlands und die Wiedergewinnung von Souveränität ermöglichen. Dies war aus Adenauers Sicht wichtig, da man nur aus einer Position der Stärke heraus in der Lage sein würde, eine Revision der Nachkriegsgrenzen und ein Ende der sowjetischen Herrschaft über Osteuropa und v. a. die DDR zu erwirken. Die große **Anziehungskraft** des Westens sollte also wieder zur **nationalen Einheit Deutschlands** führen. Diese Vorstellung wurde unter dem Begriff **„Magnettheorie"** bekannt, der aus der Nachkriegszeit stammt und auf Kurt Schumacher (SPD) zurückgeht. Dieser räumte der Wiedervereinigung aber eine höhere Priorität ein und wäre bei entsprechenden Angeboten des Ostens wohl verhandlungsbereiter gewesen. Letztlich entschied Adenauers knapper Wahlsieg 1949 über den Vorrang der Westintegration vor der Einheit.

→ **Die europäische Integration** vgl. S. 301 ff.

Wollte die junge Republik „erwachsen" werden und weitgehende Souveränität erlangen, gleichzeitig aber ihren Nachbarn die Furcht vor einer erneuten Übermacht der Deutschen nehmen, musste sie die Kooperation mit der westlichen Staatenwelt stärken und in politischen, wirtschaftlichen und militärischen Organisationen Verantwortung übernehmen. In diesem Sinne setzte sich Adenauer insbesondere für den **europäischen Integrationsprozess** ein, der 1951 mit der Europäischen Gemeinschaft für Kohle und Stahl („Montanunion") begann. Die EGKS nahm im Kern die EWG, die Europäische Wirtschaftsgemeinschaft, vorweg, die 1957 mit der Europäischen Atomgemeinschaft (EURATOM) gegründet wurde. Dabei traten die Bundesrepublik und Frankreich als **„Motor Europas"** auf, in dem Bewusstsein, dass ein dauerhafter Frieden in Europa nur dann möglich sein würde, wenn sie ihre frühere „Erbfeindschaft" durch Aussöhnung und Kooperation ersetzen würden.

Diese Briefmarke der Deutschen Bundespost erinnerte 1988 an den Deutsch-Französischen Freundschaftsvertrag („Élysée-Vertrag"): 1963 hatten Konrad Adenauer und Charles de Gaulle die weitreichende Kooperation ihrer Länder vereinbart. Gemeinsame Projekte wie Städtepartnerschaften und Schüleraustausche sollten den Kontakt der Bevölkerung intensivieren und dazu beitragen, gegenseitige Vorurteile abzubauen.

Als 1950 das kommunistische Nordkorea das westlich orientierte Südkorea überfiel und der **Koreakrieg** ausbrach, begann eine rege Debatte über die Frage, ob Westdeutschland wiederbewaffnet werden und einen eigenen Verteidigungsbeitrag leisten sollte.

Obwohl ein großer Teil der westdeutschen Bevölkerung dagegen war, leitete Adenauer ab 1950 die **Wiederbewaffnung** ein, da er durch die Einbindung Westdeutschlands in eine westeuropäische Verteidigungsstrategie eine Position der Stärke erreichen und die Bundesrepublik von einem Objekt zu einem **Subjekt der internationalen Politik** machen wollte. Allerdings scheiterte der Plan des französischen Ministerpräsidenten René Pleven, eine **Europäische Verteidigungsgemeinschaft** (EVG) zu gründen, 1954 in der französischen Nationalversammlung, wo es starke Einwände u. a. gegen die militärische Aufwertung der Bundesrepublik gab. Stattdessen kam es 1954/55 zu den **Pariser Verträgen**, die nicht nur den **Beitritt der Bundesrepublik zur NATO** und zur Westeuropäischen Union (WEU) festlegten, sondern auch das Besatzungsstatut von 1949 aufhoben und Westdeutschland die fast vollständige **Souveränität in der Innen- und Außenpolitik** brachten. Die Alliierten besaßen allerdings noch gewisse **Vorbehaltsrechte**, insbesondere in Bezug auf Berlin und Deutschland als Ganzes, was die Frage einer deutschen Wiedervereinigung und den Abschluss eines den Zweiten Weltkrieg endgültig abschließenden Friedensvertrags beinhaltete. Im Gegenzug brachte die Bundesrepublik ihre neu gegründeten Streitkräfte, die **Bundeswehr**, in die NATO ein.

Westeuropäische Union: militärisches Bündnis, das 1954 den Brüsseler Pakt von 1948 ablöste und bis 2011 Bestand hatte

info

Der Koreakrieg (1950–1953)

1945 wurde das japanisch regierte Korea von den USA (Süden) und der UdSSR (Norden) besetzt (38. Breitengrad als Demarkationslinie). Eine Vereinigung scheiterte; 1948 wurden, wie 1949 in Deutschland, zwei getrennte Staaten gegründet, die fortan dem Westen bzw. dem Ostblock nahestanden. Im Juni 1950 überfiel das kommunistische Nordkorea das westlich orientierte Südkorea. Der Koreakrieg war der erste große Konflikt des Kalten Kriegs, in den von den UN beauftragte Streitkräfte unter Führung der USA auf der einen, chinesische „Freiwilligenverbände“ auf der anderen Seite eingriffen; die Sowjetunion unterstützte Nordkorea indirekt. 1953 bestätigte ein Waffenstillstand weitgehend die bisherige, bis heute existierende Grenze. Nicht nur, aber besonders in der Bundesrepublik löste der Koreakrieg große Angst vor einem Überfall durch den nahen Ostblock und einem weiteren Weltkrieg aus.

1952 versuchte der sowjetische Diktator Stalin, die militärische Integration der Bundesrepublik noch zu verhindern, indem er den übrigen Siegermächten die Schaffung eines neutralen gesamtdeutschen Staats vorschlug (**„Stalin-Note“**). Dieses Angebot wurde aber sowohl von der Regierung Adenauer als auch von den Westalliierten als „Ablenkungsmanöver“ zurückgewiesen und nicht weiter diskutiert.

Josef Stalin (1878–1953): ab 1922 Generalsekretär der KPdSU, ab 1927 Diktator der Sowjetunion

„Hallstein-Doktrin": nach Walter Hallstein (Staatssekretär im Auswärtigen Amt) benannte Doktrin, die auf die Nichtanerkennung der DDR und deren Isolierung abzielte und u. a. zum Abbruch der westdeutschen Beziehungen zu Jugoslawien (1957) und Kuba (1963) führte

Hatte sich die Bundesrepublik schon bei ihrer Gründung als einzig rechtmäßige Vertretung der Deutschen gesehen, so wurde dieser **Alleinvertretungsanspruch** 1955 durch die **„Hallstein-Doktrin"** festgeschrieben: Nun betrachtete man es als „unfreundlichen Akt", wenn andere Länder mit der DDR außenpolitische Beziehungen aufnahmen und auf diese Weise die Existenz Ostdeutschlands anerkannten. Hiervon ausgenommen war notwendigerweise die Sowjetunion als Siegermacht des Zweiten Weltkriegs, was zeigt, dass diese Position auf Dauer nur schwer durchzuhalten war. Kurz vor der Verkündung der Doktrin hatte Bonn im Rahmen von **Adenauers Staatsbesuch in Moskau** (September 1955) diplomatische Beziehungen mit der UdSSR aufgenommen und erreicht, dass die letzten 10 000 deutschen Kriegsgefangenen aus russischen Lagern nach Hause zurückkehren konnten.

→ **Berlin-Blockade, „Luftbrücke"** vgl. S. 247

Der Kontakt zu allen vier Siegermächten war nicht zuletzt aufgrund der **Berlin-Frage** nötig, die im Verlauf des Kalten Kriegs immer wieder in den Fokus der Weltöffentlichkeit rückte. Während der Ostteil die Hauptstadt der DDR war, hatte Westberlin einen Sonderstatus inne: Es stand unter der Kontrolle der drei Westmächte, die auf der Aufrechterhaltung von Transitwegen durch das Gebiet der DDR bestanden, und unterhielt gleichzeitig besondere Beziehungen zur Bundesrepublik. 1958, zehn Jahre nach der Berlin-Blockade und der „Luftbrücke", unternahm die UdSSR noch einen erfolglosen Versuch, durch das **„Berlin-Ultimatum"** den Abzug der Westmächte zu erzwingen **(Zweite Berlin-Krise)**.

In territorialer Hinsicht gab es schließlich eine weitere offene Frage, die aber in der „Ära Adenauer" gelöst werden konnte: die Zugehörigkeit des unter französischer Verwaltung stehenden **Saarlandes**. 1955 entschied sich die dortige Bevölkerung in einer Volksabstimmung für den Beitritt zur Bundesrepublik, der 1957 vollzogen wurde.

1.3 „Wirtschaftswunder" und Soziale Marktwirtschaft

Mythos: Erzählung, die z. B. eine Person, Sache oder Entwicklung in den Mittelpunkt rückt und ggf. noch verklärt/überhöht, um in einer Gemeinschaft (z. B. Nation) Sinn und Identität zu stiften

Eine entscheidende Rolle für die Identifikation der Bevölkerung mit dem neuen Staat und die Akzeptanz des demokratischen Systems spielten die großen wirtschaftlichen Erfolge der frühen Bundesrepublik; das **westdeutsche „Wirtschaftswunder"** zählt zu deren Gründungsmythen. Dieses „Wunder" lässt sich allerdings durch eine Reihe von Faktoren erklären: Trotz großer Zerstörungen (v. a. Wohngebäude und Infrastruktur) waren nach Kriegsende immer noch Kapital sowie menschliches Know-how vorhanden, das durch die zahlreichen Flüchtlinge und Vertriebenen aus den früheren deutschen Ostgebieten bzw. der SBZ/DDR verstärkt wurde. Ab 1947/48 lieferte der **Marshallplan**, dessen Mittel über die Organisation für europäische wirtschaftliche Zusammenarbeit (OEEC) auch in die Westzonen bzw. die Bundesrepublik flossen, eine wichtige Anschubhilfe. Der rasche wirtschaftliche Aufschwung in Westeuropa und Nordamerika sandte ebenfalls wertvolle Impulse. 1948 brachte die **Währungsreform** die Einführung der Deutschen Mark, die sich in der Folge zu einer stabilen, gefragten Währung entwickeln sollte. Als besonders erfolgreich stellte sich die **Soziale Marktwirtschaft** heraus, die auf dem Zusammenspiel freier Konsumenten und Produzenten im Rahmen einer geregelten Wettbewerbsordnung beruht. 1957 wurde eine unabhängig von der Regierung agierende Zentralbank, die **Bundesbank**, gegründet, die u. a. die Stabilität der Währung überwachen sollte. Anfang der 1950er-Jahre sorgte der Koreakrieg für westdeutsche Exporterfolge **(„Korea-Boom")** und die dringend für den Handel auf dem Weltmarkt benötigten Devisen. Um 1960 herrschte quasi Vollbeschäftigung und es wurden sogar Arbeitskräfte („Gastarbeiter") aus Südeuropa angeworben, um die Nachfrage gerade in bestimmten Bereichen (z. B. Bergbau, Automobilindustrie) zu befriedigen. Der Slogan von Bundeswirtschaftsminister **Ludwig Erhard** – **„Wohlstand für alle"** – bewahrheitete sich immerhin für einen großen Teil der Bevölkerung, wenn auch in unterschiedlichem Ausmaß.

→ **Marshallplan, Währungsreform, Soziale Marktwirtschaft** vgl. S. 245 f.

Entwicklung der Arbeitslosigkeit in der Bundesrepublik 1950–1990

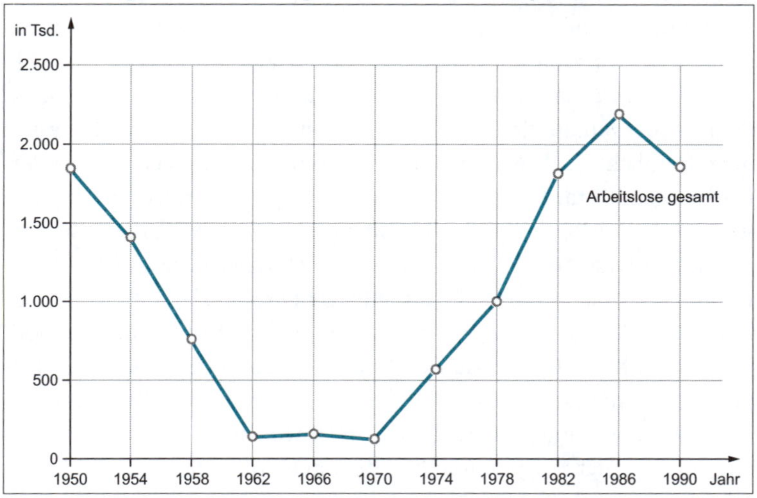

„Keine Experimente“ und „Wohlstand für alle“: Im Wahlkampf 1957 warb die CDU mit ihren „Zugpferden“ und ihrer bisherigen Außen- und Wirtschaftspolitik – mit Erfolg.

Auf Basis des wirtschaftlichen Erfolges wurde 1952 der geplante **Lastenausgleich** durchgeführt, durch den die Verluste von Vertriebenen, Flüchtlingen und anderen Kriegsgeschädigten zumindest teilweise durch das Vermögen der Sachwertbesitzer ausgeglichen werden sollten. Die Einführung der **„dynamischen Rente“** koppelte 1957 die Zahlungen für die Rentner an die Entwicklung des allgemeinen Wohlstands und sorgte dafür, dass der „Generationenvertrag“ funktionieren konnte.
In diesem Kontext stellten die Bundestagswahlen von 1953 und 1957 quasi Plebiszite für das parlamentarisch-demokratische System der Bundesrepublik und für die Soziale Marktwirtschaft dar. Sie brachten der CDU/CSU gewaltige Wahlerfolge und 1957 sogar die absolute Mehrheit ein. Daraufhin stellte sich auch die **SPD** in ihrem **Godesberger Programm** (1959) auf den Boden der Marktwirtschaft.

1.4 Zwischenfazit: Charakter und Ende der „Ära Adenauer“

Trotz dieser von weiten Teilen der Bevölkerung **als positiv erachteten Entwicklungen** zeigten sich im Laufe der Jahre auch die **Grenzen der „Ära Adenauer“** auf: Vom Ziel der deutschen Einheit war man weit entfernt, zudem hatte man noch keine befriedigenden Beziehungen mit den osteuropäischen Staaten geschaffen. Auch passte Adenauers dominanter bis autoritärer Führungsstil **(„Kanzlerdemokratie“)** immer weniger zu einer modernen Demokratie, die sich vermehrt einer kritischen Bevölkerung und Medienlandschaft stellen musste. Letzteres zeigte sich insbesondere im Umgang mit der **„SPIEGEL-Affäre“** im Herbst 1962: Ein Artikel des Magazins über die vermeintlich mangelhafte Verteidigungsfähigkeit der Bundeswehr führte zur Verhaftung von Journalisten, was in der Öffentlichkeit als Angriff auf die Pressefreiheit kritisiert wurde; Verteidigungsminister Franz Josef Strauß (CSU) musste zurücktreten. Adenauer selbst verlor endgültig die Unterstützung der FDP, die er seit der Bundestagswahl von 1961 benötigte: Im Oktober 1963 machte er für Bundeswirtschaftsminister **Ludwig Erhard** im Kanzleramt Platz.

Konrad Adenauer war rund **14 Jahre Bundeskanzler** und somit länger im Amt als alle Reichskanzler der Weimarer Republik zusammen. Übertroffen wurde er später nur von Helmut Kohl und Angela Merkel.

Als größte Erfolge in Adenauers langer Regierungszeit können der politisch-wirtschaftliche Aufbau der Bundesrepublik (weitgehende Souveränität, „Wirtschaftswunder“), die Anfänge der europäischen Einigung und die Aussöhnung mit Frankreich, die Rückkehr der letzten Kriegsgefangenen aus der Sowjetunion und die Integration von ca. 10 Millionen Flüchtlingen und Vertriebenen aus den früheren deutschen Ostgebieten gewertet werden. Der enorme wirtschaftliche Aufschwung ermöglichte steigenden Wohlstand und ließ bis in die 1960er-Jahre eine regelrechte

Konsum- und Freizeitgesellschaft entstehen, was die Akzeptanz des neuen parlamentarisch-demokratischen Systems förderte. Für das **kollektive Bewusstsein** war auch der Gewinn der Fußballweltmeisterschaft 1954 von kaum zu überschätzender Bedeutung. Während der wirtschaftliche Aufschwung und Ereignisse wie das „Wunder von Bern“ das **Selbstwertgefühl der Westdeutschen** wieder stärkten, wurde die **NS-Zeit** weitgehend **verdrängt und nicht aufgearbeitet:** Die meisten Bürgerinnen und Bürger wollten sich nicht länger mit ihrer Vergangenheit beschäftigen, sondern nach vorne in die Zukunft blicken.

info

Die Aufarbeitung der NS-Vergangenheit in der Bundesrepublik

Nach den Nürnberger Prozessen und den alliierten Entnazifizierungs-Maßnahmen der Nachkriegszeit herrschte in der bundesdeutschen Bevölkerung eine verbreitete Schlussstrich-Mentalität. In der „Ära Adenauer“ wurde die Entnazifizierung beendet; ehemalige Nationalsozialisten wurden wieder in Staat, Verwaltung, Justiz, Militär, Wissenschaft und Wirtschaft eingesetzt, um ihr Expertenwissen zu nutzen und ihre Loyalität für den neuen Staat zu sichern. Zwar wurde 1958 in Ludwigsburg eine „Zentrale Stelle zur Aufklärung von nationalsozialistischen Verbrechen“ eingerichtet, aber erst mit dem Eichmann-Prozess in Jerusalem (1961) und den Auschwitz-Prozessen in Frankfurt/Main (ab 1963) erreichten die NS-Diktatur und ihre Verbrechen eine größere Öffentlichkeit. Schließlich waren es die „68er“, die vehement die überfällige Aufarbeitung des „Dritten Reichs“ und der Verantwortung der Elterngeneration forderten. In den 1980er-Jahren machte die kritische Auseinandersetzung mit der deutschen Vergangenheit einen weiteren Schritt vorwärts: Öffentliche Debatten wie der Historikerstreit 1986/87 oder berühmte Reden wie Bundespräsident Richard von Weizsäckers Ansprache am 8. Mai 1985 (40 Jahre Kriegsende) rückten die NS-Diktatur in den Fokus. Heute finden Aufarbeitung und Erinnerung auf vielfältige Weise statt, so durch Forschung an Universitäten und Instituten, in Museen und Ausstellungen, an Erinnerungsorten, bei Gedenkveranstaltungen. Auf parteipolitischer Ebene gab es in der Bundesrepublik bis zur Wiedervereinigung zwar verschiedene Parteien, die nationalsozialistischem Gedankengut in verschiedenem Ausmaß nahestanden; diese spielten im politischen Alltag aber nur eine geringe Rolle: Die Sozialistische Reichspartei (SRP) wurde schon 1952 verboten, die (bis heute existierende) Nationaldemokratische Partei Deutschlands (NPD) konnte zwar in verschiedene Landesparlamente, nicht jedoch in den Bundestag einziehen.

Richard von Weizsäcker (1920–2015): 1984–1994 sechster Bundespräsident der Bundesrepublik

In seiner **Rede vom 8. Mai 1985** betonte er die Verantwortung des deutschen Volks für die Aufarbeitung der NS-Vergangenheit: „Bei uns ist eine neue Generation in die politische Verantwortung hineingewachsen. Die Jungen sind nicht verantwortlich für das, was damals geschah. Aber sie sind verantwortlich für das, was in der Geschichte daraus wird.“[3]

1.5 Regierung Erhard und Große Koalition 1963–1969

Der mit vielen Vorschusslorbeeren als **„Vater des Wirtschaftswunders“** 1963 ins Amt gewählte Erhard erwies sich in seiner kurzen Kanzlerschaft insgesamt als eher unglückliche Figur. Hinzu kam, dass sich die weltpolitische Lage veränderte: Nachdem die **Kubakrise** die Welt 1962 an den Abgrund eines neuen Kriegs getrieben hatte, suchte die US-amerikanische Außenpolitik nach einem neuen Umgang mit der UdSSR.

info

Die Kubakrise 1962

Im Oktober 1962 drohte der Kalte Krieg zu einer „heißen“ Auseinandersetzung zwischen den USA und der Sowjetunion zu werden. Nachdem die Vereinigten Staaten entdeckt hatten, dass die UdSSR Mittelstreckenraketen auf Kuba stationierte und somit das amerikanische Festland direkt bedrohte, verhängte die US-Regierung unter John F. Kennedy eine Seeblockade („Quarantäne)“ über die Insel. Die Lage war äußerst angespannt, die Furcht vor einer atomaren Eskalation zwischen den beiden Supermächten groß. Die Krise konnte schließlich durch einen Kompromiss beendet werden: Der sowjetische Regierungschef Nikita Chruschtschow sagte zu, die Atomraketen aus Kuba abzuziehen; Gleiches versprach Kennedy – allerdings nicht öffentlich – für US-amerikanische Raketen, die in der Türkei stationiert waren. Um eine weitere Konfrontation wie die Kubakrise zu vermeiden, richteten die USA und die Sowjetunion 1963 eine direkte Fernsprechverbindung zwischen Weißem Haus und Kreml ein („Heißer Draht“) und verfolgten anschließend eine Entspannungspolitik.

Kreml: derjenige Teil der Stadt Moskau, in dem die Regierung der Sowjetunion bzw. der heutigen Russischen Föderation ihren Sitz hatte/hat → Synonym für die sowjetische bzw. russische Regierung

Die Kubakrise machte deutlich: Das **atomare „Gleichgewicht des Schreckens“** erforderte eine Politik der Entspannung und Koexistenz zwischen den beiden Supermächten, um eine folgenreiche Eskalation zu vermeiden. In diesem Kontext geriet die westdeutsche Außenpolitik mit ihrem starren Festhalten an der „Hallstein-Doktrin“ zunehmend in eine Sackgasse: Immer mehr Staaten der „Dritten Welt“ erkannten die DDR an und es zeichnete sich ab, dass es auf Dauer unmöglich sein würde, eine Ostpolitik unter völliger Umgehung der DDR zu gestalten. Die Regierung Erhard reagierte, indem sie zumindest wirtschaftliche Beziehungen und Handelsabkommen mit verschiedenen Ostblockstaaten abschloss, nicht jedoch mit der Sowjetunion und der DDR. In der oppositionellen SPD setzte zu dieser Zeit ein Umdenken ein, das unter dem Slogan **„Wandel durch Annäherung“** (Egon Bahr) bekannt wurde und ab 1969 die sozialliberale Außenpolitik prägen sollte. Empfohlen wurde eine „Politik der kleinen Schritte“ gegenüber der DDR, um die **Einheit der Nation** aufrechtzuerhalten, wenn schon die politische Wiedervereinigung in weite Ferne gerückt war.

→ **„Dritte Welt“** vgl. S. 130

Egon Bahr (1922–2015): SPD-Politiker und enger Mitarbeiter Willy Brandts

Im Umgang mit der **ersten Wirtschaftskrise der Bundesrepublik** 1966/67 – zurückzuführen auf einen auslaufenden Konjunkturzyklus sowie die strukturelle Transformation des Ruhrgebiets durch die Umstellung vom Energieträger Kohle auf Öl – musste die Regierung Erhard ausgerechnet auf dem Gebiet ihrer Kernkompetenz Schwächen eingestehen. Dies zeigte sich u. a. bei der Landtagswahl in Nordrhein-Westfalen 1966, die eine deutliche Niederlage für die CDU brachte. Kurz darauf zerbrach die christlich-liberale Koalition an inneren Differenzen und machte erstmals einer **Großen Koalition** aus CDU/CSU und SPD Platz; Letztere war nun erstmals an einer Bundesregierung beteiligt.

Der neue Bundeskanzler **Kurt Georg Kiesinger** (CDU) nahm mit seinem Vize und Außenminister **Willy Brandt** (SPD) sofort Modernisierungsmaßnahmen in Innen-, Wirtschafts- und Außenpolitik in Angriff. Durch die überragende Mehrheit der Koalition im Bundestag konnte man nun Gesetzesvorhaben und Grundgesetzänderungen durchsetzen, für die eine Zwei-Drittel-Mehrheit benötigt wurde. So erhielt die Bundesrepublik 1968 eine **Notstandsgesetzgebung**, die Maßnahmen bei inneren und äußeren Krisen (u. a. Verteidigungsfall und Katastrophen), darunter die Einschränkung gewisser Grundrechte, beinhaltet und auf diese Weise weitere alliierte Vorrechte ablöste. Dieses Vorhaben stieß auf den erbitterten, jedoch erfolglosen Widerstand außerparlamentarischer Kräfte (v. a. Gewerkschaften, Studenten, Intellektuelle), die eine autoritäre Umgestaltung der demokratischen Verfassung fürchteten. Reformbedarf zeigte sich auch im Hinblick auf das **bürgerliche Recht** (BGB) und das **Strafrecht** (StGB): Manche Regelungen stammten noch aus dem Kaiserreich und waren mit dem liberalen Menschenbild einer modernen Demokratie nicht mehr vereinbar. Oft kamen entscheidende Anstöße vom Bundesverfassungsgericht, das die Unvereinbarkeit konkreter Normen mit den Werten des Grundgesetzes feststellte.

Kurt Georg Kiesinger (1904–1988): 1966–1969 dritter Bundeskanzler der Bundesrepublik

Während sein Vizekanzler Willy Brandt in der NS-Zeit im politischen Exil gewesen war, stand Kiesinger wegen seiner NSDAP-Mitgliedschaft stark in der Kritik, v. a. bei der jungen Generation, die vehement die Aufarbeitung der NS-Vergangenheit forderte.

In der Wirtschaftspolitik bahnte Wirtschaftsminister Karl Schiller mit dem **„Stabilitätsgesetz“** (1967) dem **Keynesianismus** den Weg: Um die Ziele des **„magischen Vierecks“** zu erreichen (Wachstum, Preisstabilität, hohe Beschäftigung und außenwirtschaftliches Gleichgewicht), darf der Staat in Krisenzeiten mehr Geld ausgeben (z. B. staatliche Investitionen und mehr Sozialleistungen) und „Deficit Spending“ (Verschuldungspolitik) betreiben. Allerdings sollte er diese Schulden in Zeiten der Hochkonjunktur wieder abbauen.

Keynesianismus: wirtschaftspolitisches Konzept, nach dem die gesamtwirtschaftliche Nachfrage die entscheidende Größe für die wirtschaftliche Entwicklung ist und der Staat eine aktive Rolle übernehmen soll (benannt nach dem britischen Ökonomen John Maynard Keynes)

Außenpolitisch scheiterte die Große Koalition mit dem Versuch, politische Abkommen mit einzelnen Ostblockstaaten (jedoch nicht der DDR) abzuschließen, diplomatische Beziehungen aufzunehmen und auf diese Weise eine gewisse Entspannung einzuleiten, am **Veto Moskaus:** Der sowjetische Parteichef Leonid Breschnew machte klar, dass eine Normalisierung der Ost-West-Beziehungen ohne die völkerrechtliche Anerkennung der DDR und der Oder-Neiße-Grenze nicht zu haben sei. Als der Warschauer Pakt 1968 reformkommunistische Bestrebungen in der Tschechoslowakei („Prager Frühling") mit Panzern niederschlug, wurde die **Breschnew-Doktrin** formuliert: Der Sozialismus in den Ländern des Ostblocks galt als unumkehrbare „historische Errungenschaft", die notfalls sogar mit Waffengewalt verteidigt werden müsse.

Außerparlamentarische Opposition: Opposition, die außerhalb eines Parlaments stattfindet; v. a. Bezeichnung für die oppositionelle Bewegung 1966–1969, als es aufgrund der Großen Koalition keine nennenswerte Opposition im Bundestag gab

Im Inneren der Bundesrepublik wurde die Große Koalition von einer Welle des Protests begleitet, die sich aus der **Außerparlamentarischen Opposition (APO)**, einer neuen Jugendkultur und v. a. den Universitäten und Schulen speiste. Die harte Reaktion des Staats auf Demonstrationen anlässlich eines Besuchs des Schahs von Persien 1967 in Westberlin, bei denen der Student **Benno Ohnesorg** getötet wurde, und das Attentat auf Studentenführer **Rudi Dutschke** 1968 wirkten als Initialzündungen für wütende Proteste der Jugend. Dabei richtete sich ihr Zorn nicht nur gegen den Staat, sondern auch gegen den Springer-Konzern und v. a. die BILD-Zeitung, die gegen die Studentenbewegung hetzte.

Rudi Dutschke (1940–1979)

Insgesamt offenbarte sich in der **68er-Bewegung** ein tiefgreifender **Generationenkonflikt**, der mit dem bewussten Bruch der Regeln und Normen der Kriegs- und Aufbaugeneration einherging. Auch wurde die westdeutsche Jugend Teil einer **internationalen Jugendkultur**, die sich weltweit an denselben musikalischen Vorbildern orientierte, für die Werte „Love and Peace" eintrat und gegen den Vietnamkrieg demonstrierte. In der Bundesrepublik kam der spezifische Verdacht gegenüber der Elterngeneration hinzu, die bis dahin an einer **Aufarbeitung der NS-Vergangenheit** sowie ihrer eigenen Verantwortung und Verstrickung in das NS-Regime nicht besonders interessiert gewesen war.

info

Der Vietnamkrieg (ca. 1955–1975)

Nach dem Ende der französischen Kolonialherrschaft in Indochina (Vietnam, Kambodscha, Laos) 1954 standen sich im nun geteilten Vietnam der kommunistische Norden und der westlich orientierte Süden in einem Bürgerkrieg gegenüber. Während die USA Südvietnam unterstützten, standen die UdSSR und China aufseiten Nordvietnams und der Guerillatruppen des „Vietcong" (= Nationale Front für die Befreiung Südvietnams). Als die Vereinigten Staaten ab 1964/65 auch militärisch in den Konflikt eingriffen, war es v. a. der Einsatz von Brandbomben (Napalm) und chemischen Entlaubungsmitteln, der weltweit für Entsetzen und Proteste sorgte. 1975 zogen die letzten amerikanischen Soldaten aus der südvietnamesischen Hauptstadt Saigon ab; anschließend wurde Vietnam wiedervereint und ist bis heute ein kommunistischer Staat.

2 Republik im Wandel 1969–1982

2.1 Die sozialliberale Koalition unter Willy Brandt

Nach der Bundestagswahl 1969 koalierte die FDP erstmals mit der SPD und erwies sich durch ihren Linksschwenk als parteipolitisches „Zünglein an der Waage“. Der Wechsel vom früheren Partner, der Union, hin zur SPD hatte sich schon im Frühjahr 1969 angekündigt, als die zwei Parteien Gustav Heinemann (SPD) gemeinsam zum Bundespräsidenten wählten. Die erste **sozialliberale Regierung** unter Bundeskanzler **Willy Brandt** (SPD) und Vizekanzler **Walter Scheel** (FDP) begann mit dem großen Versprechen **„Mehr Demokratie wagen!“** und machte sich mit Elan daran, die Verkrustungen in der bisherigen Ostpolitik zu lösen und den innenpolitischen Reformstau u. a. in der Sozial-, Familien- und Bildungspolitik abzubauen. Die CDU/CSU konnte sich dagegen nur schwer mit der für sie ungewohnten Oppositionsrolle abfinden.

Bundespräsidenten (bis 1989/90):
- 1949–1959: Theodor Heuss (FDP)
- 1959–1969: Heinrich Lübke (CDU)
- 1969–1974: Gustav Heinemann (SPD)
- 1974–1979: Walter Scheel (FDP)
- 1979–1984: Karl Carstens (CDU)
- 1984–1994: Richard von Weizsäcker (CDU)

biografie

Willy Brandt

Der Sozialdemokrat und Journalist Willy Brandt (eigentlich: Herbert Frahm) war früh politisch aktiv und musste die NS-Zeit im Exil in Norwegen und Schweden verbringen. Nach dem Zweiten Weltkrieg führte ihn seine politische Karriere 1957–1966 ins Amt des Regierenden Bürgermeisters von Westberlin. Nach zwei vergeblichen Kanzlerkandidaturen wurde er 1966 Vizekanzler und Außenminister der Regierung Kiesinger. 1969 wurde er mithilfe der FDP Bundeskanzler der Sozialliberalen Koalition, die sich unter dem Motto „Mehr Demokratie wagen!“ ein anspruchsvolles Reformprogramm vornahm. Außenpolitisch steht Brandt für eine Politik der Entspannung gegenüber dem Osten, die in Verträge mit der Sowjetunion, Polen und der Tschechoslowakei mündete und erstmals die staatliche Existenz der DDR anerkannte. Für seine Bemühungen um eine Aussöhnung mit dem Osten, die 1970 in seinem Kniefall am Denkmal für die Toten des Warschauer Gettos einen symbolträchtigen Ausdruck fanden, erhielt er 1971 den Friedensnobelpreis. Brandts Kanzlerschaft endete abrupt 1974, als sein Mitarbeiter Günter Guillaume als DDR-Spion enttarnt wurde. Sein Rücktritt ist aber wohl u. a. auch der durch die Ölkrise verschlechterten wirtschaftlichen Lage und den engeren finanziellen Spielräumen geschuldet.

Willy Brandt (1913–1992): 1969–1974 vierter Bundeskanzler der Bundesrepublik

Die Neue Ostpolitik

Maßgeblicher Architekt der **Ostverträge**, die die Neue Ostpolitik Anfang der 1970er-Jahre festhielten, war **Egon Bahr**, der ostpolitische Vordenker der SPD, der zuvor schon die Idee „Wandel durch Annäherung“ geprägt hatte. Gemäß seiner Überzeugung, dass der Schlüssel zur Lösung der deutschen Frage letztlich in Moskau zu finden sei, wurde mit dem **Moskauer Vertrag** 1970 das Muster für alle Ostverträge geschaffen. Er enthielt eine Gewaltverzichtserklärung, die Anerkennung des Status quo in Europa und ein Bekenntnis zu verstärkter Zusammenarbeit (u. a. in Wirtschaft, Wissenschaft, Kultur). Das Interesse der UdSSR bestand in der Anerkennung der territorialen Verschiebungen nach dem Zweiten Weltkrieg sowie daran, von der wirtschaftlichen Stärke der Bundesrepublik zu profitieren. Diese wiederum strebte Beziehungen an, aus denen die Sowjetunion nicht ohne Verluste aussteigen könnte und die eine Erleichterung menschlicher Kontakte über die Grenzen des „Eisernen Vorhangs" hinweg ermöglichen sollten. Dabei lehnte man aber eine **völkerrechtliche Anerkennung der DDR** nach wie vor ab, obwohl man faktisch davon ausging, dass es in absehbarer Zeit bei der staatlichen Teilung bleiben würde. Die Bundesregierung legte in diesem Sinne einen **„Brief zur deutschen Einheit"** vor, in dem sie betonte, dass die deutsche Frage weiter offen sei. Ende 1970 wurde der **Warschauer Vertrag** mit Polen, 1973 der **Prager Vertrag** mit der Tschechoslowakei geschlossen, mit ähnlichen Inhalten wie im Moskauer Vertrag. Im Prager Vertrag wurde zudem das „Münchner Abkommen" von 1938 für nichtig erklärt. Im Zuge der Ostpolitik rückten die **deutsch-deutschen Beziehungen** in den Fokus. Nach Abkommen, die Reiseerleichterungen und bessere Besuchsmöglichkeiten mit sich brachten, unterzeichneten Bundesrepublik und DDR im Dezember 1972 den **Grundlagenvertrag:** Sie vereinbarten **„gutnachbarliche Beziehungen** auf der Grundlage der Gleichberechtigung" und Kooperation in unterschiedlichen Bereichen (u. a. Wirtschaft, Wissenschaft, Kultur, Sport). Ziel der Bundesregierung war, Kontakte zwischen Ost und West zu fördern und die Mauer „durchlässiger" zu gestalten. Obwohl die Bundesrepublik erneut einen „Brief zur deutschen Einheit" beilegte, wirkte der Grundlagenvertrag wie eine völkerrechtliche Anerkennung der DDR. In der Folge nahmen viele Länder diplomatische Beziehungen mit der DDR auf, auch wurden die beiden deutschen Staaten 1973 Mitglieder der **Vereinten Nationen**.

Vereinte Nationen (United Nations): 1945 gegründete internationale Organisation (Sitz in New York City), die sich v. a. für die Aufrechterhaltung des Friedens und Völkerrechts, den Schutz der Menschenrechte sowie internationale Zusammenarbeit einsetzt

ZITAT

„Brief zur deutschen Einheit" (hier an die DDR 1972)[4]

Im Zusammenhang mit der heutigen Unterzeichnung des Vertrages über die Grundlagen der Beziehungen zwischen der Bundesrepublik Deutschland und der Deutschen Demokratischen Republik beehrt sich die Regierung der Bundesrepublik Deutschland festzustellen, daß dieser Vertrag nicht im Widerspruch zu dem politischen Ziel der Bundesrepublik Deutschland steht, auf einen Zustand des Friedens in Europa hinzuwirken, in dem das deutsche Volk in freier Selbstbestimmung seine Einheit wiedererlangt.

Vertragswerke 1970–1973

Vertrag	Inhalte
Moskauer Vertrag (Bundesrepublik, Sowjetunion) vom 12. August 1970	• Gewaltverzicht, friedliche Regelung von Konflikten • Achtung des territorialen Status quo in Europa • Unverletzlichkeit aller aktuellen Grenzen (darunter der deutsch-deutschen Grenze und der Oder-Neiße-Linie) • Vereinbarung zukünftiger Zusammenarbeit
Warschauer Vertrag (Bundesrepublik, Polen) vom 7. Dezember 1970	• Gewaltverzicht und territoriale Integrität • Unverletzlichkeit und Achtung der gegenwärtigen Grenzen (darunter die Oder-Neiße-Linie) • Vereinbarung zukünftiger Zusammenarbeit
Viermächte-Abkommen über Berlin (USA, Großbritannien, Frankreich, UdSSR) vom 3. September 1971	• Gewaltverzicht und friedliche Konfliktbewältigung in der Berlin-Frage • freier Transitverkehr zwischen der Bundesrepublik und Westberlin
Abkommen zwischen Bundesrepublik und DDR:	
Transitabkommen vom 17./20. Dezember 1971	• Regelung des Personen- und Güterreiseverkehrs zwischen der Bundesrepublik und Westberlin
Verkehrsvertrag vom 26. Mai 1972	• Reiseerleichterungen und Besuchsmöglichkeiten (v. a. von West nach Ost, in Ausnahmefällen von Ost nach West)
Grundlagenvertrag vom 21. Dezember 1972	• Vereinbarung „gutnachbarlicher Beziehungen“ und Zusammenarbeit in verschiedenen Bereichen • Anerkennung der Hoheitsgebiete und Unabhängigkeit beider Staaten, Unverletzlichkeit der Grenze • Aufgabe des Alleinvertretungsanspruchs aufseiten der Bundesrepublik • Einrichtung Ständiger Vertretungen
Prager Vertrag (Bundesrepublik, Tschechoslowakei) vom 11. Dezember 1973	• Gewaltverzicht, keine Gebietsansprüche, Unverletzlichkeit der gemeinsamen Grenze • Nichtigkeit des „Münchner Abkommens“ von 1938 • Vereinbarung zukünftiger Zusammenarbeit

Ständige Vertretung: Da die Bundesrepublik die DDR nicht völkerrechtlich anerkannte, wurden keine Botschaften, sondern „Ständige Vertretungen“ in den beiden Hauptstädten (Bonn bzw. Ostberlin) eingerichtet.

→ **„Münchner Abkommen“** vgl. S. 217

Parallel zu den bilateralen Ostverträgen der Bundesrepublik verhandelten die vier Siegermächte das **Viermächte-Abkommen über Berlin**, das 1971 Sicherheitsgarantien für die Westsektoren und die Zugänge nach Westberlin festschrieb, was wiederum im Sinne der bundesdeutschen „Politik der kleinen Schritte“ **menschliche Erleichterungen** im innerdeutschen Verhältnis ermöglichte (z. B. durch Telefonate, Passierscheine, Besuchsregelungen, Sicherung der Transitwege). Somit waren die Ostverträge und das alliierte Viermächte-Abkommen **untrennbar miteinander verbunden**.

Auch wenn die Ostverträge die Kontakte zwischen Ost und West intensivierten und die damalige **internationale Entspannungspolitik** förderten, konnten sie doch nicht alle Spannungen lösen, die allgemein mit dem Kalten Krieg oder mit jeweiligen bilateralen Interessenkonflikten verbunden waren. Innenpolitisch war die Außenpolitik der sozialliberalen Koalition **umstritten** und führte beinahe zum Sturz der Regierung: 1972 versuchte die von Oppositionsführer Rainer Barzel geleitete CDU, über ein konstruktives Misstrauensvotum an die Macht zu kommen, aber ohne Erfolg. Die anschließenden Neuwahlen (mit Rekordwahlbeteiligung: 91,1 %) wurden quasi zum Plebiszit über Brandts Ostpolitik; erstmals lag die SPD mit 45,8 % vor der CDU/CSU, sodass die sozialliberale Koalition weiterregieren konnte. 1973 reichte Bayern noch Klage beim **Bundesverfassungsgericht** gegen den Grundlagenvertrag ein, scheiterte jedoch: Das Gericht erklärte, dass das Wiedervereinigungsgebot des Grundgesetzes durch den Vertrag nicht verletzt werde.

Bundesverfassungsgericht: Gericht mit Sitz in Karlsruhe, das über die Einhaltung des Grundgesetzes wacht und die Verfassungsmäßigkeit von Gesetzen überprüft

info

Die Lage der Flüchtlinge und Vertriebenen in der Bundesrepublik

Heftiger Widerstand gegen die Ostverträge regte sich unter den Flüchtlingen und Vertriebenen des Zweiten Weltkriegs: Sie warfen der Bundesregierung vor, die Gebietsverluste von 1945 (u. a. die Territorien östlich der Oder-Neiße-Linie, das Sudetenland) anzuerkennen. Infolge der Kriegsniederlage hatten Millionen Menschen die deutschen Ostgebiete meist unter katastrophalen Bedingungen verlassen müssen. Ihr Neuanfang war schwierig; oft wurden sie von der einheimischen Bevölkerung als zusätzliche Belastung angesehen. In der Bundesrepublik war 1949–1969 das „Bundesministerium für Vertriebene, Flüchtlinge und Kriegsgeschädigte" für diese Gruppe zuständig; Regelungen wie das Lastenausgleichsgesetz (1952) sollten gewisse Verluste entschädigen. Die Betroffenen organisierten sich in Verbänden, die sich 1958 im „Bund der Vertriebenen" zusammenschlossen, und erhielten ihre Kultur aufrecht. 2008 rief der Bundestag die „Stiftung Flucht, Vertreibung, Versöhnung" ins Leben, um das Schicksal der Flüchtlinge und Vertriebenen aufzuarbeiten.

Innenpolitische und wirtschaftliche Entwicklungen

In seiner Regierungserklärung vom 28. Oktober 1969 kündigte Brandt den innenpolitischen Kurs der sozialliberalen Koalition an: **„Wir wollen mehr Demokratie wagen."** Die bundesdeutschen Bürger sollten mehr Möglichkeiten haben, sich politisch-gesellschaftlich einzubringen. Dieses Vorhaben führte u. a. zur Senkung der Volljährigkeit sowie des Wahlalters von 20 auf 18 Jahre, zu **Reformen** für mehr Chancengleichheit im Bildungsbereich an Schulen und Universitäten (z. B. finanzielle Unterstützung im Rahmen des BAföG) und zu mehr betrieblicher Mit-

BAföG = Bundesausbildungsförderungsgesetz

bestimmung der Arbeitnehmer. Außerdem wurde der **Sozialstaat** deutlich ausgebaut; dabei wurden die staatlichen Sozialausgaben und die Sozialversicherungsbeiträge der Arbeitnehmer erhöht. Bis zum Bruch der sozialliberalen Koalition 1982 stieg die **Staatsverschuldung** etwa um das Vierfache. Einen großen Anteil an dieser Entwicklung hatte die weltweite **Ölkrise**, die sich ab 1973 besonders hart auf die Bundesrepublik auswirkte: Die Verknappung des Angebots durch die OPEC und der Anstieg des Rohölpreises traf das Land, als es gerade erst auf Erdöl als Hauptenergieträger umgestellt hatte. Die Konjunktur brach stark ein. Da die Zahl der Arbeitslosen in den folgenden Jahren auf über eine Million stieg, waren teure Sozialprojekte bald nicht mehr finanzierbar. Der Reformeifer der sozialliberalen Koalition kam noch aus weiteren Gründen ins Stocken: So fehlte dem Bund in der **Bildungspolitik** – im Rahmen des Föderalismus Sache der Bundesländer – oft die Zuständigkeit. Zudem musste sich die Regierung an die Urteile des **Bundesverfassungsgerichts** halten, z. B. bei der hitzig debattierten Reform des §218 StGB, die das strikte Abtreibungsverbot lockern und Schwangerschaftsabbrüche innerhalb der ersten drei Monate erlauben sollte. Diese Regelung wurde allerdings vom Bundesverfassungsgericht gestoppt.

1973 reagierte die **OPEC** (Organisation erdölexportierender Länder) auf den Jom-Kippur-Krieg zwischen Israel und mehreren arabischen Staaten, indem sie die Rohölförderung drosselte. Das knappere Angebot und die hohen Preise führten dazu, dass Benzin gespart werden musste. Die Bundesregierung ordnete u. a. vier autofreie Sonntage an, die z. B. für Fahrradtouren oder Camping auf der Autobahn genutzt wurden.

2.2 Die sozialliberale Koalition unter Helmut Schmidt

Als im April 1974 Brandts persönlicher Referent, Günter Guillaume, als DDR-Spion enttarnt wurde, war das nur der letzte Tropfen, der das Fass zum Überlaufen brachte: Brandt war bereits amtsmüde und trat zurück. Der Bundestag wählte **Helmut Schmidt** (SPD) zu seinem Nachfolger. Dieser verkörperte einen Gegentyp zum charismatischen Willy Brandt und verstand sich als „leitender Angestellter“ der Republik. Bekannt war er besonders durch die Sturmflut 1962, als er sich in Hamburg als pragmatischer **Krisenmanager** erwiesen hatte. Während seiner achtjährigen Kanzlerschaft wurden er und seine sozialliberale Regierung wiederholt mit wirtschaftlichen, innen- und außenpolitischen Herausforderungen konfrontiert.

Helmut Schmidt (1918–2015): fünfter Bundeskanzler der Bundesrepublik

Sturmflut 1962: Flutkatastrophe an der Nordsee, von der die Stadt Hamburg (über die Elbe) besonders stark betroffen war

Neue Bewegungen und Herausforderung des Linksterrorismus

Auf dem Gebiet der Innenpolitik hatte die Republik in der Ära Schmidt mit gewaltigen Herausforderungen durch den **Linksterrorismus** der **Roten Armee Fraktion** (RAF) zu kämpfen, die schon während Brandts Regierungszeit Anschläge und Attentate verübt hatte.

In den 1970er-Jahren zerfiel die Studentenbewegung der 1960er-Jahre in verschiedene Richtungen: Es entstanden **neue Bewegungen**, die sich u. a. für Frauen, Homosexuelle, Minderheiten, Frieden, Abrüstung sowie Umweltschutz einsetzten und ab 1980 ihre politische Heimat oft in der Partei **„Die Grünen“** fanden. Darüber hinaus kehrten viele Linke und Linksliberale auf ihrem **„Marsch durch die Institutionen“** wieder zu den Sozialdemokraten zurück. Es gab aber auch extremistische sektiererische Splittergruppen, die sich am Maoismus und an stalinistischen Vorbildern (Sowjetunion, Albanien) orientierten. Eine kleine radikale Minderheit gab sich der Illusion hin, in der Bundesrepublik herrsche eine revolutionäre Lage, die einen bewaffneten Aufstand rechtfertige. Beim Anschlag auf zwei Kaufhäuser in Frankfurt a. M. 1968 trat mit **Andreas Baader und Gudrun Ensslin** der Kern der 1970 gegründeten RAF in Erscheinung. 1972 wurde die RAF-Führung verhaftet. Den Höhepunkt hatte der Linksterrorismus im „bleiernen“ oder **„Deutschen Herbst“** 1977, als die „Zweite Generation“ – nach Mordanschlägen auf Persönlichkeiten aus Politik und Wirtschaft – Arbeitgeberpräsident Hanns Martin Schleyer als Geisel nahm, um die inhaftierte RAF-Spitze freizupressen. Unterstützt wurde sie von palästinensischen Terroristen, die die Lufthansa-Maschine „Landshut“ entführten. Die Regierung Schmidt erwies sich allerdings als nicht erpressbar, zumal es der GSG 9 gelang, die Flugzeugentführung in Mogadischu/Somalia zu beenden. Daraufhin wurde Schleyer ermordet, die noch lebenden RAF-Mitglieder (Baader, Ensslin, Raspe) brachten sich in der Haft um. Die RAF arbeitete zwar in der „Zweiten und Dritten“ Generation im Untergrund weiter, unterstützt durch die DDR, erlangte aber nie mehr die gleiche Bedeutung.

Die Grünen: 1980 gegründete Partei, die sich bis heute v. a. für Umweltthemen einsetzt; 1993 Vereinigung mit „Bündnis 90“ (= Zusammenschluss von DDR-Bürgerrechtsgruppen)

Maoismus: Ausprägung des Sozialismus, die sich auf den chinesischen Kommunistenführer Mao Zedong (vgl. S. 128) bezieht

GSG 9: Antiterroreinheit des Bundesgrenzschutz, die 1972 nach dem palästinensischen Attentat auf die israelische Mannschaft während der Olympischen Spiele in München gegründet wurde

„Anarchistische Gewalttäter – Baader/Meinhof-Bande“: Fahndungsplakate dieser Art warnten die Bevölkerung vor der RAF. Die Führungsriege um Ulrike Meinhof, Andreas Baader, Gudrun Ensslin, Holger Meins und Jan-Carl Raspe war ab 1972 in Stuttgart-Stammheim inhaftiert.

Herausforderungen durch den Kalten Krieg

Eine große außenpolitische Bewährungsprobe war der um 1980 beginnende **„zweite Kalte Krieg“**, der erneut für große internationale Spannungen zwischen den beiden Blöcken sorgte. Ausgelöst wurde er durch den Einmarsch der Sowjetunion in Afghanistan 1979 und die Stationierung neuer sowjetischer Mittelstreckenwaffen in Osteuropa. Obwohl die Hochrüstung auch in Zeiten der Entspannungspolitik nie beendet, sondern nur begrenzt worden war, wurden die SS-20-Raketen der UdSSR nun als Gefahr von neuer Qualität empfunden. Dieser Bedrohung wollte die NATO eigene Waffen entgegensetzen (Pershing II, Cruise-Missiles). Mit dem **NATO-Doppelbeschluss von 1979**, der maßgeblich von Schmidt mitinitiiert wurde, signalisierte man dem Warschauer Pakt, dass man die eigene Verteidigung stärken wolle, aber noch immer verhandlungsbereit sei. Diese außenpolitische Entwicklung hatte entscheidende innenpolitische Folgen: In dem Maße, wie Schmidt seine internationale Reputation stärkte, vergrößerte sich die Ablehnung, die ihm vom linken Flügel der SPD und der Friedensbewegung entgegenschlug.

1979–1989 griff die UdSSR zugunsten der kommunistischen Regierung, die 1978 durch einen Staatsstreich an die Macht gelangt war, in den **afghanischen Bürgerkrieg** ein. Die Gegenseite – islamistische Rebellengruppen – wurde u. a. von den USA unterstützt.

Während Schmidts Kanzlerschaft gab es jedoch auch eine weitere Annäherung zwischen Ost und West. So wurde 1975 die **KSZE-Schlussakte von Helsinki** unterzeichnet, in der sich die teilnehmenden Staaten u. a. für Gewaltverzicht, friedliche Konfliktlösung, die Achtung der Menschenrechte und internationale Kooperation aussprachen.

KSZE = Konferenz für Sicherheit und Zusammenarbeit in Europa: ab 1973 Verhandlungen zwischen fast allen europäischen Staaten, den USA, Kanada und der Sowjetunion

Wirtschaftliche Herausforderungen

Die bereits unter der Regierung Brandt vorhandenen wirtschaftlichen Probleme, die durch die **zweite Ölkrise** 1979 noch verstärkt wurden, waren mit den Mitteln des Stabilitätsgesetzes von 1967 nicht zu lösen: gleichzeitig Stagnation und Inflation **(„Stagflation")**, die Auswirkungen einer internationalen Schuldenkrise und eine strukturell bedingte Sockelarbeitslosigkeit, die trotz konjunktureller Aufschwünge stieg. An neue Verschuldungsprogramme im Sinne des Keynesianismus war angesichts der hohen Zinsen nicht mehr zu denken. Es zeigte sich: Der Staat hatte über seine Verhältnisse gelebt. Der Umgang mit der wirtschaftlichen Krise führte zu Differenzen in der Regierung, die 1982 maßgeblichen Anteil am **Bruch der sozialliberalen Koalition** haben sollten: Die FDP, die mit Otto Graf Lambsdorff den Bundeswirtschaftsminister stellte, schwenkte um zum **Neoliberalismus** und forderte eine Abkehr von „Anspruchsmentalität" und zu hohen Sozialausgaben.

Sockelarbeitslosigkeit: Anteil derjenigen Arbeitslosen, die selbst im Falle eines wirtschaftlichen Aufschwungs keine Beschäftigung finden

→ **Neoliberalismus** vgl. S. 270

Auf europäischer Ebene initiierte die Bundesregierung – nach dem Zusammenbruch der Internationalen Währungsordnung von Bretton Woods 1973 – zusammen mit Frankreich das **Europäische Währungssystem** (EWS, 1979) mit einem Wechselkursmechanismus, der die Schwankung der europäischen Währungen zueinander begrenzte. In dieser Maßnahme kann man den Vorläufer des Euro-Systems sehen.

→ **Bretton Woods, Europäisches Währungssystem** vgl. S. 306

2.3 Zwischenfazit zu den Sozialliberalen Koalitionen

Insgesamt konnten die sozialliberalen Regierungen viele **notwendige** innen- und außenpolitische **Initiativen** anstoßen. Sie wurden allerdings auch mit einigen Herausforderungen konfrontiert, von denen manche gut bewältigt wurden, andere aber mit bisherigen Mitteln nicht zu lösen waren. Im Hinblick auf die deutsche Frage setzte Schmidt die **brandtsche Ostpolitik** mit weniger Pathos und geringeren Erwartungen fort, sodass ein gewisses Bewusstsein der nationalen Einheit zwar erhalten blieb, eine politische Wiedervereinigung jedoch nicht mehr ernsthaft erwartet wurde. Zu Beginn der 1980er-Jahre schienen die **Blöcke** in Ost und West vollkommen und dauerhaft **verhärtet** zu sein.

3 Von der konservativen Wende bis zur unverhofften Einheit 1982–1989/90

Hans-Dietrich Genscher (1927–2016): 1969–1974 Bundesinnenminister, 1974–1992 Bundesaußenminister und Vizekanzler

Im Herbst 1982 kam es zum ersten erfolgreichen **konstruktiven Misstrauensvotum** in der Geschichte der Bundesrepublik: Dabei fiel die FDP unter **Hans-Dietrich Genscher** endgültig von der sozialliberalen Koalition und Schmidt ab und wandte sich der CDU/CSU zu. Allerdings versprach der Sieger des Misstrauensvotums, der CDU-Vorsitzende **Helmut Kohl**, sich durch eine Bundestagswahl legitimieren zu lassen und stellte dem Bundestag die **„Vertrauensfrage“**. Da sich die Mehrheit der Abgeordneten von CDU/CSU und FDP absichtlich enthielt, verlor Kohl das Votum, was nach Art. 68 GG den Weg für Neuwahlen eröffnete. Die Regierung Kohl–Genscher, die die Bundestagswahlen 1983 deutlich gewann, trat mit dem großen Anspruch an, eine **„geistig moralische Wende“** in der bundesrepublikanischen Politik herbeizuführen.

Helmut Kohl (1930–2017): sechster Bundeskanzler der Bundesrepublik

Wirtschaftliche Entwicklung

Ausgangspunkte des Erneuerungsversuches waren die durch die zweite Ölkrise bedingte tiefe **Rezession** und die Orientierung an der aus dem angelsächsischen Bereich (v. a. Milton Friedman) stammenden Lehre des **Neoliberalismus** – eine Wiederbelebung/Weiterentwicklung früherer wirtschaftsliberaler Ideen, die sich für freie Marktwirtschaft mit geringen Eingriffen des Staats und größeren Freiräumen für die Wirtschaft aussprach. Diese Theorie sah im Keynesianismus, der Stärkung der Nachfrage und großen staatlichen Investitionen nicht die Lösung, im Gegenteil: Der gestiegene Staatsanteil am Bruttoinlandsprodukt (Staatsquote) verdränge private Investitionen und vergrößere Bürokratie und Staatsverschuldung, ohne für nachhaltiges Wachstum zu sorgen. Stattdessen sollten die **Bedingungen für die Angebotsseite** so verbessert werden, dass die Unternehmen wieder selbst tätig werden und investieren würden. Im Programm der CDU von 1981 hieß es dazu: „Freiheit und soziale Gerechtigkeit können nicht durch eine wachsende Staatsquote und eine immer höhere Staatsverschuldung, sondern nur durch praktizierte Solidarität und Subsidiarität dauerhaft verwirklicht werden."[5] Tatsächlich reduzierte sich die bundesdeutsche Staatsquote in den 1980er-Jahren, allerdings nicht so stark wie in Großbritannien, dem neoliberalen Vorreiter. Mit der Wiedervereinigung 1990 und den damit einhergehenden gigantischen neuen Aufgaben wurden diese Sparvorsätze aber hinfällig.

Subsidiarität: Laut dem Subsidiaritätsprinzip sollen Organe auf den höheren staatlichen Ebenen (nur) dann eingreifen, wenn eine Angelegenheit auf niedrigerer Ebene nicht (gut/ausreichend) umgesetzt werden kann

Innen- und parteipolitische Krise

Das innenpolitische Klima und das Vertrauen in die Parteien wurden in den 1980er-Jahren durch eine große **Parteispendenaffäre** erschüttert, von der CDU, CSU, FDP und SPD betroffen waren: Es ging um enorme finanzielle Zuwendungen des Flick-Konzerns an Parteien und Politiker mit dem Ziel, steuerliche Privilegien zu erhalten. Der Skandal und Kohls Krisenmanagement, das auf Vertuschung und den Schutz der Beteiligten hinauslief, sorgten für große Empörung, brachten die Politik allgemein in den Verdacht der Käuflichkeit und widersprachen dem moralischen Erneuerungsanspruch der christlich-liberalen Koalition.

Außen-, Sicherheits- und Deutschlandpolitik

In der Außen-, Sicherheits- und Deutschlandpolitik setzte die schwarz-gelbe Regierung Schmidts pragmatischen Kurs auf Basis der Ostverträge fort. Gerade in diesem Politikfeld sah sie sich aber mit massiven Protesten der immer stärker werdenden **Umwelt- und Friedensbewegung** konfrontiert: Es waren v. a. das Festhalten am **NATO-Doppelbeschluss** und die damit verbundene Stationierung neuer US-amerikanischer Atomwaffen ab 1983 in Süddeutschland, die von Kohl beträchtliches Durchhaltevermögen verlangten.

Während Willy Brandt die DDR als erster Bundeskanzler besucht hatte, war es Helmut Kohl, der mit **Erich Honecker** den ersten SED-Parteichef zum **Staatsbesuch** empfing und damit 1987 durchaus zur Aufwertung der DDR beitrug. Außerdem gewährte die Bundesrepublik dem ökonomisch stark geschwächten Ostdeutschland 1983/84 zwei **Milliardenkredite**, vermittelt durch Franz Josef Strauß, der eigentlich für seine harte Sicht auf die Ostpolitik bekannt war. Diese Unterstützung,

Franz Josef Strauß (1915–1988): 1953–1969 verschiedene Bundesministerposten (u. a. Atomfragen, Verteidigung, Finanzen), 1978–1988 bayerischer Ministerpräsident, 1980 Kanzlerkandidat der CDU/CSU

die den Zusammenbruch der DDR verzögerte, schien nicht mit der sonstigen Rhetorik der Bundesrepublik vereinbar zu sein, die die DDR v. a. wegen der Verstöße gegen die Grund- und Menschenrechte öffentlich **scharf kritisierte:** So sprach Kohl z. B. im Wahlkampf 1987 davon, dass die DDR politische Häftlinge in Konzentrationslagern festhalte. Zu dieser strikten Haltung passt allerdings, dass die Gelder mit Gegenleistungen des SED-Regimes verbunden waren (z. B. menschliche Erleichterungen; Abbau von Grenzbefestigungen, v. a. der Selbstschussanlagen).

Neue Herausforderungen, aber auch unerwartete Möglichkeiten eröffneten sich für die westdeutsche Außen- und Deutschlandpolitik durch die **Veränderungen im Ostblock**. Dort zeigte sich zu Beginn der 1980er-Jahre – ausgehend von den Streiks der polnischen **Solidarność** – zunehmende Unzufriedenheit mit den erstarrten politischen Verhältnissen und der unproduktiven Planwirtschaft, was in Polen 1981 zur Ausrufung des Kriegsrechts durch General Jaruzelski führte. In der DDR reagierten oppositionelle Kreise zuerst verhalten, nachdem in den 1970er-Jahren prominente Kritiker und Intellektuelle ausgewiesen bzw. verhaftet worden waren. Auftrieb und wichtige Impulse erhielt die **Friedens-, Umwelt- und Bürgerrechtsbewegung** dann jedoch durch die Veränderungen in Moskau: Dort kam 1985 mit **Michail Gorbatschow** ein relativ junger, reformbereiter Politiker an die Macht, was die alte Gerontokratie im KPdSU-Politbüro beendete. Gorbatschow war davon überzeugt, dass das sozialistische System dringend reformiert werden müsse, um überlebensfähig zu sein. **„Glasnost“** (Offenheit) und **„Perestroika“** (Umgestaltung) waren die Formeln, mit denen er die Reformen in der Sowjetunion umschrieb und die sich als Slogans nicht nur im Ostblock verbreiteten.

Solidarność (poln. = „Solidarität“): 1980 in Polen im Zuge der Streikbewegung entstandene freie Gewerkschaft, die 1989 (unter ihrem Vorsitzenden Lech Wałęsa) den Umbruch in Polen entscheidend mitgestaltete

Gerontokratie = „Herrschaft der Alten“: Gemeint sind hier Gorbatschows Vorgänger Leonid Breschnew, Juri Andropow und Konstantin Tschernenko, die 1982–1985 relativ kurz hintereinander starben.

Michail Gorbatschow (1931–2022) wurde 1985 KPdSU-Generalsekretär und leitete den politischen Wandel im Ostblock ein, den er selbst nur bis zu seinem Sturz 1991 begleiten konnte. Kohl lernte er 1988 beim Besuch des Bundeskanzlers kennen; die beiden Staatsmänner schätzten sich sehr, was sich bei der Wiedervereinigung 1990 als wichtig erweisen sollte. 1990 erhielt er für seinen Beitrag zur friedlichen Zusammenarbeit zwischen Ost und West den Friedensnobelpreis.

Die Bundesrepublik und die deutsche Einheit

Trotz dieser Entwicklungen war die Bundesregierung überrascht, wie schnell sich 1989 die Lage veränderte. Als im Herbst 1989 die **deutsche Frage** plötzlich wieder auf der Tagesordnung stand, erkannten und nutzten Kohl und Genscher die historische Gelegenheit, um der ökonomisch schwachen Sowjetunion die Zustimmung zur Wiedervereinigung mit der DDR abzuhandeln. Die Nachricht von der **Öffnung der Berliner Mauer am 9. November 1989** erreichte Kohl beim Staatsbesuch in Warschau. Auch in der Bundesrepublik lösten die Ereignisse in der DDR große Emotionen aus, nachdem man sich jahrzehntelang in der Teilung eingerichtet hatte. Kohl reagierte, indem er am 28. November 1989 im Bundestag ein **„Zehn-Punkte-Programm zur Überwindung der Teilung Deutschlands und Europas"** vorstellte: Ziel war es, die deutsche Einheit im Rahmen eines mehrstufigen Prozesses (u. a. Konföderation der beiden deutschen Staaten) zu erreichen und die Wiedervereinigung eng in die gesamteuropäische Entwicklung einzubetten.

ZITAT

Bundeskanzler Kohl am 28. November 1989 vor dem Bundestag[6]

Meine Damen und Herren, es eröffnen sich Chancen für die Überwindung der Teilung Europas und damit auch unseres Vaterlandes. Die Deutschen, die jetzt im Geist der Freiheit wieder zusammenfinden, werden niemals eine Bedrohung sein. Vielmehr werden sie – davon bin ich überzeugt – ein Gewinn für das immer mehr zusammenwachsende Europa sein.

→ **Prozess der deutschen Wiedervereinigung** vgl. S. 291 ff.

Bald schon war aber klar, dass ein langsamer Wiedervereinigungsprozess nicht möglich sein würde, da sich die Bevölkerung der DDR nicht mehr vertrösten ließ und massenhaft in den Westen abwanderte. Vor diesem Hintergrund setzte in der Bundesrepublik eine **intensive Debatte um das Grundgesetz** ein: Dabei vertraten manche Verfassungsrechtler die Meinung, es sei an der Zeit, das „Provisorium Grundgesetz" zu beenden und im Zuge einer deutschen Wiedervereinigung eine neue Verfassung gemäß **Art. 146 GG** zu schaffen. Eine solche „Neugründung" hätte den Vorteil höchster Legitimität gehabt, da man die Verfassung dem ganzen deutschen Volk zur Abstimmung hätte vorlegen, also anders als 1949 ein Verfassungsreferendum hätte abhalten können. Andere sahen diesen Weg jedoch als nicht zielführend an, zumal man sich zunehmend unter Zeitdruck glaubte: Man befürchtete damals, dass sich das **„window of opportunity"** für die deutsche Einheit schnell wieder schließen könnte. Der Weg über einen **Beitritt der DDR** in Form von fünf neuen Bundesländern gemäß **Art. 23 GG** schien deshalb die praktikablere Lösung zu sein. Man gab zudem zu bedenken, dass sich das Grundgesetz seit 1949 im politischen Alltag und in Krisenzeiten grundsätzlich bewährt und die Rechtsprechung (v. a. des Verfassungsgerichts) aus ihm eine funktionierende, lebendige und akzeptierte Verfassung gemacht habe – Eigenschaften, die eine Neuschöpfung erst noch unter Beweis stellen müsste.
Da sich bei den Volkskammerwahlen am 18. März 1990 eine deutliche Mehrheit der DDR-Bevölkerung für einen **schnellen Beitritt zur Bundesrepublik** aussprach, wurde zwischen beiden deutschen Staaten erst die Währungs-, Wirtschafts- und Sozialunion (Mai 1990) ausgehandelt,

bevor der „Einigungsvertrag“ im August 1990 den **Beitritt der DDR zum Geltungsbereich des Grundgesetzes** festhielt. Die Wiedervereinigung wurde also nach Art. 23 GG durchgeführt; der Artikel selbst wurde 1992 komplett umgestaltet und erteilte der „neuen“ Bundesrepublik den Auftrag zur **Verwirklichung der Europäischen Union**. Hiermit zeigte man, dass das geeinte, von vielen Europäern misstrauisch beäugte Deutschland bereit war, sich in den Dienst einer größeren Sache zu stellen und seine politischen Ambitionen selbst zu begrenzen.

ZITAT

Artikel 23 und 146 GG des Grundgesetzes[7]

Artikel 23 (Fassung 1949): Dieses Grundgesetz gilt zunächst im Gebiete der Länder Baden, Bayern, Bremen, Groß-Berlin, Hamburg, Hessen, Niedersachsen, Nordrhein-Westfalen, Rheinland-Pfalz, Schleswig-Holstein, Württemberg-Baden und Württemberg-Hohenzollern. In anderen Teilen Deutschlands ist es nach deren Beitritt in Kraft zu setzen.

Artikel 23 (heutige Fassung): (1) Zur Verwirklichung eines vereinten Europas wirkt die Bundesrepublik Deutschland bei der Entwicklung der Europäischen Union mit, die demokratischen, rechtsstaatlichen, sozialen und föderativen Grundsätzen und dem Grundsatz der Subsidiarität verpflichtet ist und einen diesem Grundgesetz im wesentlichen vergleichbaren Grundrechtsschutz gewährleistet.

Artikel 146 (1949, heutige Fassung in Klammern): Dieses Grundgesetz[, das nach Vollendung der Einheit und Freiheit Deutschlands für das gesamte deutsche Volk gilt,] verliert seine Gültigkeit an dem Tage, an dem eine Verfassung in Kraft tritt, die von dem deutschen Volke in freier Entscheidung beschlossen worden ist.

4 Zusammenfassung und Bilanz

→ **1945 als „Stunde Null“?** vgl. S. 238

Eine **Bilanz der Bundesrepublik** von ihrer Gründung 1949 über die Souveränitätserklärung der Pariser Verträge 1954/55 bis zur Wiedervereinigung 1989/90 fällt gemischt aus und unterliegt selbstverständlich auch subjektiven Wertungen. Trotzdem können einige wesentliche Aspekte festgehalten werden: Grundsätzlich stellten der schnelle **Wiederaufbau** des zerstörten Landes und die Integration von ca. 10 Millionen **Flüchtlingen und Vertriebenen** in die westdeutsche Gesellschaft eine große Leistung der Nachkriegszeit und der frühen Bundesrepublik dar, obwohl es eine wirkliche „Stunde Null“ nie gegeben hat. Das **„Wirt-**

schaftswunder“, das eng mit der **Sozialen Marktwirtschaft** verbunden war, und der allgemein steigende Wohlstand sorgten dafür, dass die westdeutsche Bevölkerung die demokratische Staatsform rasch akzeptierte. Das auch als **„Rheinischer Kapitalismus“** bezeichnete Wirtschaftsmodell brachte zwar nicht, wie versprochen, „Wohlstand für alle“, ermöglichte aber den meisten Bürgerinnen und Bürgern eine erhebliche Anhebung ihres Lebensstandards. Starke Gewerkschaften (z. B. IG-Metall) und mächtige Arbeitgeberverbände (z. B. BDI) sorgten zusammen mit dem ausgeprägten **Sozialstaat** (u. a. Sozialversicherungen, sozialer Wohnungsbau) für ein hohes Maß an **wirtschaftlich-sozialem Frieden**. Aufgrund des enormen wirtschaftlichen Aufschwungs wurden seit den 1950er-Jahren **Gastarbeiter** ins Land geholt, deren Lage und Integration erst spät als Gestaltungsaufgabe der Politik angesehen wurde. Diese Herausforderung besteht bis heute, da Deutschland mittlerweile zu den beliebtesten Einwanderungsländern weltweit gehört.

IG-Metall = Industriegewerkschaft Metall: bis heute größte Gewerkschaft der Bundesrepublik und weltweit größte Arbeitnehmervertretung

BDI = Bundesverband der Deutschen Industrie: Arbeitgeberverband, der Unternehmen im industriellen Sektor abdeckt

Im verfassungsrechtlich-politischen Bereich bewiesen das **Grundgesetz** und das **parlamentarische System** ihre **Funktionsfähigkeit**, indem sie regelmäßige Wahlen, Regierungswechsel, unterschiedliche Koalitionen und die inhaltliche Umorientierung der Politik auf neue Herausforderungen und Themenfelder (z. B. Ökologie, Frauenemanzipation) ermöglichten, obwohl die praktische Umsetzung vieler Grundsätze häufig schleppend voranging. Auch in Krisenzeiten erwies sich die neue Demokratie den Herausforderungen gewachsen. Ein Problem blieb der Föderalismus, der z. B. im Bildungsbereich einen Flickenteppich an Zuständigkeiten und Systemen hervorbrachte. In gesellschaftlicher Hinsicht kam es zu einem Wandel von den **materiellen Werten** der „Wirtschaftswunder“-Zeit zu den **postmateriellen Werten** der Dienstleistungsgesellschaft („Silent Revolution“), der durch die Außerparlamentarische Opposition, die „68er“-Generation und die sozialen Bewegungen der 1970er- und 1980er-Jahre angestoßen wurde. Dies führte nicht nur zu einem veränderten Freizeit-, Konsum- und Erziehungsverhalten, sondern begünstigte auch die Entstehung einer selbstbewussten Zivilgesellschaft, die sich vermehrt in Vereinen und Bürgerinitiativen organisierte.

Das 1949 eingeführte politische System gilt seit 1990 auch für das Gebiet der ehemaligen DDR und existiert (mit Veränderungen) im Wesentlichen bis heute.

Lernvideo: **Verfassungsorgane der Bundesrepublik Deutschland**

Eine große politisch-gesellschaftliche Herausforderung ist – bis heute – die **Aufarbeitung der NS-Vergangenheit**. Zuerst musste die Auseinandersetzung mit der NS-Zeit in einem anfangs noch zerstörten, stark traumatisierten Land gegen zähe Widerstände durchgesetzt werden, wurde dann jedoch mit dem Generationenwechsel der 1960er-/1970er-Jahre vorangetrieben und als dringend notwendige moralische Verantwortung betrachtet. Mit der NS-Vergangenheit (v. a. Holocaust/Shoa) verbunden sind die bis heute besonderen Beziehungen Deutschlands zu **Israel**.

Zu den Beziehungen zu **Israel** sagte Bundeskanzlerin Merkel 2008 in einer Rede vor dem israelischen Parlament (Knesset): „Jede Bundesregierung und jeder Bundeskanzler vor mir waren der besonderen historischen Verantwortung Deutschlands für die Sicherheit Israels verpflichtet. Diese historische Verantwortung […] ist Teil der Staatsräson meines Landes. Das heißt, die Sicherheit Israels ist für mich als deutsche Bundeskanzlerin niemals verhandelbar.“[8]

Die Außen-, Sicherheits- und Deutschlandpolitik der Bundesrepublik war aufgrund der **Kriegsniederlage 1945** und der staatlichen **Teilung ab 1949** eng mit den Entwicklungen des Kalten Kriegs und der Politik der vier Siegermächte verknüpft. Konzentrierte sich die Regierung Adenauer auf die Einbindung der Bundesrepublik in das westliche Bündnis und die Wiedererlangung von Stärke und Souveränität, öffnete die sozialliberale Koalition im Rahmen ihrer Neuen Ostpolitik den Weg gen Osten. Hiermit verbunden war stets die Frage, wie man die Beziehung zum ostdeutschen Teilstaat, der DDR, gestalten, den **Gedanken einer deutschen Einheit** aufrechterhalten und die Folgen der Teilung möglichst erträglich gestalten sollte.
1989/90 eröffnete sich aber plötzlich die historische Chance, auf friedlichem Wege die Wiedervereinigung zu erreichen. Mit der staatsrechtlichen Vollendung der **Wiedervereinigung am 3. Oktober 1990** und dem Ende des Kalten Kriegs 1989–1991 begann für die Bundesrepublik ein weiterer Abschnitt in ihrer Geschichte, mit neuen Herausforderungen und Protagonisten.

Zwei Bilder, die Geschichte machten und wichtige Stationen der bundesdeutschen Außen- und Deutschlandpolitik zeigen: Willy Brandt kniete 1970 in Warschau vor dem Denkmal des Aufstands im Warschauer Getto nieder, um den Opfern seinen Respekt zu erweisen. 1990 feierten führende Vertreter der deutsch-deutschen Politik die Wiedervereinigung, darunter Willy Brandt, Hans-Dietrich Genscher, Helmut Kohl, Richard von Weizsäcker und Lothar de Maizière (→ Deutsche Wiedervereinigung, vgl. S. 291 ff.).

Die DDR und die deutsche Wiedervereinigung 1949–1989/90

III 18

Zentraler Bestandteil der Herrschaftspraxis der SED war eine umfassende Propaganda, die die Bevölkerung auf vielfältige Weise (z. B. durch Plakate, Reden, Zeitungsartikel) im sozialistischen Sinne erziehen sollte. Wie hier auf Sonderbriefmarken zum Karl-Marx-Jahr 1953 wurden ideologische Vorbilder des Marxismus-Leninismus wie Karl Marx, Friedrich Engels, Lenin und Stalin glorifiziert. Große Teile der Bevölkerung identifizierten sich jedoch nicht mit dem kommunistischen System, wie im gleichen Jahr der Volksaufstand vom 17. Juni 1953 deutlich aufzeigte. Als 1989 erneut zahlreiche Menschen auf die Straße gingen, leiteten sie mit ihren friedlichen Demonstrationen den endgültigen Untergang der DDR und des „sozialistischen Experiments“ ein.

1 Einführung

Staatswappen der DDR (Hammer und Zirkel mit Ährenkranz), Logo der **SED**

Die **Geschichte der DDR** lässt sich noch weniger unabhängig von der Geschichte der Bundesrepublik erzählen als umgekehrt, da die **wechselseitige Bezogenheit und Abhängigkeit** der beiden Teile Deutschlands **asymmetrisch** war: Die DDR war der kleinere Teilstaat, der gerade einmal so viele Einwohner hatte wie das bevölkerungsreichste westdeutsche Bundesland Nordrhein-Westfalen und – stärker als die Bundesrepublik von den Westalliierten – von der östlichen Vormacht, der Sowjetunion, dominiert wurde. Während ihres gesamten Bestehens 1949–1989/90 hatte die DDR ein großes **Legitimationsproblem**, da sich ihre Bürger in großer Zahl in Richtung Westen zum offensichtlich bessergestellten Teilstaat hin orientierten. Der SED-Führung war klar, dass die Daseinsberechtigung der DDR entscheidend mit ihrem Anspruch, dem **Sozialismus** Geltung zu verschaffen und das vermeintlich überlegene Gegenmodell zum kapitalistischen Weststaat zu verwirklichen, verbunden war: Anders als in anderen kommunistischen Staaten wie Ungarn oder Polen stand in Ostdeutschland mit der Infragestellung des sozialistischen Systems auch die Existenz des gesamten Staats auf dem Spiel.

2 Der Ausbau des sozialistischen Systems

2.1 Aufbau der sozialistischen Staatsordnung

→ **Gründung der DDR** vgl. S. 249

Sowjetische Kontrollkommission in Deutschland (SKK): Nachfolgerin der Sowjetischen Militäradministration (= SMAD, 1945–1949), 1953 durch die Hohe Kommission der Sowjetunion in Deutschland ersetzt

Nach ihrer Gründung 1949 war die DDR genauso wenig ein souveräner Staat wie die Bundesrepublik: Sie stand unter dem starken Einfluss der UdSSR und der Sowjetischen Kontrollkommission in Deutschland. Die Staats- und Parteiführung unter **Wilhelm Pieck, Otto Grotewohl und Walter Ulbricht** orientierte sich beim Aufbau des ostdeutschen Staats klar am **Vorbild der Sowjetunion** und an der Staatsdoktrin des **Marxismus-Leninismus**. Bei der Etablierung der **Einparteienherrschaft** der SED und der totalen gesellschaftlichen Kontrolle diente zudem der **„Antifaschismus"** als Legitimation und Gründungsmythos: Nur im Osten Deutschlands habe man sich klar gegen die NS-Vergangenheit gestellt und völlig mit dem Faschismus gebrochen. Dabei wurde stets betont, dass besonders die Kommunisten Widerstand gegen das NS-Regime geleistet hatten. Das im Rahmen dieser Maximen errichtete System duldete keine abweichenden politischen Ansichten. Dabei war die **Verfassung von 1949** noch weitgehend im Geiste des Liberalismus verfasst worden: Man hatte sich v. a. an der Weimarer Verfassung von 1919 orientiert und dabei die **Freiheitsrechte** der Bürger an den Anfang gesetzt (u. a. persönliche Freiheit, Meinungs-, Versammlungs- und Pressefreiheit sowie das Recht auf Auswanderung). Art. 6 enthielt allerdings, obwohl er eigentlich das Kapitel „Rechte des Bürgers" einleitete, schon die Begriffe, unter denen jegliche Opposition subsumiert und Bürger ihrer Rechte beraubt werden konnten: „Boykotthetze", „Mordhetze", „Kriegshetze" – auch wenn es weiter hieß: „Ausübung demokratischer Rechte im Sinne der Verfassung ist keine Boykotthetze."[1] Zudem hielt man noch an einer einzigen deutschen Staatsangehörigkeit fest und postulierte eine „unteilbare demokratische Republik" (Art. 1), die sich „auf den deutschen Ländern" aufbaue.

→ **Weimarer Verfassung** vgl. S. 158

Als **Verfassungsorgane** wurden 1949 die Volkskammer als Legislative und – zumindest formell – höchstes Gremium der DDR, der Ministerpräsident und seine Regierung als Exekutive (später: Ministerrat) und der Präsident der Republik (später Staatsrat) als Staatsoberhaupt der DDR festgelegt. Obwohl die DDR offiziell eine **parlamentarische Republik mit Mehrparteiensystem** war, übte die SED die zentrale Macht aus. Um das Risiko eines Machtwechsels nicht erst aufkommen zu lassen, wurden sämtliche Parteien und Massenorganisationen im **„antifaschistischen Block"** zusammengeschlossen, der unter der Führung der SED konkrete Wahlvorschläge erarbeitete: Alle „antifaschistischen" Parteien – neben der SED waren dies die **vier Blockparteien:** die Ost-CDU, die Liberal-Demokratische Partei Deutschlands (LDP/LDPD), die National-Demokratische Partei Deutschlands (NDPD) sowie die Demokratische Bauernpartei Deutschlands (DBD) – kandidierten gemeinsam auf einer **Einheitsliste der „Nationalen Front"**, die darüber hinaus eine Reihe gesellschaftlicher **Massenorganisationen** umfasste: den Freien Deutschen Gewerkschaftsbund (FDGB), die Freie Deutsche Jugend (FDJ), den Demokratischen Frauenbund Deutschlands (DFD), den Kulturbund und die Vereinigung der gegenseitigen Bauernhilfe (VdgB). Die Zusammensetzung des Wahlvorschlags nahm das Wahlergebnis und die Sitzverteilung in der Volkskammer vorweg, wobei die SED – mit den Massenorganisationen und den von ihr kontrollierten Parteien NDPD und DBD – faktisch immer dominierte. An diesem System, das z. B. auch für Kommunalwahlen galt und der DDR-Verfassung von 1949 deutlich

Die **Volkskammer** der DDR tagte im **„Palast der Republik"** in Ostberlin, einem riesigen Komplex, der auch als öffentliches Kulturzentrum genutzt wurde. Nach der Wiedervereinigung wurde das Gebäude aufgrund des hohen Asbestgehalts abgerissen. An seine Stelle trat die umstrittene Rekonstruktion des Berliner Schlosses (vgl. S. 155).

Art. 50 (1949): „Die Abgeordneten [der Volkskammer] werden in allgemeiner, gleicher, unmittelbarer und geheimer Wahl nach den Grundsätzen des Verhältniswahlrechtes […] gewählt."[2]

widersprach, wurde von der ersten Volkskammerwahl im Oktober 1950 bis zum Ende der DDR festgehalten; erst im März 1990 fanden die ersten und einzigen freien Volkskammerwahlen statt. Wer eine abweichende Meinung kundtun wollte, konnte zwar in einer Wahlkabine einen Kandidaten aus der Liste streichen, wofür ihm aber Sanktionen drohten. DDR-Bürger gingen in der Regel **„falten"**, d. h., sie warfen den Vorschlag der „Nationalen Front" unverändert in die Wahlurne. Die Wahlergebnisse wurden regelmäßig noch zusätzlich gefälscht, waren stets in etwa gleich und signalisierten eine vermeintliche Zustimmung wahlberechtigten Bevölkerung im Bereich von knapp unter 100 %.

Politisches System der DDR und Aufbau der SED

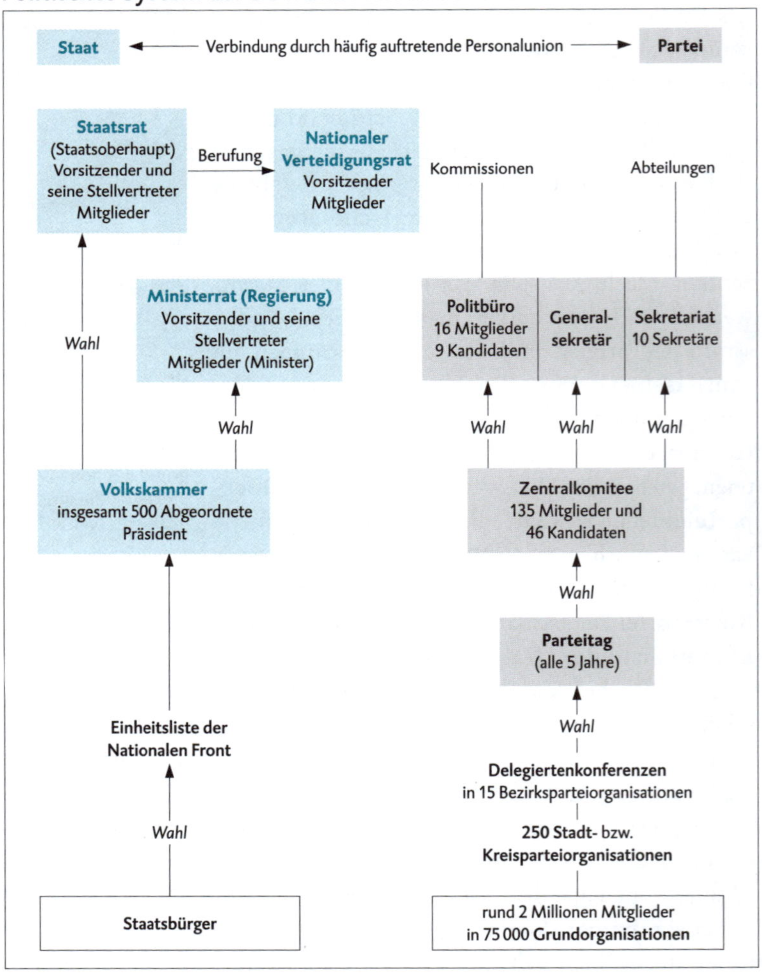

War 1946, noch vor der Staatsgründung, von einem „besonderen Weg zum Sozialismus"[3] (Anton Ackermann, damals KPD) die Rede gewesen, so stellte die II. Parteikonferenz der SED 1952 klar, dass der **„planmäßige Aufbau des Sozialismus"** bereits begonnen habe und dass man sich dabei am Vorbild der stalinistischen Sowjetunion orientiere. Generalsekretär Ulbricht hatte sich zuvor in Moskau entsprechende Instruktionen geholt: Dort war man nach der Zurückweisung der „Stalin-Note" durch den Westen der Meinung, dass die deutsche Einheit kein Thema mehr, sondern nur noch ein propagandistisches Mittel im Systemkonflikt mit den USA sei: Es ging darum, der jeweils anderen Seite die Schuld an der deutschen Teilung zuzuschieben. Nun wurde in der DDR das sowjetische Modell des **„demokratischen Zentralismus"** endgültig auf Staat, Wirtschaft und Gesellschaft übertragen. In der Verwaltung zeigte sich dies u. a. an der Auflösung der Länder und der Gliederung der DDR in 14 Bezirke. Wegen der „Wühlarbeit feindlicher Agenten" wurde der Aufbau bewaffneter Kräfte beschlossen, was bis 1956 den Um- und Ausbau der „Kasernierten Volkspolizei" zur **„Nationalen Volksarmee"** (NVA) zur Folge hatte.

→ **„Stalin-Note"** vgl. S. 255

In der Außenpolitik gelang der DDR die vollständige Integration ins **östliche Blocksystem**, wo sie bald die zweitstärkste Wirtschaft stellte. Die (von der UdSSR angeordnete) Anerkennung der **Grenze zu Polen** (Oder-Neiße-Linie) normalisierte seit 1950 das Verhältnis zum östlichen „Bruderland". 1954 erklärte die Sowjetunion die DDR für **souverän**; 1955 gehörte Ostdeutschland zu den Gründungsmitgliedern des östlichen Militärbündnisses, des **Warschauer Pakts**. Zur gleichen Zeit erreichte die Bundesrepublik durch die Pariser Verträge 1954/55 ihre (fast vollständige) Souveränität, wurde in die NATO aufgenommen und baute das westdeutsche Gegenstück zur NVA, die Bundeswehr, auf.

→ **Warschauer Pakt** vgl. S. 239
→ **Pariser Verträge** vgl. S. 255

2.2 Die führende Rolle der Staatspartei SED

Die Schlüsselstellung im politischen System der DDR hatte von Anfang an die **SED** inne, obwohl der Führungsanspruch der „Partei der Arbeiterklasse" erst 1968 ausdrücklich in der Verfassung festgehalten wurde:

ZITAT

Artikel 1 der Verfassung der DDR vom 6. April 1968[4]

Die Deutsche Demokratische Republik ist ein **sozialistischer Staat deutscher Nation**. Sie ist die politische Organisation der Werktätigen in Stadt und Land, die gemeinsam unter **Führung der Arbeiterklasse** und ihrer **marxistisch-leninistischen Partei** den Sozialismus verwirklichen.

SED als „Partei neuen Typs“: in Anlehnung an die KPdSU zentralistischer Aufbau der Partei mit starker Hierarchie und strikter Parteidisziplin

Kaderpartei: Partei, die ihre internen Führungspositionen und wichtige Stellen in weiteren Organisationen an **Kader** vergibt, also an Mitglieder, die ideologisch besonders geschult waren und als zuverlässig galten

Als **„Partei neuen Typs“**, die sich an der stalinistischen KPdSU orientierte, und **Kaderpartei** bolschewistischer Prägung ging es ihr nicht in erster Linie darum, möglichst viele Mitglieder zu gewinnen, sondern **linientreue Kader** auszubilden, die bei Wahlen kandidieren und das politisch-gesellschaftliche Leben in der DDR dominieren sollten. Wer der Partei betreten wollte, musste sich ab 1950 einem **„Parteilehrjahr“** und entsprechenden (Gesinnungs-)Prüfungen unterziehen. Anfang der 1950er-Jahre wurden darüber hinaus Hunderttausende Parteimitglieder nach einer „allgemeinen Überprüfung“ ausgeschlossen. Man wollte v. a. die Reste des **„Sozialdemokratismus“** beseitigen: Nachdem ehemalige Sozialdemokraten ihre Schuldigkeit getan und der KPD durch den (erzwungenen) Zusammenschluss zur SED eine größere Akzeptanz beschafft hatten, wurden sie vorrangig für Fehler und Versäumnisse der Partei haftbar gemacht. So schloss man 1953 Justizminister Max Fechner (früher SPD) „wegen partei- und staatsfeindlichen Verhaltens“[5] aus der SED aus: Nach dem Aufstand vom 17. Juni 1953 hatte er darauf bestanden, dass sich die protestierenden Arbeiter auf das Streikrecht in der Verfassung (Art. 14) berufen hatten, man sie also nicht bestrafen könne.

Obwohl das nominell höchste Gremium der SED der Parteitag war, stellte das **Zentralkomitee** (ZK) mit dem inneren Zirkel des **Politbüros** das tatsächliche Machtzentrum dar. Positionen in Staat (v. a. in Ministerrat und Staatsrat) und Justiz wurden letztlich von dort gesteuert bzw. beaufsichtigt, teils waren Partei- und Staatsämter in Personalunion besetzt. Nach stalinistischem Vorbild erhielt Ulbricht 1950 das Amt des **Generalsekretärs**, womit der Vorsitz in ZK und Politbüro verbunden war. Die **Massenorganisationen**, z. B. der Jugend (FDJ) und der Arbeiter (FDGB), waren reine Befehlsempfänger der SED und sollten ihr die Unterstützung gewisser Gesellschaftsgruppen sichern. Gleiches galt für die Blockparteien: DBD und NDPD waren stark von der SED abhängig, CDU und LDPD arrangierten sich bald mit den Verhältnissen. Von einer Parteienkonkurrenz konnte daher keine Rede sein, was sich u. a. daran zeigte, dass es in den vierzig Jahren des Bestehens der Volkskammer nur eine einzige Abstimmung gab, die nicht einstimmig erfolgte.

Die **Freie Deutsche Jugend** (FDJ) war der einzige offiziell zugelassene Jugendverband der DDR, zu dessen festen Angeboten Freizeitaktivitäten wie Zeltlager und sportliche Wettkämpfe gehörten. Die ideologische Erziehung von Kindern und Jugendlichen erfolgte zudem in **Schule und Ausbildung**, von der Kinderkrippe bis zum Studium. Die allermeisten Schülerinnen und Schüler besuchten die zehnklassige „Polytechnische Oberschule“ (POS); dort lag der Schwerpunkt auf technisch-naturwissenschaftlichen Fächern. Über die „Erweiterte Oberschule“ (EOS) konnte man das Abitur ablegen, allerdings wurde der Zugang zur EOS nicht allein nach Leistung, sondern auch nach ideologischen Kriterien vergeben.

biografie

Walter Ulbricht

Ulbricht wurde 1893 in Leipzig geboren. Wie sein Vater, ein Schneider, erlernte er ein Handwerk (Tischlerlehre), letztlich wurde er aber sozialistischer „Berufsrevolutionär" im Sinne Lenins. Nach Mitgliedschaften bei den Sozialdemokraten und im Spartakusbund trat er 1919 der KPD bei, stieg schnell in der Partei auf und wurde zeitweise bei der Komintern in Moskau ideologisch geschult. In den Jahren vor der NS-Machtübernahme war er Abgeordneter im sächsischen Landtag und im Reichstag, ab 1933 arbeitete er im Exil für die Komintern u. a. in Paris, Prag sowie Moskau, wo er (im Gegensatz zu anderen deutschen Kommunisten) die stalinistischen Säuberungen überlebte. Als führendes Mitglied des „Nationalkomitees Freies Deutschland" wurde er zum Vertrauensmann Moskaus und organisierte ab 1945 als Leiter der „Gruppe Ulbricht" den Aufbau sozialistischer Strukturen in der SBZ. Nach der Gründung der DDR wurde er 1950 SED-Generalsekretär, propagierte den „Aufbau des Sozialismus" nach sowjetischem Vorbild und veranlasste „Säuberungen" in seiner Partei. Nach Stalins Tod 1953 sperrte er sich gegen Moskaus „Neuen Kurs" und die Entstalinisierung, wurde jedoch paradoxerweise durch den Aufstand vom 17. Juni 1953 „gerettet": Der sowjetischen Führung war klar, dass seine Entlassung als Schwäche hätte verstanden werden können. 1960 erreichte Ulbricht den Gipfel der Macht, als er u. a. noch Staatsratsvorsitzender und somit Staatsoberhaupt wurde. Zu dieser Zeit versuchte er mit geringem Erfolg, das planwirtschaftliche System zu verbessern, und propagierte zum Missfallen der UdSSR das „Modell DDR". Nach Konflikten im Politbüro wurde er zum „freiwilligen" Rücktritt als Parteivorsitzender genötigt und starb 1973 in Ostberlin. Ulbricht galt als Inbegriff des nicht charismatischen Politikers und „Mann Moskaus". Als Verantwortlicher für die Parteisäuberungen, die Niederschlagung des 17. Juni 1953 und den Mauerbau 1961 war er in der Bevölkerung sehr unbeliebt.

Walter Ulbricht
(1893–1973)

→ **Komintern** vgl. S. 170

stalinistische Säuberungen in der UdSSR: Verfolgung und massenhafte Ermordung von Oppositionellen und anderen unliebsamen Personen auf Anweisung Stalins (v. a. „Großer Terror" 1936–1938)

„Nationalkomitee Freies Deutschland" (NKFD): 1943 unter Stalins Aufsicht in der UdSSR gegründete Vereinigung deutscher Kommunisten, um den Widerstand gegen das NS-Regime aufrechtzuerhalten und zu fördern (z. B. durch Flugblätter, Radiobeiträge)

Im Hinblick auf die **enge Verzahnung zwischen Partei und Staat** gab es mehrere Besonderheiten, so das **Ministerium für Staatssicherheit** (MfS, „Stasi", ab 1957 unter Erich Mielke), das nicht einfach ein Ministerium unter anderen war, sondern sich in der tschekistischen Tradition der Bolschewiki als **„Schild und Schwert der Partei"** verstand: eine Mischung aus politischer Polizei und Geheimdienst, die sämtliche Institutionen, die Gesellschaft und auch die Partei selbst durchsetzte und überwachte. Das MfS gewann im Laufe der Zeit immer größere Bedeutung, v. a. dann, wenn das Vertrauen der SED-Spitze in die Zustimmung und Unterstützung der Bevölkerung abnahm und sich Unzufriedenheit und oppositionelles Denken verbreiteten. Eine wichtige Rolle in diesem Kontrollsystem spielten die **inoffiziellen Mitarbeiter** (IM): Personen, die nicht offiziell der „Stasi" angehörten, sondern ihr verdeckt Informationen über Familienangehörige, Freunde und Kollegen übermittelten.

Tscheka: sowjetische Geheimpolizei, 1917 von den Bolschewiki unter Lenin gegründet

2.3 Aufbau der Planwirtschaft

Kombinat: industrieller Großbetrieb, bestehend aus kleineren Volkseigenen Betrieben, die in einem Produktionsprozess eng zusammenarbeiten

Eine andere Besonderheit betraf die **Staatliche Plankommission** (SPK), durch die die SED maßgeblichen Einfluss auf die gesamtwirtschaftliche Entwicklung nahm. Die DDR baute eine staatlich gesteuerte **Zentralverwaltungswirtschaft** (Planwirtschaft) auf: Der Staat verteilte die Produktionsmittel, machte den Volkseigenen Betrieben, Kombinaten und Landwirtschaftlichen Produktionsgenossenschaften (LPG) exakte Produktionsvorgaben und kontrollierte deren Erfüllung. In diesem System hatte die Plankommission eine zentrale und bedeutende Funktion: Sie übernahm sowohl die **Planungsaufgaben**, die in einer Marktwirtschaft von den Betrieben selbst übernommen werden, als auch die **Regulierung des Marktes**, der sich in der Marktwirtschaft durch das freie Spiel von Angebot und Nachfrage ergibt. Die (in Zusammenarbeit mit zuständigen Stellen in den Ministerien, Bezirken und Kreisen) ausgearbeiteten Pläne wurden auf den SED-Parteitagen beschlossen; der Vorsitzende der SPK, ein Mitglied oder Kandidat des Politbüros, war der Partei rechenschaftspflichtig.

Das Logo des **Fünfjahrplans** (hier auf einer Gedenktafel in Dresden) umfasste neben der Ziffer „5" auch Hammer und Zirkel als Symbol für Arbeiter und Intelligenz sowie Getreideähren, die die Landwirtschaft repräsentieren sollten.

Das Gebiet der DDR hatte vor dem Zweiten Weltkrieg etwa 23 % der Bevölkerung des Deutschen Reichs, aber nur 10 % der Stahlproduktion umfasst. Hinzu kam, dass die SBZ bzw. ab 1949 die DDR keine Gelder aus dem Marshallplan in Anspruch nahm und darüber hinaus **umfassende Reparationen** leisten musste, in Form von Demontagen, kostenlosen Lieferungen an die UdSSR und Besatzungskosten, was sich bis zur Einstellung der Zahlungen Ende 1953 auf ca. 15 Mrd. US-Dollar beziffern ließ. Unter diesen Bedingungen war es dementsprechend schwierig, eine funktionsfähige Wirtschaft aufzubauen. Ab 1951 nahm man dieses Ziel mithilfe von **Fünfjahr(es)plänen** in Angriff. Die ersten beiden Fünfjahrespläne (1951 bzw. 1958) waren sehr ambitioniert: Sie sahen den vorrangigen Aufbau einer eigenen Schwerindustrie und hohe jährliche Wachstumsraten für die industrielle Produktion vor. Obwohl die DDR ihre Wirtschaftskraft tatsächlich steigerte und durchaus Erfolge erzielte, musste sie manche Ziele auch revidieren. Zudem konnte sie nicht verhindern, dass die Bevölkerung ihre Lage mit dem „Wirtschaftswunder" in der Bundesrepublik verglich, sich vielfach unzufrieden zeigte und massenhaft die Flucht in den Westen antrat.

→ **Marshallplan und „Wirtschaftswunder"** vgl. S. 256 f.

Für den Rückstand der DDR-Wirtschaft waren, neben der schwierigeren Ausgangslage, weitere, systemimmanente Gründe ausschlaggebend: Ein Grundproblem der Zentralverwaltungswirtschaft waren deren **geringe Produktivität und Flexibilität:** Da die zuständigen Staatsbehörden nur mangelhaften Einblick in die Betriebe hatten, herrschte eine **„Tonnenideologie“** vor: Wer das Plansoll übertraf, wurde mit Prämien belohnt, egal welche Qualität die Produkte hatten. Innovationen, wie sie in der marktwirtschaftlichen Konkurrenz von Unternehmen initiiert werden, wurden nicht honoriert. Auch waren die Arbeitsplätze staatlich garantiert, die Motivation der Mitarbeiter musste durch inszenierte Wettbewerbe zur Planübererfüllung stimuliert werden. Die Produktionsmenge ging oft an der tatsächlichen Nachfrage am Markt vorbei, was aber staatlich geplant war und daher keine Konsequenzen für die Betriebe hatte. Nicht lieferbare Produkte konnten nicht so einfach im westlichen Ausland beschafft werden: Die DDR war in den **Rat für gegenseitige Wirtschaftshilfe** integriert und bekam für Lieferungen in den Osten nur die Verrechnungseinheit **„Transferrubel“**, für die man wiederum nur im Ostblock Waren kaufen konnte. Somit fehlten Devisen für den Handel auf dem Weltmarkt. Die einseitige Ausrichtung auf die Schaffung einer Schwerindustrie führte zudem dazu, dass entsprechend weniger Konsumgüter für die Bevölkerung produziert wurden.

Zwar erlebte die DDR wie der Westen ein gewisses „Wirtschaftswunder“, aber davon kam bei der Bevölkerung sichtlich weniger an. Solange man sich an den östlichen Partnerländern – die DDR entwickelte sich im RGW zur zweitwichtigsten Wirtschaftsnation und wies den höchsten Lebensstandard aller kommunistischen Länder auf – oder am unmittelbaren Nachkriegsstandard orientierte, erlebte man zwar durchaus Fortschritte, verglichen mit dem Westen blieb man aber deutlich zurück.

Rat für gegenseitige Wirtschaftshilfe (RGW): 1949 gegründeter Zusammenschluss kommunistischer Staaten mit dem Ziel, wirtschaftlich zu kooperieren und einen „sozialistischen Weltmarkt“ aufzubauen; Gegenstück zum Marshallplan und zur OEEC im Westen (vgl. S. 246, 257)

2.4 Flucht, 17. Juni 1953 und Mauerbau 1961

In den 1950er-Jahren ließ die DDR-Spitze die **innerdeutsche Grenze zur Bundesrepublik** immer stärker ausbauen und bewachen. Für Bürger, die die DDR unbedingt verlassen wollten, gab es allerdings noch ein „Schlupfloch“: die **Stadt Berlin**, wo jeden Tag zahlreiche Menschen die Sektorengrenzen überquerten, um zur Arbeit zu gehen, Besuche zu machen oder für immer im Westen zu bleiben. Der Bevölkerungsverlust der DDR, v. a. über diese „offene Wunde“, betrug bis 1961 rund drei Millionen Menschen. Gerade junge, gut ausgebildete, motivierte Leute wollten sich nicht mehr ideologisch vom SED-Regime gängeln lassen und in einer Mangelwirtschaft leben. Neben politisch-wirtschaftlichen Gründen spielten persönliche Gründe (z. B. Familie im Westen) eine Rolle. Besonders hoch waren die Fluchtzahlen 1953, was mit der Niederschlagung des Volksaufstands vom **17. Juni 1953** zusammenhing.

Das Grenzregime der DDR

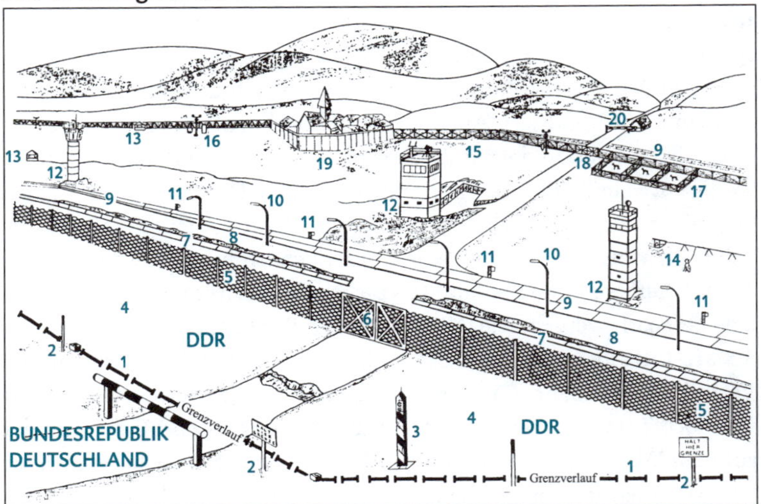

1 Grenzverlauf mit Grenzsteinen
2 Grenzhinweisschild bzw. Grenzpfahl
3 DDR-Grenzsäule
4 Abgeholzter und geräumter Geländestreifen
5 Einreihiger Metallgitterzaun
6 Durchlass im Metallgitterzaun
7 Kfz-Sperrgraben
8 Kontrollstreifen
9 Kolonnenweg mit Fahrspurplatten
10 Lichtsperre
11 Anschlusssäule für das erdverkabelte Grenzmeldenetz
12 Beton-Beobachtungsturm
13 Beobachtungsbunker
14 Hundelaufanlage
15 Modifizierter Schutzstreifenzaun mit elektronischen und akustischen Signalanlagen
16 Stromverteilungs-/ und Schalteinrichtungen am modifizierten Schutzstreifenzaun
17 Hundefreilaufanlage
18 Durchlasstor im Schutzstreifenzaun mit Signaldrähten
19 Betonsperrmauer/ Sichtblende
20 Kontrollpassierpunkt zur Sperrzone

Arbeitsnorm: staatlich vorgegebene Arbeitsleistung, die innerhalb einer bestimmten Zeit erfüllt werden musste

Nach dem **Tod Stalins** am 5. März 1953 bahnte sich in Moskau eine politische Wende an, die in der Bevölkerung der DDR Hoffnung auf Veränderungen weckte. Die neue Führung der UdSSR trat gemäßigter auf und kritisierte die SED-Spitze um Ulbricht u. a. für das zu hohe Tempo beim Aufbau des Sozialismus. Auf sowjetischen Druck hin entschloss sich das SED-Politbüro im Juni 1953 zwar, einen **„Neuen Kurs"** durchzuführen, und räumte Fehler ein; allerdings hielt es an der gerade erst beschlossenen Erhöhung der Arbeitsnormen fest. Ein Streik der Ostberliner Bauarbeiter gegen diese Maßnahme weitete sich am **17. Juni 1953** zu einem regelrechten **Volksaufstand** gegen das SED-Regime aus: Immer mehr Menschen schlossen sich in Ostberlin der Demonstrationsbewegung an, die sich in kürzester Zeit auf fast alle Bezirke der DDR ausweitete. Neben wirtschaftlichen Forderungen, die zunächst im Vordergrund gestanden hatten, kamen nun auch **politische Forderungen** wie freie Wahlen und die Einheit Deutschlands hinzu. Letztendlich konnte der Aufstand nur **mithilfe sowjetischer Panzer niedergeschlagen** werden, was offenbarte, dass die DDR ein Regime von Moskaus Gnaden war. Auch wurde deutlich, dass der „Arbeiter- und Bauernstaat" gerade bei den Arbeitern seine Akzeptanz zum großen Teil verloren hatte.

Die Unzufriedenheit der Bauern wiederum wuchs in den kommenden Jahren, als die 1952 beschlossene **Kollektivierung der Landwirtschaft** vorangetrieben wurde: Die Bauern sollten sich „freiwillig" zu Landwirtschaftlichen Produktionsgenossenschaften (LPGs) zusammenschließen, wogegen sich v. a. die produktiveren Betriebe heftig wehrten. Bis 1960 wurde die weitestgehende Umsetzung „sozialistischer Produktionsverhältnisse auf dem Land" mit massivem Druck erzwungen. Dies sorgte für großen Unmut in einer Zeit, in der es für die SED eigentlich darum ging, durch wirtschaftlich-soziale Maßnahmen das Vertrauen der Bevölkerung zurückzugewinnen. Allerdings gelang es trotz aller Anstrengungen nicht, die kapitalistische Bundesrepublik gemäß der ehrgeizigen Formel **„Überholen ohne einzuholen"** zu übertreffen. Letztlich war die DDR nicht ohne den Einsatz bewaffneter Kräfte, die nun massiv ausgebaut wurden, zu stabilisieren. Ulbricht selbst konnte seine Macht trotz der beginnenden **„Entstalinisierung"** in der Sowjetunion vorläufig erhalten, da sein Sturz als Eingeständnis von Fehlern gegolten hätte.

„Entstalinisierung": 1956 kündigte KPdSU-Chef Nikita Chruschtschow das Ende des Stalinismus an und kritisierte v. a. den Terror und Personenkult der stalinistischen Zeit.

Die Zahl der Flüchtlinge blieb in den 1950er-Jahren auf hohem Niveau. Ulbricht wollte daher das „Schlupfloch" Berlin schließen, benötigte dafür allerdings das Einverständnis der UdSSR. Als klar war, dass die USA zwar auf dem Erhalt Westberlins und den Rechten der Westalliierten bestehen, Maßnahmen im Ostsektor der Stadt aber nicht verhindern würden, bekam Ulbricht aus Moskau die Zustimmung zum Bau einer Mauer um Westberlin, die ab **13. August 1961** errichtet wurde und den entscheidenden Fluchtweg nach Westen versperrte. In der offiziellen SED-Propaganda wurde die Mauer als **„antifaschistischer Schutzwall"** gegen den imperialistischen Westen dargestellt; der DDR-Bevölkerung war aber klar, dass diese Maßnahme nach innen gerichtet war.

Am 15. Juni 1961 versicherte Ulbricht öffentlich: „Niemand hat die Absicht, eine Mauer zu errichten."[6] Doch schon am 13. August 1961 begannen die Bauarbeiten zur Berliner Mauer, dem bekanntesten Symbol der deutschen Teilung.

3 Stabilisierung und neue Normalität

3.1 Innenpolitische und wirtschaftliche Entwicklung

Nach dem Mauerbau begann für die DDR eine **Phase der Stabilisierung**, die ohne die drastische Unterbindung der Massenauswanderung und somit der auch in der Außenwirkung schädlichen **„Abstimmung mit den Füßen"** nicht gelungen wäre. Unter Ulbricht versuchte die SED ab 1963, die Wirtschaft zu modernisieren: Im Rahmen des **„Neuen Ökonomischen Systems"** (NÖS) ließ man gewisse marktwirtschaftliche Mechanismen zu. Zudem setzte man auf den Ausbau der Chemie und des Maschinenbaus und wollte die „Produktivkraft Wissenschaft" stärker nutzen. Als die Erfolge ausblieben und die Pläne sich als immer utopischer erwiesen, musste der in der Bevölkerung äußerst unbeliebte Ulbricht 1971 **Erich Honecker** den Platz an der Parteispitze überlassen, blieb aber noch bis zu seinem Tod 1973 Staatsratsvorsitzender.

Erich Honecker
(1912–1994)

biografie

Erich Honecker

Honecker wurde 1912 als Sohn eines Bergarbeiters in Neunkirchen (Saarland) geboren. Früh schloss er sich der kommunistischen Bewegung an. Nach einer Beschäftigung als Dachdecker wurde er 1930 hauptberuflicher Funktionär der KJVD (Kommunistischer Jugendverband Deutschland), bei einem Besuch in der UdSSR wurde er Stalinist. Nach der NS-Machtübernahme 1933 floh er wiederholt ins Ausland, kehrte als Widerstandskämpfer zurück, wurde 1935 verhaftet und saß bis 1945 in NS-Haft. Anschließend arbeitete er in Berlin und Brandenburg für die SMAD und die „Gruppe Ulbricht". 1946 wurde er bei der Gründung der SED in den Parteivorstand gewählt, zudem schuf und leitete er die FDJ. 1949 wurde er Mitglied des SED-Zentralkomitees (ab 1958 im Politbüro), 1960 Sekretär des Nationalen Verteidigungsrats, 1961 Organisator des Mauerbaus in Berlin. Differenzen mit Ulbricht wurden 1971 von KPdSU-Generalsekretär Breschnew zu seinen Gunsten entschieden. Mithilfe seiner Gefolgsleute im Politbüro (u. a. „Stasi"-Chef Mielke) machte er sich scheinbar unangreifbar. Ab 1976 fungierte er auch als Staatsoberhaupt/Staatsratsvorsitzender; außerdem verbuchte er außenpolitische Erfolge. Die DDR geriet allerdings in den 1980er-Jahren in eine Abwärtsspirale. Da die SED-Führung Gorbatschows Reformen auf keinen Fall übernehmen wollte, war sie immer mehr vom Ostblock und der eigenen Bevölkerung isoliert. Als 1989 DDR-Bürger massenhaft das Land verließen oder demonstrierten, stellte sich beim überzeugten Kommunisten Honecker ein starker Realitätsverlust ein. Nach seinem unfreiwilligen Rücktritt im Herbst 1989 und dem Ende der DDR wurde er wegen des Schießbefehls an der innerdeutschen Grenze angeklagt, entzog sich aber aufgrund einer schweren Erkrankung der Haft. Er starb 1994 in Santiago de Chile.

Im Gegensatz zu Ulbricht, der versucht hatte, die Wirtschaftsprobleme an der Wurzel, der unproduktiven Planwirtschaft, anzupacken, zielte Honecker darauf ab, die Loyalität der Massen durch **erhöhten Wohlstand** zu erkaufen, was sich dann wiederum positiv auf die Wirtschaft auswirken sollte. Auf dem VIII. SED-Parteitag gab er 1971 die Losung **„Einheit von Wirtschafts- und Sozialpolitik"** aus und kündigte u. a. die Förderung des Wohnungsbaus und einen Preisstopp für Waren des täglichen Bedarfs und für Dienstleistungen an. Auf Kosten der alten Wohnsubstanz wurde in gigantische Plattenbausiedlungen investiert, das Gesundheitswesen und die Konsumgüterversorgung wurden flächendeckend ausgedehnt. Die Ausstattung der Haushalte mit hochwertigen Gebrauchsgütern (z. B. Kühlschränke, Fernseher, Pkws) war besser als in den übrigen Ostblockländern. Durch den Ausbau der staatlichen Kinderbetreuung wurde die Berufstätigkeit von Müttern unterstützt.
Tatsächlich stieg in der **Ära Honecker** der Wohlstand der Bevölkerung. Allerdings blieb die DDR-Wirtschaft eine **Mangelwirtschaft**, was u. a. daran lag, dass nun auch die letzten verbliebenen privaten Industrie-, Handwerks- und Baubetriebe sozialisiert werden sollten, was das wirtschaftliche Potenzial des Mittelstandes nahezu vernichtete. Viele Güter waren zwar billig, aber häufig gar nicht erhältlich. Ab 1974 durften auch DDR-Bürger in den **„Intershops"** einkaufen, sodass eine Art Zwei-Klassen-Markt eingeführt wurde: Wer Verwandte im Westen hatte oder über anderweitige Beziehungen an westliche Fremdwährung gelangte, konnte sich Dinge leisten, die es für andere DDR-Bürger nicht gab.

„Intershop"-Läden: Läden, in denen auch westliche Produkte gekauft werden konnten, allerdings nur mit konvertierbaren Währungen (z. B. DM, aber nicht Ostmark), die die DDR auf dem Weltmarkt einsetzen konnte; zuerst nur für Reisende/Besucher gedacht, später auch für DDR-Bürger

3.2 Außenpolitische Entwicklung, gesellschaftliche Folgen

Infolge der **Neuen Ostpolitik** der bundesdeutschen Regierung Brandt/Scheel konnte Honecker außenpolitische Erfolge erreichen, die seinem Vorgänger versagt geblieben waren. Mit dem **Grundlagenvertrag** 1972 hatte die DDR zwar ihr Maximalziel, die völkerrechtliche Anerkennung durch die Bundesrepublik, nicht erreicht; allerdings verzichtete die Bonner Regierung nun auf die „Hallstein-Doktrin" und nahm über „Ständige Vertretungen" **geregelte Beziehungen** zum ostdeutschen Nachbarn auf. In der Folge wurde die DDR fast überall auf der Welt als vollwertiger Staat anerkannt, zu dem immer mehr Länder diplomatische Beziehungen aufnahmen. 1973 erfolgte gleichzeitig mit der Bundesrepublik die **Aufnahme in die UNO**; auch beteiligten sich beide deutsche Staaten ab 1973 an der **Konferenz über Sicherheit und Zusammenarbeit in Europa** (KSZE). 1974 gab sich die DDR eine neue Verfassung, aus der

→ **Neue Ostpolitik, „Hallstein-Doktrin", Ständige Vertretungen, KSZE** vgl. S. 256, 263–266, 269 auch das neue (außenpolitische) Selbstbewusstsein herauszulesen war: So wurde der Verweis auf die „deutsche Nation“, der bisher in Art. 1 festgehalten worden war, gestrichen. Vielmehr war jetzt von einer bereits „entwickelten sozialistischen Gesellschaft“ die Rede. Auch wurden das ewige, „enge und brüderliche Bündnis“ mit der UdSSR und die Rolle der DDR als „untrennbarer Bestandteil der sozialistischen Staatengemeinschaft“[7] noch stärker betont als 1968.

Die **KSZE-Schlussakte** wurde von fast allen europäischen Ländern, auch den Ostblockstaaten (UdSSR, DDR, Bulgarien, Polen, Ungarn, Rumänien, Tschechoslowakei) unterzeichnet. Sie sah u. a. die „Achtung der Menschenrechte und Grundfreiheiten“ vor.

Die außenpolitischen Erfolge und das gestiegene internationale Ansehen konnten aber nicht darüber hinwegtäuschen, dass sich an den **diktatorischen Methoden des SED-Regimes** nichts geändert hatte und Kritik nicht toleriert wurde, im Gegenteil: Gerade weil die Ostverträge **vermehrte Kontakte** nach Westen mit sich brachten und die DDR-Spitze zudem im Rahmen der Entspannungspolitik die **KSZE-Schlussakte von Helsinki** (1975) unterschrieben hatte, war verstärkte Wachsamkeit geboten. Daher wurde der Kontrollapparat der **Staatssicherheit** weiter ausgebaut: So erreichte die Zahl der inoffiziellen Mitarbeiter der „Stasi“ Mitte der 1970er-Jahre ihren Höhepunkt mit ca. 200 000 Personen.

ZITAT

Auszug aus der KSZE-Schlussakte von Helsinki (1. August 1975)[8]

Die Teilnehmerstaaten werden die Menschenrechte und Grundfreiheiten, einschließlich der Gedanken-, Gewissens-, Religions- oder Überzeugungsfreiheit für alle ohne Unterschied der Rasse, des Geschlechts, der Sprache oder der Religion achten. Sie werden die wirksame Ausübung der zivilen, politischen, wirtschaftlichen, sozialen, kulturellen sowie der anderen Rechte und Freiheiten, die sich alle aus der dem Menschen innewohnenden Würde ergeben und für seine freie und volle Entfaltung wesentlich sind, fördern und ermutigen.

Wolf Biermann (* 1936)

Kulturschaffende unterlagen der Kulturpolitik der DDR, die die Künstler auf den „sozialistischen Realismus“ festzulegen und mit vielfältigen Methoden zu beeinflussen suchte.

Das repressive Klima im Inneren des Landes bekamen v. a. Oppositionelle und Andersdenkende zu spüren. Für große Aufmerksamkeit sorgte der Fall des Liedermachers **Wolf Biermann**, der wegen seiner kritischen Äußerungen 1976 während einer Tournee durch die Bundesrepublik ausgebürgert wurde. Viele prominente Kulturschaffende solidarisierten sich mit ihm und forderten eine Rücknahme der Entscheidung. Die Entfremdung der Kulturszene von der Parteiführung ließ sich bis zum Ende der DDR nicht mehr verringern und führte zu zahlreichen Schikanen vonseiten des Regimes bzw. zu Ausreiseanträgen prominenter Künstler. Ein weiteres prominentes Beispiel war der Wissenschaftler und Schriftsteller **Rudolf Bahro**, der wegen seiner Systemkritik 1978 inhaftiert und dann in den Westen abgeschoben wurde. Besonders schockierend war der Fall des evangelischen Pfarrers **Oskar Brüsewitz**, der sich 1976 aus Protest v. a. gegen die Unterdrückung der Kirchen selbst verbrannte.

4 Der Weg in den Zusammenbruch und die Friedliche Revolution 1989/90

Ursachen für den Zusammenbruch der DDR

In den 1980er-Jahren häuften sich die **politischen, wirtschaftlichen und gesellschaftlichen Probleme** der DDR, sodass die Unzufriedenheit in der Bevölkerung stetig zunahm. In ökonomischer Hinsicht waren die **Ölkrisen** der 1970er-Jahre, die die Wirtschaft des Westens schwer getroffen hatten, auch für den Ostblock und die DDR folgenreich, da mit dem Öl der Grundstoff der petrochemischen Industrie knapp und teuer wurde. Mitte der 1980er-Jahre unternahm die DDR einen letzten Versuch, Anschluss an die Weltwirtschaft zu finden, indem sie den Aufbau der **Mikroelektronik** vorantrieb. Trotz gewaltiger Investitionen gelang es allerdings nicht, den Rückstand auf japanische und US-amerikanische Wettbewerber aufzuholen.

Lernvideo: **Die deutsche Wiedervereinigung 1989/90**

→ **Folgen der Ölkrisen für die Bundesrepublik** vgl. S. 267, 269 f.

Durch die wirtschaftlichen Schwierigkeiten häuften sich die **Schulden** der DDR; zudem war man stark auf **Devisen** angewiesen, um sich auf dem Weltmarkt mit Produkten versorgen zu können, die der Ostblock nicht liefern konnte. Dabei begab man sich in eine immer größere Abhängigkeit von der Bundesrepublik. Diese gewährte der DDR schon seit der doppelten Staatsgründung 1949 einen besonderen Kredit im innerdeutschen Handel („Swing"), den sie zunehmend als politisches Druckmittel verwendete. 1983 handelte Alexander Schalck-Golodkowski, Leiter der Abteilung „Kommerzielle Koordinierung", mit dem bayerischen Ministerpräsidenten Strauß den ersten Milliardenkredit westdeutscher Banken für die DDR aus. Im Gegenzug musste der ostdeutsche Staat Minen und Selbstschussanlagen an der innerdeutschen Grenze räumen. Gerade in der Phase ihres Niedergangs baute die DDR ihr ausgeklügeltes System der Devisenbeschaffung im Tausch gegen Menschen bzw. Menschenrechte aus: Man ließ sich in immer größerem Umfang DDR-Bürger abkaufen; zwischen 1963 und 1989 überwies die Bundesrepublik hohe Summen für über 33 000 Häftlinge und etwa 250 000 Ausreisewillige. Auch der obligatorische Mindestumtausch von DM in Ostmark (Kurs: 1 : 1), den Besucher der DDR seit 1964 leisten mussten, war noch immer eine Devisenquelle der notorisch klammen DDR.

Kommerzielle Koordinierung (KoKo): Abteilung im Ministerium für Außen- und Innerdeutschen Handel der DDR, die u. a. auch für den Häftlingsfreikauf zuständig war

Die finanziellen Mittel aus Westdeutschland halfen der DDR zwar, den wirtschaftlichen Zusammenbruch hinauszuzögern; sie hatte sich aber so weit in die Abhängigkeit von der Bundesrepublik begeben, dass das Misstrauen Moskaus geweckt wurde, gerade in einer Zeit, als der Kalte Krieg in eine neue „heiße Phase" eintrat. **Honeckers Staatsbesuch in**

der Bundesrepublik durfte erst 1987 erfolgen, als Gorbatschow der führende Mann der UdSSR war. Sein Vorgänger Tschernenko hatte noch betont, dass Abgrenzung statt Kooperation auf der Tagesordnung stehe. Für Honecker war der Besuch in Bonn Höhepunkt seiner außenpolitischen Karriere; dass er mit fast allen protokollarischen Ehren begrüßt wurde, kam für ihn einer Anerkennung der deutschen Teilung gleich.

ZITAT

Aus Honeckers Rede während seines Besuchs in der Bundesrepublik[9]

Die Entwicklung unserer Beziehungen, der Beziehungen zwischen der Deutschen Demokratischen Republik und der Bundesrepublik Deutschland, dessen sind wir uns bewußt, ist von den Realitäten dieser Welt gekennzeichnet, und sie bedeuten, daß Sozialismus und Kapitalismus sich ebensowenig vereinigen lassen wie Feuer und Wasser. […] Ausgangspunkt für eine konstruktive, nicht nur beiden Staaten nützliche Politik können nur die Realitäten sein, die Existenz von zwei voneinander unabhängigen souveränen deutschen Staaten mit unterschiedlicher sozialer Ordnung und Bündniszugehörigkeit. Ausgehend vom abgeschlossenen Vertragswerk wollen wir nichts unversucht lassen, um weitere Schritte in den Beziehungen zwischen der Deutschen Demokratischen Republik und der Bundesrepublik Deutschland zu tun, die den Interessen des Friedens, der Entspannung, einer gegenseitig vorteilhaften Zusammenarbeit und damit der Menschheit dienen.

Honecker und Kohl am 7. September 1987 in Bonn

Zwei Jahre nach diesem Triumph sollte die **Friedliche Revolution** Honeckers Karriere beenden. Revolutionen entstehen allgemein dann, wenn die Diskrepanz zwischen den Erwartungen der Bevölkerung und der von ihr wahrgenommenen Realität ein gewisses Maß überschreitet. Im Falle der DDR spielte die Erneuerung in der UdSSR ab 1985 eine bedeutende Rolle: Die Formeln **„Glasnost"** und **„Perestroika"**, unter denen der neue KPdSU-Generalsekretär Gorbatschow den Umbau des Sozialismus vorantrieb, beschleunigten Entwicklungen, die sich schon abgezeichnet hatten. Die Impulse aus Moskau wirkten sich auf die **Friedens-, Umwelt- und Menschenrechtsbewegung** in der DDR aus, die ab den 1970er-Jahren entstanden war, v. a. unter dem Dach der evangelischen Kirche, die trotz der staatlichen Repressionspolitik gegen die christlichen Kirchen gewisse Freiräume bot. Inspiriert von der Friedensbewegung und den „Grünen" im Westen sowie den Inhalten der KSZE-Schlussakte von Helsinki forderte diese Bewegung demokratische Reformen und politische Freiheiten. Ihre Kritik richtete sich auch gegen den Rüstungswettlauf des Kalten Kriegs und die starke Militarisierung der DDR, wofür Pfarrer **Rainer Eppelmann** und der Atomphysiker **Robert Havemann** mit ihrem **„Berliner Appell"** 1982 ein Zeichen setzten.

→ **„Glasnost", „Perestroika"** vgl. S. 272

Militarisierung der DDR: neben dem Ausbau der militärischen Organe auch Militarisierung der Gesellschaft, z. B. paramilitärische Ausbildung in der „Gesellschaft für Sport und Technik" (GST), Wehrpflicht ohne zivilen Ersatzdienst, Wehrunterricht an Schulen

ZITAT

Aus dem „Berliner Appell“ 1982: „Frieden schaffen ohne Waffen“[10]

Wenn wir leben wollen, fort mit den Waffen! Und als erstes: Fort mit den Atomwaffen! Ganz Europa muß zur atomwaffenfreien Zone werden. Wir schlagen vor: Verhandlungen zwischen den Regierungen der beiden deutschen Staaten über die Entfernung aller Atomwaffen aus Deutschland. Das geteilte Deutschland ist zur Aufmarschbasis der beiden großen Atommächte geworden. Wir schlagen vor, diese lebensgefährliche Konfrontation zu beenden. [...] Wir schlagen vor, in einer Atmosphäre der Toleranz und der Anerkennung des Rechts auf freie Meinungsäußerung die große Aussprache über die Fragen des Friedens zu führen und jede spontane Bekundung des Friedenswillens in der Öffentlichkeit zu billigen und zu fördern.

Die DDR-Führung, die zwar die von Gorbatschow verfolgte außenpolitische Entspannung befürwortete, aber **keine inneren Reformen** zulassen wollte, beantwortete die oppositionellen Aktivitäten mit Überwachung, Repressionen und dem weiteren **Ausbau der „Stasi“**.

Zu den enormen wirtschaftlichen und politischen Problemen kam eine unvorstellbare **Umweltkatastrophe**, die dem Wortlaut der Verfassung (Art. 15) Hohn sprach: „Im Interesse des Wohlergehens der Bürger sorgen Staat und Gesellschaft für den Schutz der Natur.“[11] Tatsächlich waren Gewässer, Luft und Böden derart mit Schadstoffen belastet, dass Bewohner des Chemiedreiecks um Bitterfeld und der Braunkohlereviere in „Reinluftregionen“ verschickt wurden, um Atemwegserkrankungen zu lindern. Nach Berechnungen des Umweltbundesamtes emittierte die DDR in den 1980er-Jahren mit einem Viertel der Bewohner doppelt so viel Schwefeldioxid und Kohlendioxid wie die Bundesrepublik. Öffentlich darüber sprechen durfte man nicht, wie der Fall der Schriftstellerin Monika Maron zeigt: Ihr Roman „Flugasche“, der die Umweltproblematik thematisiert, durfte 1981 wegen „Schwarzmalerei“ nicht in der DDR publiziert werden. Nimmt man die heruntergewirtschaftete Infrastruktur und die gravierende Staatsverschuldung noch hinzu, hinterließ die Ära Honecker in Sachen Nachhaltigkeit eine katastrophale Bilanz.

Die krisenhafte Entwicklung und die zunehmende Unzufriedenheit der Bevölkerung hinderten das Politbüro im Hochgefühl internationaler Anerkennung nicht, seinen Weg fortzuführen. Als SED-„Chefideologe“ **Kurt Hager** 1987 von westlichen Journalisten nach einer „Perestroika“ in der DDR gefragt wurde, antwortete er mit der berühmt gewordenen Gegenfrage, ob man denn die eigene Wohnung renovieren müsse, nur weil der Nachbar dies tue. Groteske Züge nahm der **Realitätsverlust** an, als man 1989 unbeirrt die Feierlichkeiten zum 40. Jahrestag der DDR plante, obwohl sich der Zusammenbruch schon ankündigte.

Massenflucht, Massendemonstrationen, Fall der Berliner Mauer

Im Jahr **1989** beschleunigte sich die Entwicklung: Im Mai 1989 beobachteten Oppositionsgruppen die **Kommunalwahlen** und zweifelten öffentlich die offensichtlich gefälschten Ergebnisse an. Gleichzeitig verschärfte sich ein Problem, das man durch den Mauerbau 1961 letztlich nur vorläufig gelöst hatte: Noch immer wollten zahlreiche Menschen die DDR verlassen. Im Laufe der 1980er-Jahre stellten viele von ihnen – trotz gezielter Repressionen durch die Staatsbehörden bis hin zu Inhaftierungen – einen **Ausreiseantrag**. 1989 öffneten sich außerdem neue Fluchtwege, als der Ostblock ins Wanken geriet und DDR-Bürger immer mehr Schlupflöcher in den östlichen Nachbarstaaten nutzten: So baute der sozialistische „Bruderstaat" **Ungarn** im Zuge seines inneren Wandels nach und nach seine Grenzbefestigungen zu Österreich ab. Darüber hinaus besetzten Zehntausende die **bundesdeutschen Botschaften** in Prag, Warschau und Budapest sowie die Ständige Vertretung der Bundesrepublik in Ostberlin, um ihre Ausreise in den Westen zu erzwingen.

Ausreiseantrag: Antrag, der von den staatlichen Behörden genehmigt werden musste, um die DDR legal verlassen und dauerhaft auswandern zu können

Flucht aus der DDR 1989

Im Herbst 1989 durften Zehntausende DDR-Bürger, die sich in bundesdeutsche Botschaften geflüchtet hatten, in die Bundesrepublik ausreisen. Berühmt ist der Satz von Bundesaußenminister Genscher in Prag am 30. September 1989: „Wir sind zu Ihnen gekommen, um Ihnen mitzuteilen, dass heute Ihre Ausreise …"[12] Der Rest ging im Jubel der Menschen unter.

Neben denjenigen, die die DDR unbedingt verlassen wollten, gab es diejenigen, die bleiben und den Staat durch **Reformen** verändern wollten. Ab September 1989 organisierten sich Oppositionelle, Künstler sowie Mitglieder der Umwelt- und Friedensbewegung in neuen Gruppierungen wie **„Neues Forum"**, **„Demokratie Jetzt"** und **„Demokratischer Aufbruch"**. Ausgehend von der Stadt Leipzig, wo schon die **Friedensgebete** entstanden waren, fanden außerdem regelmäßige **„Montagsdemonstrationen"** statt. Dort forderten zahlreiche Menschen politische Reformen mit Parolen wie **„Wir sind das Volk!"**, wobei sie durchaus unterschiedliche Ziele verfolgten: Während besonders die Ökologie- und Friedensbewegung die Vorstellung einer **„besseren DDR"** und somit eines **„Dritten Wegs"** zwischen Kapitalismus und Realsozialismus vertrat, strebten immer mehr Bürger eine Übernahme des Systems der Bundesrepublik oder die dauerhafte Auswanderung aus der DDR an. Es war gerade diese zweite Gruppe, die mit erhöhten Ausreisekontingenten nicht mehr zufriedenzustellen war: Sie wollte das „sozialistische Experiment" nicht erneuern, sondern vollständig beenden. Charakteristisch für das gewaltige Anschwellen der Bewegung waren die **Leipziger Montagsdemonstrationen:** Nahmen am 25. September 1989 5 000 Menschen und am 2. Oktober 1989 20 000 teil, so stiegen die Zahlen in den darauffolgenden Wochen deutlich auf 250 000 am 23. Oktober 1989 und 300 000 am 30. Oktober 1989.

Am 14. August 1989 verkündete Erich Honecker in Verkennung der brisanten Lage der DDR: „Den Sozialismus in seinem Lauf hält weder Ochs noch Esel auf."[13] Während dieser Ausspruch in der bundesdeutschen Publizistik karikaturistisch verarbeitet wurde, nutzten ihn die Teilnehmer der Montagsdemonstration vom 23. Oktober 1989 für ihre demokratischen Forderungen.

Diese Welle des Protests wäre nur noch unter Einsatz der bewaffneten Kräfte bzw. mit Hilfestellung der Sowjetunion – wie beim Aufstand vom 17. Juni 1953 – zu stoppen gewesen. Tatsächlich war diese Befürchtung 1989 vorhanden: Im Juni 1989 hatte die kommunistische Regierung Chinas die demokratische Oppositionsbewegung unter Einsatz von Panzern auf dem **Tian'anmen-Platz** niedergeschlagen. Die SED-Spitze billigte dieses Vorgehen, sodass seither auch in der DDR die Möglichkeit

Tian'anmen-Platz („Platz des Himmlischen Friedens"): Platz in der chinesischen Hauptstadt Peking, der 1989 Schauplatz von demokratischen Demonstrationen und deren Niederschlagung war einer **„chinesischen Lösung“** im Raum stand. Allerdings war zunehmend klar, dass das Blut in diesem Fall alleine an den Händen der SED kleben würde, da mit sowjetischer Unterstützung – anders als 1953 – nicht mehr zu rechnen war.

→ **Breschnew-Doktrin, Afghanistan-Krieg, Solidarność** vgl. S. 262, 269, 272

Dies lag an den internationalen Rahmenbedingungen und **dem Umbruch im Ostblock:** Die Vormacht Sowjetunion, von der man bedingungslos abhängig war, befand sich selbst in größten wirtschaftlichen Schwierigkeiten und konnte sich spätestens seit ihrem gescheiterten **Afghanistan-Krieg** (1979–1989) die Aufrechterhaltung ihres militärischen Apparats nicht mehr leisten. Schon Anfang der 1980er-Jahre hatte sich angedeutet, dass die **Breschnew-Doktrin** nicht mehr unter allen Umständen galt: Als in Polen der Sozialismus wegen der unabhängigen Gewerkschaftsbewegung **Solidarność** gefährdet war, übte Moskau zwar Druck auf die polnische Regierung aus, griff aber nicht militärisch ein. Im Juli 1989 widerrief KPdSU-Chef Gorbatschow auf einem Gipfel des Warschauer Pakts diese Doktrin endgültig und betonte, dass nun jeder sozialistische Staat frei sei, seinen Weg zu gehen. Während manche Ostblockländer wie Ungarn und Polen diese machtpolitische Neuausrichtung für innere Reformen nutzten, blieb das SED-Regime hart.

Gorbatschows mahnende Worte während seines Staatsbesuchs in der DDR führten zu dem berühmten, jedoch so nicht von ihm formulierten Satz: „Wer zu spät kommt, den bestraft das Leben.“

Am 7. Oktober 1989 feierte die DDR-Führung das **40-jährige Bestehen der DDR**. Zu Gast war auch Gorbatschow, der Reformen dringend anmahnte, jedoch bei Honecker nichts bewirkte. Am 18. Oktober 1989 wurde der SED-Generalsekretär vom Politbüro zum Rücktritt gezwungen. An seine Stelle trat der frühere Chef der FDJ, **Egon Krenz**; da dieser aber schon einige Jahre dem Politbüro angehörte, verband die Bevölkerung mit diesem Wechsel keinerlei Aufbruchsstimmung. Die Oppositionsbewegung schwoll weiter an; an der Großkundgebung auf dem **Berliner Alexanderplatz** am 4. November 1989 nahmen Hunderttausende teil, sogar von einer Million Demonstranten ist die Rede.

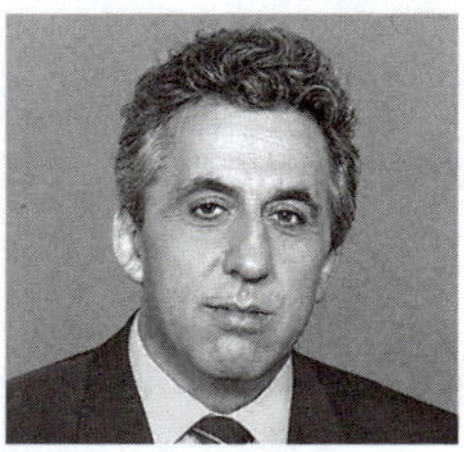

Egon Krenz (*1937)

Vom Mauerfall bis zur deutschen Wiedervereinigung 1989/90

Am **9. November 1989** trat der Umbruch in der DDR in eine neue Phase ein, die so weder von den Machthabern gewollt noch vorhersehbar war. An diesem Tag gab die SED-Spitze ein neues **Reisegesetz** bekannt: (Aus-)Reisen mussten zwar weiterhin beantragt und genehmigt werden, sollten aber nun leichter möglich sein. Eine missverständliche Verkündung durch Politbüro-Mitglied Günter Schabowski führte jedoch dazu, dass DDR-Bürger in Scharen zu den **Grenzübergängen in Ostberlin** strömten und die Grenzposten unter dem Druck der Massen die Schlagbäume **öffnen** mussten.

Nach dem **Fall der Berliner Mauer** war die Dynamik der Entwicklungen nicht mehr zu stoppen. Eine erneute Abschottung, durch die sich die DDR womöglich wieder stabilisieren hätte können, war nicht mehr vorstellbar. Während zahlreiche Menschen die Öffnung der innerdeutschen Grenze nutzten, um der DDR dauerhaft den Rücken zu kehren, änderten sich auf den Massendemonstrationen das Motto und die Hauptforderung: Nun hieß es nicht mehr „Wir sind das Volk!", sondern **„Wir sind ein Volk!"** Auch mit der Parole **„Deutschland einig Vaterland!"** forderten immer mehr Menschen die Wiedervereinigung. Die Übergangsregierung unter dem Reformsozialisten **Hans Modrow** konnte nur versuchen, den Untergang zu steuern, und bot der Bundesrepublik eine **„Vertragsgemeinschaft"** an. Der Vorschlag sollte sich letztlich, genau wie das „Zehn-Punkte-Programm" der Bundesregierung, angesichts der raschen Entwicklungen als unrealistisch erweisen.

→ **„Zehn-Punkte-Programm zur Überwindung der Spaltung Deutschlands und Europas"** vgl. S. 273

Zunächst versuchte man aber noch, **demokratische Reformen** in der DDR durchzuführen und eine neue Verfassung auszuarbeiten. Hierfür kamen Vertreter von Regierung, Massenorganisationen, Blockparteien und Oppositionsgruppen an einem zentralen **„Runden Tisch" in Ostberlin** zusammen. Am 1. Dezember 1989 wurde der Führungsanspruch der SED aus der Verfassung gestrichen; die Partei benannte sich in SED-PDS, später in **PDS** (Partei des Demokratischen Sozialismus) um.

Aus der **PDS** ging 2007 die heutige Partei **Die Linke** hervor. Das **Bündnis 90** (Neues Forum, Initiative Frieden und Menschenrechte, Demokratie Jetzt) schloss sich 1993 mit den **Grünen** zusammen.

Als die Volkskammer im Februar 1990 ein Gesetz über freie, allgemeine, gleiche, direkte, geheime Wahlen verabschiedete, rechneten sich reformbereite Kräfte noch Chancen auf eine Umgestaltung der DDR aus. Man hatte aber die Stimmung in der Bevölkerung unterschätzt: Die Mehrheit wollte keine Experimente mehr, sondern die schnellstmögliche Einführung der DM und die Wiedervereinigung. Die **ersten freien Volkskammerwahlen der DDR am 18. März 1990** waren gleichzeitig die letzten. Die Sitzverteilung wurde nicht mehr über eine Einheitsliste, sondern gemäß Verhältniswahl über den Stimmenanteil ermittelt. Die massiv von der West-CDU unterstützte **„Allianz für Deutschland"** erhielt 48,1 % und siegte vor der SPD (21,9 %) – ein deutliches **Bekenntnis** der Wählerschaft **zur Wiedervereinigung**. Das reformwillige „Bündnis 90" kam nur auf enttäuschende 2,9 %, die PDS war lediglich drittstärkste Kraft (16,4 %).

Auf einem Plakat warb die **„Allianz für Deutschland"** – ein Bündnis aus Ost-CDU, Demokratischem Aufbruch (DA) und Deutscher Sozialer Union (DSU) – mit eindeutiger Botschaft („Nie wieder Sozialismus") für die schnelle Wiedervereinigung. Ihr Spitzenkandidat **Lothar de Maizière** (*1940, Ost-CDU) vertrat die DDR im anschließenden Einigungsprozess.

Die erste frei gewählte Regierung der DDR unter Ministerpräsident **Lothar de Maizière** stand unter enormem Druck: Die Massenauswanderung aus der DDR entwickelte sich 1990 zu einer **„Abstimmung mit den Füßen"**, nach dem Motto: „Kommt die DM, bleiben wir, kommt sie nicht, geh'n wir zu ihr." In den kommenden Monaten verhandelten die beiden deutschen Regierungen über die Modalitäten der Wiedervereinigung. Am 18. Mai 1990 wurde mit dem **Ersten Staatsvertrag** die **Währungs-, Wirtschafts- und Sozialunion** beschlossen, was u. a. die Einführung der Sozialen Marktwirtschaft und der DM in Ostdeutschland bedeutete. Mit dem **„Einigungsvertrag"** (= Zweiter Staatsvertrag) vom 31. August 1990 wurde schließlich der **Beitritt der DDR** (bzw. der fünf neuen Bundesländer Brandenburg, Mecklenburg-Vorpommern, Sachsen, Sachsen-Anhalt und Thüringen) zum Geltungsbereich des Grundgesetzes gemäß Art. 23 GG festgeschrieben.

→ **Wiedervereinigung nach Art. 23** vgl. S. 273 f.

→ **alliierte Vorbehaltsrechte** vgl. S. 255

„Zwei-plus-Vier": Gemeint sind die zwei deutschen Staaten und die vier Siegermächte.

Für die Umsetzung der Einheit benötigte man jedoch die **Zustimmung der vier Siegermächte** des Zweiten Weltkriegs, die noch Vorbehaltsrechte in Bezug auf Deutschland als Ganzes besaßen. In diesem Sinne fanden parallel zu den deutsch-deutschen Gesprächen die **„Zwei-plus-Vier"-Verhandlungen** statt, in denen die Rahmenbedingungen für ein wiedervereinigtes Deutschland geschaffen und eine Art Friedensvertrag für den Zweiten Weltkrieg nachgeholt werden sollten. Dabei zeigte sich, dass selbst bei den Westmächten Großbritannien und Frankreich **starke Vorbehalte und Bedenken** vorherrschten; nur die USA unterstützten die Bonner Regierung vorbehaltlos. Entscheidend war die Zustimmung der Sowjetunion, v. a. als abzusehen war, dass das vereinte Deutschland **Mitglied der NATO** werden und die UdSSR einen wesentlichen Teil ihres Einflussgebiets verlieren würde. Schließlich willigte Gorbatschow ein, wobei finanzielle Leistungen in Milliardenhöhe eine große Rolle spielten. Die Einigung der Westmächte, der Sowjetunion und der beiden deutschen Staaten im **„Zwei-plus-Vier"-Vertrag** vom 12. September 1990 schuf die Voraussetzungen und die internationalen Rahmenbedingungen für die deutsche Einheit, die am **3. Oktober 1990** in Kraft trat. Während die Alliierten ihre Rechte (u. a. aus dem „Deutschlandvertrag" 1954 und dem Viermächte-Abkommen 1971) vollständig abtraten und dem wiedervereinten Deutschland die **volle Souveränität** zurückgaben, verzichtete die neue Bundesrepublik u. a. auf den Besitz von atomaren, biologischen und chemischen Waffen (ABC-Waffen). Obwohl das Abkommen die Funktion eines **Friedensvertrags** für den Zweiten Weltkrieg erfüllen sollte, vermied man diesen Begriff, um nicht alle betroffenen Länder, mit denen sich Deutschland im Krieg befunden hatte, beteiligen und etwaige Reparationsansprüche verhandeln zu müssen. Es

Bereits im Einigungsvertrag wurde der **3. Oktober** als **„Tag der Deutschen Einheit"** als gesetzlicher Feiertag festgelegt. Er löste die bisherigen Nationalfeiertage ab: den 17. Juni im Westen (Erinnerung an den Volksaufstand in der DDR 1953) und den 7. Oktober im Osten (Erinnerung an die Gründung der DDR).

gab jedoch Sonderregelungen: So versuchte man 1990, **Polen** durch die endgültige **Bestätigung der Oder-Neiße-Grenze** zu beruhigen. Durch die Betonung, dass sich das neue Deutschland für die **europäische Integration** einsetzen werde, wollte man die Bedenken weiterer europäischer Staaten zerstreuen. Nun schienen der Kalte Krieg und die atomare Blockkonfrontation endgültig vorbei zu sein, wie die Konferenz über Sicherheit und Zusammenarbeit kurz darauf in der „Charta von Paris für ein neues Europa" (November 1990) eindrücklich festhielt.

Mit dem Beitritt zum Geltungsbereich des Grundgesetzes wurden die fünf ostdeutschen Bundesländer auch Mitglied der Europäischen Gemeinschaften – ein Privileg, das sich die übrigen Ostblockstaaten noch erarbeiten mussten (→ **EU-Osterweiterung** vgl. S. 311).

Ausblick: Herausforderungen durch die Wiedervereinigung

So groß die **Freude über die Wiedervereinigung** in weiten Teilen der deutschen Bevölkerung auch war, zeigte sich doch schnell, welch große Herausforderungen mit der Wiederherstellung der Einheit nach über **40 Jahren Trennung** verbunden waren. Die Hauptanpassungsleistung wurde dabei von den Ostdeutschen erbracht: Sie mussten in einer für sie ungewohnten politischen, gesellschaftlichen und wirtschaftlichen Ordnung zurechtkommen; durch die gewaltigen Veränderungen waren ihre Biografien in vielen Fällen gebrochen. Dazu kam die oft schmerzhafte Auseinandersetzung mit der eigenen Vergangenheit: Am Tag der Wiedervereinigung nahm die **Bundesoberbehörde für die Stasi-Unterlagen** (BStU) unter dem späteren Bundespräsidenten Joachim Gauck ihre Arbeit auf. Erst durch die Auswertung des umfassenden Aktenmaterials, das man auch den Betroffenen zugänglich machte, wurde deutlich, wie sehr der Überwachungsstaat menschliche Beziehungen zerrüttet hatte, u. a. indem er engste Freunde und Familienangehörige genötigt hatte, sich gegenseitig auszuspähen.

Joachim Gauck (* 1940): evangelischer Theologe aus Rostock, Mitglied des Neuen Forums, Abgeordneter der ersten freien Volkskammer, 1990 – 2000 erster Bundesbeauftragter für die Stasi-Unterlagen, 2012 – 2017 elfter Bundespräsident

Die immensen Kosten der Wiedervereinigung – manche Berechnungen belaufen sich auf bis zu 2 Billionen Euro – hatte das ganze Deutschland zu tragen, de facto aber v. a. der Westen, da die DDR 1990 ökonomisch am Boden lag. Die **wirtschaftliche Umstellung** stellte eine besondere Herausforderung dar: Um das Volkseigentum, v. a. die staatlichen Volkseigenen Betriebe, in die Marktwirtschaft zu überführen und dabei möglichst die Interessen der Bevölkerung zu wahren, hatte die Volkskammer im Juni 1990 das **„Treuhandgesetz"** verabschiedet. Die „Treuhandanstalt" sah sich vor kaum zu bewältigende Aufgaben gestellt. Es kam zu Unstimmigkeiten und Konflikten; zudem führte die **Privatisierung** zu vielen Betriebsschließungen und steigender Arbeitslosigkeit, sodass sich zahlreiche Ostdeutsche um ihre Lebensleistung gebracht sahen. Letztlich gelang es nur mit höchstem Einsatz von Steuermitteln, einige industrielle Zentren im Osten zu erhalten.

5 Zusammenfassung

Die DDR in der heutigen gesellschaftlichen Diskussion (Beispiele):

- kritische Aufarbeitung des SED-Regimes, Frage nach einem angemessenen Umgang mit der DDR-Vergangenheit (u. a. „Ostalgie", Debatte um den Abriss des „Palastes der Republik")
- Umgang mit der SED-Vergangenheit der Partei „Die Linke"
- weiterer Umgang mit den „Stasi"-Unterlagen
- Abschaffung des Solidaritätszuschlags
- Diskussion um eine „Mauer in den Köpfen" (u. a. Wohlstandsgefälle, Wahlverhalten in Ost und West)

Jahrzehnte nach dem Scheitern des „sozialistischen Experiments" wird noch darüber diskutiert, ob die **DDR ein „Unrechtsstaat"** gewesen sei. Obwohl sie tatsächlich kein Rechtsstaat war, fühlen sich viele ehemalige DDR-Bürger durch diese Frage mehr oder weniger stark betroffen: Sie hatten sich unter den Bedingungen des DDR-Staatssozialismus ihr Leben aufgebaut und verbinden mit ihrer Vergangenheit nicht nur negative Erinnerungen. Ein zugleich **kritischer, differenzierter und angemessener Umgang** mit der DDR-Geschichte ist daher wichtig. Beurteilt man die DDR nur von ihrem Ende her, so wird man der Lebensleistung ihrer Bevölkerung nicht gerecht, die schon in der Anfangsphase angesichts erschwerter Bedingungen eine große Aufbauleistung erbracht hatte. Nach der Wende 1989/90 mussten die Menschen im Osten Deutschlands dann ihren **Platz im westlichen System** mit parlamentarischer Demokratie und kapitalistischer Wirtschaftsform finden.

Bei der historischen Einordnung der DDR werden **Errungenschaften des Sozialismus** aufgeführt wie die umfassende soziale Versorgung, die selbstverständliche Berufstätigkeit der Frau, garantierte Arbeitsplätze, zugeteilte Wohnungen und günstige Preise für Lebensmittel, Mieten und öffentliche Verkehrsmittel. Die Kehrseite der Medaille war, dass die staatliche Vollversorgung mit **massiven wirtschaftlichen Problemen** und dem **Verlust persönlicher und politischer Freiheit** bezahlt wurde. Die Bevölkerung wurde kontrolliert und gegängelt, Andersdenkende wurden konsequent unterdrückt. Die umfassende Bespitzelung durch die „Stasi" zerrüttete private Beziehungen nachhaltig. Nur in gesellschaftlichen „Nischen" und gewissen Kreisen konnte man sich teils dem Zugriff entziehen. Das starre politisch-wirtschaftliche System sah weder Konkurrenz noch Machtwechsel vor; die „allwissende" SED traf alle Entscheidungen im Sinne des Marxismus-Leninismus. Geringe wirtschaftliche Effizienz und unrealistische Planziele sorgten für den permanenten Mangel an Waren über die Grundversorgung hinaus. Das harte Grenzregime und der Mauerbau ersetzten die Loyalität der großteils unzufriedenen Massen. Als 1989 die Kontrolle vollends verloren ging, zeigte sich, dass die ständigen offiziellen Bekenntnisse zum Sozialismus nichts wert waren: Die Bevölkerung stimmte durch Flucht und Demonstration ab. Mit der **Wiedervereinigung 1990** setzte die nächste Phase der deutschen Geschichte ein, mit neuen Herausforderungen, die nicht selten mit der 40-jährigen staatlichen und gesellschaftlichen Teilung verbunden waren bzw. noch immer sind.

„Wir sind ein Volk!" – 1989/90 zeigten viele DDR-Bürger, was sie sich wünschten: nicht Sozialismus, sondern die Wiedervereinigung mit der kapitalistischen Bundesrepublik.

Die Europäische Integration: von den Anfängen bis zum „Brexit“

Die Fotografie gewährt einen Blick in den Straßburger Plenarsaal des EU-Parlaments, in dem Abgeordnete unterschiedlichster Nationen eine gemeinsame europäische Politik gestalten. Nach der Katastrophe des Zweiten Weltkriegs begann der Integrationsprozess, der bis zur heutigen Europäischen Union führen sollte, mit der Schuman-Erklärung vom 9. Mai 1950. Darin wurde auch die Bedeutung einer (west-)deutsch-französischen Kooperation betont: „Die Vereinigung der europäischen Nationen erfordert, daß der Jahrhunderte alte Gegensatz zwischen Frankreich und Deutschland ausgelöscht wird.“[1] Obwohl der Einigungsprozess nicht immer leicht gewesen ist und weiter Herausforderungen bereithält, ist Europa mehr als je zuvor in seiner langen Geschichte zusammengerückt.

1 Die Anfänge nach dem Zweiten Weltkrieg

Lernvideo: **Die Europäische Integration**

→ **Westorientierung der Bundesrepublik** vgl. S. 253 ff.

→ **Atlantik-Charta** vgl. S. 239

Obwohl es in Europa seit dem 17. Jahrhundert schon einige **Friedensvisionen und Einigungskonzepte** gegeben hatte (so z. B. in der Zeit der Weimarer Republik), war es keinesfalls selbstverständlich, dass es gerade nach den beispiellosen Verbrechen der Nationalsozialisten und den massiven Verwüstungen des Zweiten Weltkriegs zu einer Vereinigung kommen würde. Seinen Anfang nahm der Integrationsprozess, der bis zur heutigen **Europäischen Union** (EU) führen sollte, in Westeuropa. Aus deutscher Sicht beteiligte sich aufgrund der staatlichen Teilung zunächst nur die **Bundesrepublik:** Die Regierung Adenauer orientierte sich klar am Westen und lehnte sich an die unbestrittene Vormacht des Westens, die **USA**, an, die schon 1941 in der **Atlantik-Charta** Prinzipien für eine neue und – nach dem Sieg über das NS-Regime – friedliche Weltordnung formuliert hatten. **Großbritannien** hatte dieses Projekt zwar mitinitiiert, erwies sich aber ab 1945 als weder in der Lage noch willens, eine Führungsrolle beim Aufbau zukunftsträchtiger und stabiler Friedensstrukturen speziell in Europa zu übernehmen. Als Churchill 1946 in einer berühmten Rede die **„Vereinigten Staaten von Europa“** forderte, machte der britische Staatsmann bereits klar, dass Großbritannien nicht direkt zu einer solchen Gemeinschaft gehören wollte.

ZITAT

Aus Winston Churchills „Züricher Rede“ vom 19. September 1946[2]

Und doch gibt es […] ein Mittel, das, würde es allgemein und spontan von der großen Mehrheit der Menschen in vielen Ländern angewendet, wie durch ein Wunder die ganze Szene veränderte und in wenigen Jahren ganz Europa, oder doch dessen größten Teil, so frei und glücklich machte, wie es die Schweiz heute ist. […] Es ist die Neuschöpfung der europäischen Völkerfamilie oder doch so viel davon, wie möglich ist, indem wir ihr eine Struktur geben, in welcher sie in Frieden, in Sicherheit und in Freiheit bestehen kann. Wir müssen eine Art Vereinigte Staaten von Europa errichten. Nur auf diese Weise werden Hunderte von Millionen sich abmühender Menschen in die Lage versetzt, jene einfachen Freuden und Hoffnungen wiederzuerhalten, die das Leben lebenswert machen. Das Vorgehen ist einfach. Das einzige, was nötig ist, ist der Entschluss Hunderter von Millionen Männer und Frauen, recht statt unrecht zu tun und dafür Segen statt Fluch als Belohnung zu ernten. […] Wir müssen in die Zukunft schauen. Wir können es uns nicht leisten, den Hass und die Rachegefühle, welche den Kränkungen der Vergangenheit entsprangen, durch die kommenden Jahre mitzuschleppen. Wenn Europa vor endlosem Elend und schließlich vor seinem Untergang bewahrt werden soll, dann muss es in der europäischen Völkerfamilie diesen Akt des Vertrauens und diesen Akt des Vergessens gegenüber den Verbrechen und Wahnsinnstaten der Vergangenheit geben.

Um den alten **paneuropäischen Traum** mit neuem Leben zu füllen und auf diese Weise den **Frieden in Europa zu sichern**, bedurfte es weitsichtiger Politiker, die über vorhandene Ressentiments und ablehnende Haltungen in ihren Ländern hinausdachten und bereit waren, den Deutschen nach den singulären Verbrechen des Nationalsozialismus die Hand zu reichen und einen gemeinsamen Neuanfang zu wagen. Für die Bundesrepublik kam es darauf an, die Versöhnung mit dem unmittelbaren **Nachbarn Frankreich** zu suchen und die angebliche deutsch-französische „Erbfeindschaft" zu überwinden. Hierfür fand Adenauer auf französischer Seite mit Außenminister **Robert Schuman** und dessen Berater **Jean Monnet** zwei überzeugte Europäer, die nicht nur eine intergouvernementale Kooperation, sondern eine weitergehende Integration der Staaten anstrebten. Die Zusammenarbeit beider Länder sollte sich letztlich zum „Motor Europas" entwickeln. Bemerkenswert an der deutsch-französischen Annäherung ist, dass selbst der Konflikt um die Zugehörigkeit des Saarlandes, das erst 1957 nach einer Volksabstimmung zur Bundesrepublik zurückkehrte, den Prozess nicht aufhalten konnte.

paneuropäisch = gesamteuropäisch: Dieser Begriff taucht z. B. im Namen der 1922 gegründeten **Paneuropa-Union** auf, die sich bis heute für ein geeintes Europa einsetzt.

→ **deutsch-französische „Erbfeindschaft"** vgl. S. 102

intergouvernemental: zwischenstaatlich, zwischen den Regierungen

→ **Saarland** vgl. S. 256

Die Etappen der Einigung zeigen, dass es bei der europäischen Integration von Beginn an besonders um zwei Dinge ging: Europa war ein **Wirtschafts-** und ein **Friedensprojekt**. Den Anfang machte die **„Montanunion"**: 1950 entwarfen Schuman und Monnet den „Schuman-Plan" für eine gemeinsame Industriepolitik im Rahmen der **Europäischen Gemeinschaft für Kohle und Stahl**. Die EGKS sollte garantieren, dass die rüstungsrelevante Montanindustrie (Kohle, Stahl und Eisen) niemals wieder zur Vorbereitung und Durchführung eines europäischen Kriegs benutzt werden könnte. Neben Frankreich und der Bundesrepublik nahmen Italien und die drei Beneluxländer (= Belgien, Niederlande, Luxemburg) teil. Vor dem Hintergrund des Koreakriegs und der damaligen Debatte um eine westdeutsche Wiederbewaffnung wollte man in einem nächsten Schritt eine **Europäische Verteidigungsgemeinschaft** (EVG) mit einer gemeinsamen Armee ins Leben rufen. Während die EGKS 1951/52 tatsächlich eingeführt wurde, scheiterte die EVG 1954 in der französischen Nationalversammlung.

Als der französische Politiker **Jean Monnet** (1888–1979) Bundeskanzler Adenauer 1953 in Bonn traf (links), war er Präsident der Hohen Behörde der EGKS. Das Leben von **Robert Schuman** (1886–1963) war eng mit der deutsch-französischen Geschichte verbunden: Ursprünglich als deutscher Reichsbürger geboren, erhielt er nach dem Ersten Weltkrieg die französische Staatsbürgerschaft. Nach dem Zweiten Weltkrieg setzte er sich für die deutsch-französische Aussöhnung ein.

→ **westdeutsche Wiederbewaffnung** vgl. S. 254 f.

info

Der Europarat

Parallel zum Einigungsprozess, der letztlich zur heutigen Europäischen Union führte, entwickelte sich der 1949 gegründete Europarat: Dieser ist zwar ebenfalls ein Zusammenschluss europäischer Staaten, strebt aber keine weitergehende Integration an, weshalb hier die Zahl der Beteiligten von Anfang an größer war als beim „Europa der Sechs". In dieser internationalen Organisation mit Sitz in Straßburg werden europäische Werte und Rechtsauffassungen in Form von Konventionen formuliert, zu deren Einhaltung sich die Mitglieder verpflichten. Zu den Hauptanliegen des Europarats gehören die Förderung von Demokratie, Rechtsstaatlichkeit und Menschenrechten. Mittlerweile (Stand: 2023) gehören ihm 46 Staaten an. Die Bundesrepublik trat bereits 1950 bei.

Der nächste große Schritt erfolgte 1957 mit der Unterzeichnung der **„Römischen Verträge"**, die im Nachhinein vielfach als Geburtsstunde der Europäischen Union angesehen wird. Damals wurde der Grundstein für die **Europäische Wirtschaftsgemeinschaft** (EWG), die den Kern aller weiteren Vereinigungsprozesse bildete, und für die **Europäische Atomgemeinschaft** (EURATOM) gelegt. Das **„Europa der Sechs"** strebte einen Raum des Wohlstands und der Stabilität an, um den Kontinent angesichts der Systemkonkurrenz zwischen den kapitalistischen USA und der sozialistischen Sowjetunion zu stärken und mehr auf eigene Beine zu stellen. Durch die Schaffung eines grenzüberschreitenden Marktes für Waren, Dienstleistungen, Kapital und Arbeitskräfte sowie eine gemeinsame Zollpolitik (einheitlicher Außenzoll, Abschaffung der Binnenzölle) wollte man die Wirtschaftsstrukturen der Mitgliedsländer weiterentwickeln sowie Wirtschaftswachstum und Massenkonsum fördern. Modernisierungsschübe erhoffte man sich u. a. von der friedlichen Nutzung der Atomenergie.

„Europa der Sechs": Gemeint sind die sechs Länder, die mit der Gründung von EGKS, EWG und EURATOM den Grundstein für die Europäische Integration gelegt haben. Durch den Begriff „Europa der …" wird auf die aktuelle Mitgliederzahl verwiesen. So umfasst die EU seit dem Austritt Großbritanniens 2020 noch 27 Staaten **(= „Europa der 27")**.

Bei der Ausgestaltung von Institutionen für EWG und EURATOM griff man jeweils auf die Einrichtungen der EGKS (Hohe Behörde, Ministerrat, Parlamentarische Versammlung) zurück und entwickelte sie weiter. Die gemeinsame Politik wurde im Wesentlichen vom intergouvernementalen **Ministerrat** aus den (je nach Thema zuständigen) Regierungsvertretern der Mitgliedsländer bestimmt. Ein supranationales Gemeinschaftsorgan war die **Kommission**, die u. a. die Verwaltung umfasste. Die **Parlamentarische Versammlung** aus Abgeordneten der Einzelstaaten bildete eine Vorform des heutigen Europäischen Parlaments, hatte aber noch keine Gesetzgebungs-, sondern nur Beratungs- und Kontrollkompetenzen. Der 1952 gegründete **Europäische Gerichtshof** sollte die rechtmäßige Anwendung der drei Verträge überwachen.

Nach den ersten erfolgreichen Etappen war es ausgerechnet Frankreich, das in der Folgezeit zum Problem für die weitere europäische Einigung wurde: Staatspräsident **Charles de Gaulle** strebte nur ein „Europa der Vaterländer" und keine weitergehende supranationale Integration an, verhinderte zweimal (1963 und 1967) den Beitritt Großbritanniens und stellte die französischen Interessen in der Agrar- und Verteidigungspolitik in den Vordergrund. Dies führte dazu, dass Frankreich 1965/66 eine **„Politik des leeren Stuhls"** betrieb, um Entscheidungen zu verhindern, die im Ministerrat nur einstimmig getroffen werden konnten.

Charles de Gaulle (1890–1970): französischer General und Politiker, im Zweiten Weltkrieg Anführer der Résistance (= französischer Widerstand gegen die NS-Besatzung), 1959–1969 Staatspräsident der Fünften Republik, enge Kooperation mit Konrad Adenauer (→ vgl. S. 254)

info

Die EFTA (European Free Trade Association)

Ab 1960 organisierte sich eine Reihe von Staaten, die aus verschiedenen Gründen nicht am europäischen Integrationsprozess teilnahmen, in der EFTA, der Europäischen Freihandelsassoziation. Diese internationale Organisation mit Sitz in Genf verstand sich zunächst als Konkurrenzmodell zur EWG, sah aber über eine Zollunion hinaus keine tieferen Integrationsschritte vor. Ihre Gründungsmitglieder waren Dänemark, Großbritannien, Norwegen, Österreich, Portugal, Schweden und die Schweiz. Heute (Stand: 2023) gehören der EFTA die vier Staaten Island, Liechtenstein, Norwegen und die Schweiz an, die seit 1992/94 (Ausnahme: Schweiz) mit der EU den Europäischen Wirtschaftsraum (EWR) und somit einen großen europäischen Binnenmarkt bilden.

2 Die EG: Vollendung, Vertiefung, Erweiterung?

Kurz darauf kam es 1967 durch die Zusammenlegung der zunächst noch getrennten Institutionen von EGKS, EWG und EURATOM zur **Schaffung der Europäischen Gemeinschaft(en)** (EG), wovon man sich weitere Integrationsschübe erwartete. Bei der Haager Gipfelkonferenz 1969 herrschte Aufbruchsstimmung, zumal die französische Blockadepolitik nach de Gaulles Rücktritt beendet wurde. Jetzt schien alles gleichzeitig möglich: „Vollendung, Vertiefung und Erweiterung"[3]. Ministerrat und Kommission wurden mit der Planung einer Wirtschafts- und Währungsunion beauftragt, zudem inspirierte der „Geist von Den Haag" die Bildung der **Europäischen Politischen Zusammenarbeit** (EPZ). Nach Verhandlungen mit vier Kandidaten erfolgte 1973 die **Norderweiterung** um Großbritannien, Irland und Dänemark; nur Norwegen entschied sich per Referendum noch gegen den Beitritt. 1981/86 wurden Griechenland, Spanien und Portugal nach dem Ende der dortigen autoritären bis faschistischen Regime aufgenommen **(Süderweiterung)**.

EPZ: ab 1970 (Luxemburger Bericht) engere Zusammenarbeit im Bereich der (Außen-)Politik, 1986/87 in der Einheitlichen Europäischen Akte verbindlich festgehalten, 1992 durch GASP und ZJIP abgelöst (→ **Vertrag von Maastricht** vgl. S. 308 f.)

Das durch die Erweiterungsrunden entstandene **„Europa der Zwölf“** versuchte sich 1986/87 mit der **Einheitlichen Europäischen Akte** (EEA) so zu reformieren, dass seine Institutionen handlungsfähig bleiben, der Binnenmarkt vollendet und eine gemeinsame Politik in Bereichen wie Umwelt, Forschung und Technologie möglich werden konnten. Immer mehr hatte sich gezeigt, dass das Prinzip der Einstimmigkeit im Ministerrat auf Dauer nicht praktikabel war und dass Erfolge auf der einen Seite (Erweiterung um neue Mitglieder) mit Problemen auf der anderen Seite (bei der Vertiefung der Aufgabengebiete) bezahlt wurden. Zudem hatte sich die Welt seit den Anfängen des europäischen Integrationsprozesses verändert und viele neue Herausforderungen (z. B. Energiekrisen, Umweltkatastrophen, zunehmende Verschuldung) gebracht.

Nach außen hin vermittelte die EG in dieser Zeit häufig ein ungünstiges Bild und wurde u. a. als überdimensionierte Bürokratie wahrgenommen. Auch gab es Kritik an der **Gemeinsamen Agrarpolitik** (GAP), die trotz des sinkenden Anteils der Landwirtschaft am gesamten BIP der EG die Agenda bestimmte und in deren Rahmen sich die Regierungsvertreter um Rindfleischpreise, „Milchseen“ und „Butterberge“ stritten. Obwohl nicht alle Vorurteile berechtigt waren und der europäische Integrationsprozess noch immer gute Zustimmungswerte erhielt, wurde das vereinigte Europa häufig als **Projekt der Eliten** gesehen. Dem **Demokratiedefizit** der EG versuchte man durch eine Aufwertung des Parlaments entgegenzuwirken, das ab 1979 direkt von der wahlberechtigten Bevölkerung der Mitgliedsstaaten gewählt wurde. Allerdings hatte es weiterhin nur beratende und keine gesetzgebende Funktion.

„Milchseen“ und „Butterberge“: Durch besondere nationale und europäische Förderungen für die Landwirtschaft kam es Ende der 1970er-Jahre zur Überproduktion und somit zum Überangebot an bestimmten Agrarprodukten wie Milch und Butter.

Ein Schattendasein in der öffentlichen Diskussion fristete das Verhältnis der EU zur **„Dritten Welt“**, obgleich v. a. Großbritannien, Frankreich, Belgien, die Niederlande und Portugal auf eine lange **koloniale Vergangenheit** zurückblicken und noch immer besondere Beziehungen zu vielen Staaten Afrikas und der Karibik pflegen. In den **Lomé-Abkommen** (1975–1989) und später noch im Cotonou-Abkommen (2000) wurden finanzielle Hilfen der EG und ein bevorzugter Zugang zum europäischen Markt für die AKP-Staaten festgehalten. Die entwicklungspolitischen Folgen dieser Abkommen blieben aber insgesamt bescheiden.

AKP-Staaten = Organisation Afrikanischer, Karibischer und Pazifischer Staaten

Ein wesentlicher Zwischenschritt auf dem Weg zu einer gemeinsamen Währung war das **Europäische Währungssystem** (EWS). Nach dem Zusammenbruch des Internationalen Währungssystems von **Bretton Woods** durch die Schwäche des US-Dollars kam es ab 1973 zu starken Schwankungen der Weltwährungen, was zu massiven Unsicherheiten im Welthandel führte. Auf europäischer Ebene wurde auf Initiative der Bundesrepublik und Frankreichs 1979 das EWS eingeführt, um die

Bretton-Woods-System: 1944 eingeführte internationale Währungsordnung mit dem US-Dollar als Leitwährung, benannt nach dem damaligen Tagungsort Bretton Woods (USA)

Schwankungen der europäischen Währungen zueinander (gemessen an der Kunstwährung ECU) zu kontrollieren. Auf diese Weise erleichterte man den Handel unter den beteiligten Partnern, da man nicht mehr mit großen Kursschwankungen kalkulieren musste.

3 Die EU – das „gemeinsame europäische Haus“?

Als **1989/90** der jahrzehntelang festgefügte **Ostblock zerbrach** und sich die UdSSR 1991 auflöste, schien die Formel vom „gemeinsamen europäischen Haus“ (Michail Gorbatschow) Wirklichkeit werden zu können. Der **Multilateralismus** löste Nationalismus und Blockdenken ab, die Vereinten Nationen wurden, gemessen an der Anzahl ihrer Beschlüsse und Auslandseinsätze, ein bedeutender Akteur der Weltpolitik. Der europäische Integrationsprozess schien plötzlich auch für Osteuropa, womöglich sogar für Russland, ein erreichbares Ziel zu sein. Im Zuge der **deutschen Wiedervereinigung** 1990 wurde die ehemalige DDR (in Gestalt der fünf „neuen Bundesländer“) durch den Beitritt zur Bundesrepublik durch die Hintertür EG-Mitglied. In diesem Kontext glaubte man, dass die Paneuropa-Idee der 1920er-Jahre tatsächlich keine Utopie mehr sei. Allerdings galt es nun zu überlegen, welche Art Gemeinschaft die Europäer bilden wollten und wie man die Institutionen anpassen sollte, damit eine vergrößerte Gemeinschaft weiter handlungsfähig blieb.

Multilateralismus: Austausch und grenzüberschreitende Zusammenarbeit mehrerer/vieler Staaten

François Mitterand (1916–1996; französischer Staatspräsident 1981–1995) und **Helmut Kohl** setzten sich beide für die europäische Einigung und die deutsch-französische Aussöhnung ein, hier 1984 bei einer Gedenkveranstaltung in Verdun für die Opfer des Ersten Weltkriegs. Über die Wendezeit und die Bedeutung Europas für das vereinte Deutschland schrieb Kohl später in seinen Memoiren: „Wenn wir uns nur mit der deutschen Einheit begnügten und nicht die europäische Einheit herbeiführten, verrieten wir die Aufgabe der Geschichte.“[4]

Angesichts der Wiedervereinigung Deutschlands gab es Befürchtungen, der deutsche Nationalismus könne wieder aufleben. Daher stellte man sich die Frage, ob/wie sich diese Bedenken auf europäischer Ebene zerstreuen ließen. So strebte Frankreich unter Staatspräsident **François Mitterand**, das der Wiedervereinigung zuerst skeptisch bis ablehnend gegenüberstand, eine stärkere Einbindung Deutschlands in Europa an. Betrachtet man den Verzicht der Deutschen auf die Deutsche Mark (zugunsten der Gemeinschaftswährung Euro) als „Preis für die Einheit“, so sollte man bedenken, dass der Auftrag für die Erarbeitung einer **Wirtschafts- und Währungsunion** (WWU) schon

1988 erteilt worden war. Zudem galt Bundeskanzler Helmut Kohl als überzeugter Europäer, der sich bereits vor der deutschen Wiedervereinigung für eine verstärkte Zusammenarbeit eingesetzt hatte.
Der 1992 unterzeichnete **Vertrag von Maastricht** beinhaltete die Wirtschafts- und Währungsunion, die allen EU-Staaten offenstehen sollte, die konkrete wirtschaftlich-finanzielle Vorgaben **(„Maastricht-Kriterien“)** erfüllen konnten. Auf diese Weise wollte man die Stabilität der geplanten gemeinsamen Währung **Euro** garantieren. Zudem schuf man die **Europäische Union** mit einer eigenen **Unionsbürgerschaft**. Letztere bedeutete für alle EU-Bürger das freie Aufenthaltsrecht in jedem EU-Land und die Möglichkeit, sich im ganzen Unionsgebiet an Kommunal- und Europawahlen zu beteiligen. Obwohl der Vertrag von Maastricht vielfach als Fortschritt gesehen wurde, gab es auch warnende bis ablehnende Stimmen, so im Hinblick auf die Währungsunion: Hier sahen z. B. deutsche Wirtschaftswissenschaftler große Schwierigkeiten für wirtschafts- und finanzschwächere Staaten voraus, die innerhalb des Währungsverbunds unter zu starken Druck geraten und sogar auf Transferzahlungen der stärkeren Länder angewiesen sein könnten.

ZITAT

Bundespräsident Richard von Weizsäcker über den „Meilenstein Maastricht“ (13. April 1992)[5]

Der Gipfel von Maastricht ist ein Meilenstein – aller Kritik zum Trotz. Er weist uns den Weg nach Europa, auf den wir angewiesen sind. [...] So wächst eine europäische Gemeinsamkeit heran, die wir als Deutsche inmitten Europas dringlich benötigen, nicht nur aus wirtschaftlichen Gründen, sondern langfristig noch viel mehr aus geographischen und historischen Gründen, um unserer Politik und Sicherheit willen. Wir müssen es als einen Glücksfall der Geschichte begreifen, daß die Vereinigung Deutschlands in jene Epoche fällt, in der auch die Vereinigung Europas heranrückt.

Die Europäische Union beruhte fortan auf **drei Säulen:** (1) den Europäischen Gemeinschaften sowie den neu institutionalisierten Bereichen, (2) der **Gemeinsamen Außen- und Sicherheitspolitik** (GASP) und (3) der **Zusammenarbeit in der Justiz- und Innenpolitik** (ZJIP). In Sachen Demokratisierung brachte Maastricht geringe Fortschritte: Zwar wurde das EU-Parlament durch das Mitentscheidungsverfahren nun neben dem Rat der Europäischen Union („Rat“, früher: Ministerrat) an der Gesetzgebung beteiligt; die wesentlichen Entscheidungen und die allgemeine Ausrichtung der Europapolitik wurden jedoch weiter im Europäischen Rat zwischen den Staats- und Regierungschefs ausgehandelt. Das **Bundesverfassungsgericht** wies Verfassungsbeschwerden wegen der

Mitentscheidungsverfahren: Zusammenspiel von Rat und Parlament bei der EU-Gesetzgebung vermeintlichen Unvereinbarkeit des Vertrags von Maastricht mit dem Grundgesetz zwar zurück, machte aber u. a. deutlich, dass es entscheidend darauf ankomme, dass „die demokratischen Grundlagen der Union schritthaltend mit der Integration ausgebaut würden“[6].

Betrachtet man die europäische Gemeinschaft als „gemeinsames Haus“, so stellt sich die Frage nach dem Bauplan des Hauses, also nach den Zielvorstellungen und Europavisionen der Mitglieder. Ein Grund für viele Missverständnisse war, dass es diesbezüglich von Anfang an verschiedene Visionen gab. So waren z. B. die Briten ihrem Verständnis nach einem **„common market“** beigetreten, während in der Vorstellung anderer Mitgliedsstaaten und auch im Wortlaut mehrerer Verträge von einer **„immer engeren Union“** die Rede war. Je mehr eine solche Union aber Formen annahm, die über eine Zusammenarbeit zwischen souveränen Regierungen hinausging, desto mehr wurde gerade Großbritannien als Bremser der Integration wahrgenommen.

→ **Subsidiaritätsprinzip** vgl. S. 271

info

Europa-Modelle

1. Ein supranationaler **europäischer Bundesstaat** mit eigenen Souveränitätsrechten und handlungsfähigen Institutionen, der demokratisch legitimiert ist und auf einer gemeinsamen Verfassung beruht → Idee der „Vereinigten Staaten von Europa“
2. Ein Europa aus starken Nationalstaaten, die sich v. a in intergouvernementaler Zusammenarbeit im Rahmen eines **Staatenbundes** verständigen, aber wesentliche Souveränitätsrechte behalten → Idee vom „Europa der Vaterländer“ (Charles de Gaulle)
3. Ein **Europa der Regionen**, in dem die einzelnen Regionen mehr Mitwirkungsmöglichkeiten haben und miteinander kooperieren, wobei möglichst viele Entscheidungen gemäß Subsidiaritätsprinzip auf regionaler und nationaler, dann erst auf europäischer Ebene getroffen werden sollen
4. Ein **Europa der differenzierten Integration (v. a. „Europa der zwei Geschwindigkeiten“)**, in dem sich diejenigen Mitglieder, die dazu bereit sind, in einem bestimmten Bereich enger zusammenschließen, während sich andere, die dies noch nicht wollen, später beteiligen können

Das Modell **„Europa der Regionen“** wurde 1994 institutionell verankert, als der **Ausschuss der Regionen** als beratendes Gremium gegründet wurde. Hier haben europäische Regionen und Städte ein Mitspracherecht bei der Gesetzgebung in Kommission, „Rat“ und Parlament, und zwar bei allen Themen, die sie betreffen.

Tatsächlich lässt sich die EU als **„Staatenverbund“** bezeichnen (so z. B. im Maastricht-Urteil des Bundesverfassungsgerichts 1993[7]). Im Laufe ihrer Entwicklung hat sie Elemente aus allen vier Modellen übernommen, sodass sie hierbei einem recht unübersichtlichen Flickenteppich gleicht und eine eindeutige Zuordnung von Maßnahmen und Einrichtungen häufig gar nicht möglich ist. So gibt es Aspekte, die als Teil einer **bundesstaatlichen Vereinheitlichung** betrachtet werden können,

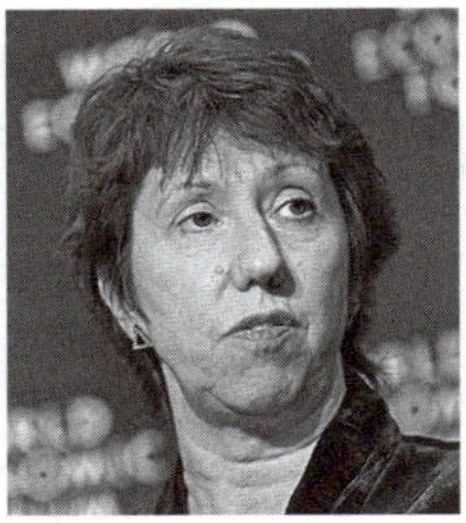

Catherine Ashton (* 1956): 2009–2014 erste Hohe Vertreterin der EU für Außen- und Sicherheitspolitik

Ein Beispiel für die **neuen Formate** ist das 2014 gebildete Normandie-Format/Normandie-Quartett aus Deutschland, Frankreich, Russland und der Ukraine. Es ging darum, die Krimkrise und den Krieg in der Ostukraine zu beenden.

besonders das kontinuierliche **Anwachsen des europäischen Rechts:** Neben dem Primärrecht der europäischen Verträge betrifft dies das in den EU-Institutionen entstandene Sekundärrecht (z. B. Verordnungen, Richtlinien, Empfehlungen), das die EU-Staaten in den meisten Fällen in nationales Recht umsetzen müssen. Schon bei der Aufnahme in die EU muss jedes Mitglied seine eigene Rechtsordnung um den **Acquis Communautaire**, also den Bestand an europäischem Recht, erweitern. Ein Beispiel für die zunehmende Integration eines bedeutenden Politikbereichs ist die **Gemeinsame Außen- und Sicherheitspolitik**, die seit dem Vertrag von Lissabon 2007 sogar durch einen „Hohen Vertreter der Europäischen Union für Außen- und Sicherheitspolitik" repräsentiert wird. Das heißt aber nicht, dass die EU nach außen hin nur mit einer Stimme spricht und die intergouvernementale Ebene keine Rolle mehr spielen würde – im Gegenteil. Auch ist es den bisherigen Amtsträgerinnen und Amtsträgern nicht gelungen, aus dem Schatten der Staats- und Regierungschefs zu treten. Letztere wiederum bilden (abseits der Arbeit im Europäischen Rat) bei konkreten Anlässen **neue Formate**, in denen sie definieren, was „europäische" Außenpolitik sein sollte.

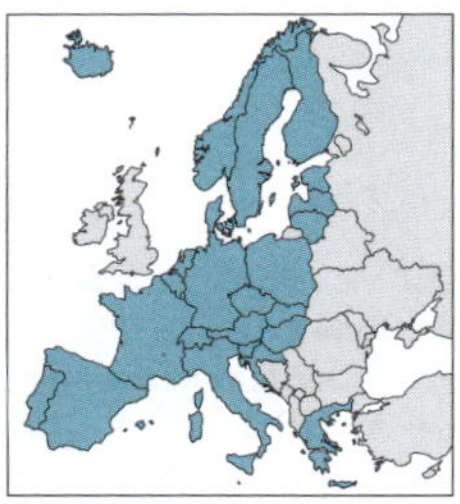

Der **Schengenraum** (Stand: 2023)

Vertrag von Amsterdam 1999: weitere Überarbeitung der bisherigen EU-Verträge (u. a. Stärkung der GASP und der Rechte des EU-Parlaments); nächste institutionelle Reform im **Vertrag von Nizza 2003**

1985/90 unterzeichnete eine Reihe von europäischen Staaten die zwei **Schengener Abkommen**, um die Kontrollen an ihren Grenzen abzuschaffen und gemeinsame Standards zur Überwachung der Außengrenzen zu definieren. Im Laufe der Zeit schlossen sich weitere Staaten, u. a. auch Nicht-EG bzw. Nicht-EU-Mitglieder (Schweiz, Island, Norwegen und Liechtenstein) an, während die EG/EU-Mitglieder Großbritannien und Irland nicht beteiligt waren. Handelte es sich zuerst um intergouvernementale Verträge und somit eine zwischenstaatliche Kooperation, die eher zum Staatenbund-Modell passt, wurde der Schengen-Besitzstand 1999 durch den **Vertrag von Amsterdam** in den rechtlichen Rahmen der EU überführt und gilt nun (mit Ausnahmen/Sonderregelungen) für alle EU-Mitgliedsstaaten. Ein ähnliches Beispiel ist das **Dubliner Übereinkommen** von 1990 zur Koordinierung der **Asylpolitik:** Es sah vor, dass das erste Teilnehmerland, mit dem ein Asylbewerber Kontakt hatte, für dessen Asylverfahren zuständig sein sollte. Auch dieses Vertragswerk wurde in EU-Recht (2003) überführt, brach aber de facto in der Flüchtlingskrise 2015 zusammen.

Neben solch intergouvernementalen Verträgen, die erst später zu EU-Recht werden, wird auch ein **„Europa der zwei Geschwindigkeiten"** innerhalb der EU-Verträge als Möglichkeit gesehen, die europäische Integration voranzutreiben. Eine Erstarrung des Einigungsprozesses schien besonders durch das Einstimmigkeitsprinzip im „Rat" (Ministerrat bzw. Rat der Europäischen Union), das bis heute für bestimmte Politikfelder vorgesehen ist, vorprogrammiert. Mit der zunehmenden Mitgliederzahl stieg auch die Wahrscheinlichkeit, dass ein einzelner Staat durch sein **Veto** Fortschritte blockiert, um seine Interessen durchzusetzen. Im Rahmen der europäischen Verträge gibt es daher die Möglichkeit, dass sich Mitglieder für engere Kooperationsprojekte innerhalb der EU zusammenschließen können, andere sich dagegen erst später oder gar nicht beteiligen. Ein zentrales Beispiel ist hier die Währungsunion mit einer **gemeinsamen Währung:** 1999/2002 wurde der **Euro** als neues Zahlungsmittel in zunächst 12 Mitgliedsländern eingeführt, weitere folgten in den kommenden Jahren. Manche der (damaligen) EU-Staaten (v. a. Großbritannien) blieben dem Projekt aber fern und nutzten **„Opt-out-Klauseln"** (Ausnahmeregelungen) – ein Prinzip, auf das übrigens Großbritannien und auch Polen zurückgriffen, als die **Charta der Grundrechte der Europäischen Union** im Zuge des Vertrags von Lissabon rechtsverbindlich wurde. Am Beispiel der Währungsunion sieht man zudem, dass selbst die engere Zusammenarbeit nur eines Teils der Mitglieder gemeinsame und starke Einrichtungen erfordert, in diesem Fall die **Europäische Zentralbank** (EZB) in Frankfurt am Main, die Euro-Gruppe und eine europäische Fiskalpolitik.

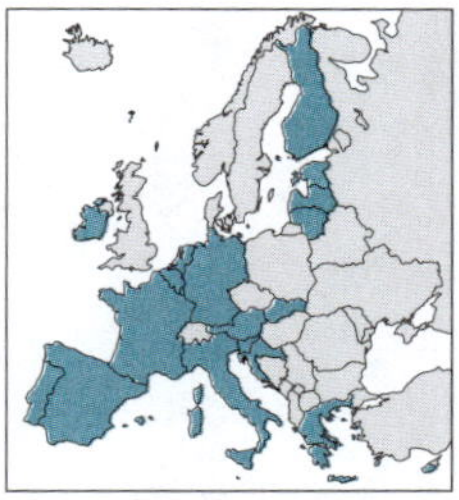

Die **Eurozone** (Stand: 2023): Mittlerweile ist der Euro in den meisten EU-Mitgliedsstaaten und darüber hinaus u. a. auch in einzelnen europäischen Nicht-EU-Staaten (Andorra, Monaco, San Marino und Vatikanstadt) offizielle Währung.

4 Das Ringen um die Europäische Verfassung

Der Kampf um die **Europäische Verfassung** zeigt klar die Problematik der zunehmend engeren Zusammenarbeit auf europäischer Ebene. Um die EU angesichts anstehender Erweiterungen arbeitsfähig und gleichzeitig demokratischer und bürgernäher zu gestalten, wurde im Jahr 2001 ein Gremium aus Vertretern des EU-Parlaments, der nationalen Parlamente und Regierungen und der EU-Kommission (Verfassungskonvent, geleitet von Valéry Giscard d'Estaing) einberufen. Miteinbezogen wurden auch die damaligen Beitrittskandidaten, darunter die 10 Länder, die 2004 im Zuge der **Osterweiterung** bzw. einer zweiten **Süderweiterung** Teil der EU wurden: Polen, Tschechien, Ungarn, die Slowakei, Litauen, Lettland, Estland und Slowenien, Malta und Zypern.

Valéry Giscard d'Estaing (1926–2020): 1974–1981 Staatspräsident Frankreichs

Der **Verfassungskonvent** legte 2003 einen **Verfassungsvorschlag** vor, der in überarbeiteter Form 2004 von den Staats- und Regierungschefs der 25 Mitgliedsstaaten unterzeichnet wurde. Nun begann der **Ratifizierungsprozess** des Verfassungsvertrags, der nach nationalen Regeln erfolgen sollte. In den meisten Ländern genügte die Zustimmung des dortigen Parlaments, in manchen Staaten war aber ein **Referendum**

Ratifizierung/Ratifikation: Bestätigung eines zuvor unterzeichneten Vertrags, der somit in Kraft treten kann und völkerrechtlich verbindlich wird obligatorisch. Letztlich **scheiterte** die Verfassung 2005 an den **Volksabstimmungen in Frankreich und den Niederlanden**. Am französischen Beispiel zeigte sich, welch schwerwiegenden Einfluss die nationale Innenpolitik auf den europäischen Integrationsprozess haben kann: Obwohl laut Verfassung ein Referendum nicht zwingend nötig gewesen wäre, setzte Präsident Jacques Chirac nach positiven Meinungsumfragen eine Volksabstimmung an. Allerdings kippte die Stimmung in der Bevölkerung so stark, dass es zu einer Mehrheit von 55 % für das „Non“ kam. Zwar gab es dafür durchaus Gründe, die mit der EU zusammenhingen, wie z. B. Ängste wegen der Aufnahme der deutlich wirtschaftsschwächeren osteuropäischen Länder und eine generelle Ablehnung des als bürgerfern, intransparent, ineffizient und elitär wahrgenommenen Integrationsprojekts. Allerdings wirkten sich auch innenpolitische Differenzen aus: So versuchten die Sozialisten, die eigentlich großteils europafreundlich waren, im Wahlkampf zu punkten, während es in der Bevölkerung massive Proteste gegen die Arbeitsmarkt-, Bildungs- und Sozialpolitik der konservativen Regierung gab. Als kurz darauf auch die Abstimmung in den Niederlanden gegen die Verfassung ausfiel, war die EU in den Augen vieler Beobachter mal wieder **gescheitert** und **„am Abgrund“**.

Gute Laune beim EU-Gipfel in Lissabon im Dezember 2007: Für die Bundesrepublik unterzeichneten Bundeskanzlerin Angela Merkel (CDU) und Bundesaußenminister Frank-Walter Steinmeier (SPD) das Vertragswerk, das 2009 in Kraft trat und den Integrationsprozess nach dem Scheitern der Europäischen Verfassung wieder voranbringen und die EU demokratischer, transparenter und effizienter machen sollte.

Wie bereits bei früheren Rückschlägen fand man auch hier eine pragmatische „Lösung“, indem man wesentliche Elemente der Verfassung übernahm und die Reform der EU 2007 im **Vertrag von Lissabon** festhielt. Zu den zentralen Inhalten gehören die Stärkung des Europäischen Parlaments als (in der Regel) gleichberechtigter Gesetzgeber, die Schaffung neuer Ämter (Hoher Vertreter der EU für Außen- und Sicherheitspolitik, Präsident des Europäischen Rats), die verbindliche Grundrechtecharta und der Ausbau der Kooperation in der GASP sowie in Polizei und Justiz. Zudem gilt seit dem Vertrag von Lissabon bei Abstimmungen im Rat (in den allermeisten Fällen) die **qualifizierte/doppelte Mehrheit:** Eine europäische Richtlinie wird verabschiedet, wenn mindestens 55 % der Mitgliedsstaaten dafür stimmen und diese gleichzeitig mindestens 65 % der EU-Bevölkerung repräsentieren. In der Folge nahmen alle Mitgliedsstaaten den Vertrag von Lissabon an. Verzögerungen gab es nur in **Irland**, wo erst eine zweite Volksabstimmung 2009 die Zustimmung der Bevölkerung brachte.

Die Institutionen der EU nach dem Austritt Großbritanniens (EU-27)

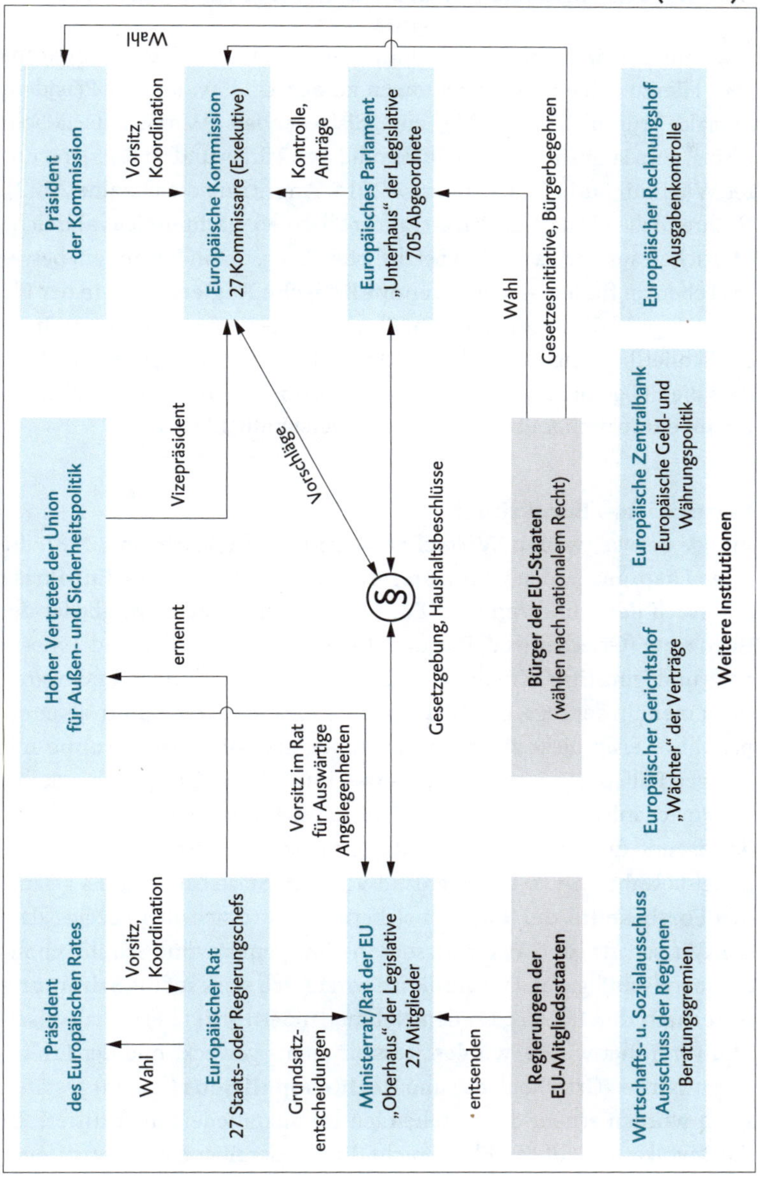

5 Im Krisenmodus: die EU im 21. Jahrhundert

Auch im **21. Jahrhundert** stand und steht die EU vor Herausforderungen: Hierzu zählen die Beziehungen zu den USA (v. a. unter Präsident Donald Trump 2017–2021), zur aufstrebenden (Wirtschafts-)Macht China, zum langjährigen Beitrittskandidaten Türkei und zu Russland unter Wladimir Putin (v. a. Krimkrise 2014, Angriff auf die Ukraine 2022). Während die EU nach außen **attraktiv** blieb – so machten sich zahlreiche Menschen aus Afrika auf den gefährlichen Weg, um in Europa ein besseres Leben zu finden –, schürten **populistische Regierungen** in der EU (z. B. Ungarn, Tschechien, Polen, Slowakei) Ressentiments gegen Brüssel. Schließlich zeigte auch die 2020 ausgebrochene **Corona-Pandemie**, dass die EU gefordert bleibt und dass **Zusammenarbeit und Solidarität** auf europäischer Ebene keine Selbstverständlichkeit sind.

Wirtschafts-/Eurokrise

Eurozone: EU-Staaten, die den Euro als offizielle Währung benutzen

Euro-Gruppe: Gremium, dem u. a. die Wirtschafts-/Finanzminister der Euro-Staaten und Vertreter von Europäischer Kommission und EZB angehören

Infolge der weltweiten **Wirtschafts- und Finanzkrise** (ab 2008), die ihren Ursprung in den USA hatte, setzte in der EU 2009 die **Eurokrise** ein: Nach der Einführung des Euro hatten sich manche Mitglieder der **Eurozone** (Griechenland, Portugal, Irland, Italien, Spanien und Zypern) aufgrund günstiger Kreditbedingungen hoch verschuldet und waren nicht mehr in der Lage, die Kredite zurückzuzahlen. Da der Euro als europäisches Kernprojekt zu scheitern drohte, griff die **Euro-Gruppe** mit riesigen Hilfsprogrammen („Rettungsschirme“ und Europäischer Stabilitätsmechanismus ESM) ein. Die EZB, die zum zentralen Krisenmanager wurde, und die auf der Ebene der Regierungschefs angesiedelten Sondergipfel bewahrten v. a. Griechenland vor dem Staatsbankrott. Es gelang, den **Fortbestand des Euro** zu sichern; es hatte sich aber gezeigt, dass die Wirtschafts- und Währungsunion ohne gemeinsame Schuldenpolitik unvollständig war. Die Eurokrise wirkte sich stark auf die **Stimmung innerhalb der EU** aus. Da den Nehmerländern strikte Haushaltsdisziplin verordnet wurde, wurden Ressentiments geweckt und der **Linkspopulismus** (Griechenland) und **Rechtspopulismus** (Italien) gestärkt. Auch wurden erneut die bestehenden Demokratiedefizite kritisiert, da die Bevölkerung auf EU-Ebene nicht direkt oder über das EU-Parlament mitsprechen konnte. In Deutschland, wo Bundestag und Bundesrat über die Rettungspakete abstimmten, und anderen Geberländern wurde das Vorgehen als alternativlos dargestellt, wodurch man das Aufkommen und Erstarken **populistischer Kräfte** wie der Alternative für Deutschland (AfD) und des französischen Front National förderte.

Die „Flüchtlingskrise" (seit 2015)

2015 wurde, stark befeuert durch den 2011 ausgebrochenen **Bürgerkrieg in Syrien**, der Migrationsdruck auf Europa so stark, dass das Dublin- und Schengen-System kollabierte. Der **Migrantenstrom über Mittelmeer und Balkan** sowie die humanitäre Notlage der Geflüchteten offenbarten das Dilemma der EU, die zwischen menschlicher Asylpolitik auf der einen, staatlichem Kontrollverlust auf der anderen Seite stand. Eine Lösung der Masseneinwanderung war über das individuelle Recht auf Asyl nicht mehr zu leisten. Nun waren die EU-Außengrenzen geöffnet; etliche (süd-)osteuropäische Staaten winkten die Flüchtlinge durch oder hielten sie mit Zäunen von ihrem Territorium ab. Der Großteil landete in der Bundesrepublik, wo Kanzlerin **Angela Merkel** mit ihrem berühmten Satz: „Wir schaffen das!" einen zusätzlichen Pull-Faktor geschaffen, aber auch für große Verstimmung v. a. bei den migrationsfeindlichen Visegrád-Staaten gesorgt hatte. Eine gleichmäßige Verteilung der Flüchtlinge auf alle EU-Mitgliedsstaaten kam nicht zustande, da sich einige Länder komplett verweigerten. In der Folge finanzierte die EU Erstaufnahmestellen in Griechenland und Hilfsprogramme in den Nachbarländern Syriens und baute die Grenzschutztruppe Frontex aus. 2016 wurde mit der von Präsident Erdoğan geführten Türkei die Vereinbarung getroffen, dass die Türkei gegen finanzielle Zuwendungen u. a. die Grenzen Richtung EU verstärken und die Flüchtlinge im eigenen Land versorgen sollte. Auch diese Krise zeigte, dass v. a. einzelne Regierungen Lösungen für Probleme finden mussten, die auf europäischer Ebene nicht bewältigt werden konnten. Eine europäische Migrations-, Flucht- und Asylpolitik, die dieser Herausforderung gewachsen gewesen wäre, existierte nicht. Zudem verstärkten sich während der Flüchtlingskrise **populistische Strömungen in ganz Europa**.

Pull-Faktoren: Migrationsanreize im Zielland (z. B. hohes Sicherheits-, Lebensniveau) → Gegenstück: **Push-Faktoren** = Gründe für Auswanderung, die mit dem jeweiligen Heimatland verbunden sind (z. B. Krieg, Armut)

Visegrád-Gruppe: 1991 gegründetes informelles Kooperationsbündnis aus Polen, Tschechien, Ungarn und der Slowakei (benannt nach der ungarischen Stadt Visegrád)

Der Austritt Großbritanniens („Brexit")

Seit dem Lissabon-Vertrag 2007/09 gibt es die Möglichkeit, **freiwillig aus der EU auszutreten**; 2017 stellte Großbritannien den ersten und bisher einzigen diesbezüglichen Antrag. Die Vorgeschichte des **„Brexit"** zeigte ähnliche Muster wie das französische Referendum über die Europäische Verfassung von 2005: Nationale Fehlkalkulationen gefährdeten das europäische Projekt als Ganzes. Der euroskeptische Premierminister **David Cameron** versprach 2013 angesichts wachsender Wahlerfolge der europafeindlichen UKIP-Partei und entsprechender Forderungen aus seiner eigenen konservativen Partei ein **Referendum über die weitere EU-Mitgliedschaft**. Auf diese Weise wollte er Druck auf die EU

„Brexit": neu zusammengesetztes Wort aus „British" und „exit" (Ausstieg, Austritt) → **„Brexiteer":** Unterstützer des „Brexit"

ausüben, um weitere Vergünstigungen für das Vereinigte Königreich auszuhandeln, und gleichzeitig die „Brexiteers" genannten EU-Gegner im Land zufriedenstellen. Nachdem er tatsächlich einzelne Zugeständnisse in Brüssel erreicht hatte, stellte er die „neue EU" zur Abstimmung und präsentierte sich nun selbst als Befürworter des Verbleibs.

„Better together": Am Vorabend von Großbritanniens EU-Austritt demonstrierten „Brexit"-Gegner erneut für den Verbleib ihres Landes in der EU. Das Referendum von 2016 hat gezeigt, wie tief gespalten das Vereinigte Königreich in seinem Verhältnis zum restlichen Europa und zum europäischen Integrationsprozess ist.

Im Juni 2016 entschied sich allerdings eine knappe Mehrheit **für den Austritt aus der EU**, ohne dass vielen Wählern die Tragweite dieses Beschlusses völlig bewusst war. Nach Camerons Rücktritt wurde seinen Nachfolgern **Theresa May** und **Boris Johnson** klar, wie schwierig ein solches Vorhaben ist: Zahlreiche Punkte und kritische Fragen (v. a. Freihandels- und Zollvereinbarungen, Sonderregelungen für die Grenze zwischen Irland und Nordirland) mussten verhandelt werden, um einen ungeregelten, **„harten Brexit"** zu vermeiden. Mehrfach wurde der Austrittstermin verschoben, bis das Vereinigte Königreich zum **1. Februar 2020** die EU endgültig verließ. Offene Fragen wurden in einer Übergangsphase geklärt; im Mai 2021 ist das Abkommen über die künftigen Beziehungen zwischen der EU und Großbritannien in Kraft getreten.

6 Zusammenfassung und Ausblick

Der **europäische Integrationsprozess**, der schließlich bis zur heutigen EU führen sollte, begann in der unmittelbaren Nachkriegszeit: Nach der Katastrophe des Zweiten Weltkriegs strebten weitsichtige Staatsmänner danach, nationale Denkmuster und alte Rivalitäten zu überwinden und durch zunehmende Kooperation endlich **den Frieden auf dem europäischen Kontinent zu sichern**. Tatsächlich gehört dieses Ziel zu den größten Erfolgen der EU, die dafür 2012 mit dem **Friedensnobelpreis** honoriert wurde. Die Zusammenarbeit, die ihren Anfang in der Wirtschaft genommen hatte, wurde Schritt für Schritt auf weitere Bereiche ausgedehnt, sodass die EU heute in vielen Politikfeldern präsent ist. Die europäische Integration zog im Laufe der Zeit weitere Länder an, die an diesem Prozess teilnehmen wollten: Mittlerweile (Stand: 2023) besteht die EU – nach dem Austritt Großbritanniens – aus **27 Staaten**, deren

Bevölkerung u. a. durch die Unionsbürgerschaft, die gemeinsame Währung Euro, Austauschprogramme (z. B. „Erasmus“ an den Universitäten), weitgehend offene Grenzen und das Aufenthaltsrecht in allen Mitgliedsstaaten verbunden ist.

Die Mitgliedsstaaten der EG/EU (Stand: 2023)

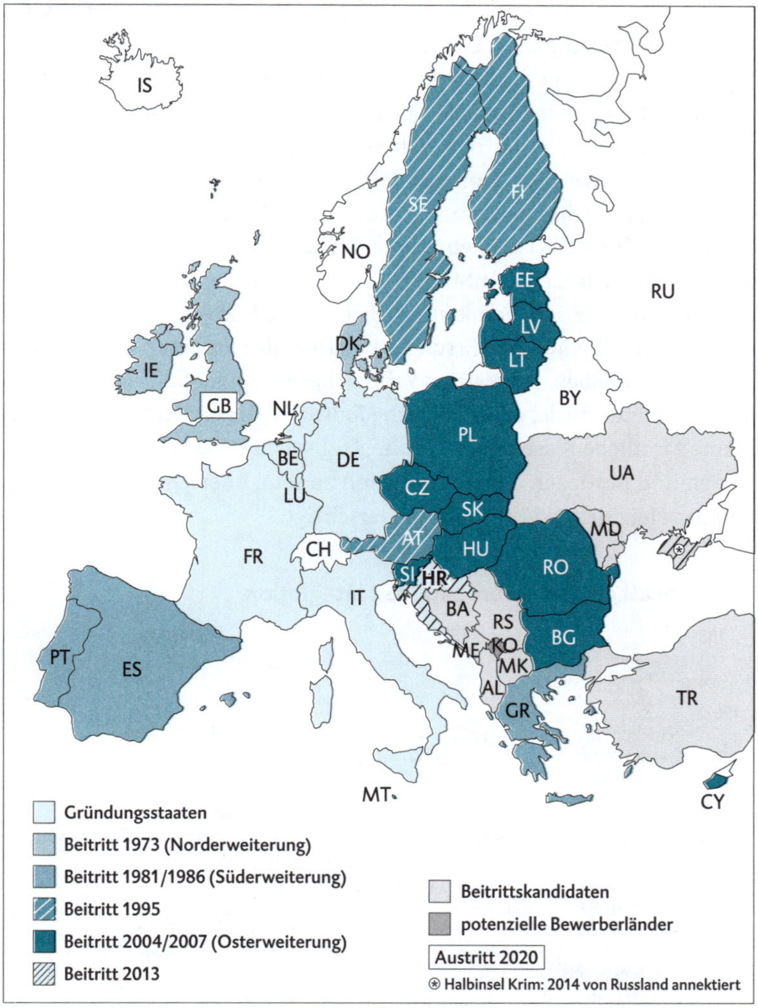

Auch wenn die europäische Einigung immer weiter fortgeschritten ist und zahlreiche **Erfolge** feiern konnte, so hat sie doch wiederholt **Rückschläge** erlebt und musste in Krisenzeiten ihre Beständigkeit erweisen.

Auch in Zukunft wird sich die Europäische Union weiteren **Herausforderungen in einer immer komplexeren Welt** zu stellen haben, u. a. dem teils sehr schwierigen Umgang mit den bedeutenden Mächten USA, Russland und China oder geostrategischen Besonderheiten wie der Nähe Europas zu instabilen Regionen (Naher Osten, Afrika). Ein Aspekt, der offensichtlich viele Menschen bewegt, lässt sich mit einer Forderung des französischen Präsidenten Emmanuel Macron zusammenfassen: **„Une Europe qui protège les Européens“**[8] („Ein Europa, das die Europäer beschützt“). So zeigt das Europabarometer 2010–2019[9], dass den Teilnehmern der Umfragen solche Themen besonders wichtig sind, die sich im weiteren Sinne unter dem Oberbegriff **„Schutz“** zusammenfassen lassen: Einwanderung, Klimawandel, Terrorismus, wirtschaftliche Lage. Gerade auch vor diesem Hintergrund gilt es, das **Vertrauen der Bevölkerung in die EU** zu stärken, politische, wirtschaftliche und kulturelle Differenzen zwischen den Mitgliedsstaaten ernst zu nehmen, beständigen Vorwürfen (z. B. Demokratiedefizit, riesige Bürokratie) zu begegnen und sich der bisherigen Errungenschaften des Integrationsprozesses bewusst zu bleiben. Angesichts zahlreicher negativer Schlagzeilen über die EU resümierte der amerikanische Journalist Steven Hill 2017, die EU könne sämtliche Krisen überstehen, „[...] solange die Lust der Europäerinnen und Europäer, Teil dieser Union zu sein, unerschütterlich anhält und das Herz dieses Vorhabens weiterschlägt.“[10]

Wichtige Etappen der europäischen Integration

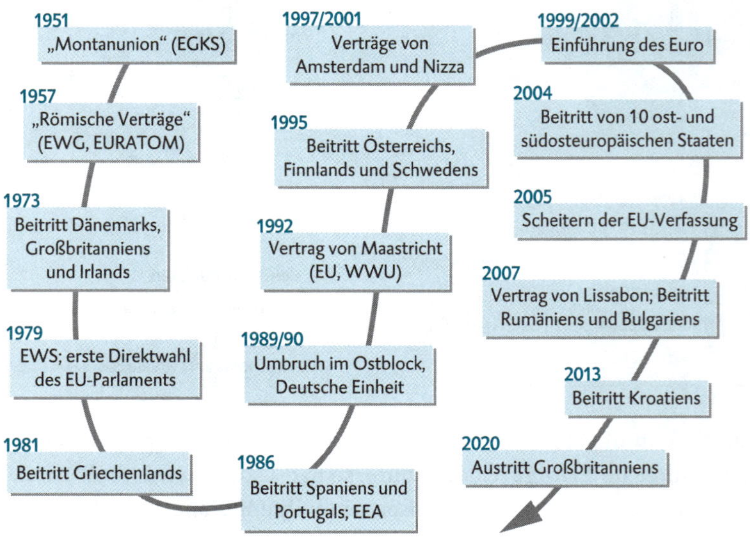

Das „Handwerkszeug“ des Historikers: Grundlagen, Methoden und Quellen

Die Abbildung zeigt eine Reihe älterer Aktenbestände im Staatsarchiv Florenz. Unter Akten versteht man vor allem Dokumente aus Regierungs- und Verwaltungsbehörden, die sich mit den unterschiedlichsten Themen befassen und in den letzten Jahrhunderten in großer Zahl entstanden sind. Aus diesem Grund wird die Neuzeit auch als „Aktenzeitalter“ bezeichnet. Aufbewahrt werden Akten in der Regel in Archiven, die wichtige Rechercheorte für Historikerinnen und Historiker sind und noch so manches geschichtliche Geheimnis hüten.

1 Geschichte und Geschichtswissenschaft

1.1 Einführung: Was heißt „Geschichte"?

In der Antike benutzten die Römer verschiedene lateinische Wörter, die man im Deutschen mit **„Geschichte"** übersetzen könnte: Unter **„res gestae"** verstanden sie Taten, die bereits geschehen sind. Davon unterschieden sie die **„historia"**, also die Erzählung von ebendiesen Ereignissen. Im deutschen Begriff „Geschichte" sind beide Bedeutungen enthalten. „Geschichte" ist eine Bezeichnung für vergangene Geschehnisse, Zustände und Personen, aber auch der Bericht davon: So ist unser letzter Sommerurlaub „Geschichte", also schon vorbei, aber wir können noch so manche „Geschichte(n)" davon erzählen.

Buchdruck mit beweglichen Lettern: um 1450 von **Johannes Gutenberg** (ca. 1400–1468) entwickelt → eines der Ereignisse, die als ausschlaggebend für den Übergang vom Mittelalter zur Neuzeit betrachtet werden

Wenn man jedoch sagt, dass die Erfindung des Buchdrucks Geschichte gemacht hat, wenn man darauf verweist, dass der Nahostkonflikt eine (Vor-)Geschichte hat oder wenn man über die Frage diskutiert, ob es einen Fortschritt in der Geschichte gibt, so geht der Begriff „Geschichte" noch darüber hinaus: Er steht dann für unsere Vorstellung und Kenntnis von allen Dingen der menschlichen Kultur, die in der Vergangenheit entstanden sind, sich bis heute verändert haben und sich in der Zukunft vielleicht noch weiterentwickeln werden. „Geschichte" bezieht sich hier also auf die **Veränderung der menschlichen Welt** im Verlauf der Zeit. Dieses Verständnis entwickelte sich ungefähr um 1800. Ab dem späten 18. und v. a. im 19. Jahrhundert wurde „Geschichte" zu einer **Wissenschaft** mit eigener Theorie, Methodik und Begrifflichkeit, die Erkenntnisse mit dem Anspruch auf universelle Geltung gewinnen möchte. Seither wird „Geschichte" wissenschaftlich erforscht und studiert.

Exemplar der Gutenberg-Bibel, um 1455 in Mainz gedruckt

Doch auch Menschen, die sich nicht beruflich mit „Geschichte" beschäftigen, berufen sich immer wieder darauf: Sie pflegen Traditionen, begehen Gedenktage, sind stolz auf ihre (Familien-)Geschichte oder empfinden diese als Verpflichtung für die Zukunft. Zudem wird in der **öffentlichen Diskussion** häufig auf „Lehren aus der Geschichte" verwiesen. Auf diese Weise kann „Geschichte" auch zum Argument werden, um Handlungen in der Gegenwart oder Forderungen für die Zukunft zu rechtfertigen.

1.2 Gegenstand und Aufgabe der Geschichtswissenschaft

Geschichte ist vielfältig und deckt die unterschiedlichsten Themen ab: So gibt es z. B. die deutsche Geschichte, die Geschichte der Technik, die Geschichte der Arbeit, die Geschichte der Massenkommunikation, die Geschichte der Emanzipation, die Geschichte bestimmter Naturphänomene und des Klimas – diese Aufzählung kann immer weiter fortgesetzt werden. Dabei gilt, dass in der Geschichtswissenschaft ganz konkret die **Veränderungen menschlicher Kultur** im Vordergrund stehen. Sie beschäftigt sich also mit allem, was in Verbindung zum Menschen steht, von ihm bewirkt bzw. geschaffen wurde oder auf ihn eingewirkt hat.

ZITAT

Auszug aus dem Werk „Historik" von Johann Gustav Droysen[1]

Hiermit haben wir den Punkt, der unserer Wissenschaft ihre eigenste Bedeutung gibt. Wir sehen sie mit einer Aufgabe beschäftigt, die spezifisch der menschlichen Natur, dem Sein des endlichen Geistes angehört. Die Menschenwelt ist durch und durch geschichtlicher Natur, und das ist ihr spezifischer Unterschied von der natürlichen Welt. Die geschichtliche Welt ist die wesentlich menschliche; sie ist zwischen der natürlichen und der übernatürlichen, wie der Mensch selbst seinem sinnlich-geistigen Wesen nach an beiden teilnimmt.

Johann Gustav Droysen (1808–1884): deutscher Historiker, grundlegende Beiträge zur Methodik der Geschichtswissenschaft

Dabei stellen sich Historiker*innen dann Fragen wie:

- Wann beginnt bzw. endet ein **Wandel**? Was geschah zuerst, was später? Was war **Ursache**, was **Wirkung**?
- Wie unterscheidet sich das Neue vom Alten? Gibt es **Kontinuitäten**, klare Entwicklungslinien oder eindeutige **Brüche**?
- Wie schnell bzw. langsam vollziehen sich **Veränderungen**? Sind auch gegenläufige Entwicklungen/Tendenzen auszumachen?

Insgesamt ist es die **Aufgabe der Geschichtswissenschaft**, historische Ereignisse und Zusammenhänge möglichst genau zu erforschen und die dabei gewonnenen Ergebnisse anschließend darzustellen, der Öffentlichkeit zugänglich zu machen und auf diese Weise einen Beitrag zur Forschungsdiskussion zu leisten. Dabei wird Geschichte aufgrund der unüberschaubaren **Vielzahl an historischen Themen** in Kategorien eingeteilt, auf die sich Wissenschaftler*innen spezialisieren können.
Insgesamt gibt es verschiedene Ansätze, **Geschichte zu gliedern und zu ordnen:**

Chronologie: Lehre von der Zeit(rechnung); auch Bezeichnung für eine Historische Hilfswissenschaft, die sich mit Formen der Datierung (z. B. verschiedenen Kalendern) beschäftigt

Epochen: größere Zeitabschnitte in der Geschichte, die sich in wesentlichen Merkmalen voneinander unterscheiden

Antike, Mittelalter, Neuzeit: bis heute sehr oft verwendete Epocheneinteilung, die maßgeblich durch den Gelehrten Christoph Cellarius (1638–1707) gefördert wurde

Teildisziplinen (weitere Beispiele):
- Alltagsgeschichte
- Geschlechtergeschichte
- Ideengeschichte
- Religions- und Kirchengeschichte
- Militärgeschichte
- Rechts- und Verfassungsgeschichte
- Sportgeschichte
- Technikgeschichte
- Umweltgeschichte

- **zeitliche Einteilung:** Geschichte beschäftigt sich mit zeitlichen Abläufen. Ereignisse werden datiert und zeitlich in den historischen Zusammenhang eingeordnet **(Chronologie)**. Zu den wichtigsten Möglichkeiten, die Fülle geschichtlicher Ereignisse zu gliedern, gehören daher die Dimension der Zeit und die **Periodisierung**, also die Einteilung und Abgrenzung von **Epochen**. Die großen Epochen aus europäischer Perspektive sind – nach der Ur- und Frühgeschichte – **Antike, Mittelalter und Neuzeit**. Hiervon ausgehend sind weitere Einteilungen möglich, z. B. die Untergliederung des Zeitalters der Industrialisierung (Neuzeit) in Vor-, Früh- und Hochindustrialisierung.
- **räumliche Einteilung:** Historische Ereignisse und Prozesse fanden nicht nur zu einer konkreten Zeit statt, sondern erstreckten sich darüber hinaus auf bestimmte geografische **Räume**, wie z. B. die Eroberung Südamerikas durch die Spanier (v. a. 16. Jahrhundert), die Industrialisierung in Europa (v. a. 19. Jahrhundert), der Deutsch-Französische Krieg (1870/71) oder die Russischen Revolutionen (1917). In diesem Sinne kann man sich im Kleinen mit Lokal- und Regionalgeschichte, im Großen mit Globalgeschichte beschäftigen oder die Geschichte verschiedener Staaten und Kontinente erforschen.
- **sachliche Einteilung:** Schließlich kann man Geschichte auch unterschiedlichen **Gegenstandsbereichen** zuordnen. Zu den wichtigsten **Teildisziplinen** der Geschichtswissenschaft, die ebenfalls Unterkategorien haben können, gehören: Politikgeschichte (z. B. Macht-/Herrschaftsformen, Durchsetzung innen- und außenpolitischer Interessen, Beziehungen zwischen Staaten), Sozialgeschichte (u. a. gesellschaftliche Strukturen und Prozesse, soziale Gleichheit bzw. Ungleichheit), Wirtschaftsgeschichte (z. B. Wirtschaftssysteme, Frage nach Wohlstand bzw. Armut) oder Kultur- und Geistesgeschichte (u. a. Religion, Kunst, Ideen). Dabei werden diese Gegenstandsbereiche in ihren besonderen Merkmalen und Eigenschaften, aber auch in ihren Wechselwirkungen und Abhängigkeiten erforscht. Untersucht man z. B., wie sich die Weltwirtschaftskrise ab 1929 auf das politische System und die Gesellschaft in Deutschland ausgewirkt hat, verknüpft man die Teildisziplinen Politik-, Wirtschafts- und Sozialgeschichte.

Die von Historikerinnen und Historikern im Rahmen ihrer Forschung erzielten Ergebnisse können über die fachliche Diskussion und Rekonstruktion der Sache „an sich" hinaus eine Bedeutung haben. So trägt die Geschichtswissenschaft dazu bei, die **Gegenwart** mithilfe historischer Entwicklungen **besser zu verstehen**, u. a. langwierige Konflikte (z. B. Nahostkonflikt), aktuelle Phänomene (z. B. moderner Islamismus), soziale Ungleichheiten (z. B. Benachteiligung von Frauen) oder politisch-wirtschaftliche Strukturen (z. B. Bedeutung der Globalisierung). Dabei erscheint es hilfreich, wenn mithilfe konkreter Beispiele das **„Gemeinsame“ bzw. „Typische“** geschichtlicher Ereignisse und Prozesse herausgearbeitet wird, z. B. warum Revolutionen entstehen. Solche Einsichten lassen sich oft besonders gut erzielen und vermitteln, wenn vergleichbare Ereignisse und Strukturen schon (länger) „Vergangenheit“ sind und die Historiker*innen, die hierzu forschen, nicht emotional involviert sind. Aus zeitlicher Distanz kann man sich außerdem einen Überblick über das gesamte Geschehen und dessen Auswirkungen verschaffen und Quellenmaterial auswerten, das zuvor noch nicht zugänglich gewesen ist.

Allerdings muss man immer beachten, dass **jedes** historische **Ereignis** letztlich **„einzigartig“** ist und man sich beim Vergleich von Vergangenheit und Gegenwart vor vorschnellen Schlüssen und Gleichsetzungen hüten muss. Darüber hinaus sollten geschichtliche Phänomene nicht unkritisch und undifferenziert mit heutigen Maßstäben und Wertvorstellungen beurteilt werden. Grundsätzlich darf man sich von der Erforschung und Kenntnis der Geschichte keine einfachen Anweisungen für künftiges Handeln erhoffen: Die Geschichtswissenschaft kann nur die Zusammenhänge erhellen, in denen Prozesse, Ereignisse und Personen eingebettet waren. Auf diese Weise hat sie aber durchaus eine **kritische Funktion:** Da historische Bezüge immer wieder in politischen Diskussionen auftauchen und Geschichte sogar vereinnahmt oder missbraucht wird, hilft die Geschichtswissenschaft dabei, die jeweiligen Argumente und die ihnen zugrunde liegenden Geschichtsbilder kritisch zu prüfen.

1.3 Die Arbeitsmittel: Quellen und Darstellungen

Damit die Geschichtswissenschaft vergangene Ereignisse rekonstruieren kann, benötigt sie **Quellen:** Diese bilden die Grundlage für jegliches geschichtliches Wissen und sind die „Spuren“, die sich uns noch heute von der Vergangenheit zeigen. Auf diese Weise bauen sie eine **Brücke zwischen der Gegenwart und der Vergangenheit**, da letztere für heute lebende Menschen nicht mehr unmittelbar zugänglich, also nicht mehr direkt erlebbar ist. Nach der Definition des Historikers **Paul Kirn** sind Quellen **„alle Texte, Gegenstände oder Tatsachen**, aus denen Kenntnis der Vergangenheit gewonnen werden kann“[2]. Um gesicherte, möglichst aussagekräftige Feststellungen über vergangene Sachverhalte treffen zu können, sollte das Material möglichst zeitnah entstanden sein.

Beispiele zur Definition:
- Texte: Urkunden, Briefe, Akten, Tagebücher
- Gegenstände: Bauwerke, Keramik, Münzen
- Tatsachen: Sitten und Gebräuche, historisch gewachsene Konfessions- und Sprachgrenzen

Auch in wissenschaftlichen Büchern, Lexikonartikeln, Beiträgen in Fachzeitschriften und Rekonstruktionszeichnungen (z. B. einer neusteinzeitlichen Siedlung) kann man Kenntnisse über geschichtliche Ereignisse und Zusammenhänge erhalten. Allerdings zählen diese Beispiele nicht zu den Quellen, sondern zu den Darstellungen. Während Quellen als Relikte aus der Vergangenheit die Basis und das Mittel geschichtlicher Forschung sind, bauen wissenschaftliche **Darstellungen** (Sekundärliteratur, Fachliteratur) auf **Ergebnissen der Quellenarbeit** auf und zeigen dabei, wie ihre Autorinnen und Autoren die **Vergangenheit deuten**. Die Unterscheidung zwischen Quelle und Darstellung ist aber nicht immer eindeutig: Gerade ältere Darstellungen können, besonders bei entsprechender Fragestellung, den Charakter einer Quelle bekommen (siehe Beispiel).

Beispiel zum Thema „Versailler Vertrag“ (1919)

Quelle	Darstellung
Dokumente oder andere Zeugnisse, die im Zusammenhang mit dem Versailler Vertrag entstanden sind, z. B.	wissenschaftliche Werke, die zusammenhängend Wissen und Deutungen zum Versailler Vertrag darlegen
• Text des Versailler Vertrags • Reden sowie Briefe, Tagebücher oder andere (auch nachträgliche) Aufzeichnungen der beteiligten Politiker	• Vorgeschichte und Ausarbeitung • konkrete Inhalte • Reaktionen und Umsetzung • Folgen und Bedeutung

Achtung: Darstellungen können zu Quellen werden!

Ein wissenschaftliches Werk über den Ersten Weltkrieg (1914–1918) und den Versailler Vertrag (1919), das in den 1920er-Jahren verfasst wurde, ist im Hinblick auf das historische Thema eine Darstellung, kann aber im Hinblick auf die Einstellung des Verfassers und seiner Zeitgenossen auch eine Quelle darstellen.

Historiker*innen beschäftigen sich in ihrer Arbeit sowohl mit Quellen als auch mit Darstellungen: Durch die Auswertung und Interpretation von Quellenmaterial erwerben sie **neue Erkenntnisse**, erweitern vorhandenes Wissen und stellen bisherige Forschungsergebnisse infrage. Darstellungen dienen dem **Wissenserwerb**, der historischen Einordnung von Ereignissen und der Auseinandersetzung mit bereits vorhandenen Erkenntnissen und Positionen. Quellen und Darstellungen ergänzen sich, erfordern aber jeweils eine andere Herangehensweise.

Unterzeichnung des **Versailler Vertrags** (→ vgl. S. 162)

1.4 Die wissenschaftliche Quellenarbeit

Um möglichst aussagekräftige Erkenntnisse über die Vergangenheit zu erzielen, wurde von der Geschichtswissenschaft die **historische** oder **historisch-kritische Methode** entwickelt: Indem Historiker*innen die „Texte, Gegenstände und Tatsachen" (Kirn) aus der Vergangenheit nach einem bestimmten Verfahren befragen, analysieren und interpretieren, können sie **kontrolliert Erkenntnisse gewinnen** und auf dieser Grundlage vergangene Ereignisse und Prozesse **rekonstruieren**. Dabei lassen sich mehrere Schritte unterscheiden:

Rekonstruktion: Wiederherstellung, Nachbildung, genaue Wiedergabe

Schritt	Vorgehen
Heuristik	Unter **Heuristik** versteht man die **Entwicklung einer Fragestellung** zu einem bestimmten Thema und die **Suche nach geeignetem Material**. Ausgehend von ihren Kenntnissen über den Sachzusammenhang und den aktuellen Forschungsstand formulieren Historiker*innen eine Frage, die sie mithilfe von Quellen und Sekundärliteratur beantworten möchten. Anschließend gehen sie systematisch auf die Suche nach relevanten Materialien, v. a. in **Bibliotheken und Archiven**.
Quellenkritik	Ziel der **Quellenkritik** ist es, mithilfe von Quellen möglichst gesicherte und aussagekräftige Aussagen über die Vergangenheit zu treffen. Bei diesem Schritt kommen auch die Erkenntnisse der verschiedenen Historischen Hilfswissenschaften ins Spiel, z. B. der Paläographie, die sich mit der Entwicklung der Schrift beschäftigt. Bei der **äußeren Quellenkritik** stehen die **Echtheit** einer Quelle und ihre **Überlieferungsgeschichte** im Vordergrund. Wurden Quellen schon in Quelleneditionen veröffentlicht, kann man dort in der Regel wesentliche Informationen zur äußeren Quellenkritik nachlesen (z. B. formale Merkmale wie Verfasser*in, Datum, Ort, Überlieferung) und muss diese Untersuchung nicht unbedingt selbst vornehmen. Die **innere Quellenkritik** arbeitet heraus, wie **glaubwürdig** die Aussagen und somit der **Informationsgehalt** einer Quelle sind. Dabei wird z. B. bestimmt, wie zeit-/ortsnah die Quelle angefertigt wurde, ob die Ausführungen vollständig und widerspruchsfrei sind, welche Perspektive der*die Verfasser*in einnimmt und ob eine gewisse Tendenz aus der Argumentation herauszulesen ist. Dazu muss man oft Informationen berücksichtigen, die über die Quelle hinausgehen, z. B. zur Biografie und sozialen Stellung des Autors/der Autorin oder zum Entstehungszusammenhang und historischen Kontext der Quelle. Voraussetzung für eine gelungene Auswertung des Quellenmaterials ist ein gründliches **inhaltliches Verständnis** der einzelnen Quellen. Dies ist nicht immer ganz leicht: In Schriftquellen sind manche Namen, Orte, Institutionen, Begriffe und Sachverhalte sowie Grammatik und Satzbau für heutige Leser*innen häufig ungewohnt, sodass Quellen erst „übersetzt" werden müssen. Bei Bildquellen muss z. B. der Einsatz von Symbolen oder Farben entschlüsselt werden. Daher sollte man bei der Quellenarbeit regelmäßig passende Fachliteratur zu Rate ziehen.

Heuristik: von griech. „heurískein" = finden, entdecken

Historische Hilfswissenschaften: Teildisziplinen der Geschichtswissenschaft, die durch ihre Ergebnisse „Hilfestellung" bei der Auswertung von Quellen leisten

weitere Beispiele:
- Aktenkunde: Lehre vom behördlichen Schriftgut
- Chronologie: Lehre von der Zeit(rechnung)
- Genealogie: Lehre von den Verwandtschaftsbeziehungen
- Heraldik: Wappenkunde
- Numismatik: Münzkunde

Quellenedition: wissenschaftliche Publikation mit Quellentexten sowie zusätzlichen Erläuterungen und Kommentaren (z. B. historischer Kontext, Informationen zu den einzelnen Quellen)

Interpretation	Bei der **Interpretation** werden alle **Erkenntnisse**, die man bei der Auswertung einer Quelle herausgearbeitet hat, zusammengetragen und **auf die Fragestellung bezogen**. Durch die Heranziehung weiterer Quellen ist es möglich, die bereits gewonnenen Informationen zu bestätigen, zu ergänzen, näher zu erläutern, einzuschränken oder auch zu widerlegen. Die Ergebnisse der Quellenarbeit können z. B. zeitlich, nach Ursache und Wirkung oder nach Interessen/Motiven der beteiligten Personen geordnet werden.
Darstellung	Den Abschluss des Prozesses bildet die **Darstellung** der Ergebnisse **in einem zusammenhängenden Text**, der gedanklich folgerichtig und methodisch nachvollziehbar die gewonnenen Erkenntnisse darlegt, sie gewichtet und bewertet sowie in den geschichtlichen Zusammenhang und den aktuellen Forschungsstand einordnet. Auf diese Weise werden die eigenen Ergebnisse auch anderen zugänglich gemacht und der wissenschaftlichen Diskussion zur Verfügung gestellt.

Insgesamt sind Heuristik, Quellenkritik, Interpretation und Darstellung als **Prozess** zu sehen, in dem die vier verschiedenen Schritte nicht streng voneinander getrennt und nacheinander abgehandelt werden, sondern immer wieder ineinandergreifen. Dabei kann es auch passieren, dass man den Prozess an manchen Stellen wieder neu beginnen muss, z. B. wenn sich bei der Quellenrecherche herausstellt, dass die ursprüngliche Fragestellung noch einmal geändert werden sollte.

In der **Schule** sind die Schritte der historisch-kritischen Methode natürlich nicht so umfassend zu leisten wie in der Wissenschaft. So kommt es selten vor (außer z. B. bei Facharbeiten oder der Teilnahme an Wettbewerben), dass Archive aufgesucht und Quellen im Original angesehen werden. Stattdessen greift man in der Regel auf bereits veröffentlichte Quellen zurück, die z. B. in Quelleneditionen erschienen und auch in Schulbüchern zu finden sind. Dadurch erhält man häufig wichtige Angaben zur Echtheit und Originalität der Quellen (= äußere Quellenkritik). Nichtsdestotrotz werden bei der schulischen Quellenarbeit **wesentliche Elemente der historischen Methode in angepasster Form** übernommen, z. B. die Formulierung einer Leitfrage, die Untersuchung der äußeren Merkmale, die innere Quellenkritik mit inhaltlicher Erschließung sowie die zusammenfassende Interpretation (vgl. Tabelle S. 327).

1.5 Perspektivität und Standortgebundenheit

In ihrer Forschung werden Geschichtswissenschaftler*innen regelmäßig vor Herausforderungen gestellt. Hierzu gehören Probleme, die mit dem Begriff **„Perspektivität“** verbunden sind und die z. B. erklären, warum Historiker*innen zu unterschiedlichen Ergebnissen und Deutungen desselben historischen Ereignisses oder Prozesses kommen können.

Beispiel: Auswertung einer Textquelle

Formulierung einer Ausgangs-/Leitfrage

- Auf welche konkrete Frage soll die Quelleninterpretation eine Antwort geben?

Untersuchung der äußeren Merkmale

- Wer hat die Quelle verfasst (Autor*in: Lebensdaten, biografischer Hintergrund)?
- Wann und wo ist die Quelle entstanden (Entstehungsort/-zeitpunkt)?
- An wen richtet sich die Quelle direkt oder indirekt (Adressat*in)?
- Um welche Quellenart handelt es sich?
- Worum geht es in der Quelle (Nennung des Themas)?
- Aus welchem Anlass wurde sie erstellt (unmittelbarer historischer Kontext bzw. Zusammenhang)?
- Welche Schlussfolgerungen lassen sich hier ziehen, z. B. zur Verlässlichkeit der Quelle?

Untersuchung von Inhalt und Aussage

Inhaltswiedergabe (wichtig: Belegen!)
- Was ist die Kernaussage der Quelle?
- Welche Sinnabschnitte lassen sich zusammenfassen, wie ist der Text strukturiert (z. B. Thesen – Belege – Beispiele – Schlussfolgerungen)?
- Welche Aussagen sind im Hinblick auf die Fragestellung wesentlich?

Informationsgehalt
- Inhaltliche und sprachliche Auffälligkeiten
  - Gibt es inhaltliche Widersprüche und Unstimmigkeiten?
  - Gibt es sprachliche Besonderheiten, u. a. rhetorische Figuren, Wortwahl und Ton (z. B. appellierend, rechtfertigend, kritisierend, polemisch, nüchtern/sachlich)?
- Perspektive und Intention
  - Welche Perspektive auf den historischen Zusammenhang hat der*die Autor*in? Gibt es andere Perspektiven?
  - Welche erkennbaren und/oder verdeckten Absichten/Ziele verfolgt der*die Autor*in und aus welchen Gründen?
- Lassen sich aus diesen Punkten Erkenntnisse zur Aussagekraft der Quelle ableiten?

Auswertung, ggf. Vergleich

- Welche Aussagen lassen sich auf Grundlage der Quelle zur Ausgangsfrage treffen?
- Welche Grenzen bestehen hinsichtlich des Aussagewerts der Quelle?
- Worin bestehen Gemeinsamkeiten und Unterschiede zu anderen, bereits ausgewerteten Quellen? Wie lassen sich diese ggf. erklären?

Deutung und Einordnung

- Welchen Beitrag hat die Quelle zur Beantwortung der Ausgangsfrage geleistet?
- Bleiben Fragen offen, die noch geklärt werden müssen? Sind hierfür weitere Recherchen nötig (Quellen, Sekundärliteratur)?

Lernvideo: **Textquellen analyiseren**

Die erste Schwierigkeit liegt in der **bruchstückhaften und perspektivischen Überlieferung**. Da Historiker*innen auf Quellen angewiesen sind, können sie nur den Ausschnitt der Vergangenheit erforschen, der durch einschlägige Quellen überliefert ist: Von der Fülle dessen, was in der Vergangenheit geschehen ist, hat das meiste gar keinen Niederschlag in Quellen gefunden, z. B. alltägliche Unterhaltungen, Begebenheiten und Tätigkeiten. Ist tatsächlich Quellenmaterial vorhanden, ist man wiederum darauf angewiesen, welche konkreten Inhalte eine Quelle enthält: So berichtet z. B. der Autor einer Textquelle aus seiner eigenen Perspektive, wählt aus und betont, was ihm wichtig erscheint, setzt Sachverhalte als bekannt voraus oder stellt Vermutungen an. Dabei vermittelt er – bewusst oder unbewusst – eine **bestimmte Sichtweise** auf das Geschehen. Verändert sich die Quellenlage (z. B. durch die Freigabe von Akten in Archiven oder privaten Nachlässen, die der Forschung/Öffentlichkeit zugänglich gemacht werden), kann die Geschichtswissenschaft zu neuen Erkenntnissen kommen. Letztendlich hat unser geschichtswissenschaftliches Wissen, auch wenn es nach aktuellem Forschungsstand plausibel erscheint, nur **vorläufigen Charakter**.

Das Problem der **Perspektivität** betrifft aber auch die Erforschung und Darstellung von Geschichte durch die Historiker*innen. Sie betrachten die Vergangenheit zurückblickend **(retrospektiv)**. Damit haben sie den Überblick darüber, was seither passiert ist, und kennen z. B. die Folgen einer Entscheidung, die den damals Handelnden nicht bekannt waren. Darüber hinaus haben Geschichtswissenschaftler*innen – wie alle anderen Menschen – individuelle Lebensläufe, vertreten bestimmte Werte und Ansichten, gehören verschiedenen sozialen Gruppen an und interessieren sich für konkrete historische Themen. Ihre **Standortgebundenheit** prägt ihre Arbeit von der Formulierung der Fragestellung bis hin zur abschließenden Darstellung. So könnte z. B. das Urteil eines französischen Historikers über die Ergebnisse des Ersten Weltkriegs anders lauten als dasjenige eines deutschen, v. a. in den 1920er-Jahren, als der Versailler Vertrag in der Öffentlichkeit kontrovers diskutiert wurde.

Geschichte als **quellengestützte Vorstellung von der Vergangenheit** ist also von der Quellenlage sowie vom Standort des Betrachtenden abhängig. Da Historiker*innen um die Perspektivität der Quellen wissen, werten sie möglichst viele Quellen aus und tragen eine Vielzahl von Informationen zusammen. Dabei sollten sie **wissenschaftliche Standards einhalten**, wie den Grundsatz, dass jede historische Aussage auf Quellen zurückgeführt und belegt werden muss, um **intersubjektiv nachvollziehbar** zu sein. Zudem ist es wichtig, dass sie sich ihrer Standortgebundenheit bewusst sind und unvoreingenommen forschen, um historische Sachverhalte möglichst objektiv und weltanschaulich neutral herauszuarbeiten. Durch die Veröffentlichung ihrer Ergebnisse stellen sie sich der Kritik anderer Historiker*innen und tragen somit zur **Forschungsdiskussion** und zum **Erkenntnisfortschritt** bei.

intersubjektiv nachvollziehbar: für viele Personen (nicht nur für den*die Verfasser*in) verständlich

2 Der Umgang mit Quellen (in der Schule)

2.1 Die Einteilung von Quellen (Typologien)

Insgesamt gibt es eine Vielzahl von **Quellenarten**. Um nicht den Überblick zu verlieren, versucht man, Quellen zu kategorisieren, wobei es unterschiedliche Möglichkeiten gibt. So kann man das Quellenmaterial z. B. in **schriftliche und nichtschriftliche Quellengattungen** einteilen:

Nichtschriftliche Quellen					Schriftliche Quellen
gegenständlich	**bildlich**	**akustisch**	**mündlich**	**abstrakt**	
• Gebäude • Denkmäler • Münzen, Geldscheine • Briefmarken • Alltagsgegenstände	• Gemälde • Plakate • Fotografien • Filme • Karikaturen	• Lieder • Radiobeiträge • weitere Aufnahmen, z. B. auf Schallplatten, CDs und Tonbändern	• Interviews, z. B. Zeitzeugenberichte • Reden • Lieder	• Sprachen • Institutionen • Traditionen, Sitten und Gebräuche • Feiertage und Feste • Spiele	• Inschriften • Urkunden • Flugblätter • Plakate • Akten • Briefe • Memoiren • Zeitungsartikel • Tagebücher • Berichte • Protokolle • Verträge • Romane, Gedichte

Innerhalb der einzelnen Quellengattungen lassen sich weitere Untergruppen bilden: So kann man die schriftlichen Quellen z. B. einteilen in **Geschäftsschriftgut** (u. a. Akten, Protokolle, Urkunden, Verträge), **propagandistische Quellen** (z. B. Flugblätter, Plakate, Reden, politische Gedichte) und **Selbstzeugnisse**, deren Verfasser*innen bewusst Einblicke in ihre persönlichen Ansichten, Gefühle, Stimmungen und Beziehungen zu anderen Menschen geben (z. B. Tagebücher, Autobiografien, Briefe und Beiträge in sozialen Medien).

Das **Tagebuch** der jungen Jüdin Anne Frank (1929–1945), die sich mit ihrer Familie vor den Nationalsozialisten versteckte und schließlich verraten und ermordet wurde, gehört zu den bekanntesten Selbstzeugnissen des Zweiten Weltkriegs.

Eine andere Möglichkeit, Quellenmaterial zu kategorisieren, fragt nach dem **zeitlichen Abstand** einer Quelle zu dem Ereignis, auf das sie sich bezieht: **Primärquellen** haben eine große zeitliche Nähe zum historischen Sachverhalt, über den sie Auskunft geben, **Sekundärquellen** hingegen wurden mit größerem Abstand zum berichteten Zeitraum verfasst.

Beispiel: Arbeit der britischen Regierung unter Churchill im Zweiten Weltkrieg	
Primärquellen	**Sekundärquellen**
Quellen, die 1940–1945 während Churchills Regierungszeit entstanden, z. B. • Protokolle der Kabinettssitzungen • Reden Churchills	Quellen, die zwar die Regierungszeit 1940–1945 behandeln, aber erst später entstanden sind und dabei ggf. auch Primärquellen zitieren, z. B. • Churchills Kriegserinnerungen („The Second World War“), die er ab 1945 verfasst und 1948–1953 in mehreren Bänden veröffentlicht hat

Kaiser Augustus (63 v. Chr.–14 n. Chr.): ab 31 v. Chr. bis zu seinem Tod erster römischer Kaiser

Eine andere Unterteilung stellt den **Erkenntniswert der Quellen** in den Vordergrund, und zwar durch die Unterscheidung zwischen **Tradition und Überrest:** Traditionsquellen wurden (auch) mit der Absicht verfasst, später lebende Menschen an ein Ereignis zu erinnern und dabei ein bestimmtes Bild zu überliefern, z. B. durch die bewusste Auswahl von Informationen oder die subjektive Bewertung des Sachverhalts. Bei Überrestquellen liegt eine solche Überlieferungsabsicht nicht vor, sie geben einen unmittelbareren Einblick in die Vergangenheit. Die Tabelle zeigt, welche Quellenarten in der Regel als Tradition bzw. Überrest gelten. Diese Einteilung ist aber nicht in Stein gemeißelt und letztlich von der jeweiligen Quelle und der Forschungsfrage abhängig, die Historiker*innen beantworten wollen: So sind Münzen aus der Regierungszeit von Kaiser Augustus Überreste, wenn es um ihren Verwendungszweck als Zahlungsmittel geht, aber Traditionsquellen, wenn man das damalige Herrschaftsbild und die Selbstdarstellung des Kaisers untersucht.

In die gleiche Richtung geht die Unterscheidung zwischen **Dokument** und **Monument:** Dokumente sind „Spuren“ aus der Vergangenheit, die zufällig erhalten sind, sich nicht explizit an die Nachwelt richten und erst durch die Geschichtswissenschaft zum Medium der Erkenntnis werden. Monumente dagegen enthalten bewusste Botschaften an spätere Generationen, z. B. Deutungen vergangener Ereignisse und Prozesse.

Quellentypologien sind hilfreich, um sich einen **systematischen Überblick** über die vielen Quellen zu verschaffen. Zudem machen sie deutlich, dass Quellen je nach Gattung, zeitlicher Nähe oder Überlieferungsabsicht von **unterschiedlichem Wert** für die Forschung sein können: So haben Primärquellen in der Regel eine höhere Glaubwürdigkeit als Sekundärquellen und Überreste gelten grundsätzlich als verlässlicher als Traditionsquellen. Nicht nur das obige Beispiel zu Tradition und Überrest zeigt, dass die Kategorisierung von Quellen auch von der jeweiligen Fragestellung und dem Erkenntnisinteresse abhängig ist. So ist z. B. eine Briefmarke eine gegenständliche Quelle, wenn es um ihre materielle

Übersicht: Traditions- und Überrestquellen[3]

Tradition		Überrest		
mündlich	**literarisch**	**sächlich**	**schriftlich**	**abstrakt**
• Epen • Sagen • Legenden • Anekdoten • Sprichwörter • Hymnen • Lieder	• Annalen • Chroniken • Viten • Autobiografien • Memoiren • Tagebücher • Reiseberichte • Festschriften • Inschriften	• Skelette • Münzen • Geräte • Bauwerke • Maschinen • Waffen • Kleidung • Möbel • Siegel • Wappen • Fahnen • Erzeugnisse von Kunst, Gewerbe usw.	• Urkunden • Akten • Gesetze • Verträge • Briefe • Protokolle • Rechnungsbücher • Quittungen • Grundbücher • Kirchenbücher • Zoll- und Steuerverzeichnisse	• Institutionen • Rechtszustände • Verfassungszustände • Sprache/Dialekte • Brauchtum • Sitte • Flur- und Ortsnamen • Landschaftsformen • Siedlungsformen

Beschaffenheit geht, eine bildliche, wenn man die Abbildung auf ihr betrachtet. Churchills Erinnerungen an den Zweiten Weltkrieg sind zwar eine Sekundärquelle im Hinblick auf die Ereignisse, über die sie berichten, aber eine Primärquelle für seine konkrete Sichtweise, die Bewertung seines eigenen Verhaltens und seine Selbstdarstellung.

Letztlich können Quellentypologien bei der Bestimmung des Quellenwerts nur erste Anhaltspunkte geben und dürfen nicht dazu führen, dass man einer Quellenart automatisch den Vorzug vor einer anderen gibt. Der besondere Erkenntniswert einer Quelle muss in jedem Fall durch das Verfahren der historisch-kritischen Methode bestimmt werden.

Erläuterungen zur Tabelle:
- Annalen: Jahrbücher
- Chronik: Darstellung von Ereignissen in chronologischer Reihenfolge
- Vita: Lebensbeschreibung (z. B. Heiligenviten)
- Autobiografien, Memoiren: Lebenserinnerungen, die von der Person selbst verfasst wurden

2.2 Zum Umgang mit Schriftquellen

Schriftliche Quellen bilden ein wichtiges Medium der Erkenntnis, da die schriftliche Überlieferung und die Anzahl der Textquellen seit dem Mittelalter und besonders seit dem 15./16. Jahrhundert stetig und deutlich zugenommen haben. Dies hat mehrere Gründe wie die Verwendung von **Papier**, das billiger war als das vorher übliche Pergament, die Erfindung des **Buchdrucks** mit beweglichen Lettern sowie die steigende **Bürokratisierung** (durch den Auf-/Ausbau von Regierungs- und Verwaltungsapparaten) und **Archivierung** von Dokumenten.

Für Historiker*innen haben Textquellen sehr häufig den Vorteil, dass sie zusammenhängende und häufig auch recht umfassende Informationen bieten. Die **große Vielfalt** an schriftlichen Quellenarten bietet zudem

Pergament: bearbeitete Tierhaut, die lange Zeit als Beschreibstoff benutzt wurde

Archivierung: fachgerechte Sammlung, Ordnung und Aufbewahrung von Quellen (v. a. Dokumente) in Archiven für fast jede Fragestellung geeignetes Material. Dabei sind aber die **typischen Besonderheiten** (Inhalt, Form, Sprache) der jeweiligen Quellengattung und somit auch deren Erkenntniswert zu beachten: So ist eine mittelalterliche Urkunde ein offizielles Dokument mit einem bestimmten Aufbau, das z. B. Rechte und Privilegien beglaubigen sollte. Private Aufzeichnungen wie Tagebucheinträge haben dagegen keine feste Form und geben v. a. Aufschluss über das Leben und die Gedanken ihrer Verfasser*innen. Solche spezifischen Merkmale müssen daher bei der Quelleninterpretation berücksichtigt werden, wie im Folgenden am **Beispiel von (politischen) Reden sowie Briefen** verdeutlicht wird.

Privilegien: Sonder- bzw. Vorrechte, die im Laufe der Geschichte z. B. dem Adel und dem Klerus gewährt wurden

Beispiel 1: (politische) Reden

Da **Reden** ursprünglich vorgetragen wurden, gehören sie streng genommen zu den **mündlichen Quellen**. Allerdings liegen gerade ältere Ansprachen, von denen es keine Video- oder Tonaufnahmen gibt, nur in schriftlicher Form vor; aber auch neuere Reden werden oft nachträglich gedruckt. In diesen Fällen zählen sie zu den **Schriftquellen**. Redner*innen richten sich in einer konkreten geschichtlichen Situation an ein zeitgenössisches Publikum. Daher handelt es sich bei historischen Reden in der Regel um Überreste bzw. Dokumente. Allerdings sollen die Zuhörer*innen, gerade bei politischen Ansprachen, beeinflusst und von einer bestimmten Sicht auf gegenwärtige und/oder vergangene Ereignisse überzeugt werden. Zudem wurde eine Rede für die Veröffentlichung vielleicht mit einem gewissen Hintergedanken überarbeitet, was man (wenn möglich) durch den Vergleich verschiedener Varianten (Manuskript, Redefassung, Publikation) klären könnte. Auch hier zeigen sich die Probleme, die mit der Einteilung von Quellen in Tradition und Überrest verbunden sind.

In Weiterentwicklung der antiken Einteilung in Gerichts-, Partei- und Festrede unterscheidet man heute v. a. **politische Reden** (z. B. Parlaments-, Wahlkampf-, Propagandareden) und **Fest-/Gelegenheitsreden** (z. B. Reden auf privaten Feiern, Gedenk- oder Einweihungsreden). Politische Reden dienen u. a. dazu, andere von einer Meinung zu überzeugen, Handlungen zu rechtfertigen und Entscheidungen herbeizuführen. Festreden zielen oft darauf ab, zu unterhalten, aber auch ein Gemeinschaftsgefühl herzustellen.

Zwei **politische Reden**, die 1963 Geschichte schrieben: Mit „I have a dream“ drückte der Bürgerrechtler Martin Luther King am 28. August 1963 in Washington seine Hoffnung auf Gleichberechtigung der schwarzen Bevölkerung in den USA aus. Berühmt wurde auch der Satz „Ich bin ein Berliner“, mit dem US-Präsident John F. Kennedy am 26. Juni 1963 in Westberlin der dortigen Bevölkerung und der Bundesrepublik die Unterstützung der USA im Kalten Krieg versprach.

Hitler und die Nationalsozialisten überließen bei ihren Propagandareden nichts dem Zufall und setzten gezielte Gesten (hier die Faust) zur Unterstreichung ihrer Reden ein.

Wer eine Rede hält, möchte seine Zuhörer*innen mit seinem Anliegen erreichen. Ob dies gelingt, zeigt sich meist an der Reaktion des Publikums, z. B. durch Applaus, Zwischenrufe oder offensichtliches Desinteresse. Um also die gewünschte Aufmerksamkeit zu erregen, sind neben Inhalt, Argumentationsstruktur, Aufbau und sprachlicher Gestaltung einer Ansprache die **Art und Weise des Vortrags** wichtig, nämlich der Einsatz von Stimme, Gesichtsausdruck (Mimik) und Körpersprache (Gestik). Zudem müssen sich Redner*innen auf die **situativen Umstände** einstellen, z. B. darauf, vor welchem Personenkreis sie auftreten, an welchem Ort (z. B. Parlament, Gedenkstätte) die Rede gehalten und ob sie über die Medien (Fernsehen, Radio, Internet) verbreitet wird. Wie akribisch dabei vorgegangen werden kann, zeigt das Beispiel **nationalsozialistischer Propagandareden:** Durch eine entsprechende rhetorische Gestaltung (ideologische Wortwahl, bestimmte Redestrategien) wurde an die Emotionen des Publikums appelliert und in manipulativer Weise eine Übereinstimmung zwischen Redner und Publikum suggeriert. Bei öffentlichen Auftritten wurde auf die bewusste Inszenierung der Veranstaltung geachtet; auch studierten z. B. Hitler und Goebbels Mimik und Gestik zuvor genau ein.

Besondere Fragen bei der Auswertung von historischen Reden

Untersuchung der äußeren Merkmale

- In welcher Fassung liegt die Rede vor (vorgetragene oder überarbeitete Fassung)?
- Welche Informationen zu Redner*in, Publikum, Ort, Zeit und Anlass der Rede gibt es?
- Wurde die Rede nur/zusätzlich über Medien (Radio, Fernsehen, Internet) verbreitet?
- Gibt es neben der schriftlichen Fassung auch noch eine Ton- oder Filmaufnahme?

Untersuchung von Inhalt und Aussage

- Wie tritt der*die Redner*in auf (Mimik und Gestik)?
- Gibt es Hinweise auf das Verhalten des Publikums (in schriftlichen Fassungen z. B. Angaben zu Unterbrechungen und Zwischenrufen)?
- Welche Gestaltungsmerkmale gibt es (u. a. Aufbau, Argumentation, Redestrategie, rhetorische Mittel)? Wie ist die Sprache (z. B. sachlich, polemisch, appellierend, propagandistisch, ideologisierend)?

Auswertung, Deutung, Einordnung

- Welche Erkenntnisse hat die Quelle zur Beantwortung der Leitfrage gebracht (unter besonderer Berücksichtigung von historischer Situation, Redner*in, Inhalt, Beziehung zum Publikum)?
- Welche weiteren Quellen/Perspektiven können herangezogen werden, um die Aussagen der Rede angemessen einordnen zu können?

Beispiel 2: Briefe

Briefe zählen erst einmal zu den Überresten/Dokumenten, da sich die Verfasser*innen in der Regel in einer bestimmten historischen Situation an zeitgenössische Adressatinnen und Adressaten richten. Bisweilen wurden Briefe jedoch auch gesammelt, überarbeitet und veröffentlicht und/oder schon mit der Absicht geschrieben, diese später zu publizieren; dann sind sie eher als Tradition/Monument einzuordnen. Daneben gibt es offene Briefe, die sich bewusst an eine breite Öffentlichkeit, teilweise sogar an die Nachwelt richten. Man unterscheidet Privatbriefe, Geschäftsbriefe und Briefe mit amtlichem Inhalt – letztere ordnet die Geschichtswissenschaft aber den Urkunden oder Akten zu. Daneben gibt es Mischformen, wenn z. B. in einem Geschäftsbrief private Passagen enthalten sind.

Liselotte von der Pfalz (1652–1722) war eine fleißige Briefschreiberin. Auf diese Weise gab sie regen Einblick in das Leben am Versailler Hof ihres Schwagers, des „Sonnenkönigs“ Ludwig XIV.

Zensur: meist von staatlicher Seite aus organisierte Kontrolle von Schriftstücken, Kunstwerken, Filmen usw., die nur bestimmte Inhalte aufweisen durften

Briefe sind eine Art **schriftlicher Dialog**, bei dem die Partner*innen räumlich getrennt sind. In der Regel richten sich die Verfasser*innen an Menschen, die sie gut kennen (z. B. Familienmitglieder, Freunde), um sie über etwas zu informieren, in ihrem Denken und Handeln zu beeinflussen, sich vor ihnen zu rechtfertigen oder bei ihnen Mitgefühl und Solidarität zu wecken. Dabei sprechen sie den*die Empfänger*in direkt an, stellen Fragen, antworten auf die vorherige Korrespondenz oder beziehen sich auf gemeinsame Erfahrungen und Erinnerungen. Solche Interna sind nicht leicht zu verstehen, zumal der Briefwechsel nicht immer vollständig vorliegt und es recht schwer sein kann, den Dialog zu erschließen. Auch ist bei der Auswertung von Briefen zu beachten, dass historische Ereignisse und Zustände aus der **Perspektive** der Verfasser*innen beschrieben werden. Dabei kommt es vor, dass Informationen ausgelassen oder verfälscht wurden, absichtlich, aus Unkenntnis oder aufgrund von Erinnerungslücken. Stammt ein Brief aus einer Zeit, in der die Post von staatlicher Seite aus kontrolliert und **zensiert** wurde (z. B. während Kriegen, in autoritären Systemen und Diktaturen), ist es möglich, dass sich ihre Verfasser*innen bereits bei der Niederschrift an die damaligen Bedingungen anpassten oder dass einzelne Inhalte nachträglich von den zuständigen Stellen gestrichen oder unkenntlich gemacht wurden.

Briefe geben als **Selbstzeugnisse** in erster Linie Aufschluss über die individuelle Situation und Haltung der Verfasser*innen, nicht nur von führenden Persönlichkeiten aus Politik, Wirtschaft und Gesellschaft: Es sind auch Einblicke in den Alltag und das Denken „normaler“ Menschen möglich, sofern diese schreiben konnten.

Besondere Fragen bei der Auswertung von Briefen
Untersuchung der äußeren Merkmale
• Wer hat den Brief geschrieben, wer hat ihn empfangen? In welchem Verhältnis stehen Verfasser*in und Adressat*in zueinander? Welchen biografischen Hintergrund haben sie, welche (gemeinsamen) Werte vertreten sie? • Liegt die Korrespondenz als Briefsammlung vor (= Einblick in den gesamten Dialog)?
Untersuchung von Inhalt und Aussage
• Woher hat der*die Verfasser*in das Wissen über die berichteten Zusammenhänge? Wie ist er/sie in das Geschehen involviert, wie groß ist die zeitliche/örtliche Nähe? • Welchen Einfluss haben die Biografie und das Wertesystem der Beteiligten? • Gibt es Auslassungen, Verzerrungen, Übertreibungen, Idealisierungen? • Welche Gefühle, Haltungen und Wertungen kommen (ausdrücklich oder implizit) zum Ausdruck? • Worin zeigt sich die Perspektive des Verfassers/der Verfasserin? Was soll mit dem Brief erreicht werden?
Auswertung, Deutung, Einordnung
• Welche Erkenntnisse konnten für die Ausgangsfrage gewonnen werden, unter besonderer Berücksichtigung der Perspektive des Verfassers/der Verfasserin? • Welche weiteren Quellen/Perspektiven kann man heranziehen, um die Aussagen angemessen einordnen zu können?

2.3 Zum Umgang mit Bildquellen

Bildquellen liegen aus **allen geschichtlichen Epochen** vor: von den Höhlenmalereien der Frühzeit und Wandmalereien in antiken Häusern über mittelalterliche Heiligendarstellungen und die Historienmalerei der Renaissance bis hin zu den zahlreichen Fotografien und Filmen des 19./20. Jahrhunderts. Technische Meilensteine wie neue, effizientere Druckverfahren und die digitale Revolution der letzten Jahrtausendwende haben dazu beigetragen, dass Bilder in größerer Menge reproduziert und immer schneller verbreitet werden konnten.

Bilder bieten anschauliche Einblicke in konkrete Situationen, bilden aber das Vorher und Nachher nicht ab, sodass es sich quasi um **Momentaufnahmen** handelt. Trotzdem kann man ihnen viele Informationen entnehmen, z. B. zu Politik, Wirtschaft, Kunst oder zum Alltagsleben (z. B. Stand der Technik, zeitgenössische Mode, Wohnverhältnisse). Zu beachten ist, dass sie nicht nur Aufschluss über das dargestellte Ereignis geben, sondern auch über die Perspektive des Künstlers/der Künstlerin bzw. des Auftraggebers/der Auftraggeberin und dessen/deren Ziel, der Nachwelt eine gewisse Sicht zu vermitteln. Außerdem können Bilder arrangiert, durchkomponiert, nachgestellt und retuschiert sein.

Retuschierung: nachträgliche Überarbeitung und Veränderung, z. B. Einfügung/Entfernung von Personen

Am 2. Mai 1945 stellte der Fotograf Jewgeni Chaldej das Hissen der sowjetischen Flagge auf dem Berliner Reichstagsgebäude nach, das ein paar Tage zuvor stattgefunden hatte, und retuschierte das Foto später. So entfernte er eine Armbanduhr, um den unteren Soldaten nicht als Plünderer erscheinen zu lassen.

Zudem kommt es beim Umgang mit Bildquellen auf eine genaue **Bildbeschreibung** und die **Deutung der Bildelemente** an. Dabei geht man auf die Bildkomposition (z. B. Vorder-, Mittel- und Hintergrund), die Perspektive (z. B. Zentral-, Vogel- und Froschperspektive), die Proportionen (z. B. natürlich, verzerrt), die Kontraste (z. B. hell-dunkel), die Farbgebung (z. B. natürlich, symbolisch) und die Darstellung von Personen (Mimik, Gestik, Bewegung, besondere Merkmale) ein. Darüber hinaus gibt es je nach Bildgattung wichtige Besonderheiten, was im Folgenden am Beispiel von **Karikaturen** und **Plakaten** verdeutlicht wird.

Lernvideo: **Karikaturen analysieren**

Beispiel 1: Karikaturen

Karikaturisten verarbeiten meistens aktuelle Themen und richten sich in erster Linie an ein zeitgenössisches Publikum, wie die Leserschaft einer Tageszeitung, einer Satirezeitschrift oder eines Flugblatts. Deshalb sind **Karikaturen** in der Regel als Überreste/Dokumente einzuordnen, die z. B. in Reaktion auf das damalige politische Geschehen entstanden sind. Karikaturen sind inhaltlich sehr vielfältig: Sie beschäftigen sich mit dem konkreten (Tages-)Geschehen (Ereigniskarikatur), mit längeren Zeiträumen und Entwicklungen (Prozesskarikatur) oder mit Strukturen wie politischen Ordnungen, sozialen Missständen oder Wirtschaftsformen (Zustandskarikatur). Neben bekannten Persönlichkeiten wie Politikern (Individualkarikatur) stehen oft Personengruppen wie Nationen im Mittelpunkt, die vereinfacht in einer einzigen Figur mit vermeintlich typischen und/oder klischeehaft zugespitzten Merkmalen (Typenkarikatur) dargestellt werden. Seltener werden Gegenstände und Symbole verwendet, um einen Sachverhalt zu karikieren (Sachkarikatur). Die Darstellung von Inhalten erfolgt nicht neutral und abgewogen, sondern **kritisch**. Betrachter*innen sollen nicht umfassend informiert werden, sondern sich mit der Aussage der Karikatur auseinandersetzen, ihr zustimmen oder sie ablehnen. Insofern sind Karikaturen „[g]ezeichnete Kommentare“[4] und „visuelle Leitartikel“[5] (Hans-Jürgen Pandel), die zum Nachdenken anregen sollen. Um dies zu erreichen, werden besondere Stilmittel eingesetzt: So werden durch **Übertreibungen** bestimmte Merkmale eines Sachverhalts oder einer Person zugespitzt, satirisch überzeichnet und

Ein typisches Beispiel für eine **Typenkarikatur** ist die Verwendung von Uncle Sam, der für die USA steht.

Satire: Kunstform, die z. B. mit Über-/Untertreibungen und Ironie arbeitet, Dinge ins Lächerliche zieht und auf diese Weise Kritik übt ironisiert. Das Mittel der **Verfremdung** führt dazu, dass Menschen oder Zustände in einem anderen, ungewohnten Zusammenhang dargestellt werden, damit gewisse Eigenschaften oder Probleme deutlich werden; dabei werden z. B. Sachverhalte personifiziert, Menschen mit Tieren verglichen oder Symbole und Metaphern verwendet.

Besondere Fragen bei der Auswertung von Karikaturen

Untersuchung der äußeren Merkmale

- Um welchen Karikaturentyp handelt es sich?
- In welchem Publikationsorgan (z. B. Zeitung, Zeitschrift) wurde die Karikatur veröffentlicht? Gibt es Informationen zu dessen politischer Ausrichtung und Zielpublikum?
- Welchen biografischen (ggf. auch politischen) Hintergrund hat der*die Karikaturist*in?

Untersuchung von Inhalt und Aussage

- Welches Ereignis, welche Entwicklung, welcher Zustand wird dargestellt? Was sind die politischen, wirtschaftlichen oder gesellschaftlichen Hintergründe?
- Welche typischen Gestaltungsmittel sind erkennbar (z. B. Symbole, Vergleiche, Metaphern, Personifikationen, Überzeichnungen)? Welche Bedeutung haben sie?
- Wie lautet die Gesamtaussage der Karikatur? Inwiefern wird z. B. Kritik geübt?

Auswertung, Deutung, Einordnung

- Inwieweit gibt der*die Karikaturist*in den thematisierten Sachverhalt angemessen wieder? Inwieweit kann man der dargestellten Einschätzung zustimmen?
- Gibt es weitere Quellen, um die Aussagen angemessen einordnen zu können?
- Welchen Erkenntniswert hat die Karikatur im Hinblick auf die Leitfrage?

Beispiel 2: Plakate

Plakate richten sich an eine zeitgenössische Öffentlichkeit, weshalb sie zu den Überresten gehören. Vermitteln sie eine gewisse Sicht auf Ereignisse oder Personen, die auch auf die Nachwelt wirken soll, bekommen sie den Charakter einer Traditionsquelle. Plakate werden für verschiedene Zwecke genutzt (u. a. Ankündigungen, Mitteilungen, politische und kommerzielle Werbung); man unterscheidet **politische Plakate** (z. B. Wahl-, Propagandaplakate) und **Werbeplakate** im engeren Sinne (z. B. Produktwerbung, Veranstaltungsankündigungen). Die meisten Plakate haben **appellativen Charakter:** Sie sollen die Betrachter*innen von einer Botschaft überzeugen und/oder zu einer konkreten Handlung veranlassen: zur Wahl einer Partei, zum Besuch einer Veranstaltung oder zum Kauf eines Produkts. Daher gibt ein Plakat v. a. Auskunft über Absicht und Einstellung des Auftraggebers/der Auftraggeberin und gewährt Einblick in politisch-gesellschaftliche Zustände und Denkweisen. Eine Besonderheit ist, dass Plakate sich nicht an einen eng umgrenzten Adressatenkreis, sondern an eine **große Öffentlichkeit** richten.

Plakat Barack Obamas aus dem US-Wahlkampf 2008 mit einer kurzen und prägnanten Botschaft: „Hope“ (Hoffnung)

Ein Plakat, das Politik und Werbung vereint und dabei positive Gefühle wecken soll: Anzeige für den KdF-Wagen, der Ausflüge in die idyllische Natur verspricht (1933)

Plakate sollen möglichst viele Menschen ansprechen, schnell Interesse wecken, leicht verständliche Botschaften vermitteln und im Gedächtnis bleiben. Im Mittelpunkt steht in der Regel das Bild; **Textelemente** sind oft zugespitzt formuliert oder auf einen kurzen prägnanten Slogan beschränkt („plakativ"). Die **bildliche Darstellung** ist einfach mit wenigen Details. Wie bei Karikaturen spielen besondere Gestaltungsmittel wie gut erkennbare Symbole eine zentrale Rolle (z. B. Taube für Frieden). Zudem wird versucht, gezielt positive oder negative Gefühle zu wecken: So wird der Besitz einer Ware als Zeichen für Ansehen und Wohlstand beworben oder der politische Gegner durch Feindbilder abgewertet.

Besondere Fragen bei der Auswertung von Plakaten

Untersuchung der äußeren Merkmale

- Um welche Art von Plakat handelt es sich?
- Wer ist Auftraggeber/in des Plakats (z. B. Partei, Unternehmen, kulturelle Einrichtung)?
- An welche (anonyme) Zielgruppe richtet es sich?

Untersuchung von Inhalt und Aussage

- Wie lautet die zentrale Botschaft des Plakats?
- Welche politisch-gesellschaftliche Einstellung ist erkennbar?
- Welche typischen Gestaltungsmittel sind erkennbar (z. B. Symbole, Vergleiche, Feindbilder)? Welche Bedeutung haben sie?

Auswertung, Deutung, Einordnung

- Wie sind Aussage und Wirkung des Plakats zu beurteilen?
- Gibt es weitere Quellen, um die Aussagen angemessen einordnen zu können?
- Welchen Erkenntniswert hat das Plakat im Hinblick auf die Leitfrage?

3 Der Umgang mit schriftlichen Darstellungen (in der Schule)

3.1 Die Einteilung von schriftlichen Darstellungen

Eine gängige Einteilung von Darstellungen ist diejenige in wissenschaftliche und populärwissenschaftliche Darstellungen. **Wissenschaftliche Darstellungen** wenden sich in der Regel an ein **Fachpublikum** und dienen der Diskussion unter Fachleuten, z. B. unter Historikerinnen und Historikern an Universitäten und Forschungseinrichtungen. Hier kann Vorwissen zu Thema, Methodik und Terminologie bei der Leserschaft vorausgesetzt werden. Um ihre Ergebnisse nachvollziehbar/-prüfbar zu machen, legen die Verfasser*innen wissenschaftlicher Darstellungen u. a. Wert auf umfangreiche Quellen- und Literaturbelege. **Populärwissenschaftliche Darstellungen** (z. B. Sachbücher, Essays in Zeitschriften/Zeitungen) richten sich hingegen an ein breiteres Publikum und wollen einer **interessierten Öffentlichkeit** geschichtliche Zusammenhänge nahebringen. Dabei wird die Komplexität historischer Forschung reduziert; die Anschaulichkeit und Klarheit der Ausführungen stehen im Vordergrund. Das heißt aber nicht unbedingt, dass diese Art der Darstellung unwissenschaftlich ist: So gibt es z. B. Biografien, deren Inhalte zwar nach streng wissenschaftlichen Maßstäben recherchiert, dann aber eher populärwissenschaftlich für ein breiteres Publikum niedergeschrieben wurden.

wissenschaftliche Darstellungen (Beispiele):
- Monografie: Abhandlung zu einem Thema, z. B. in Form einer Biografie (= Darstellung über das Leben einer Person)
- Handbuch: Überblick über ein Thema und die dazugehörige Forschung
- Aufsätze in Fachzeitschriften
- Fachlexikon: Lexikon, in dem man wichtige Begriffe/Personen nachschlagen kann

3.2 Zum Umgang mit schriftlichen Darstellungen

Auch mit Darstellungstexten sollte man sich kritisch auseinandersetzen. Bei der Feststellung der **äußeren Merkmale** gilt es zu bedenken, um welche Art von Darstellung es sich handelt: Daraus lassen sich Schlussfolgerungen zur Zielgruppe sowie zum wissenschaftlichen Anspruch und inhaltlichen Schwerpunkt ziehen. So bieten Handbücher und Lexika vor allem Überblickswissen und dienen der Erstinformation, während Monografien und Artikel in Fachzeitschriften stärker ins Detail gehen und Ereignisse bzw. Zusammenhänge in den historischen Kontext und den aktuellen Forschungsstand einordnen.

Anschließend geht es um die **inhaltliche und gedankliche Analyse** der Darstellung (bzw. des relevanten Auszugs), also um die darin vorhandenen Informationen und die jeweilige Argumentationsstruktur. Es gilt hier, die Fragestellung(en), Erkenntnisinteressen, Thesen sowie die Argumentation/Gliederung, Begründungen und Schlussfolgerungen nachzuvollziehen. Der dritte Schritt dient der eigentlichen **kritischen Auseinandersetzung** mit den Aussagen des Verfassers/der Verfasserin. Um wissenschaftlichen Ansprüchen zu genügen, müssen Darstellungen sachlich angemessen und fachlich richtig sein, also z. B. den aktuellen Forschungsstand berücksichtigen und das Quellenmaterial kritisch und genau miteinbeziehen. Die Argumentation muss nachvollziehbar und widerspruchsfrei sein; zudem sollten die Perspektive des Verfassers/der Verfasserin, die Maßstäbe der Bewertung sowie die Bewertung klar werden. Wie bei den Quellen ist es bei Darstellungen wichtig, stets vorsichtig zu bleiben, da es immer wieder Werke (auch mit wissenschaftlichem

Jubiläen und besondere Jahrestage sind oft Anlass, um bestimmte historische Ereignisse (erneut) genau zu erforschen und **neue Darstellungen** zu publizieren. Rund 100 Jahre nach Ausbruch des Ersten Weltkriegs sind u. a. die Monografie von Jörn Leonhard oder auch Christopher Clarks „Die Schlafwandler" (vgl. S. 135) erschienen.

Anspruch) gibt, die wissenschaftliche Methoden verletzen, die Konkurrenz unterschiedlicher Positionen und Perspektiven nicht zulassen oder ideologisch-weltanschaulich beeinflusst sind.
Während in Prüfungen in der Regel nur ein oder mehrere Textauszüge vorliegen, muss für größere Arbeiten (z. B. Fach-/Seminararbeit) mehr Material ausgewertet werden. In diesem Fall ist es sinnvoll, weitere Darstellungen zu demselben historischen Sachverhalt heranzuziehen und diese zu **vergleichen**. So gewinnt man auch Einblick in die Forschungsdiskussion und die Kontroversität des historischen Erkenntnisprozesses.

Mögliche Fragen an eine Darstellung
Formulierung einer Leitfrage
• Welche Frage soll die kritische Auseinandersetzung mit der Darstellung beantworten?
Untersuchung der äußeren Merkmale
• Wer hat die Darstellung verfasst (biografischer und wissenschaftlicher Hintergrund)? • Wann und wo ist die Darstellung entstanden (Entstehungsort/-zeitpunkt)? • Um welche (populär)wissenschaftliche Textsorte handelt es sich (z. B. Monografie)? An wen richtet sie sich daher vornehmlich (Zielpublikum)? • Worum geht es in der Darstellung (Thema)? • Welche ersten Schlussfolgerungen lassen sich hier z. B. zur Perspektive ziehen?
Untersuchung von Inhalt und Aussage
Wiedergabe des Inhalts und der Argumentationsstruktur (wichtig: Belegen!) • Worin besteht die zentrale These des Verfassers/der Verfasserin? • Wie ist die Argumentation aufgebaut (z. B. Thesen, Begründungen, Belege, Entkräftung von Einwänden, Schlussfolgerungen, Bewertung), welche Argumente sind ausgeführt? • Auf welche historischen Sachverhalte beziehen sich These und Argumentation?
Auswertung
• Ist der Gedankengang schlüssig und nachvollziehbar? Gibt es Widersprüche/Unstimmigkeiten? • Werden Aspekte, die für den historischen Zusammenhang relevant sind, nicht oder kaum berücksichtigt? Widerspricht die Darstellung Informationen aus Quellen oder anderen Darstellungen? • Gibt es offene/versteckte Wertungen? Werden Maßstäbe und Wertungen vertreten, die auf einen bestimmten politischen Hintergrund schließen lassen (z. B. ideologisch gefärbtes Vokabular)? Werden diese offen angesprochen?
ggf. Vergleich
• Gibt es weitere Darstellungen, die vergleichend herangezogen werden können? • Welche Aspekte können verglichen werden (z. B. Beurteilung der Ausgangsfrage)? Wie lassen sich diese Gemeinsamkeiten und Unterschiede erklären? • Welche Darstellung/Perspektive/Deutung ist überzeugender und warum?
Deutung und Einordnung
• Welche Erkenntnisse hat die Darstellung zur Beantwortung der Leitfrage gebracht? • Sind weitere Recherchen nötig? Bleiben Fragen offen, die noch zu klären sind?

Stichwortverzeichnis

Quellennachweis

Umschlag

Umschlagbild

Quadriga (Brandenburger Tor) vor Reichstagskuppel: 360b/Alamy Stock Foto

Umschlagbilder Innenseiten

Einzug Napoleons in Berlin: Niday Picture Library/Alamy Stock Foto; Siegesfeier Deutsch-Französischer Krieg: Pictorial Press Ltd/Alamy Stock Foto; Friedrich Ebert begrüßt heimkehrende Soldaten: akg-images; Olympische Spiele/Brandenburger Tor: Shawshots/Alamy Stock Foto; Mauerbau am Brandenburger Tor: Peter Horree/Alamy Stock Foto; Fall der Berliner Mauer: imageBROKER/Alamy Stock Foto

Zitatkästen und Zitate im Fließtext

Aufklärung und bürgerliche Revolutionen

1 Immanuel Kant: Beantwortung der Frage: Was ist Aufklärung? In: Berlinische Monatsschrift (1784, H. 12), S. 481.

2 Ebd.

3 Aus: Unabhängigkeitserklärung vom 4. Juli 1776 (mit leichten Anpassungen an die neue Rechtschreibung), unter: https://usa.usembassy.de/etexts/gov/unabhaengigkeit.pdf

4 Aus: Erklärung der Menschen- und Bürgerrechte vom 26. August 1789, unter: https://www.conseil-constitutionnel.fr/sites/default/files/2019-02/20190218Erkl%C3%A4rung_der_Menschen.pdf

5 Goethes Sämtliche Werke in 36 Bänden. Mit Einleitungen von Karl Goedeke, 24. Band: Kampagne in Frankreich. – Die Belagerung von Mainz. Verlag der J. G. Cotta'schen Buchhandlung: Stuttgart 1895, S. 55.

6 Georg Büchner: Dantons Tod. Ein Drama, Philipp Reclam jr.: Stuttgart 2008 (Lizenzausgabe mit Genehmigung der Wissenschaftlichen Buchgesellschaft Darmstadt), S. 23.

Deutschland von der Französischen Revolution bis zum Vormärz (1789–1847/48)

1 Aus: „Des Deutschen Vaterland" von Ernst Moritz Arndt (1813), unter: https://germanhistorydocs.ghi-dc.org/pdf/deu/1_C_NS1_Des_Deutschen_Vaterland.pdf

2 Ebd.

3 Aus: Artikel 1 der Deutschen Bundesakte vom 8. Juni 1815, in: Wolfgang Hardtwig/Helmut Hinze (Hrsg.): Vom Deutschen Bund zum Kaiserreich 1815–1871 (Deutsche Geschichte in Quellen und Darstellung, Bd. 7), Philipp Reclam jun.: Stuttgart 1997, S. 37.

4 Aus: Artikel 2 der Deutschen Bundesakte, in: Ebd.

5 Aus: Artikel 13 der Deutschen Bundesakte, in: Ebd., S. 42

6 Aus: Rede des Studenten Heinrich Riemann auf dem Wartburgfest, 18. Oktober 1817, in: Ebd., S. 67 f.

7 Aus: Festrede des Publizisten Johann Georg August Wirth auf dem Hambacher Fest, 27. Mai 1832, in: Ebd., S. 95.

8 August Heinrich Hoffmann von Fallersleben: Lied der Deutschen, dreiseitiges Notenblatt, Melodie von „Gott erhalte Franz, den Kaiser" von Joseph Haydn (1797), arrangiert für Singstimme und Piano oder Gitarre, Verlag Hoffmann und Campe, Hamburg und Stuttgart, 1. September 1841.

Die Revolution von 1848/49

1 Aus: Proklamation des preußischen Königs Friedrich Wilhelm IV. vom 21. März 1848, in: Wolfgang Hardtwig/Helmut Hinze (Hrsg.): Vom Deutschen Bund zum Kaiserreich 1815–1871 (Deutsche Geschichte in Quellen und Darstellung, Bd. 7), Philipp Reclam jun.: Stuttgart 1997, S. 266 f.

2 Aus: Erwiderung Friedrich Wilhelms IV. an die Deputation der deutschen Nationalversammlung vom 3. April 1849, in: Ebd., S. 334.

3 Friedrich Wilhelm IV., zitiert in: Walter Grab (Hrsg.): Die Revolution von 1848/49. Eine Dokumentation, Philipp Reclam jun.: Stuttgart 1998, S. 175.

Das Deutsche Kaiserreich

1 Aus: Bismarcks Rede vor der Budgetkommission des preußischen Abgeordnetenhauses, 30. September 1862, in: Wolfgang Hardtwig/Helmut Hinze (Hrsg.): Vom Deutschen Bund zum Kaiserreich 1815–1871 (Deutsche Geschichte in Quellen und Darstellung, Bd. 7), Philipp Reclam jun.: Stuttgart 1997, S. 411 f.

2 Aus: Gesetz gegen die gemeingefährlichen Bestrebungen der Sozialdemokratie („Sozialistengesetz") vom 21. Oktober 1878, unter: http://www.documentarchiv.de/ksr/soz_ges.html

3 Aus: Rede Benjamin Disraelis vor dem britischen Unterhaus, 9. Februar 1871, unter: https://ghdi.ghi-dc.org/sub_document.cfm?document_id=1849&language=german

4 Aus: Reichstagsrede von Reichskanzler Bernhard von Bülow, 29. März 1909, in: Johannes Hohlfeld (Hrsg.): Dokumente der Deutschen Politik und Geschichte von 1848 bis zur Gegenwart, Band II. Berlin/München 1951, S. 208 ff.

Das Zeitalter des Imperialismus

1 Aus: Bernhard von Bülows Reichstagsrede vom 6. Dezember 1897, unter: https://ghdi.ghi-dc.org/pdf/deu/607_Buelow_Platz%20an%20der%20Sonne_111.pdf

Der Erste Weltkrieg

1 Fritz Fischer: Griff nach der Weltmacht. Die Kriegszielpolitik des kaiserlichen Deutschland 1914/18, Droste Verlag: Düsseldorf, 3., verbesserte Auflage 1964, S. 104.

2 Christopher Clark: Die Schlafwandler. Wie Europa in den Ersten Weltkrieg zog, Deutsche Verlags-Anstalt: 8. Auflage München 2013, S. 17, 718.

3 Aus: Thronrede Wilhelms II. vor den Abgeordneten des Reichstags, 4. August 1914, unter: https://www.1000dokumente.de/index.html?c=dokument_de&dokument=0081_kwi&object=translation&l=de

Die Weimarer Republik

1 Walter Mühlhausen: Das Weimar-Experiment. Die erste deutsche Demokratie 1918–1933, Verlag J.H.W. Dietz: Bonn 2019.

2 Aus: Rede von Bundespräsident Frank-Walter Steinmeier bei der Gedenkstunde des Deutschen Bundestages am 9. November 2018, unter: https://www.bundespraesident.de/SharedDocs/Downloads/DE/Reden/2018/11/181109-Gedenkstunde-Bundestag.pdf?__blob=publicationFile

3 Verhandlungen der verfassunggebenden Deutschen Nationalversammlung. Stenographische Berichte, Bd. 329 (Von der 71. Sitzung am 31. Juli 1919 bis zur 90. Sitzung am 3. Oktober 1919, Berlin: Druck und Verlag der Norddeutschen Buchdruckerei und Verlags-Anstalt, Berlin 1920, S. 2195; unter: https://www.reichstagsprotokolle.de/Blatt2_wv_bsb00000013_00070.html

4 Aus: Artikel 48 der Verfassung des Deutschen Reichs („Weimarer Reichsverfassung") vom 11. August 1919, auf: http://www.documentarchiv.de/wr/wrv.html

5 Aus: Artikel 151 der Verfassung des Deutschen Reichs, unter: Ebd.

6 Aus: Artikel 133 der Verfassung des Deutschen Reichs, unter: Ebd.

7 Verhandlungen der verfassunggebenden Deutschen Nationalversammlung 1919. Band 327, 41. Sitzung, 23. Juni 1919, Stenographische Berichte. Berlin: Druck und Verlag der Norddeutschen Buchdruckerei und Verlags-Anstalt, 1920, S. 1140, unter: www.reichstagsprotokolle.de/Blatt2_wv_bsb00000011_00411.html

8 Aus: Artikel 109 der Verfassung des Deutschen Reichs, auf: http://www.documentarchiv.de/wr/wrv.html

9 Heinrich August Winkler, zitiert in der Rede von Bundespräsident Frank-Walter Steinmeier bei der Gedenkstunde des Deutschen Bundestages am 9. November 2018, unter: https://www.bundespraesident.de/SharedDocs/Downloads/DE/Reden/2018/11/181109-Gedenkstunde-Bundestag.pdf?__blob=publicationFile, sowie Heinrich August Winkler: 100 Jahre Kriegsende. Pflicht und Schuldigkeit (5. November 2018), siehe: https://www.faz.net/aktuell/politik/die-gegenwart/weimar-war-entscheidend-fuer-die-bonner-demokratie-15873717.html

Nationalsozialismus und Zweiter Weltkrieg

1 Sebastian Haffner: Anmerkungen zu Hitler. Fischer Taschenbuch: Frankfurt a. M. 1981, S. 28 f. (Lizenzausgabe mit Genehmigung des Kindler Verlags 1978).

2 Aus: Joseph Goebbels: Was wollen wir im Reichstag?, in: Der Angriff, 30. April 1928, unter: https://archive.org/stream/DerAngriff-AufsaetzeAusDerKampfzeit/GoebbelsJoseph-DerAngriff-AufsaetzeAusDerKampfzeit1935345S.ScanFraktur#page/n71/mode/2up (dort S. 71, 73)

3 André François-Poncet: Als Botschafter im „Dritten Reich". Die Erinnerungen des französischen Botschafters in Berlin, September 1931 bis Oktober 1938. Übers. Erna Stübel. Florian Kupferberg Verlag: Main – Berlin 1980 (Nachdruck der ersten deutschen Ausgabe 1947), S. 81.

4 Aus: Rede des SPD-Vorsitzenden Otto Wels zum „Ermächtigungsgesetz", 23. März 1933, aus: Verhandlungen des Reichstags, Band 457, VIII. Wahlperiode 1933, Stenographische Berichte, Berlin 1934, S. 33 f.

5 Joachim Fest, zitiert in: Hans-Ulrich Thamer: Nationalsozialismus I. Von den Anfängen bis zur Festigung der Macht (Informationen zur politischen Bildung 251), überarbeitete Neuauflage, Bonn 2003, S. 13.

6 Adolf Hitler, zitiert in: Hans-Ulrich Thamer: Nationalsozialismus I. Von den Anfängen bis zur Festigung der Macht (Informationen zur politischen Bildung 251), Bonn 1996, S. 15.

7 Volker Dahm: Die „deutsche Volksgemeinschaft" und ihre Organisation, in: Ders. u. A. (Hrsg.): Die tödliche Utopie. Bilder, Texte, Dokumente, Daten zum Dritten Reich. Berlin – München 2008, S. 243 (Veröffentlichung des Instituts für Zeitgeschichte zur Dokumentation Obersalzberg, Neuausgabe München 2008).

8 „Gebet für den ‚Führer'", zitiert in: Hermann Glaser (Hrsg.): Das Dritte Reich: Wie es war und wie es dazu kam. Bericht und Dokumente. 5., überarbeitete und ergänzte Neuauflage, Herder Verlag: Freiburg im Breisgau 1979, S. 68.

9 Hans Günter Hockerts: Führermythos und Führerkult, in: Volker Dahm u. A. (Hrsg.): Die tödliche Utopie. Bilder, Texte, Dokumente, Daten zum Dritten Reich. Berlin – München 2008, S. 189 (Veröffentlichung des Instituts für Zeitgeschichte zur Dokumentation Obersalzberg, Neuausgabe München 2008).

10 Aus: Rede Hitlers in Reichenberg, 2. Dezember 1938 (Transkription einer Tonaufnahme), zitiert in: Hermann Glaser (Hrsg.): Das Dritte Reich: Wie es war und wie es dazu kam. Bericht und Dokumente. 5., überarbeitete und ergänzte Neuauflage, Herder Verlag: Freiburg im Breisgau 1979, S. 114.

11 Aus: §5 der Ersten Verordnung zum Reichsbürgergesetz vom 14. November 1935, unter: https://www.1000dokumente.de/index.html?c=dokument_de&dokument=0007_nue&object=translation&st=&l=de

12 Adolf Hitler, zitiert in: Hans-Ulrich Thamer: Verführung und Gewalt. Deutschland 1933–1945. Wolf Jobst Siedler Verlag: Berlin 1986, S. 392 (Die Deutschen und ihre Nation: Neuere dt. Geschichte in 6 Bd., hier: Bd. 5).

13 Wolfgang Benz: Holocaust. Verlag C.H. Beck: München, 8. Auflage 2014, S. 49.

14 Ebd., S. 101.

15 Darstellung zu Formen abweichenden Verhaltens und Stufenmodell nach Peukert: Detlev Peukert: Volksgenossen und Gemeinschaftsfremde. Anpassung, Ausmerze und Aufbegehren unter dem Nationalsozialismus. Bund Verlag: Köln 1982, S. 96 ff.; Detlev Peukert: Die Edelweißpiraten. Protestbewegung jugendlicher Arbeiter im „Dritten Reich". Eine Dokumentation. Köln 1980, S. 236.

Die Besatzungszeit 1945–1949

1 Werner Abelshauser: Wunder gibt es immer wieder. Mythos Wirtschaftswunder (Aus Politik und Zeitgeschichte/ bpb.de – CC BY-NC-ND 3.0 DE, unter: https://www.bpb.de/apuz/271677/wunder-gibt-es-immer-wieder-mythos-wirtschaftswunder?p=all

2 Aus: Mitteilung über die Dreimächtekonferenz von Berlin (Konferenz von Potsdam) vom 2. August 1945, unter: https://www.1000dokumente.de/index.html?c=dokument_de&dokument=0011_pot&object=translation&st=&l=de

3 Ebd.

4 Aus: Stuttgarter Rede von US-Außenminister James F. Byrnes vom 6. September 1946, unter: https://ghdi.ghi-dc.org/pdf/deu/Allied%20Policies%209%20GER1.pdf

5 Aus: Rede von Winston Churchill in Fulton/USA, 5. März 1946, unter: https://www.chronik-der-mauer.de/180128/rede-von-winston-churchill-in-fulton-usa-5-maerz-1946

6 Aus: Präambel des Grundgesetzes von 1949, in: Bundesgesetzblatt 1949, Nr. I, Bonn, 23. Mai 1949, S. 1, unter: https://www.bgbl.de/xaver/bgbl/start.xav?start=%2F%2F*%5B%40attr_id%3D%27bgbl149001.pdf%27%5D#__bgbl__%2F%2F*%5B%40attr_id%3D%27bgbl149001.pdf%27%5D__1637241203238

7 Ebd.

8 Christoph Kleßmann: Verflechtung und Abgrenzung. Aspekte der geteilten und zusammengehörigen deutschen Nachkriegsgeschichte, in: Aus Politik und Zeitgeschichte (APuZ), B 29–30/1993.

Die Bundesrepublik Deutschland 1949–1989/90

1 Christian Henrich-Franke: Die Geschichte der Bundesrepublik Deutschland. Von der Gründung 1949 bis zur Gegenwart. marixverlag: Wiesbaden 2019, S. 47.

2 Artikel 20 des Grundgesetzes vom 23. Mai 1949,in: Bundesgesetzblatt 1949, Nr. I, Bonn, 23. Mai 1949, S. 3, unter: https://www.bgbl.de/xaver/bgbl/start.xav?start=%2F%2F*%5B%40attr_id%3D%27bgbl149001.pdf%27%5D#__bgbl__%2F%2F*%5B%40attr_id%3D%27bgbl149001.pdf%27%5D__1637241203238

3 Aus: Rede Richard von Weizsäckers auf der Gedenkveranstaltung des Deutschen Bundestages zum 40. Jahrestag des Endes des Zweiten Weltkriegs in Europa (Bonn, 8. Mai 1945), unter: https://www.bundespraesident.de/SharedDocs/Reden/DE/Richard-von-Weizsaecker/Reden/1985/05/19850508_Rede.html

4 Brief der Regierung der Bundesrepublik Deutschland zur deutschen Einheit an die Regierung der Deutschen Demokratischen Republik vom 21. Dezember 1972, Bundesgesetzblatt 1973, Teil II, Nr. 25 (Bonn, 9. Juni 1973), S. 425.

5 Auszug aus den Beschlüssen des 30. Bundesparteitags der CDU in Hamburg, 2.–5. November 1981, S. 368, unter: https://www.kas.de/c/document_library/get_file?uuid=56c81f98-a709-a9ed-40f8-7a12e8ff74c4&groupId=252038

6 Aus: Rede von Bundeskanzler Helmut Kohl im Bundestag („10-Punkte-Programm") vom 28. November 1989, zitiert auf: https://www.bundesregierung.de/breg-de/suche/kohls-zehn-punkte-plan-354022

7 Artikel 23 und 146 (Fassung 1949), in: Bundesgesetzblatt 1949, Nr. I, Bonn, 23. Mai 1949, S. 3 f., 19; unter: https://www.bgbl.de/xaver/bgbl/start.xav?start=%2F%2F*%5B%40attr_id%3D%27bgbl149001.pdf%27%5D#__bgbl__%2F%2F*%5B%40attr_id%3D%27bgbl149001.pdf%27%5D__1637241203238
Artikel 23 und 146 GG (heutige Fassung), unter: https://www.gesetze-im-internet.de/gg/GG.pdf (S. 7, 49)

8 Aus: Rede von Bundeskanzlerin Angela Merkel vor der Knesset, 18. März 2008, Jerusalem (Bulletin 26-1), unter: https://www.bundesregierung.de/breg-de/service/bulletin/rede-von-bundeskanzlerin-dr-angela-merkel-796170

Die DDR und die deutsche Wiedervereinigung 1949–1989/90

1 Aus: Artikel 6 der Verfassung der DDR vom 7. Oktober 1949, unter: http://www.verfassungen.de/ddr/verf49.htm

2 Aus: Artikel 1 der DDR-Verfassung von 1949, unter: Ebd.

3 Aus: Artikel 50 der DDR-Verfassung von 1949, unter: Ebd.

4 Anton Ackermann: Gibt es einen besonderen deutschen Weg zum Sozialismus? (1946), unter: https://ghdi.ghi-dc.org/pdf/deu/Parties%20SZ%203%20GER_Final.pdf

5 Artikel 1 der Verfassung der DDR vom 6. April 1968, in: Dieter Grosser, Stephan Bierling, Beate Neuss (Hrsg.): Deutsche Geschichte in Quellen und Darstellung, Bd. 11: Bundesrepublik und DDR 1969–1990. Philipp Reclam jun.: Stuttgart 1996, S. 219.

6 Aus: Protokoll über die Sitzung des Politbüros vom 14. Juli 1953, SAPMO-BArch, DY 30/J IV 2/2/305, Bl. 2, unter: https://www.bpb.de/geschichte/zeitgeschichte/deutschlandarchiv/217123/max-fechner-opfer-oder-taeter-der-justiz-der-deutschen-demokratischen-republik#footnode6-6

7 Walter Ulbricht am 15. Juni 1961, zitiert auf: https://www.bundesregierung.de/breg-de/themen/deutsche-einheit/-niemand-hat-die-absicht-eine-mauer-zu-errichten--393932

8 Aus: Artikel 6 der Verfassung der DDR vom 7. Oktober 1974, unter: http://www.verfassungen.de/ddr/verf68-i.htm

9 Aus dem Abschnitt „Achtung der Menschenrechte und Grundfreiheiten, einschließlich der Gedanken-, Gewissens-, Religions- oder Überzeugungsfreiheit" der KSZE-Schlussakte von Helsinki, 1. August 1975, unter: https://www.osce.org/files/f/documents/6/e/39503.pdf

10 Aus: Honeckers Tischrede während seines Staatsbesuchs in der Bundesrepublik am 7. September 1987, in: Dieter Grosser, Stephan Bierling, Beate Neuss (Hrsg.): Deutsche Geschichte in Quellen und Darstellung. Bd. 11: Bundesrepublik und DDR 1969–1990. Stuttgart: Philipp Reclam jun. 1996, S. 288, 291.

11 Aus: Berliner Appell „Frieden schaffen ohne Waffen" von Robert Havemann und Rainer Eppelmann, 25. Januar 1982, unter: https://www.jugendopposition.de/node/150380?guid=2157

12 Aus: Artikel 15 der DDR-Verfassungen 1968 und 1974, hier zitiert aus der Fassung 1968 unter: https://www.kas.de/c/document_library/get_file?uuid=9c5c691c-e04a-85b3-5200-167692469643&groupId=252038

13 Hans-Dietrich Genscher am 30. September 1989 in Prag, mit Videoaufnahme unter: https://prag.diplo.de/cz-de/botschaft/-/1306446

14 Erich Honecker am 14. August 1989, zitiert auf: https://www.bundesregierung.de/breg-de/aktuelles/-den-sozialismus-in-seinem-lauf--468918

Die Europäische Integration: von den Anfängen bis zum „Brexit

1 Aus: Schuman-Erklärung vom 9. Mai 1950, unter: https://european-union.europa.eu/principles-countries-history/history-eu/1945-59/schuman-declaration-may-1950_de

2 Aus: Winston Churchills Rede an die akademische Jugend (Zürich, 19. September 1946), unter: https://www.europa-union.de/fileadmin/files_eud/PDF-Dateien_EUD/Allg._Dokumente/Churchill_Rede_19.09.1946_D.pdf

3 Auf den französischen Staatspräsidenten Georges Pompidou zurückgehende Formel zur weiteren Gestaltung der EG, die das Haager Gipfeltreffen 1969 bestimmt hat, siehe: https://www.cvce.eu/de/collections/unit-content/-/unit/02bb76df-d066-4c08-a58a-d4686a3e68ff/469b10f9-50bd-481a-a6aa-27852fe3eae6

4 Helmut Kohl: Erinnerungen. Band 3: 1990 bis 1994. Droemer eBook 2014 (ohne Seitenangaben).

5 Aus: Richard von Weizsäcker: Meilenstein Maastricht, erschienen in der Frankfurter Allgemeinen Zeitung vom 13. April 1992, Bulletin des Presse- und Informationsamtes der Bundesregierung. Hrsg. Presse- und Informationsamt der Bundesregierung. 15. 04. 1992, Nr. 42. Bonn: Deutscher Verlag. Urheberrecht: © Presse- und Informationsamt der Bundesregierung, unter: : https://www.cvce.eu/obj/%22richard_von_weizsacker_meilenstein_maastricht-de-5387ed12-5f1a-468f-8962-ad53ababcdd7.html

6 Verlautbarung der Pressestelle des Bundesverfassungsgerichts; Urteil vom 12. Oktober 1993, unter: https://www.bundesverfassungsgericht.de/SharedDocs/Pressemitteilungen/DE/1993/bvg93-039.html

7 Vgl. ebd.

8 Aus: „Le programme d'Emmanuel Macron pour l'Europe", unter: https://en-marche.fr/emmanuel-macron/le-programme/europe

9 Vgl. Grafik 2010–2018: https://www.bpb.de/nachschlagen/zahlen-und-fakten/europa/135831/probleme-auf-europaeischer-ebene; Grafik 2019: https://www.bpb.de/izpb/europaeische-union-345/324569/eu-im-krisenmodus

10 Aus: Steven Hill: Europa an der Spitze? Ein Blick von außen auf die Zukunft der Europäischen Union (Aus Politik und Zeitgeschichte, 8. September 2017), unter: https://m.bpb.de/apuz/255617/europa-an-der-spitze-ein-blick-von-aussen-auf-die-zukunft-der-europaeischen-union

Das „Handwerkszeug" des Historikers: Grundlagen, Methoden und Quellen

1 Johann Gustav Droysen: Historik. Vorlesungen über Enzyklopädie und Methodologie der Geschichte (hrsg. von Rudolf Hübner, 3. Auflage). Oldenbourg Verlag: München 1958, S. 16.

2 Paul Kirn: Einführung in die Geschichtswissenschaft (5., bearb. und erg. Aufl. 1968, Reprint 2019). De Gruyter; Berlin – Boston, S. 29.

3 Ernst Opgenoorth/Günther Schulz: Einführung in das Studium der Neueren Geschichte. Paderborn 2010 (7. Aufl.), S. 54.

4 Hans-Jürgen Pandel: Karikaturen. Gezeichnete Kommentare und visuelle Leitartikel, in: Hans-Jürgen Pandel/Gerhard Schneider (Hrsg.): Handbuch Medien im Geschichtsunterricht. 6. erweiterte Auflage. Wochenschau Verlag: Schwalbach/Ts. 2011, S. 269–290, hier: S. 269.

5 Ebd.

Abbildungen

1: ACTIVE MUSEUM/ACTIVE ART/Alamy Stock Foto **2:** Granger Historical Picture Archive/Alamy Stock Foto **3:** FineArt/Alamy Stock Foto **5:** North Wind Picture Archives/Alamy Stock Foto **6:** World History Archive/Alamy Stock Foto (Montesquieu); Ian Dagnall/Alamy Stock Foto (Rousseau) **7:** Peter Horree/Alamy Stock Foto **9:** Granger Historical Picture Archive/Alamy Stock Foto **11:** Pictorial Press Ltd/Alamy Stock Foto **12:** ClassicStock/Alamy Stock Foto **15:** Ian Dagnall/Alamy Stock Foto (Verfassungskonvent); mark reinstein/Alamy Stock Foto (200-Jahr-Feier) **16:** Niday Picture Library/Alamy Stock Foto **17:** Heritage Image Partnership Ltd/Alamy Stock Foto **21:** GL Archive/Alamy Stock Foto **22:** GL Archive/Alamy Stock Foto **23:** World History Archive/Alamy Stock Foto **24:** GL Archive/Alamy Stock Foto **25:** Classic Image/Alamy Stock Foto **26:** Ian Dagnall/Alamy Stock Foto **28:** PRISMA ARCHIVO/Alamy Stock Foto **29:** PRISMA ARCHIVO/Alamy Stock Foto **31:** volkerpreusser/Alamy Stock Foto (Reichskrone) **33:** Heritage Image Partnership Ltd/Alamy Stock Foto **34:** Ian Dagnall/Alamy Stock Foto **39:** agefotostock/Alamy Stock Foto (Fichte); Foto: Hermann Biow (Brüder Grimm); Carl Wildt/Julius Roeting (Arndt) **41:** World History Archive/Alamy Stock Foto **43:** Karte verändert nach: Ziegelbrenner/wikimedia, CC-BY-SA 3.0 **45:** imageBROKER/Alamy Stock Foto **47:** Heritage Image Partnership Ltd/Alamy Stock Foto **53:** Foto: Hermann Biow **56:** Magite Historic/Alamy Stock Foto **57:** Ws-KuLa/wikimedia, CC BY-SA 3.0 **59:** Ws-KuLa/wikimedia, CC BY-SA 3.0 (Grundrechtskatalog) **61:** akg-images **62:** Dguendel/wikimedia, CC BY-SA 4.0; **63:** Niday Picture Library/Alamy Stock Foto **73:** Foto: Waldemar Titzenthaler, 1907 **66:** eigene Zusammenstellung nach: Putzger: Historischer Weltatlas, 103. Aufl. Berlin: Cornelsen Verlag 2004, S. 134 **74:** History and Art Collection/Alamy Stock Foto **75:** Classic Image/Alamy Stock Foto **77:** eigene Zusammenstellung nach: Jürgen Reulecke, Geschichte der Urbanisierung in Deutschland, Suhrkamp: Frankfurt am Main 1985, S. 202 **78:** akg-images **80:** Foto: Emil Tesch (Ernst Abbe) **82** PRISMA ARCHIVO/Alamy Stock Foto **83:** Niday Picture Library/Alamy Stock Foto **86:** Foto: Wilhelm Kuntzemüller **88:** Bundesarchiv, Bild 183-R15449, Foto: o. Ang., 1862, CC-BY-SA 3.0 **90:** Karte verändert nach: Ziegelbrenner/wikimedia, CC-BY-SA 3.0 (Norddeutscher Bund); Walters Art Museum/wikimedia (Napoleon III.) **91:** History and Art Collection/Alamy Stock Foto **93:** Karte verändert nach: Ziegelbrenner/wikimedia, CC-BY-SA 3.0 (Deutsches Reich) **94:** imageBROKER/Alamy Stock Foto **98:** Wilhelm Scholtz, Kladderadatsch, 16. Mai 1875 **100:** Bundesarchiv, Bild 183-14077-0005, Foto: o. Ang., 1898, CC-BY-SA 3.0 (August Bebel) **107:** The History Collection/Alamy Stock Foto **108:** Bundesarchiv, Bild 183-R09316, Foto: o. Ang., 1880, CC-BY-SA 3.0 **110:** Foto: Nicola Perscheid, 1916, CC-BY-SA 3.0 **113:** Akademie/Alamy Stock Foto **114:** Hilary Morgan/Alamy Stock Foto (Wilhelm II.); bpk/Heinrich Zille (Arbeiter) **115:** akg-images **118:** Pictorial Press Ltd/Alamy Stock Foto **119:** IanDagnall Computing/Alamy Stock Foto (Queen Victoria); World History Archive/Alamy Stock Foto (Rhodes Collossus) **120:** © Cartomedia, Karlsruhe **122:** Bundesarchiv, Bild 146-2004-0098A, Foto: o. Ang., 1895, CC-BY-SA 3.0 **125:** Granger Historical Picture Archive/Alamy Stock Foto **126:** © Cartomedia, Karlsruhe **127:** ART Collection/Alamy Stock Foto **131:** The Picture Art Collection/Alamy Stock Foto **132:** Science History Images/Alamy Stock Foto **135:** Christopher Clark: Die Schlafwandler. Wie Europa in den Ersten Weltkrieg zog, Deutsche Verlags-Anstalt: 8. Auflage München 2013 (Cover) **136:** © Cartomedia, Karlsruhe **137:** World History Archive/Alamy Stock Foto (Stellungskrieg); Historical Images Archive/Alamy Stock Foto (Tank) **138:**

© John Keegan, 1998 **139:** John Frost Newspapers/Alamy Stock Foto **140:** Foto: Pavel Semyonovich Zhukov, Juli 1920 **141:** Foto: Wenzl Weis, 1917 **142:** Foto: Harris & Ewing, 1919 **143:** eigene Zusammenstellung nach: Rüdiger Overmans: Lexikon-Eintrag „Kriegsverluste", in: Gerhard Hirschfeld, Gerd Krumeich, Irina Reich (Hrsg.): Enzyklopädie Erster Weltkrieg. Aktualisierte und erweiterte Studienausgabe; Verlag Ferdinand Schöningh: Paderborn 2014 (2., erw. Auflage), S. 663–666, hier: S. 664 f. **145:** Foto: Nicola Perscheid, 1914 (Hindenburg); Foto: Alexander Binder (Ludendorff) **146:** wikipedia/CC BY-S 3.0 **147:** Pictorial Press Ltd/Alamy Stock Foto **150:** Illustration: Frederick Strothmann, 1918 **151:** ullstein bild **154:** Copyright G. G. Bain (Liebknecht); Bundesarchiv, Bild 183-14077-006, Foto: o. Ang., ca. 1915, CC BY-SA 3.0 DE (Luxemburg) **155:** Bundesarchiv, Bild 102-01049, Foto: Georg Pahl, ca. 1928/1932, CC BY-SA 3.0 DE **156:** Lebrecht Music & Arts/Alamy Stock Foto (Revolutionäre) **158** Bundesarchiv, Bild 183-H27725, Foto: o. Ang., August 1919, CC BY-SA 3.0 DE **162:** Harris & Ewing, 1919 (Lloyd George); Bain News Service, ca. 1919 (Clemenceau) **165:** Bundesarchiv, Bild_146-1989-072-16, Foto: Robert Sennecke, 1919, CC BY-SA 3.0 DE (Erzberger); World History Archive/Alamy Stock Foto („Was wir verlieren sollen") **169:** ullstein bild (Ebert) **170:** Bain News Service (Rathenau) **171:** Bundesarchiv, Bild 183-J0305-0600-003, Foto: o. Ang., März 1920, CC BY-SA 3.0 DE **172:** World History Archive/Alamy Stock Foto **173:** Bundesarchiv, Bild 146-1989-040-27, Foto: o. Ang., ca. 1928/29 CC BY-SA 3.0 DE **174:** Bundesarchiv, Bild 183-H1216-0500-002, Foto: o. Ang., 1938, CC BY-SA 3.0 DE **178:** akg-images („Das Girl von der Revue") **179:** Bundesarchiv, Bild 102-00015, Foto: Georg Pahl, 15. Februar 1925, CC BY-SA 3.0 DE (Ebert); Bundesarchiv, Bild_183-S51620, Foto: o. Ang., ca. 1930/1935, CC BY-SA 3.0 DE (Hindenburg) **181:** World History Archive/Alamy Stock Foto **183:** Bundesarchiv, Bild 183-1989-0630-504, Foto: o. Ang., ca. 1930 CC-BY-SA 3.0 **184:** Bundesarchiv, Bild 183-1988-0113-500, Foto: o. Ang., Herbst 1933, CC-BY-SA 3.0 (Papen); Bundesarchiv, Bild 136-B0228, Foto: Tellgmann, 1932, CC-BY-SA 3.0 (Schleicher) **185:** akg-images **187:** bpk/Kunstbibliothek, SMB; © VG Bild-Kunst, Bonn 2021 **189:** Granger Historical Picture Archive/Alamy Stock Foto **190:** Pictorial Press Ltd/Alamy Stock Foto **191:** Bundesarchiv, Bild 183-1987-0313-507, Foto: o. Ang., 1935, CC-BY-SA 3.0 (Heß); Bundesarchiv, Bild 119-1721, Foto: o. Ang., ca. 1928/32, CC-BY-SA 3.0 (Strasser) **192:** Bundesarchiv, Bild 146-1968-101-20A, Foto: Heinrich Hoffmann, ca. 1925/1944, CC-BY-SA 3.0 **193:** Bundesarchiv, Bild 183-2005-0621-500, Foto: o. Ang., 1933, CC-BY-SA 3.0 **194:** Bundesarchiv, Bild 183-H28422, Foto: o. Ang., 30. Januar 1933, CC-BY-SA 3.0 **195:** Photo 12/Alamy Stock Foto **197:** World History Archive/Alamy Stock Foto (Postkarte) **201:** Bundesarchiv, Bild 102-15282A, Georg Pahl, 13. August 1933, CC-BY-SA 3.0 (Röhm); Bundesarchiv, Bild 183-S72707, Foto: Friedrich Franz Bauer, 1942, CC-BY-SA 3.0 (Himmler) **203:** Maull & Polyblank, 1855 **205:** Shawshots/Alamy Stock Foto **206:** Scherl/Süddeutsche Zeitung Photo **207:** Keystone Press/Alamy Stock Foto **209:** Shawshots/Alamy Stock Foto **210:** bpk (DAF); Artexplorer/Alamy Stock Foto (HJ) **212:** Glasshouse Images/Alamy Stock Foto (Plakat); Bundesarchiv, Bild 102-12733, Foto: Georg Pahl, 1931, CC-BY-SA 3.0 (Schacht) **213:** eigene Darstellung nach: „Rüstungsausgaben, öffentliche Investitionen und Sozialprodukt 1928, 1932–1943", in: Dietmar Petzina, Werner Abelshauser, Anselm Faust (Bearb.): Sozialgeschichtliches Arbeitsbuch Band III. Materialien zur Statistik des Deutschen Reiches 1914–1945 (Statistische Arbeitsbücher zur neueren deutschen Geschichte, hrsg. von Jürgen Kocka und Gerhard A. Ritter), Verlag C.H. Beck: München 1978, S. 149 **214:** Keystone Press/Alamy Stock Foto **215:** World History Archive/Alamy Stock Foto **216:** ZUMA Press, Inc./Alamy Stock Foto **217:** Wellcome Trust/wikipedia, CC BY 4.0 **219:** Pictorial Press Ltd/Alamy Stock Foto **221:** imprimerie Draeger, 1941 **222:** Foto: Leon A. Perskie, 21. August 1944, digitalization: FDR Presidential Library & Museum, CC BY 2.0 (Roosevelt); Yousuf Karsh. Library and Archives Canada, e010751643/wikipedia, CC BY 2.0 (Churchill) **224:** Bundesarchiv, Bild 102-14468, Georg Pahl, 1. April 1933, CC-BY-SA 3.0 **225:** World History Archive/Alamy Stock Foto **227:** Daniel Ullrich, Threedots/wikipedia, CC BY-SA 3.0 („Judenstern"); Bundesarchiv, Bild 146-1969-054-16, Heinrich Hoffmann, ca. 1940/1941, CC-BY-SA (Heydrich) **231:** dpa/Süddeutsche Zeitung Photo **232:** Nationaal Archief, CC0 1.0 (Niemöller); Granger Historical Picture Archive/Alamy Stock Foto (Bonhoeffer) **233:** Bildersammlung des Bistumsarchivs Münster/wikipedia, CC BY 2.5 (Galen); Thomas Mairtsch/wikipedia, CC BY-SA 3.0 (Mayer) **234:** George (Jürgen) Wittenstein/akg-images **235:** Bundesarchiv, Bild 146-1980-033-04, Foto: o. Ang., ca. 1936/1938, CC-BY-SA 3.0 (Beck) **237:** Shawshots/Alamy Stock Foto **238:** Photo 12/Alamy Stock Foto **240:** U.S. National Archives and Records Administration **242:** Pictorial Press Ltd/Alamy Stock Foto **243:** US Army photographers on behalf of the OUSCCPAC or its successor organisation, the OCCW **245:** Bundesarchiv, B 145 Bild-F004204-0003, Foto: Doris Adrian, 28.01.1957, CC-BY-SA 3.0 **246:** National Archives and Records Administration. Office of Presidential Libraries. Harry S. Truman Library (Truman) **247:** World History Archive/Alamy Stock Foto **248:** Bundesarchiv, B 145 Bild-F078072-0004, Foto: Katherine Young, 23.06.1952 CC BY-SA 3.0 DE **249:** Bundesarchiv, Bild 183-19204-3150, Foto: Otto Grotewohl, 30. 10. 1950, CC-BY-SA 3.0 (Grotewohl); Deutsche Fotothek, CC BY-SA 3.0 (Pieck) **251:** picture-alliance/dpa/dpaweb|Jens Büttner **252:** Keystone Press/Alamy Stock Photo **254:** Stamp Collection/Alamy Stock Photo **258:** eigene Darstellung nach: Zahlen der Bundesagentur für Arbeit **258:** KAS/ACDP 10-001: 642 CC-BY-SA 3.0 DE (Adenauer); KAS/ACDP 10-001:650 CC-BY-SA 3.0 DE (Erhard) **259:** Bundesarchiv, Bild 146-1991-039-11, Foto:

o. Ang, 1984/CC-BY-SA 3.0 **260:** Bundesarchiv, B 145 Bild-F055062-0011A, Foto: o. Ang., 10. 12. 1978/CC-BY-SA 3.0 **261:** Bundesarchiv, B 145 Bild-F024017-0001, Foto: Jens Gathmann, 11. 02. 1967/CC-BY-SA 3.0 **262:** Foto: Hans Peters/Anefo **263:** Bundesarchiv, B 145 Bild-F057884-0009, Foto: Engelbert Reineke, 05. 03. 1980/CC-BY-SA 3.0 **267:** ullstein bild – RDB (autofreier Sonntag); Fotograf: Hans Schafgans, 1977, CC BY-SA 2.0 (Schmidt) **268:** akg-images **270:** Bundesarchiv, B 145 Bild-F054876-0030, Foto: Ludwig Wegmann, 14. 11. 1978/CC-BY-SA (Genscher); KAS/ACDP 10-030: 200 CC-BY-SA 3.0 DE |author=CDU (Kohl) **271:** Foto: Robert Ward, 17. 03. 1982 **272:** akg-images/IMAGNO/Votava **276:** akg-images/picture-alliance/dpa (Brandts Kniefall); Bpa, B 145 Bild-00073098, Foto: Christian Stutterheim, 03.10.1990 (Tag der Deutschen Einheit) **277:** akg-images/Glasshouse/JT Vintage **279:** Bundesarchiv, Bild 183-1986-0424-304, Foto: Peter Heinz Junge, April 1986/CC-BY-SA 3.0 **282:** akg-images (Plakat FDJ) **283:** Bundesarchiv, Bild 183-08618-0005, Foto: Horst Sturm, 15. 11. 1950/CC-BY-SA 3.0 **284:** akg-images/Schütze/Rodemann **287:** World History Archive/Alamy Stock Foto **288:** Bundesarchiv, Bild 183-R1220-401, Foto: o. Ang., 09. 08. 1976/CC-BY-SA 3.0 **290:** Bundesarchiv, Bild 183-1989-1201-046, Foto: Waltraud Grubitzsch (geb. Raphael), 1. 12. 1989/CC-BY-SA 3.0 **292:** Bundesarchiv, Bild 183-1987-0907-017, Foto: Klaus Oberst, 07. 09. 1987/CC-BY-SA 3.0 **295:** © Horst Haitzinger (Karikatur); Bpa, B 145 Bild-00014229, Foto: Liebe, 23.10.1989 (Montagsdemonstration) **296:** Bundesarchiv, Bild 183-1984-0704-400, Foto: o. Ang., 05. 05. 1984/CC-BY-SA 3.0 **297:** KAS/ACDP 10-024 : 5011 CC-BY-SA 3.0 DE (Allianz für Deutschland); Bundesarchiv, Bild 183-1990-0419-024, Foto: Klaus Oberst, 19. 04. 1990/CC-BY-SA 3.0 (de Maizière) **299:** Freud/wikipedia, CC BY-SA 3.0 **300:** akg-images/AP **301:** Ikars Kublins/Alamy Stock Foto **303:** Bundesarchiv, B 145 Bild-F001192-0003, Foto: Rolf Unterberg, 9. 12. 1953/CC-BY-SA 3.0 (Monnet und Adenauer); Bundesarchiv, Bild 183-19000-2453, Foto: o. Ang., August 1949/CC-BY-SA 3.0 (Schuman) **305:** Bundesarchiv, B 145 Bild-F015892-0010, Foto: Ludwig Wegmann, 4. 7. 1963/CC-BY-SA **307:** picture-alliance/akg-images **310:** Foto: World Economic Forum from Cologny, Switzerland, CC BY-SA 2.0 (Ashton) **311:** © European Communities, 1975, CC BY-SA 4.0 (Giscard d'Estaing) **312:** picture-alliance/dpa|epa Lusa Paulo Carrico **316:** picture alliance/NurPhoto|WIktor Szymanowicz **319:** National Geographic Image Collection/Alamy Stock Foto **320:** JNYC Wanderer (Kevin Eng)/wikimedia, CC BY-SA 2.0 (Gutenberg-Bibel) **324:** Pictorial Press Ltd/Alamy Stock Foto **329:** United Archives GmbH/Alamy Stock Foto **330:** Eddie Gerald/Alamy Stock Foto **332:** Science History Images/Alamy Stock Foto (King); ZUMA Press, Inc./Alamy Stock Foto (Kennedy) **333:** Pictorial Press Ltd/Alamy Stock Foto **336:** Shawshots/Alamy Stock Foto (Flagge) **337:** Aaron Alex/Alamy Stock Foto **338:** Peter Horree/Alamy Stock Foto **339:** Jörn Leonhard: Die Büchse der Pandora. Geschichte des Ersten Weltkriegs. München: C.H. Beck 2014 (Cover)

Der Verlag hat sich bemüht, die Urheber*innen der in diesem Werk abgedruckten Abbildungen ausfindig zu machen. Wo dies nicht gelungen ist, bitten wir diese, sich gegebenenfalls an den Verlag zu wenden.